秦始皇传

石　静◎编著

陕西新华出版传媒集团
三　秦　出　版　社

图书在版编目(CIP)数据

秦始皇传 / 石静编著. - - 西安：三秦出版社，2012.12（2021.4 重印）

ISBN 978-7-5518-0371-7

Ⅰ. ①秦… Ⅱ. ①石… Ⅲ. ①秦始皇（前259~前210）-传记-通俗读物 Ⅳ. ①K827=33

中国版本图书馆 CIP 数据核字（2012）第 309706 号

秦始皇传

石静 编著

出版发行 陕西新华出版传媒集团 三秦出版社
社　　址 西安市雁塔区曲江新区登高路 1388 号
电　　话 （029）81205236
邮政编码 710061
印　　刷 香河利华文化发展有限公司
开　　本 710mm×1000mm 1/16
印　　张 22
字　　数 410 千字
版　　次 2012 年 12 月第 1 版
　　　　 2021 年 4 月第 4 次印刷
印　　数 9001-14000
标准书号 ISBN 978-7-5518-0371-7
定　　价 58.00 元

网　　址 http://www.sqcbs.cn

前　言

在我们五千年的历史长河中，历朝历代的皇帝们占据了重要的角色，他们的存在，很大程度上影响着百姓的生活、历史的发展。皇帝作为历史的重要角色之一，是当时左右和影响国家、民族命运的关键人物，研究他们的是非功过，兴盛衰废，在一定意义上事关国家盛衰、民族兴亡、个人成败，并对现代人有极大的借鉴意义。

这套《帝王传大系》，以帝王们的一生为主线。从他们的家族渊源入手，以历史小说的形式系统地介绍帝王们一生的沉浮。在打天下与守天下的风云战场中凸显出人物的性格特点、历史功绩，最大限度地将帝王和他的大臣们的传奇人生，不遗余力地展现在读者眼前，让读者在趣味阅读的过程中，享受完美的历史文化盛宴。

尽管这些曾经叱咤风云、指点江山的帝王们已成过眼烟云，但又有谁能够遗忘他们站在历史之巅所承受与经历的一切？

恍然间，我们仿佛看到了“千古一帝”秦始皇“横扫六合”的雄伟身姿；大汉朝开国皇帝刘邦从“市井无赖”到“真龙天子”的大变身；汉武帝刘彻雄赳赳地将中华帝国带上顶峰的威风场景；光武帝刘秀苦征恶战，于乱世中成就霸业的冲天豪情；乱世枭雄曹操耍弄“奸计”，玩转三国的高超智慧；亡国之君隋炀帝的骄纵狂妄；唐高祖李渊率众起义、揭竿而起，建立唐王朝的惊天伟业；唐太宗李世民玄武门兵变的狠辣果断；一代女皇武则天勇于创造命运的步步惊心；宋太祖赵匡胤“杯酒释兵权”的聪明睿智；一代天骄成吉思汗开创铁血王朝的钢铁毅力；元世祖忽必烈以蒙古铁骑横扫欧亚大陆的英雄豪迈；“草根皇帝”朱元璋从“乞丐”到“皇帝”的辛酸血泪；清太祖努尔哈赤以十三副铠甲起兵，开辟锦绣前程的创业史；大清王朝“第一帝”——皇太极夺取江山的谋略手段；少年天子顺治为爱妃做到极致的痴心情意；清军入关后的第二位皇帝康熙除权臣，平叛逆，锐意改革的天才谋略；最富争议的皇帝——雍正的精彩人生；乾隆皇帝钟情于香妃的风流韵事；慈禧太后将清朝操纵于股掌之间的惊天手段……

我们无法否认，在浩瀚无边的中国历史长河中，帝王始终是核心人物，或直接或间接地掌控着历史的船舵，所以，了解他们的传奇人生，研究他们的功过是非，仍然可以让读者借鉴与警醒！

然而，刻板的阅读模式使得纸媒每年都在流失受众，基于此，我们决定利用小说的形式去呈现帝王的传奇，语言风格也有别于传统的叙述方式。这套书在编排体例上突破了以往同类书严肃、枯燥、干巴巴的“讲授”形式，以更加细腻、更加精练、更加活泼幽默和诙谐的语言，用一种立体的方式将一个帝王的多样性与丰富性展现在广大的读者面前。

全书妙语如珠，犀利峥嵘，细述每个帝王的政治生活、历史功绩、家庭生活、情感逸事等，充满了故事性、知识性与趣味性，让读者在轻松愉悦的享受中体味人生的变化莫测；在“观看帝王大片”的过程中收取成功的法门秘诀。

为了保证书稿质量，编辑工作者查阅了大量的相关资料与文献，并且请教了很多长期从事历史教学与研究的专家学者。不过，由于时间与精力有限，本套图书或许还存在着些许错误，敬请广大的读者朋友们批评指正。

目 录

第一章　卫国吕不韦　弃商助异人

卫国有一个十分会做生意的吕家，吕家的大少爷吕不韦在经商方面比其父更胜一筹。当他在意外遇到从秦国来的人质异人之后，心中已有了自己的打算。

他利用一次宴会让自己的已经怀孕的爱妾赵姬与异人发生了关系。为了讨好异人，吕不韦决定把赵姬让给异人。

三天之后，吕不韦为了向异人表示自己是真心想要将赵姬送予他，就将邯郸城内各个有权势的政要以及与异人一样在赵国为质的各国公子都请了过来，为赵姬与异人摆起了婚宴。吕不韦知道现在异人在赵国为质，生活上自然不会富裕，因此就在自己的府里开设了宴席。

在这些宾客中，最热闹的当然是那些与异人同病相怜的质子们了。他们都生活在异乡，而且身上有着守护两国关系的重大责任。寄人篱下的生活让他们变得十分小心谨慎，生怕自己的某个言行不妥招来两国的战争。今天，同为质子的异人却娶了赵国的大美女，不觉让他们有了扬眉吐气的骄傲感。

就在这一片喜气洋洋的气氛中，突然一个长得又黑又壮的汉子闯入了厅堂之中，就连吕家的家奴吕小宝等人都没法阻止，那人边走边叫嚣着："吕不韦呢！快让吕不韦出来见我，居然发生了这么大的事也不通知我一声！"

一直忙着招呼客人的吕不韦终于发现了这个站在自家大声嚷嚷着要见自己的人，看到此人之后，吕不韦刚刚的笑脸一下子沉了下来，仿佛那笑脸从没出现在自己的脸上一般，疾步走到那人面前，冷冷地说道："王保，今天可是赵姬的大日子，我警告你不要在这儿乱来，否则不要怪我不留情！"

"好！好！"那个叫王保的人看到吕不韦走了过来，一下子没了气势，开始讨好地说道："上一次我外甥女出嫁的时候，你就没跟我说一声，现在你把她给了别人总要通知我一声吧！我毕竟是他的亲娘舅啊！"

看到王保卑躬屈膝的样子，吕不韦对他更加不屑，瞧了他一眼道："哼，你还有脸称自己是赵姬的娘舅，你尽过一天当舅舅的责任吗？今天本是大喜之日，我也不想让你把事闹大，你快说，到底想要什么，是不是又缺银子了？"

"哈，还是你聪明，一点即透，那我就实话实说了。"王保忽然变成了一副低三下四的嘴脸，可怜巴巴地冲吕不韦说道："唉，这几天一直手气挺背，逢赌必输，如果你手头宽裕，先借给我一点儿，等翻了本之后我马上还你！"

"哼，谁要是相信你的话可就真倒了大霉了，每次你跟少爷借钱时不都这么说吗？"一名年轻的家丁在王保的身边冷嘲热讽地说道。

“你这狗奴才，这哪里有你的事……”

王保恶眼一睁，就要冲着那家丁叫嚷，却被吕不韦挥手打断，因为有几名宾客已经向门口这边张望了。吕不韦伸手从袖中摸出一块金子，塞给王保，小声地说道：“行了，你快走吧，别在这里丢人现眼了！”

王保用手不住地掂量着那块金子，嘴里不停地咕哝着，好像是嫌吕不韦给的金子太少了，吕不韦没好气地说道：“赶快拿着金子走吧，你要是再纠缠不清，以后休想从我这里拿走一分钱！”

“好，好，我走还不行吗？”王保装出一副无可奈何的样子，作势要往外走，忽然却又醉眼圆睁，不住地向厅堂内的宾客们身上搜寻着。

“你已经拿到钱了，你到底还想干什么？”吕小宝一边说着，一边和那几名家丁一起推搡着王保往外走。

“新郎官在哪呢？他还没向我这个当舅舅的行礼呢，不能就这样把我外甥女娶走啊？”

吕不韦狠狠地瞪了他一眼，猛地一挥手，示意吕小宝他们赶紧把王保拖走，但眼光奸猾的王保一眼便看见了坐在中央的异人，因为异人正穿着鲜艳的新郎装。也不知王保从哪儿突然来了一股蛮劲，猛地挣脱了吕小宝等人的拦阻，径直向异人冲去。

“哈，小伙子，长得还挺不错，听说你还是秦国的王孙呢，可那你也得先跟我这个作长辈的打声招呼吧！”

正在和一群质子们推杯换盏，把酒言欢的异人猛觉肩膀被人拍了一下，猛回头，却见一名40多岁的黑壮汉子正涎皮赖脸地站在自己的身后，而吕不韦也急匆匆地赶了过来。

“敢问贵客尊姓大名，不知你找异人有什么事？”

“我们以前从未见过面，你不认识我也情有可原，现在我自报家门吧，告诉你，赵姬是我的外甥女，你是我的外甥女婿，论理你还要叫我一声舅舅呢！”王保不无得意地说道。

“这……”异人也不知道从哪里突然又冒出来一个赵姬的舅舅，当下犹豫不决，只能用求救的眼光看着吕不韦。吕不韦生怕当众闹出什么纠纷，只得轻轻点了点头。异人见吕不韦点头承认，虽然心中诧异，但仍旧恭恭敬敬地说道：“舅父大人，异人有眼不识泰山，既然您来了，敬请上座，异人敬你一杯。”

“啊，这就不必了，我现在已经是酒足饭饱，你的喜酒我也不喝了，今天我来是想求你一件事情的。”

“不知是什么事情，舅父大人请直说，只要异人能办到的，一定不会让舅父失望。”

“你放心吧，你新婚大喜，舅父不会为难你的，实不相瞒，舅舅我最近手头比较紧，想跟你借点儿钱周转周转，等有了钱之后我再还你。”王保恬不知耻地说道。

“这……”异人一听对方要跟自己借些钱使，登时窘得脸色通红，尴尬不已。原来他为质于赵之后，所需花费大多由赵国官家及一些商贾补给，生活倒也宽裕自由，但近来秦赵交恶，他的日子也不好过了，手头一点儿钱也没有，王保的要求可正揭了他的短。

吕不韦知道王保的目的无非是多要点儿钱，连忙从身上又掏出一大锭金子塞在他手里，王保顿时眉开眼笑，乐颠颠地说道：

“嗯，不错，不错，这才像话嘛！我说外甥女婿，你的运气还真不赖，不但能娶到我那美貌贤良的外甥女，还有这么个大财主肯帮助你。”

随后，吕小宝等人赶紧把王保弄出了吕府，而且吕不韦还嘱咐吕小宝，只要以后王保再来找麻烦，就把他乱棍打出去。

异人幸得吕不韦解围，这才摆脱了刚才的尴尬。不过是如此，他还是感觉心里不舒服。再怎么说自己也贵为秦国王孙，谁知竟会被区区一点钱给难住。

“唉，我说老兄，算了吧，你何必闷闷不乐啊，不管怎么样，有个这样的富商帮助你，你可比我们幸运多了，你应该感到高兴才对，毕竟我们是人在屋檐下嘛？等到有朝一日我们回国继承了王位，我们不照样也可以风光于天下吗。来吧，喝酒吧！”齐国的质子举着酒杯规劝他道。

“是啊，别傻了，老兄，你别整天都这么垂头丧气的，你要学会为自己拼搏，要不然你连自己的女人都保不住。”韩国的质子也劝他道。

异人苦笑了一下，端起酒杯一饮而尽。这两个人的话的确深深地触动了他。是啊，如今自己为质于邯郸，在赵国也没有地位，在秦国之内，自己的祖父昭王和父亲安国君也不喜欢自己，如果没有别人帮忙，养活自己都难，更不用说去保护自己那美丽温柔的妻子啦。

夜阑天寒，酒终人散，来参加婚宴的客人们都一个个告辞而去，异人却喝得烂醉如泥。他踉踉跄跄地站起来要回家去见赵姬，吕不韦上来想要搀扶他，却被他粗暴地推在一边。在吕不韦的一阵错愕之中，异人跌跌撞撞地冲出门去。但是，可惜的是他脑后面并没有长眼睛，否则他就可以看到吕不韦的嘴角边正浮现出一丝得意且略带狰狞的微笑。他之所以要这样大肆操办异人和赵姬的婚事，其目的就是让更多的人都知道异人和赵姬的婚事，那样赵姬腹内所怀的他的骨肉也才能顺理成章地成为秦国王室的子孙。吕不韦对异人粗暴的举动虽然多少感到意外，但他知道，异人是少不了让他帮忙的。

异人一路冲出吕不韦的府第，不知不觉之中，两行清泪已经顺着他的脸颊滑落到冰冷的寒气之中。刚才的尴尬境地深深地刺痛了他的自尊心。虽然他这么多年一直算是在邯郸城内苟且偷安，但现在情形不一样了，他已经有了自己的娇妻，如果自己仍旧像以前庸庸碌碌地过下去，那么也许连自己的娇妻都无法保全。

在湿滑的雪地上，在不知跌倒了多少次之后，异人终于到达了他的新家。赵姬正坐在床边痴痴地等候着异人的回来。虽然她还有些挂念与吕不韦的旧情,但异人的英俊挺拔和善解人意已经渐渐攫取了她的芳心。和异人在一起,她更多地感受到的是异人的关怀体贴和一种难以割舍的灵肉交融,而不是与吕不韦在一起的那种威严和近于施舍的感情。

门“砰”的一声开了,异人失魂落魄地冲了进来,赵姬揭去头上的轻纱,慌忙跑到异人的面前,关切地问道:

“公子,你怎么啦?”

异人望着赵姬,把刚才酒宴上的事告诉了她,而后颇有些凄凉无奈地向赵姬道:

“赵姬,你说我该怎么办,我在这里无权无势,连你舅舅的些许钱财都不能满足,又怎么能保护你的安全呢?”

“咱们不是有先生帮助我们吗?”赵姬不无轻快地说道。

“就是因为有他帮助,我才觉得更难堪,再怎么说我也是堂堂大秦国的王孙啊!”

“那你想怎么样?”眼前异人失魂落魄的样子多少令赵姬感到有点儿失望,她在吕不韦那里可是从来见不到这种可怜相的。

“我也不知道该怎么办啊!”异人轻轻地哭泣着,竟然伏在了赵姬的怀中。

“那好,”赵姬猛地一咬牙,双手抓住异人的肩膀,扶起他的上身,坚定地注视着目光游离的异人,口气坚决地说道:“好,既然你不想让吕不韦帮助,那么我就给你出个主意,不知你同意不同意?”

“你先说说看。”

“放弃你的功名和地位?”

“放弃我的功名和地位……你这话是什么意思?”

“对,放弃你的功名和地位,我们即刻搬出这座房子,远走他乡,找个没有人认识我们的地方,重新安顿我们的生活,你看这样行不行?”虽然只经历了几天的时间,但她已经渐渐开始心仪于面前这个瘦削却颇为英俊的年轻男人,也许这多少因为吕不韦对她的绝情,但她觉得自己应该和这个男人在一起。

“好,咱们马上就走,找一个没有人认识我们的地方,亲手开创属于我们自己的新家。”异人抬起头,斩钉截铁地说道。

“那我立即收拾东西,咱们明天早晨就出城而去,那时我们就什么都不管了。”赵姬也有些兴奋地说着。

但是,随即异人又面露难色。赵姬一看自己的相公似乎有难言之隐,赶紧询问原由,异人踌躇半天才说道:“你我虽然可以离开此地去寻找一方净土,但是事实上是行不通的,其一,我到赵国来是当质子的,如果我不辞而别,我的祖父或者其他人一定会寻找理由与赵国开战,届时就会有无数无辜百姓死在战争中;其二,当今天下大乱,根本就无处寻找安逸之所。”

赵姬觉得异人的话十分有道理,很佩服自己的夫君在情急之下居然能静下心来思考此事,于是赶紧询问异人是否有何良策。

异人看到赵姬对自己欣赏的眼光，心中十分高兴，对于对策自己早就想好：“我们不走，就待在此处，邯郸毕竟是赵国的都城，要比其他地方安全许多。”

“那么我们还要接受吕不韦的帮助吗？”

“这个……”

赵姬回想自己毕竟要比异人更了解吕不韦这个人，猜想着吕不韦帮助异人一定有自己的目的，因此才会把已经怀孕的自己作为交易的筹码送给异人。于是马上对异人劝说道：“算了，不要再为这件事犯愁了，我想吕不韦要帮你一定是今后有求于你。现在你身处逆境，接受他人的帮助也在所难免，等到日后回到秦国，掌管大权之后，你一定能够成为一代明君。”既然自己现在已经是异人的人了，自己就应该多多鼓励自己的丈夫，这样才能让自己活得更好，让吕不韦后悔把自己送给别人。

“话虽如此，不过虽然我父王现在已身为太子，但我的母后夏姬生性刚直，不得父王宠幸，只怕我回国之后也没有什么出头之日。”异人颇为感伤地说道。

“事在人为，你没有去做过，怎么知道没有什么出路，现在你要做的事情就是抓住一切机会尽早回国并力争成为掌权者，否则你恐怕连臣妾都保全不了。”赵姬语言略带抽咽，让人听到便顿生无限怜意。

“赵姬，你放心，为了你，我也不会庸庸碌碌地活下去，我一定要出人头地，让你成为天下最幸福的女人。”

说着，异人一把揽住赵姬的纤腰，拥入自己的怀中，轻轻地但却殷勤地吻着她洁白的脸颊、嫩红的双唇和修长的玉颈，而赵姬也极其满意地向他展示着女人特有的香醇，拉着他靠近床边，引导着他亢奋地进入女人的神秘之处，让他和自己都尽情地体会两性生活的快乐。

良久，当他们都获得了足够的快乐之后，他们继续相拥着，体味着对方肉体的感觉，商量着今后的出路。最终，他们决定利用吕不韦雄厚的财力去打通异人回国并掌握大权的所有障碍，而在这个过程之中，异人必须要虔诚的做出一副有求于人的样子，因为吕不韦是他们现在唯一的而且是最有力的依靠。

次日一大早，异人便急不可待地去找吕不韦，一脸诚恳的请求吕不韦去帮他打通关节，吕不韦正巴不得他来找自己，自然满口答应下来。

送走了异人，吕不韦立即前往他所认识的一些赵国政要家里，婉转打听到了关于异人的一些情况，这时他才知道虽然异人的父亲安国君现在已是秦国太子，但异人母子并未得安国君的宠幸，不过幸好安国君的宠妃华阳夫人一直没有子嗣，如果机缘巧合，或许异人还有机会执掌大权。当下，吕不韦打定主意，他要携带金银财宝到咸阳去为异人打通关节。

数日之后，一路风尘仆仆的吕不韦出现在繁华的咸阳街头。打听了半天，他才找到了华阳夫人的弟弟阳泉君的府第，连忙前去拜见，却被门人拦住，根本不让他进。后来他使了许多钱财，这才哄得门人笑脸，进去给他禀告了阳泉君。

阳泉君大剌剌地在偏厅会见了吕不韦。阳泉君生得面皮白净，心宽体胖，颔下胡须稀疏。虽然生得一副富态相,但一看便知是一个身大无脑的人。吕不韦强忍住心中的怨气,先送上自己的见面礼,然后施礼说道:

“小商乃阳翟人吕不韦,今日冒昧前来拜访大人,请大人海涵。”

阳泉君一见吕不韦出手阔绰,礼物价值不菲,脸上这才有了点儿颜色,在椅子上欠欠身问吕不韦道:“你来找我有什么事啊,是不是想在咸阳做生意啊?”

“不,不,小商虽然与贵国也有商业上的往来,不过这次来并非是为了经商,而是另有目的。”

“噢,你们作商人的还有其他的事情吗?”

“您说笑了,但不知大人是否听说过‘居安思危’这句话呢?”

“这句话连三岁的小孩子都知道,我怎么会不知道呢?”

“大人,虽然您知道这句话,但依小商看来,大人恐怕是只知其一,而不知其二啊。小商虽然刚来咸阳几天,但却对大人的威名已经再熟悉不过,因为市井之中就不断有人谈论起大王您啊!”

“那当然啦!”阳泉君洋洋自得地说道。

“话虽如此,不过请恕小商斗胆问一句,大人您有今日之威名是不是完全靠一己之力而毫无君姊之功?”

一听吕不韦有此一问,阳泉君立即收起刚才的得意之态,睁大眼睛瞪了吕不韦半天,这才支支吾吾地说道:“嗯……这个问题嘛,怎么说呢,如果不是借助吾姐之力,我虽然也能达到今日的地位,但恐怕还要多花上几年的时间。”

吕不韦暗笑阳泉君嘴硬,但是依然笑着对其恭维道:“现在大人位高权重,府中更是有家仆无数,无数名士也投奔到了大人府上,而且大人的姐姐更是贵为太子宠妃,日后一定能当王后,但不知大人是否想过,现在大人的姐姐还无子嗣,即便以后成为王后,然而一旦其夫君百年,她一定会因为没有依靠遭人冷落,而且长王孙子傒一直对王位虎视眈眈,万一他日以此为借口进行谋反,一定会让朝廷大乱,大人也一定会因此受到排挤。”

阳泉君听完吕不韦这番话之后犹如醍醐灌顶,一下子站了起来,惊慌失措道:“我一直以为自己现在已经成就了万年不败的基业,没想到今日听君一席话才幡然醒悟过来,不知先生有何高见,我愿洗耳恭听。”

吕不韦一听,自己的计谋已经得逞,于是就提议道:“大人,我乃一介商人,对天下之事并不怎么关心,但是依照我这些年从商的经验来看,人必先筑高枕,而后方可无忧,大人也要赶紧为自己筑起高枕啊!”

“是,是,可这高枕应该怎么筑啊!”

“大人,您的姐姐现在虽无子嗣,但她可以过继一位德才兼具的后辈中人为螟蛉义子,到时此子继承安国君的王位,从而就可以绝了子傒等人的恶念,大人不就可以高枕无忧了吗!”

“啊,好计,好计,不过我也不知道宫中后辈诸人谁适合这个位子啊?”

“如果大人没有合适的人选,小商倒有一人可以考虑,小商在邯郸之时曾碰到一个贵国遣往邯郸的质子，名叫异人，此子生性诚实笃厚，而且颇为仰慕华阳夫人之母仪威严，不知大人意下如何？”

“啊，是他啊，我倒知道这个人，不过当初遣他为质于邯郸之时，听说他的母亲夏氏对我的姐姐及其夫君都颇有微词，他恐怕不太合适。”

“大人有此一虑也不足为奇，小商对此也略有耳闻，不过小商的意见恰好和大人相反。当初以异人为质前往邯郸乃是昭襄王之意，与汝姐及其夫君毫无干系，他定不会以此为忤，而且异人身在邯郸，饱受人情冷暖，其境遇可谓凄惨，如果夫人在此时收其为螟蛉义子，给他以关怀仁爱，他一定会对夫人感恩戴德，绝无二心。”

阳泉君听后连连点头，但他却说此事还要等着看他的姐姐华阳夫人的意思，不过幸好几日后他就要进宫去见自己的姐姐，直陈此事。吕不韦连忙拿出自己花费重金购得的珠宝首饰，交给阳泉君，托他转交华阳夫人，以期得到华阳夫人的好感。

随后，吕不韦告辞出了阳泉君的府第。然而他并没有歇息下来，而是继续以重金贿赂一些朝中大臣，让他们在咸阳城内传扬远在邯郸的异人是如何的仁义德行，贞节操守。他的目的只有一个，就是让全秦国的人都知道异人的存在，都知道异人是一个非常完美的王室接班人。

四月之后，阳泉君给吕不韦带来了好消息：华阳夫人听了关于接收义子之事以后颇为动心，决意要亲自见吕不韦一面。吕不韦听后大喜，又准备了一番，这才前往东宫太子府去拜见华阳夫人。华阳夫人生得娇美大方，虽然也已有些年纪，但却更显雍容华贵，而且一看便知她不似其弟阳泉君那么肤浅粗陋。吕不韦到时，华阳夫人已经备好了便宴坐候，而且并无他人。

吕不韦恭恭敬敬地献上了自己的礼物——一挂用硕大的珍珠串成的项链。华阳夫人虽然阅宝无数，但像吕不韦所送的这么一串项链，而且每颗珠子都硕大滚圆、光洁可人，却还是头一次见到。不过诧异归诧异，她随手接过了礼物放在一边，示意吕不韦坐在桌边，有些冷淡地扫了吕不韦一眼，而后语气平静地问道：

“不知先生此来咸阳所为何事？”

对于收纳义子之事她竟然只字不提。

吕不韦一见对方打太极，只好自入正题。略一沉吟之后，他开口说道：

“敢问夫人现在有几子？”

“我原来还曾育有一子，但后来不幸夭亡，从此我也再无生育。”一听吕不韦问及子嗣，华阳夫人也有些黯然。

“夫人，”吕不韦见状连忙又说道：“小商听说以色事人者，色衰而宠尽。虽然现在夫人受宠于太子殿下，但后嗣之事体大，殿下终会立他人为王储，而夫人也会因此失去宠幸。夫人何不趁此机会收一合意子侄后辈为义子，不论形势怎样，夫人仍能执掌后宫，不知夫人意下如何？”

听完吕不韦这番话，华阳夫人长叹一声，有些无奈地说道：“其实我也曾有此想法，可惜子侄后辈之中没有一个合适的，我也只能徒呼奈何了。”

“小商耳闻长王孙子傒一直对王位虎视眈眈，而且还一直对太子殿下怀有敌意，以为他才是真正的王位继承者，夫人，此子有此贼心，万一殿下百年，夫人绝难逃其诡计阴谋的暗算，收子一事刻不容缓啊！”

“本来我已无有此意，今日听先生一言，这才虑及万一我在宫中失势，那么我的诸多亲友也势难逃脱小人辣手，不知先生有没有合适的人选作我的义子？”

吕不韦一见火候已到，连忙趁势说道：“小商与贵国遣于赵国的质子异人曾有数面之缘，此人德才兼具，而且极想亲近夫人母仪，如果夫人能收纳其为义子，终可一生享受大秦国的无尽恩宠。”

“异人为质邯郸数年，并无甚恶行传入咸阳，想来德行应当不错，不过其母夏姬当初执拗地认为是我和夫君力主让异人去赵国，因此对我们夫妇出言忤逆，甚是无礼，殿下也已冷落她多年了。”

“敢问夫人，殿下是否因夏氏姿色平庸才将其冷落呢？”

“非也。其实夏姬生得也姿容窈窕，样貌可人，亦是一难寻美女，只因她生性执拗倔犟，出言无忌，因此才被殿下冷落。”

“那样就更好了，当初夏氏夫人会因其子远遣而迁怒于夫人，而今也定会因其子受惠于夫人而容颜欣悦。子为母宝，夫人收其子为义子，夏氏夫人到时也会感念夫人恩赐，夫人到时再因势利导，使其重得殿下宠幸，从而效仿娥皇女英之佳话。到那个时候，其母子尊荣皆由夫人一手所赐，他们还会对夫人心生异志吗？”

华阳夫人听后连连点头称是，嘴里也不住地感谢吕不韦。吕不韦正自高兴，忽见华阳夫人脸色一冷，只听她冷冷地问道：

“妾身十分感念先生的赐教，但我绞尽脑汁也想不出先生能获得什么利益，不知先生为何对此事如此热心？”

吕不韦心中“咯噔”响了一下，华阳夫人果然并非泛泛之辈，幸亏他早有打算，当下异常平静地说道：

“小商虽然常往来于各国奔走经商，但却久闻夫人与安国君殿下以仁义德行而昭示天下，而且颇有大志，而小商也与贵国有很多商务往来，如果大秦之朝鼎落入他人之手，那么不但会使黎民百姓惨遭涂炭，小商的生意也会受到很大的影响，所以小商才会对此事如此在意。更何况大秦地域辽阔，近年更是经济繁荣、物庶民丰，隐隐现出一派王者风范。如今许多的商人都像小商这样苦于战事频繁而无法扩大自己的业务，盼望四海之内能一统于一国之境，而这个光耀千古的大业恐怕就落在安国君殿下及其一脉上了，夫人您说小商会一点好处都没有吗？”

听到吕不韦如此一说，华阳夫人的脸色才放松下来，而且更让她高兴的是吕不韦话语之中已把大秦国喻为天下王者。二人又谈论了一会儿，华阳夫人让吕不韦先回驿站等候消息。

夜幕低垂，安国君从昭王处回到东宫。近日以来，他一直陪伴于昭王左右，向昭王学习治理天下的功夫。今天他回来之后心情非常好，一直面带笑容，华阳夫人见状忙说道：

“最近几天臣妾总是听闻宫中近侍们谈论说现在朝野内外都盛传为质于赵的异人德行高洁，义昭天下，往来交游于秦赵之间，颇多功劳，很多人都对其赞不绝口。”

“嗯，”安国君点点头，接口说道：“这种说法我近日也颇多耳闻，许多朝廷重臣都对异人赞誉有加，今日爱妃亦有此言，想来是不会错的了。”

其实，之所以有许多朝中大臣都对异人颇多赞誉，完全是看在了吕不韦的钱财的面子上，安国君当然不知道其中的奥秘了。“殿下，臣妾有一请求，万请殿下答应。”华阳夫人“扑通”一声跪倒在地，眼睛深情地凝望着安国君，不知不觉之中已是潸然泪下。

“爱妃有话尽管说来，无论你有什么要求，我都一定会答应的。”安国君还从来没有见过自己的宠妃如此动容，心中颇为怜惜，连忙俯身把她搀了起来。

“殿下，”华阳夫人泪落腮边，抽咽着说道，“臣妾承蒙殿下垂爱，不但对臣妾怜惜有加，而且让臣妾主持东宫内政，无奈臣妾福薄，命中无子，实在是有负殿下垂爱，不但不能以臣妾之身延续嬴氏香火，而且也不能享受天伦之乐，此事常常萦绕于臣妾心头，让臣妾苦恼不已。”

“爱妃且莫哭泣，你刚才不是说要有求于我吗？但能缓解爱妃之忧伤，我一定会答应的。”安国君一边抚摸着华阳夫人丰腴柔软的背部，一边安抚她道。

华阳夫人闻言停止了哭泣，目光之中饱含柔情，慢慢地说道：

“殿下，异人之义行既已广为他人称赞，想必仁义兼具，臣妾打算将其过继为螟蛉义子，好生教诲，到时不但可以聊解臣妾享天伦之热盼，而且他还可以向殿下学习治理天下的本领，辅佐殿下。”

安国君听后面色重新又放轻松，爽快地说道：“我还以为是什么事呢，我答应你就是了。而且近日我也一直苦于后辈子侄之中没有一个能够承继王业的人，爱妃这一建议正好也解决我的一块心病，只是不知他是否愿意？”

华阳夫人听见夫君已然应允，自然是非常高兴，差点儿张口就把吕不韦给说出来，好在她口风够紧，连忙笑着说道：

“殿下不必担心，想那异人在邯郸的日子定然也不太好，我既收他为义子，更为他添了一层保护，而且无形之中也提升了他的地位，他怎么会不同意呢？”

“说得倒也是。仔细回想起来，异人为质于赵已经将近20年了。当初他走的时候年未及弱冠，到现在应该也已过而立之年了，希望这么多年的为质生涯对他是一个很好的锻炼。”话到此处，安国君忽然停了下来，沉思半天，这才又颇为谨慎地说道：“此事好是虽好，只不过异人之母夏妃生性耿直倔犟，当年因为其子质于赵一事就曾出言顶撞于我，多年以来我也一直对她颇为冷落，只怕她会从中作梗。"

"这个就请殿下放心,我与夏妃本为宫中姐妹,而且殿下令我主持东宫内政,一会儿我就去找夏妹商议此事,子贵母荣,我想她一定不会反对的。"

"汝真乃吾之贤内助也。"

安国君说着就将自己怀里的华阳夫人抱紧,随后两人又亲热了一番。

之后,华阳夫人赶紧派人到夏姬府中将其找来,夏姬刚到府上,华阳夫人就迫不及待地把自己准备将异人收为螟蛉义子之事告知了她。夏姬自然对此事没有任何阻拦,因为华阳夫人将自己的儿子收为义子那是天大的好事,自己怎会进行阻拦呢。当然,华阳夫人的伶牙俐齿更是让自己十分舒心,经过此事之后,两人以前所有的不愉快仿佛瞬间化为乌有。而夏姬变得更加善解人意,准备与华阳夫人一起共效娥皇女英,共同照顾安国君。

第二天,太子安国君和华阳夫人就在东宫召见了吕不韦,将华阳夫人把异人收为义子之事告知与他,并委任吕不韦为异人的老师,让他好生照顾远在赵国的异人,能够让异人顺利完成质子的职责,争取能让其早日回国,与安国君学习执政之道。

将所有事宜交代完毕之后,两人盛情款待了吕不韦,一方面是为了对吕不韦进行答谢,另一方面是为了给吕不韦饯行。吕不韦眼见所有的一切都按照自己的安排在一步步进行,心中自然十分高兴,于是欣然答应了安国公与华阳夫人的请求,收拾行囊,回到了赵国。

第二章　献上美人计　子楚即皇位

转眼就到了第二年的秋末，赵姬将要生产了。经过一番惊心动魄的生产之后，一个男婴终于降临人世。这个男孩生得天庭饱满，两眼炯炯有神，哭声响亮，引得邻人争来阅看。像很多帝王一样，这个孩子降临人世的时候也是祥云密布，红光满室，许多奇鸟纷纷围着产房飞翔不止。

看到如此景象，邻居们纷纷围观，异人见此景更是兴奋异常，笑着对众人说："此子生得眉端目正，一脸富贵，而且又是嬴秦王孙，他日必能为政于天下。"

于是给自己的儿子起名为政，又因其生在赵国，名为赵政。

转眼之间，赵政已经三岁了。也就在这一年，秦昭襄王又想并吞天下，成就霸业，便命大将王龁、郑安平挟四年前武安君白起坑杀40万赵军的余威，发兵围攻邯郸，意欲一举扫除赵国这个强敌。因为双方交战，身为质子的异人被赵国给关押起来，后来在吕不韦的营救之下，异人一家与吕不韦才脱离危险逃离了赵国。之后，异人与吕不韦成功回到秦国，但是赵姬母子只能留在了赵国。数年之后，才回到秦国。

秦昭襄王五十六年，风烛残年的昭襄王与世长辞，举国同哀之时，太子安国君继承帝位，是为秦孝文王。孝文王登基之后，长王孙子傒与子楚展开了争夺太子之位的斗争。子傒获得一些宗室大臣的认可，而子楚则得到了华阳夫人和吕不韦的全力支持。华阳夫人在内宫为子楚运筹，而吕不韦则在外廷帮助子楚交结朝廷重臣。最终，子傒因为自己的扶助力量太过弱小而败下阵来，只能再老老实实地做回自己的王爷，而子楚则在孝文王继位后不久便被确定为太子，单等孝文王百年之后登基为帝。不过，孝文王虽然年纪不算太小了，但却老当益壮，精神矍铄，走起路来也虎虎有生气，大有继昭王遗志，继续开拓疆土之势。

又是夜色浓郁的日子，星光黯淡，偌大的一个咸阳城完全被笼罩于夜色之中，显出了一种让人沉沉欲睡的宁静。

城西，吕不韦的宅院。

院中已没有了多少灯光，大部分人都已经伴着夜色睡熟了，只有巡行宅院的家丁还在哈欠连天地进行着自己的工作。

吕不韦的卧室之内，灯光如豆，吕不韦枯坐于灯前，随手翻看着桌上的一卷书简，而且还不时地看看窗外的夜色，好像在等待什么人似的。

忽然，窗外传来一阵响动，仿佛是鸟儿振动翅膀似的。坐在桌边的吕不韦听到外面的响动，面上大喜，连忙推开书简，起身奔到窗边，推开窗户，一只鸽子正咕咕叫着站立于窗外的平台之上。吕不韦将鸽子捧进屋中，解下系在它脚上的那只小竹筒，而后一松手，那鸽子又振动羽翅，穿过夜色，奋飞而去。

吕不韦关好窗户，回到桌边，又从竹筒里倒出一样东西，乃是一卷卷得很细密的帛卷，展开一看，依旧是朱砂写的小字，只见上面写着：

三日之后，孝文王将携群臣去城西狩猎。

读罢上面的字，吕不韦脸上出现了掩饰不住的狂喜，他连忙于灯下烧了那帛卷，而后又吹灭了灯，轻手轻脚地开门而去。

虽然夜色漆黑，但吕不韦却是轻车熟路，三转两转已经又进入了那小院之中。时已仲秋，多数的鲜花都已凋零，唯有菊花依旧在夜色之中迎寒绽放，所以空气中依然弥漫着一缕一缕浓郁的馨香。

吕不韦摸索着摘了一大把的鲜花，走到门前，轻轻叩门。屋里灯光又明，门"哎呀"一声开了。吕不韦捧着那一大把鲜花迈步进屋，晴欢也正和以往一样，全身赤裸，只穿一件透明的薄纱睡袍站在他的面前。然而，奇怪的是这次晴欢既没有笑吟吟地接过鲜花，也没有乳燕投林一般扑进吕不韦的怀中。

吕不韦一时也有些愣住了，正迟疑间，却见晴欢眼中泪光闪烁，而后轻启朱唇，犹豫了半天，这才开口问他道：

"老爷，是不是到了晴欢要离开老爷的时间了？"

声音幽咽，容颜憔悴，让人为之心碎，吕不韦也为晴欢的真情所感动，吸了一口气，而后将花丢在桌子上，极不情愿地冲着晴欢点了点头。

看到吕不韦点头，晴欢眼中的泪水猛然间便滑落在白皙晶莹的脸颊上，愣在了那里，好像忘记了她的这件纱衣于秋日的清凉还是不相宜的。

"老爷，晴欢可以不走吗？"

她的身体轻轻抖动着，几乎是在祈求吕不韦了。

看着她那楚楚可怜的样子，想起她对自己的一腔真挚柔情，吕不韦的心思也徘徊起来，他又何尝不想留这么一个可人陪伴于自己的左右呢？他也是有情有欲的男人啊！但转而他便知道自己不能那样去做，自己的努力已经初见成效，不可能中途放弃的。他狠狠心，猛地摇了摇头。

晴欢的身体剧烈痛苦地颤抖起来，她甚至哭得弯下了腰，但她却又猛地站起来，眼中噙满了晶莹的泪花，银牙咬着嘴唇，极不情愿地点了点头。随后，她爽快地用手抹去眼中的泪水，一下子脱去了自己身上的睡袍，将自己的身体毫不羞涩地尽数展露于吕不韦的面前，而后对吕不韦说道：

"老爷，你再抱抱晴欢好吗？"

吕不韦点了点头，缓缓地张开双臂，晴欢便猛地投进了他的怀抱之中。吕不韦紧紧地拥着她，恨不能将她那柔软且充满弹性和诱惑力的身体都揉进自己的心胸里去……

三日之后，咸阳城内通往西城门的大街上，一行人正浩浩荡荡地向西城而去。走在前面的人都骑着高头大马，那些马都是毛色油亮、腿长臀肥，一看便知道是难得的良种骏马，而那些骑在马上的人也都气度非凡，背后大都背着弓箭，此刻正坐在马上高谈阔论。骑马人的身后则是一群步行的人，手中都牵着一只肥大的猎狗，那些猎狗吠声连连，对着行人龇牙咧嘴，样子极是凶恶。咸阳城内的居民听闻这是孝文王率领手下大臣们去打猎，于是都纷纷涌到街头，想一睹皇家帝王和大臣们的威仪。

秦孝文王端坐于马上，看着眼前的街市繁荣，人群熙攘，心中甚是愉悦，于是催动战马，带动大队人马直往城西而去。

守城的军官早已接到通知，率领自己的手下整齐地站立于城头之上，向孝文王致礼送别，孝文王也挥动马鞭，向自己的部下问候。

转眼之间，一行人已经出了西城门，又走了一会儿，小路两旁便不是刚才平整的田地，而是萋萋荒草与丛生的灌木，地势也开始高低起伏起来。听到人声的喧哗和猎狗的吠声，草丛灌木之中便不时地有小兽腾窜而出，转眼间又跑得无影无踪，引得那些躁动的猎狗们又是一阵阵狂吠。

孝文王高高地坐在马上，极目而望，眼前正是一片有些低矮的山间谷地，刚想命令部下及文武群臣散开成合围之势，忽然一阵女人的啼哭求饶之声和男人粗暴的叱骂之声从前面的一片高高的茂密的灌木丛后传出来。

孝文王也是善战好武，听到这阵喧闹之声，也不犹豫，催马便向前赶去，后面的宫廷卫士赶紧追赶过去，以防孝文王出什么危险。转过那灌木丛之后，只见三名彪形大汉正将一女子围在中间，三匹高头大马站在一边。

由于有那三名大汉挡着，再加上那女子此刻已经披头散发，所以看不清她的容貌，但从她那惊恐的尖叫声中可以清清楚楚地感到她的恐惧。那女人在三个彪形大汉中间来回地尖叫奔跑着，想冲出三个男人的包围，但那三个恶汉却得意地笑着将她推来推去，而且不时地将她搂在怀里粗暴无礼地抚摸亲吻一番，同时还不断地撕扯着她身上的衣服。面对着三个大汉的非礼，她仿佛一只待宰的羔羊，只能哀哀地啼哭着，乞求着，然而那三个恶汉根本不管她的乞求和啼哭，反而越发放肆起来，眼看那女子就要被玷污于那三名彪形大汉的淫欲之下。

“住手，朗朗白日之下你们竟敢调戏民女，你们眼里还有没有王法?”不知何时，子傒已经纵马于孝文王的身边，指着那三名恶汉，厉声喝问道。

那三名恶汉正自顾调戏那名少女，淫欲极度膨胀，听得有人呵斥，立即颇为吃惊且蛮横地回过来准备再要耍淫威，但一看之下却不禁大惊失色，也不知道什么时候自己身后一下子来了这么多的人。

三名恶汉一见情势于己不利，偷偷地互使了个眼色，而后作势要向众人扑过来，却又一下子翻身骑在自己的马上，打马扬鞭，落荒而逃。子傒正要率人纵马去追，忽听背后有人厉喝一声：

“恶贼，朗朗乾坤之下，你们作恶多端，难道还想全身而退吗?”

话音刚落，只听“嗖，嗖，嗖”三声尖锐的破空之声，只见三支雕翎箭以迅雷不及掩耳之势向那三名贼人射去。三名贼人逃势虽快，然而箭势却更急，三人未及躲避,三支雕翎箭分别射中他们背部的要害之处。三名贼人几乎异口同声发出一声惨叫,猛然跌落马下,挣扎翻滚几下,眨眼之间便气绝身亡。孝文王和子傒都颇为诧异地回过头来,只见吕不韦正神情轻松地将弓送入背后的弓囊之中。孝文王极为豪爽地赞叹道:

"本王一向只知吕先生富甲天下,却实未想到先生箭术也是极为精湛,单是刚才这副身手恐怕就非常人所及啊!"

"让大王见笑了,不韦以商为业,四海漂游,不幸又当乱世,唯恐丢了身家性命,只好练些武艺,一为健身,二来也可自卫,没想今日倒派上了用场。"吕不韦非常谦逊地说道。

说话之间,刚才被三个恶汉调戏的女子已经束好了发髻,整顺了凌乱的衣服,恭恭敬敬地拜伏于孝文王的面前:

"小女子晴欢多谢您的救命之恩。"

"啊,晴欢姑娘,救你的并非本王,你要谢也应谢他们啊!"

说着,他指了指身边的子傒和身后的吕不韦。

"晴欢可认不了那么多人,既然大王的话他们都听,那晴欢谢大王一个人不就行了吗?"

孝文王被她的这句话逗得哈哈大笑起来,笑罢之后才说道:

"晴欢姑娘,本王要开始打猎了,你既已无事,那么就自己回家去吧!"

一听孝文王让自己回家,仍旧拜伏于地上的晴欢忽然极为伤心地嘤嘤哭泣起来。孝文王忙问其故,晴欢这才抽咽着诉说了自己的身世。这晴欢本是楚国人,后来父母双亡,只得前来秦国寻找亲戚投靠,怎知亲戚也是一家俱亡。无奈之下,晴欢只得四处流浪,却被那三人拦住欲行非礼,幸好被众人救下。晴欢说完,又重重地给孝文王磕了一个响头,颇为幽怨地乞求文王道:

"大王,如今晴欢父母俱亡,又无亲戚可以投靠,大王如果怜惜晴欢身世凄苦,就请您收留了晴欢吧。"

"这……"孝文王面有难色,"我们正在打猎,带上你一个女孩子恐怕多有不便啊!"

"啊,这件事大王就不必担心了,晴欢自幼出身清贫之家,多受劳作之苦,如今既然大王打猎,晴欢正好可以为大王牵马引路,求求您了!"

"这个嘛……好吧,本王留下你就是了。"

"谢谢大王,多谢大王收留之恩!"

说着,晴欢一下子从地上跳起来,兴高采烈地跑到孝文王的马边,仰起笑脸,一脸妩媚天真地看着马上的孝文王。说来也怪,孝文王的马素来脾气暴躁,不乐受人支使,然而今天对这女孩却极为乖巧,而且还隐隐露出依恋的样子。晴欢轻轻地捉住马缰,眼光却不经意地向后看了一下,与吕不韦四目相对,便即刻幽怨哀婉地低下了头,又与孝文王说笑去了。

孝文王坐在马上,颇有大帅之风地将手一挥,文武群臣及那些卫士都四散开来，驱赶那些藏匿于草丛灌木之中的猎物。

虽然孝文王此行是专门来打猎的，但此刻他的心思并没有放在射杀猎物上。晴欢的偶然出现彻底打乱了他的计划。巧笑妖娆的晴欢给了他一种与以往绝不相同的感受，而且从近处一看，他才知道眼前的这个疯丫头原来是一个十足的美人胚子，细眉，凤眼，小巧的鼻子和嘴巴，看起来都是那么和谐，那么美丽。孝文王坐在马上，有些晕头转向起来。啊，这一切对他而言，简直就是一种绝对完美的诱惑。

在此之前，他所接触的女人，因为他的特殊地位，对他只有服从和忍受，没有人敢和他说一个不字。但就是因为这样，虽然他曾经拥有过无数的女人，但女人给他的大部分印象都是苍白无味的，就是他一直宠幸的华阳夫人，他更多的也是欣赏她的治理后宫的能力而非她的美貌。甚至他执拗地认为，在这之前，他就没有关心过和自己共度枕席之欢的女人们的容貌。

但现在，他却清清楚楚地感觉到了晴欢的美貌和妩媚，他被深深的诱惑住了。眼前的晴欢不但年轻，而且顽皮可爱。虽然知道他是堂堂的大秦国的君王，但仍旧敢和他有说有笑，甚至敢和他开玩笑。他现在才感觉到，自己出来打猎的决策简直太英明果断了，否则自己怎么可能遇上如此佳人呢？怪不得刚才那三个贼人都对这玉人淫心大起呢！他将仅有的那几名跟随在自己身后的卫士都赶跑，让他们加入狩猎者的行列。那些蹦跳奔逃的野兽和纷飞的箭矢本来是他应该关心的，但现在他却对那些东西置若罔闻，好像这一切都与他毫无关系似的。他的全部注意力都被眼前的晴欢给勾引过去了。

“哎哟！”

晴欢忽然娇滴滴地叫了一声，人也随之蹲了下去。等她再站起来的时候，走路已经一瘸一拐的了。

“晴欢姑娘，你怎么啦？”孝文王极为关切地问道，自己献殷勤的机会来了。

“没什么，大王，我只是扭伤了脚。”晴欢装作若无其事地说着，但她额头之上的微颦已经说明一切了。

“算啦，算啦，你上马来吧，别在地上一瘸一拐地走了，实在是太过难看了。”孝文王冲着晴欢伸出了自己的臂膀。

“大王，我要是上去了，那可就没有人给你牵马了。”晴欢扭头顽皮地说道。

“没事的，我这匹马是万里挑一的良驹，再难走的山路也能健步如飞，你就不用再费心劳神地牵着它了！”孝文王洋洋自得地说道。

“哈，大王，您怎么不早告诉我呢，否则我也不会扭伤了脚啦！”晴欢一边撅着嘴嗔怪，一边将小手放在孝文王的手里，巧借孝文王的拉力，一拧纤腰，仿佛轻灵的燕子一般上了孝文王的坐骑。

孝文王心头一阵狂喜，借势要去抓牢马缰，伸出双臂，将小巧美丽的晴欢环于双臂之间，而晴欢也极解风情地半推半就地靠在了他的怀中。

二人立马于半坡之上，有说有笑地望着谷地中众人的追逐狩猎，晴欢的眼光专注地追随着在人群之中游走射箭的吕不韦，脸上露出陶醉欣赏的神色，而她的一双小巧柔软的玉手却偷偷地解开了孝文王衣服的前襟，伸进衣服中调皮又温柔地抚摸起来。孝文王哈哈一笑，索性颇具挑逗性地将一双大手压在晴欢两只乳峰之上，紧紧地把晴欢搂在了怀中。悄悄地，他忽然又感到了一种欲念的来临。

狩猎活动终于结束了，许多大臣和卫兵们都来向孝文王邀功请赏。吕不韦远远地躲在人群的背后，看着马上半偎在孝文王怀中的晴欢，不禁一阵酸楚和愧疚。

"对不起，晴欢，但愿你能在孝文王的身边过两天好日子，也算是对你的一点儿补偿吧，希望你最终能够原谅我。"吕不韦顾自喃喃道。

孝文王兴高采烈地带着一大队人马，带着丰足的收获奔咸阳而去，刚才还无比喧嚣的景象刹那间便安静下来。

一路之上.君臣都是欢声笑语不断。大臣们高兴是因为他们打着了不少的猎物，可以向孝文王一显自己的英武勇猛。孝文王高兴是因为他捕获了一只温柔美丽、极通风情而且极会挑逗他的欲望的小母老虎，或者说是他自己被这只可爱的小母老虎给俘获了。

秋夜高爽，万里长天，一弯新月斜斜地、慵懒地挂在半空之中。清爽的空气让人闻之便心旷神怡，全身舒泰无比。

王宫之中。

孝文王正与身着一身轻纱红装的晴欢对桌畅饮。回到宫中之后，孝文王都等不及进行入宫之仪便迫不及待地将这个自己不意邂逅的佳人带到了自己的寝宫之中。

"大王，晴欢美吗?"

此时，二人酒已半酣，目光痴迷。晴欢双颊潮红，宛如三月桃花，轻纱半解，香肩微露，软语哝哝。

"美，你太美了，你可是本王所见过的最美的女人了!"

孝文王有些癫狂地说着，一把将晴欢搂在怀里，热吻如暴雨一般倾泻在晴欢的香肩和玉颈之上。

"大王，您也太不知道怜香惜玉了，您难道就不能温柔一点儿吗?"晴欢伸出纤纤玉指在孝文王的额上轻轻地点了一下，一扭柳腰，人便"哧溜"一下轻巧地滑出了孝文王热情的怀抱。

"哎呀，美人，你别走啊，我对你温柔一些就是了，你别跑啊!"

孝文王眼见宝贝脱手，急不可待地紧追两步，一把抓住晴欢的衣袖，又把她揽在了怀中。晴欢半推半就地将自己充满女人的幽香的娇躯投入到他的怀抱之中。

不知不觉之中，二人已经来到了床榻的边上。孝文王一把将晴欢推在床上，而后哈哈大笑地吹灭了灯火，自己也摸上了床。而后只听一阵窸窸窣窣的褪去衣衫的声音,继而便是一阵亲吻和摩挲的声音,然后却又忽而没有了一点儿声音。

“不行,不行,我真的不行!”这是孝文王低沉的愠怒的吼叫。

“大王,您别着急,越着急越不行的,您摸着我,我搂着您,慢慢来,今天不行我们明天再来嘛!”

“不行,我等不及了,我今天就要临幸你,我今天就想体会一下做你的男人的感觉。”

紧接着又是一阵亲吻和抚摸的声响,还有孝文王呼呼的粗重的气息声,然而最终却还是很快地平静下去,只是偶尔地传来孝文王无可奈何的叹息声和晴欢的软语安慰。

第二天的夜晚,晴欢坐在桌边,略带忧愁地对着灯光,考虑着如何应付孝文王的欲望。难道这就是一个后宫妃子的生活吗?吕不韦那么希望自己来后宫做母仪天下的王后,可这有什么用呢?

“笃,笃,笃”,一阵敲门声从门口传来。晴欢起身走到门边,门并没有插,宫女已经被她给支走了。她刚想开门,门却自己开了,不过只开了一条缝,一只手伸了进来,门外的人用暗哑的嗓音说道:

“拿着这包药,放在酒里面,到时孝文王就会与你共尽夫妻之娱了,这包药是吕先生让我交给你的。”

晴欢一看那人的手中,果然放着一包东西。晴欢拿过那包东西,那只手便倏地抽了回去,门外响起了一阵细碎轻微的脚步声。晴欢打开门向外张望,只感觉到清风月影,却没有人的踪迹。

她关上门,退回到桌边,打开那包东西,近灯一看,里面是一些黄色的粉末。她有些迟疑,但一想到这些东西是吕不韦送来的,她便感觉到一阵甜蜜,而后毫不犹豫地将那些粉末倒在了酒壶之中。呵,吕老爷还记挂着我呢,她美滋滋地想着。而后,她坐在桌边,等待着孝文王的到来,心里却在回想着与吕不韦度过的那些激情四溢的夜晚。等到这个老大王死后,我一定要再回去陪吕老爷。

门外传来了一阵粗重急促的脚步声,那是孝文王的。这一天里他都闷闷不乐,弄得大臣们一个个噤若寒蝉,唯恐一句话说不对,孝文王便会迁怒于自己。忙完了政事之后,孝文王便又立即向晴欢这边赶来。虽然他为自己无法与晴欢进行肉体的结合遗憾不已,但他仍然要来见晴欢。能够看到晴欢妩媚的笑容,能够抚摸到晴欢那润滑白皙的皮肤,即使不能再更亲近,他都觉得是一种很好的满足。

还未等他敲门,晴欢已经打开门,娇笑着在门口等候他了。为什么不让自己早点儿遇到可爱的晴欢呢,那时的自己还异常健壮呢!

从晴欢的笑脸上看不出一点儿对于昨天晚上的失望和沮丧,他略感心安。毕竟自己已显老迈,而晴欢却正当虎狼之年。

“大王,晴欢为你准备了美酒和几样小菜,咱们再小酌一番如何?”

"好啊,我也正感口渴呢!"

孝文王满口答应着坐在桌边,晴欢却一屁股坐在了他的大腿上。随后,晴欢端起酒杯,递给孝文王一杯,二人相视一笑,举杯一饮而尽。美酒下肚,孝文王举箸正想夹菜,晴欢却伸出玉臂揽住了他的脖子,红唇微翘,一下子贴在了他的嘴上。他正感诧异,忽觉舌尖一凉,喉间一动,晴欢那一杯酒便带着晴欢的香津美唾悉数进入了他的肚中。紧接着他便感觉到一个软软的东西伸进了他嘴里,他便狠狠地含住吮吸亲吻起来……

不知不觉之中,一大壶酒已经被两个人尽数灌入了肚中。晴欢衣衫半解,春光乍现,而孝文王也微微有了些酒意。

晴欢扶着他走到床边,让他躺在床上,而后慢慢地给他除去浑身的衣服。当最后去脱他的裤子的时候,晴欢忽见他的裤子一动,还没等她回过神来,早被孝文王一下子压在了身子下面。

"我的美人,今晚本王可以让你享受一下春宫之乐了!"

"那大王您就快点儿吧!"

灯火倏灭,二人便在床上翻云覆雨起来。吕不韦送来的药物果然产生了作用。孝文王得意地听着晴欢辗转的欢悦的叫声,仿佛又一下子年轻了许多,又回到了昔日春光恣肆的日子。

忽然,他的动作慢了下来。晴欢正感觉奇怪,忽觉胸前一沉,孝文王整个庞大的身躯都伏倒在晴欢的身上,而后又猛烈地抽搐一下,终竟归于不动。晴欢心中大骇,刚想推开孝文王去点亮灯火看个究竟,忽觉浑身一阵酸软,紧接着所有的知觉便都离她远去了。

第二天日上高竿,早起侍候的宫人总也等候不到房门开启,多次呼唤也是声息皆无,无奈令一宫女进去查看情况,宫女一见之下,连连失声尖叫,魂魄俱散。床上薄衾之下,孝文王与他出猎时带回来的女子赤裸相拥,样貌极是亲昵,然而却俱已身亡。

太子子楚闻讯连忙率吕不韦赶来,命宫中御医诊断病情,自然此时早有人为二人穿好了衣服。御医诊断半天,二人脉搏俱停,皮肤冰凉且毫无体征,只得推断为力竭而亡。子楚虽然觉得其中蹊跷,但也只得由他去了。随后子楚宣布国丧,而那名女子,由于并未册封,无名无实,便命宫人随便找了个地方,将其埋葬了事,而且他还听从了吕不韦的建议,将熟悉此情的宫女、太监以及御医全部下令处决。毕竟,这种事情,这样的死法,传扬出去,对孝文王,对于大秦国,都会成为笑柄。

举国哀悼之中,太子子楚登基为帝,是为大秦庄襄王。同时,他宣布拜吕不韦为相,并嘱吕不韦教导自己的几个儿子。

短短不到一年的时间,偌大一个秦国连丧两位国君,举国哀悼的同时也出现了一些不稳定的因素,四方盗贼祸乱纷起,而朝廷之内的公卿大臣也都互相猜忌打击。一时之间,朝廷内外一片大乱。

面对眼前的纷乱，初登王位的庄襄王急得六神无主，不知道如何应对，急问吕不韦策略。吕不韦也对纷至沓来的祸乱有些措手不及，他也从来没有为一国之相的经验。但是，他知道，这种现象应该很正常，因为帝位的更换难免会造成一些纷乱，而且制止这些纷乱的最好的办法就是确立起庄襄王子楚的威信和地位。扩大秦国的版图进而统一天下已经是秦国历代君王及大臣们的共识，到了现在自然也不能改变，而且相对说来，庄襄王更需要这种对外的兼并战争，因为对于他的继位为帝还有以子傒为首的少数宗室大臣的反对，他迫切地需要这种开拓疆土的对外战争来确立自己的威信和地位，让这些人意识到他的胆识和勇气。

经过一番周密的商议之后，吕不韦建议庄襄王先出兵攻打韩国，因为韩国距离秦国最近，而且在六个国家里也最弱小。同时，相对说来，对于秦国，韩国是一个不安定因素。当六国合纵抗秦的时候，它是六国的先锋军；而当合纵解散的时候，它又臣服于秦国的淫威之下，纳贡割城。吕不韦认为不能再允许韩国再这样左摇右摆下去，不如取其地为郡县，既能开疆辟地，又能使其成为对抗六国的一把尖刀。同时，吕不韦建议派大将蒙骜率兵去攻打韩国。

蒙骜是秦国继白起之后的又一员名将，不但英勇善战，而且足智多谋。因为近年来秦国并未有什么大的对外战争，所以他的作用还没有太明显地体现出来。不过，吕不韦慧眼识英才，知道蒙骜以后一定会派上大用场的。但是，蒙骜这个人有一个毛病，那就是脾气耿直，刚直不阿，从不会对人阿谀奉承，溜须拍马。吕不韦全赖资助扶持子楚登基为帝之功才被子楚封为相，而他对于秦国并无太大功劳，所以蒙骜对他并不心悦诚服，而吕不韦之所以点蒙骜为帅，就是想借机拉近与蒙骜的关系。

蒙骜领兵率五万人马攻打韩国，韩桓惠王根本没作太多的抵抗，于是蒙骜以风卷残云之势迅速占领韩国的成皋、荥阳，置为秦国三川郡，以此为秦国向东部发展的前沿阵地，而且有三川郡镇守东部，也能够避免六国军队借黄河之势直抵咸阳。

蒙骜攻取了成皋、荥阳之后，正欲再挺兵东进，一件意想不到的事情却又发生了。

远在咸阳的庄襄王接到蒙骜从前方发回捷报的同时也接到了一条边境告急的坏消息：东周君眼见秦国一年之内连丧二君，国内紊乱，以为有机可乘，遂兴兵讨伐秦国，想一举恢复周王朝昔日的荣光。其余六国见状也想趁火打劫，都遵从东周君的号令，派兵驰援，也准备趁机分上一杯羹，就连被蒙骜大军打得节节败退的韩桓惠王也派兵参与了这次联军攻打秦国的行动。

此时的东周偏于洛阳一隅，早已不复昔日的繁荣庞大，而西周也早在昭王五十二年便被秦国给灭掉了。虽然东周君只剩下巴掌大的一片地方，但他却仍然妄想着周王朝昔日的尊荣能够在自己的手里恢复过来，因而发动了这场战争。

闻听此消息之后，庄襄王又是一阵慌乱，正与赵姬商议着该派哪一位大将率兵迎敌，吕不韦却来谒见他了。

吕不韦进来之后，庄襄王连忙向他道：

“丞相，东周君率六国兵马犯我边境，本王正在考虑该派哪位将军出战，你是否想到合适人选？”

“大王何必如此着急，区区一个东周君又何足挂齿，微臣保举一人，定可一战而平定边境之乱！”

“噢，竟有此人，他在哪里，怎么本王竟想不起来呢？”

“启禀大王，此人远在天边，近在眼前。”

“什么，近在眼前？”庄襄王听了吕不韦的话之后急忙向四周搜寻，却又随即静下心神来：此刻屋中只有他、吕不韦和赵姬，哪里还有别人？他又低头想了会儿，随即明白过来，但转而便哈哈大笑起来，而且边笑边说道：

“哎呀，我的丞相啊，要说你聚财理货、经营钱物之能，寡人是佩服之至，然而战场非商场，枪林箭雨，敌虏无情，你一身儒雅，怎么能号令三军，奋勇杀敌呢？依本王看，你还是协助本王打理朝廷内政，至于领兵征战之事，本王再派一员将军去就得了。”

吕不韦见庄襄王语出轻慢，根本不领他的出战之请，心中不禁颇为恼火，若非子楚今日已为万乘之王，他早就对子楚指责训斥一番了。他耐心地等庄襄王笑够了，这才又慷慨陈词道：

“大王，微臣虽然奉行儒道，但谁又能说微臣没有武略治军之能呢？武略者更应兼具文韬，昔日文、武二王成就百代之周业，靠的不也是姜子牙这个文士吗？而齐国之中兴不也是靠了孙膑这一轮上之残将吗？微臣既能交游各国而大赚其财，也自然能审时度势，率千万军马冲锋陷阵，御辱于国门之外！”

“丞相，兵贵在实战，而非臆断，当年赵括谈兵纸上，无人能与之辩驳，却终被我大秦武安君白起一战挫败，身死兵亡。丞相从未身经戎事，又怎么能领兵出战呢？依本王之见，此事就不要再说了吧！”

吕不韦知道，自己现在虽然贵为秦国丞相，但有许多大臣都看不上自己，认为自己完全是靠亲近庄襄王才取得相位的，所以他要利用自己的政绩来证明自己的能力，巩固自己的地位。在这一点上，他和庄襄王的处境是一样的。但现在，从庄襄王的态度看来，他是绝对不允许自己领兵出战东周的。

吕不韦看着庄襄王那副样子，一咬牙，把心一横，开口说道：

“大王，微臣愿意立下军令状，领命出战，如果不能打败东周君且尽取其地，臣愿领罪自刎于满朝文武面前！”庄襄王一见吕不韦如此决绝，一时倒有些不知所措起来，答应也不是，不答应也不是。一直在一边默不作声的赵姬见此情景连忙说道：

“大王，丞相既然愿意舍身一战，您何不就命他领兵前往，而丞相也不必立此毒誓，区区一个东周君，即使一战不能胜之，我们也能够另图他策，又何必急

在一时呢?”庄襄王对赵姬一向是言听计从,如今见赵姬说话,连忙便答允下来,而后也面带凝重地对吕不韦说道:

“丞相,你此次出战虽然面对的只是一个小小的东周君,但其后却有六国之师作强大后盾,你如果能一战而胜,自然会使六国之师惊骇而慑服,从此不敢再轻言战事,所以你一定要多加小心。你路上可以会合蒙骜将军,与其同心协力,一致对敌。”

“大王请放心,微臣一定不辱使命,一战而胜之!”

随后,吕不韦告辞而去。庄襄王一下子将爱妻揽在怀中,四目相交,朱唇热吻,随后便以热烈的抚摸传达绵绵爱意。半晌之后,二人才分开,目光之中柔情四溢,庄襄王温柔地抚摸着娇妻的脸颊,郑重地说道:

“赵姬,本王虽生于皇室但自小就生性怯懦胆小,现在能够成为一国之主,都是你与吕爱卿的功劳,我现在虽然没有治世经国的才能,但是得妻如此夫复何求,日后你一定要与吕爱卿一起,为本王多多出谋划策才是。”

赵姬听完庄襄王的一席话,知道夫君如此器重自己,心中又高兴又感动。现在自己已经不再年轻,但是庄襄王却依然对自己如此看重,身为女人要的不就是丈夫的爱与尊重吗?现在自己全都有了,自己也就满足了。想到这,赵姬又投入了丈夫的怀抱。

第三章　出兵东周国 嬴政即皇位

自从庄襄王继承王位之后，吕不韦经常出入庄襄王的寝宫。这天，他刚从庄襄王那里出来，就看到院子里有两个孩子正在玩游戏。吕不韦走近一看，这两个孩子正是嬴政与庄襄王的另一个儿子成蟜。见到“自己”的儿子如此不争气，整日贪于玩乐，吕不韦十分恼火，于是快步走到嬴政跟前，厉声问道：

“政儿(庄襄王念他大恩，特准他可以这般称呼嬴政)，今日可曾温习功课?”

嬴政与弟弟玩得正开心，看到吕不韦来到自己跟前，难免有些心慌，听得他发问，只好机械地摇了摇头。

“那么我给你留的文章你写了没有?”

嬴政仍是摇头。

吕不韦听后顿时火冒三丈，手指嬴政的脑门，毫不客气地训斥道：

“混账小子，没有用的东西，书简你也不看，文章你也不写，你到底想干什么？你都已经九岁了，可儒、墨、道、法却都一窍不通，你怎对得起父母对你的殷殷期望？你可要知道，你将来要继承你父王的帝位，君临天下，成为万民景仰的帝王，然而你却这样玩物丧志，不思进取，难道你想作一个亡国之君吗？我告诉你，如果你以后仍旧这般愚顽不灵，那么我就禀报你的父王，把你贬入民间，一世不准你返回宫中!”

说完，吕不韦猛地一甩袖子，愤愤而去。成蟜被他这一番话说得噤若寒蝉，不敢作声，而嬴政则始终低头不语，但从他的表情看，他并没有将吕不韦的话放在心上。等到吕不韦走远了，他才抬起头来，冷哼一声，踌躇满志地说道：“早晚有一天，我要自己独断专行，不听别人的号令，也不用看别人的脸色!”

“哥哥，他为什么对你那么凶啊?”成蟜心有余悸地问道。

“我也不知道，不过父王嘱咐过我，让我诸事都听他的，好好向他学习经世治国之道，连母后也这样嘱咐我，可我不喜欢他，早晚有一天我要把他从我的身边赶走，落得个耳根清净!”

“哥哥，你要是当了大王之后不会把我给忘掉吧?”成蟜眼巴巴地看着嬴政，目光之中满是乞求和依赖。

“好弟弟，你放心吧，不管以后怎么样，我都会对你好的，我不是对你说过吗，我一定永远地好好照顾你，绝对不让别人欺侮你。”

“那我就放心了。”

次日一早，吕不韦率领五万兵马出征东周，庄襄王率文武百官把酒饯行之后，大队浩浩荡荡地开赴前线。子傒等人心中暗笑不止，哼，一个只认钱财的商人,懂什么,要是他能领军打仗,那么三岁的小孩子都可以当大将了。等着吧,等着他被六国联军打得丢盔卸甲,屁滚尿流,我们再先参他失职妄大之罪,而后再替子楚这个蠢材收拾烂摊子。而庄襄王子楚又何尝不是殷殷以盼,吕不韦是他钦点为帅带兵出征的,如果他真的战败了,那么自己也难辞其咎啊,难道自己真的要逼他自刎吗?

不消几日,吕不韦已经率军抵达秦、周交界之处,而蒙骜也率攻韩的五万大军与他在此地会师,共同安营东向。

驻扎稳定之后,吕不韦与蒙骜共至中军大帐商议对策,吕不韦先对蒙骜攻取成皋、荥阳二地表示祝贺,而后向蒙骜询问对敌之策。蒙骜对其恭维赞誉之词并不感动,见他询问对敌之策,也不殷勤,只是声音冷淡地说道:

"东周虽然国小势衰,兵寡将弱,不足为虑,但其后却有六国虎狼之师为后盾,据我所知其总数不下20万,而丞相却只率5万兵马与我会合,总计才10万兵马,恐怕根本就无力与之抗衡!"

蒙骜并没有将自己的退敌之策和盘托出,反而一直嫌自己兵力不足,明显是将难题摆在了吕不韦的面前,吕不韦也知他怀疑自己并无将才,索性将自己的计划说个明白,也让对方知道,自己能到今日并非全赖庄襄王之功。

"蒙将军,东周君之所以敢冒以卵击石之险而起兵犯境,无非是认为我国国君两度新立,国内必然混乱,而六国派兵驰援也只不过是想借机分一杯羹,同时也不想让东周君乘机扩大版图,从而影响他们的安全。自苏秦以来,六国便再未实现过真正的合纵之势与我国对抗,此次六国再度联手助周,虽然兵力超过20万,但却相互牵制,相互观望,否则以其20余万的优势兵力,早已能犯境西进,势如破竹,却又为何逡巡于此地而不向前呢?六国兵马远途征战,军粮后继不易,我们先按兵不动,数日之后再发一篇讨周檄文,六国兵马军粮不济,又慑于我军威势,到时自然会解兵而去,那么攻取东周也就易如反掌了!"

蒙骜静静听完吕不韦的一番分析及用兵之略,脸上虽然依旧没有什么反应,但心里却早已对吕不韦的这番论断钦佩不已,单是这番对敌策略便非常人所能及,自己虽戎马多年,征战无数,所想也就不过如此,更何况对方还从来没有身经战事。原来他还总以为吕不韦只是一个浑身沾染铜臭、一心只知钻营的势利商人,但现在他的看法已经开始改变了。

"末将对于丞相所分析的策略完全赞同,不过末将只知刀马战事,这讨周檄文还要请丞相捉刀而作了!"蒙骜一但认识到了吕不韦的过人之处,说话也客气了许多,而吕不韦见状也连连点头,心中自是高兴不已。

10日过后,六国君主眼见秦兵仍旧只是驻扎于边境之上,也不见什么动静,又得知己方军中存粮无多,后续粮草又遥遥无期,心中都甚为着急,便都来到东周君帐中商议对策。其实,按照他们的想法,只是想与东周君来个浑水摸鱼,不能让别人把便宜都占去。他们可不想与秦军作正面交锋,而且他们也没有想到秦国一年之内两丧国君之后仍能有条不紊地派出精锐之师上阵迎敌。

众人正坐在大帐之中你一句我一句地商量对策，忽听军兵来报说秦军使者来到，众人一惊，忙让其进来。秦使不卑不亢地进来施礼，而后从信囊中取出一卷帛书交给东周君。东周君展开一看，不禁大吃一惊，其余六位君主也连忙一齐上去观看，只见帛书上面书写的正是讨伐东周君的檄文：

"文呈东周君及各国君王足下：东周者，乃周室余脉，姬家后裔，我主感念周君昔年赐姓之功，许东周君居洛邑以安身立命，虽偏居一隅，然实是其先祖之德，我主纵恤其孤苦却又徒呼奈何。怎知东周君以怨报德，趁我国二君新丧，纠集六国之师，意欲再起烽烟。为保万民于安乐，我主挥师东进，不日将扫平东周小国。尔辈六国诸侯，如甘冒以卵击石之虞，自可为东周君之前驱，待我金戈铁马平定东周一隅之后，定将尔国夷为平地！"

东周君读完这篇檄文，直气得浑身颤抖，咬牙切齿地想将那帛书撕碎，然而使了半天力气，那帛书依旧安然无恙，气得他使劲将帛书揉为一团，狠狠地掷在地上，向其余六国君王询问对敌之策。

此次聚师西进，齐王建所率部队最多，见东周君询问对策，气得他猛地拍了一下桌子，手指着秦使大声叫道：

"尔辈蛮夷之邦也实在是欺人太甚，竟敢以10万残兵来对抗我20余万雄师，真乃螳臂挡车，不自量力，回去告诉你们的统帅，我们即刻就挥师西进，马踏联营，让他赶紧给自己找条退路吧，快滚！"

来使转身匆匆而去：对方既然如此嚣张，应该回去让吕帅与蒙将军早作应对。这名信使并非普通士兵，而是蒙骜手下一名裨将所扮，所以行为气度都非常人所及。此人名叫樊於期，也是骁勇善战，颇有计谋。

齐王建见秦使走后，转身对东周君说道：

"与其在此地和他们进行徒劳无益的对峙，不如领兵出去杀个痛快，他们只有10万人，而我们却有20余万兵马，我们戮力同心，共同西向，定可以让骄傲自大的秦国一战而俯首称臣，我先回去准备兵马去了，一个时辰之后，我们擂鼓进击！"

说完，齐王建龙行虎步，转眼间便消失在大帐之外。其余五国君王也都连忙满腔义愤地辞别东周君回营准备兵马，相约一个时辰之后共同出击擒敌。

东周君本来已被秦使送来的这篇讨伐檄文吓得七魂皆冒，六神无主，只想鸣金罢兵，但眼见那六国君王个个都意气风发，一腔豪迈，恨不得立即兴兵打到咸阳去，他体内仅存的一点点男子汉的气概和自尊心又被激活起来。虽然自己势单力孤，根本无力与强秦的大队人马对抗，但自己还有这么多的强援相助，即使不能挺兵西进，也能全身而退，依旧做回到自己的小国寡君。

想到这里，东周君禁不住热血沸腾，连忙让卫兵拿来自己的盔甲兵刃，帐外备马。收拾停当之后，他出帐翻身上马，率领自己手下的10余名将官及万余兵马，无所畏惧地开往秦军营前与其余六国君王会合。

吕不韦和蒙骜听到樊於期的回报之后，并不以为意。吕不韦甚至大笑着说道：

“可笑六国之君，明明想不战而退，保全自己，却还要装腔作势地说上几句漂亮话，真是可笑，实在可笑！蒙将军，你看该怎么办？”

“据闻东周君驽钝鲁莽，缺乏深谋远虑，虽然六国之君说的都是漂亮的推搪之词，只怕他会真的信以为真，率兵来战，依我之意，我们也应该派兵迎敌，否则也太过怠慢了这一国之君了！”

“好，那就依将军之见，我们派出4万兵马迎击东周君，其余6万将士为上阵搏杀的4万儿郎呐喊助威，你我二人于帐前共饮，坐看东周君的败亡！”“好！”二人相视，不觉都爽朗地哈哈大笑起来。东周君一腔热血地率领自己的万余兵马来到秦军营前，却见此处并无六国兵马守候。难道是自己来早了，可是一个时辰的约定时间已经到了啊？他不禁有些心虚地向绵延不绝的秦军大营望去。与其浩荡磅礴之势相比，自己的这点军队实在是太少了。不过，这已是他东周举国之兵了。

“启禀大王，大事不好了！”

东周君正坐在马上狐疑不止，忽然一名卫兵飞奔而至，气喘吁吁，声音都有些走样了。

“什么事情如此惊慌？”东周君瞅了一眼身后的兵士，颇感厌烦地问道。

“启禀大王，小人奉大王之命前去联络齐国君王，谁知他竟然已经率领自己的部下返回齐国去了！”

闻听此消息后，东周君大惊失色，怪不得他没有看见齐王的军队呢？他回首向齐军驻扎方向看去，可不是，白茫茫一片干净，连营帐都拔得干干净净，看来他们早就已经开始做准备了，可笑自己并不知道。这个无耻无义的齐王建，他第一个满腔义愤地决定兴兵西进，扫平强秦，没想到他却率先脚底抹油溜之大吉了。没事，没事，他走了，还有五国的军队可以和自己并肩作战呢，照样不会输给秦军的。东周君在马上默默地安慰着自己。可是他们为什么还不来呢？

“报，大王，大事不好啦！”

“报，大王，大事不好啦！”

这一声声急报之声仿佛一声声丧号，让东周君在马上坐如针毡。

燕王率领自己的军队不辞而别；楚王率领自己的军队不辞而别；赵王率自己的军队不辞而别；还有魏王，韩王……一个时辰之内，他们没有率兵马来与东周君会合，而是径直回归自己的国家去了。虽然走得仓促，但一兵一卒还是走得干干净净，连营帐都没有剩下。他们都和齐王建一样舍东周君而去了。因为他们实在都恐惧于秦国的强大了，唯恐走得慢了会被秦军认为是东周君的盟友而兴兵讨伐，那时自己绝对抵挡不住秦国的虎狼之师的。虽然跟随东周君可能捞得一点儿小便宜，但只要不把秦国彻底地剿灭，那么等待他们的就会是兵败国亡。可是，彻底剿灭秦国，又谈何容易！

走吧，走吧，都走吧，这群无耻的奸诈小人，这些说话如同放屁的恶徒！东周君在马上狠狠地咒骂着那六国的君王。他回头一望,六国的营帐都好像忽然被大风刮跑了似的,一座也看不见了。偌大的一个东线防区,只剩下他自己这一方为数不多的营帐孤零零地僵卧在旷野之中。

东周君坐在马上,只觉眼前一黑,身子晃了几下,幸亏那几名报信的卫士手疾眼快将他扶正,否则他早就一个跟头跌到马下去了。

几名卫士和那十余名将官围过来,焦急地呼唤半天,东周君这才醒过来,恨恨地骂了一声娘,而后与众将商议对策。众人一致认为此时根本就无力与秦军对抗,不如就三十六计,走为上策。东周君虽然心中甚是凄凉,但也只得无可奈何地点了点头。遇人不淑,他又有什么办法呢?

他刚想号令大部队回撤归国,怎知为时已晚,只听秦军营帐之中突然鼓声连天,震耳欲聋,随之便有千军万马呐喊着从营中冲出来,眨眼之间已将东周君的兵马围了起来,东周君的军队顿时一阵混乱。

忽然,战鼓声与呐喊声骤停,只听一阵阵笑声从秦军后边响起。东周君慌忙极目而望,只见秦军营帐内的瞭望塔之上端坐二人,正迎风畅饮。其中一名武将打扮的人大声说道:

"呔,东周君,我主念在周祖遗荫,允你于一隅做个小国之君,谁知你竟冥顽不化,率兵犯境,你这可是以卵击石,自取其辱,当今形势,你还不下马投降!"

"投降,投降,投降!"

那人话音刚落,秦军兵士立即都跺脚振臂呐喊起来。喊声音响绝大,直震得地动山摇,风云变色,有的东周兵士甚至被吓得哆嗦起来。

东周君眼见大势已去,心中懊悔不已,没想到自己的踌躇满志竟然转眼间便烟云俱散。自己本想光复先祖的荣光,但现在看是绝对不可能的了。那么,自己又有何脸面去见九泉之下的列祖列宗呢?事已至此,打也是这样,不打也是这样,索性不如拼个痛快。

想到这里,他猛地拔出腰间长剑,振臂高呼一声,纵马率先向秦军冲去。其手下将士眼见自己的主子冲了出去,也大都呐喊着向秦军冲了过去,而一些胆小畏死的则抛掉兵器,举手过肩,溜到一边做俘虏去了。

战斗完全按吕、蒙二人预先设计的一样,4 万秦军与东周君的兵马鏖战,而另外 6 万秦军则力尽呐喊助威之势,以惊骇消靡东周将士的斗志。

秦军蓄势而发,数量上占有绝对优势,而东周君这边的兵士则如惊弓之鸟,畏首畏尾。双方才一交手,胜负立现。秦军的胜利早在意料之中,只是迟早的问题。

东周君及手下诸将拼死往来冲杀,虽然杀死不少秦兵,但自己身上也是伤痕累累,血流不止,而且围绕于他们身边的东周的兵士是越来越稀少,己方的惨叫声不断地骚扰着东周君及手下将士的斗志,使他越来越心惊胆寒,但他决意要死拼下去,死撑下去。他机械地挥动着自己的长剑,却已分不清与自己打照面的人是谁了。

战斗异常惨烈，血腥味十足。兀鹰展翅滑翔在高空之上，单等战斗结束之后飞下来饱餐一顿。

不过战斗并没有持续太长的时间，因为东周君一方的兵马实在太少了，而且还有的早已心甘情愿地当了俘虏。

高高的瞭望塔之上的吕不韦和蒙骜一人手持一个酒壶，自斟自饮，一脸的轻松惬意。他们有理由轻松惬意，因为战场之上只有东周君一人像一只没头的苍蝇似的四处乱撞，而周围的秦军则呐喊着，看他毫无目标地往来冲杀。

战斗结束了。东周君力竭被俘，而其他妄图负隅顽抗的将士尽数被秦军杀死。被俘之后，东周君也彻底清醒过来，还是顾命要紧，自动请为平民，答应从此再不言国政之事。但吕不韦并未饶过他，而是令其下罪己诏，将东周领地悉数嘱意于秦国，从此再不言周宗之事。而后，吕不韦先派人将东周君解往咸阳，自己和蒙骜打扫完战场并收取东周的领土之后才挥师归国。

经此一战，吕不韦声威大震，不但原先那些瞧不起他的大臣认可了他，就连那些六国的君王也知道了他的威名。吕不韦的目的可以说是彻底地达到了。而后，他与庄襄王汇集群臣的力量，勤于朝政，外交内抚，很快便使秦国重新现出一片蒸蒸日上的景象。随后，庄襄王将自己的长子嬴政立为东宫太子。

然而好景不长，因为庄襄王子楚自出生身体就十分羸弱，再加上早年在邯郸为质之时饱受惊吓迫害经历过多颠沛流离之苦，让身体与精神上都饱受折磨。回到咸阳之后，虽然生活安逸了，但是依然不能长期处理朝政，身子也变得越来越差。庄襄王三年，他身染沉疴，经过一番医治之后，不见好转，最后医治无效去世。临终之前，他把嬴政、赵姬、吕不韦等人叫到床前，将王位传给嬴政，并让嬴政尊吕不韦为仲父，嘱其诸多政事要与吕不韦商议。等到一切安排妥当之后，庄襄王在众人的痛哭声中离世了。

在国丧之中，年仅13岁的嬴政登上了皇位。因为他年纪尚幼，很多事情都要太后、丞相吕不韦处理。在登基之初，谁也没有想到这个小皇帝最后能够成为史上第一个统一六国之人。

第四章 嬴政察民情 狩猎遇美女

嬴政登基之后，虽然感到拥护自己的人多了，但是他并不高兴。因为他再也不能和自己的另一个弟弟成蟜无忧无虑地玩耍了，每日还要接受赵姬和吕不韦的训导。对于母亲的话，嬴政还是能够听进去，但是对于吕不韦的话，他就装作没听见一般，既不赞同也不争辩。

在某日散朝之后，他救下了一个宫人，此人正是赵高。被救的赵高感激涕零，发誓一辈子效忠嬴政。

这一年，韩国水工郑国只身来到秦国，力劝嬴政下令在洛水与泾水之间开凿一条水渠，利用河水自身地势的高度自流灌溉运河两岸低凹的土地，从而造就沃野万里，使万民永享此福。不少大臣都认为这项工程会耗费大量的人力物力，并不主张开凿这条运河，然而嬴政却认为这是一项能够造福于万世子民的好事，立即同意。而且，他也知道，运河凿成之后会灌溉两岸大量土地，虽然一时之间会占用大量人力物力，但从长远角度考虑却能为秦国一统天下积存更多的粮草。这次，吕不韦也没有和他背道而驰，而是站在他这一边。当下，嬴政命郑国前去选择开凿运河的合适地点，人手方面由其自由调配。

转眼之间，两年的时间过去了，时间到了秦王政三年。这一年注定便是个灾荒年，因为自开春之后就一直不下雨，而且天气又很热。返青的麦苗艰难地延续着自己的生命，因为水分实在太少了。雨水少，庄稼不能生长，去年的老蝗产下的蝗卵因为没有雨水的浇灌而借着天气的温床顺利孵化出来。开始的时候数量还很少，人们并不以为意，甚至还有人兴起了斗蝗虫的游戏，然而到后来却越来越多，到处乱飞乱撞。后来下了一场小雨，人们趁湿种上了庄稼，企盼能打一点儿粮食，但随之他们就彻底绝望了。闹蝗灾了！

成千上万的蝗虫执著地从地下爬出来，又有成千上万的蝗虫从地上爬出来。无数的蝗虫汇聚在一起，漫天飞舞，遍地跳动，仿佛夏日暴雨即将来临之前的浓重的乌云压境。不，它们比乌云还要可怕十倍甚至百倍。因为乌云带来的是暴雨，而蝗阵带来的则是灾难。

蝗虫遮天蔽日地飞来，所到之处，所有绿色的东西都被它们一扫而光。那千千万万张利嘴啃噬咀嚼的声音甚至比刀子更可怕，它能割人的心，让无数人民的心血流不止。没有了庄稼，也就没有了粮食，他们吃什么？家里的存粮不多了，他们就等着收获地里的庄稼以获得一年的口粮了。但现在，所有的希望已经毁在这群畜生嘴里了！

没有办法，人们只能扶老携幼出外逃荒。然而各地都是如此，一样的蝗灾肆虐，一样的颗粒无收，他们只得又汇聚在一起四处流浪。一时之间盗贼四起，纷乱不断，各地的加急文书都陆续送抵咸阳。

咸阳的嬴政其实早已是心急如焚，连忙去后宫找母后赵姬商议对策，不一会儿吕不韦也赶到了。赵姬难得见他们能平和地凑在一起，心中也是非常高兴。

“太后，渭水两岸蝗灾肆虐，而函谷关附近灾情更甚，造成流民无数，不知太后可否知晓？”

“这个本宫也有耳闻，万千黎庶皆以耕作为食，如今蝗虫却毁了他们的希望，致使他们流离失所，但不知你们有什么良策？”

“母后，孩儿以为现在最重要的任务就是抚恤灾民，使其安于居所，不能四处流浪乞讨，否则必会导致大乱，孩儿打算从国库存粮之中调拨粮食50万石，火速运往灾情最重的地方用以安抚民心，不知母后认为如何？”

赵姬看了看吕不韦，而后点点头表示赞同。嬴政见状又说道：

“母后，孩儿认为单靠赈济绝非长策，因为国库存粮终有罄尽时刻，所以孩儿打算微服行于民间，体察时弊，审视地方官员的政绩，再回到宫中之后才能因时制策，想办法驱除蝗灾，使人民务于农耕，尽快渡过眼前的难关。”

“不行，不行，这万万使不得！”赵姬还未说话，吕不韦已经早早出言反对了，他可不想让嬴政身犯险境。

“仲父以为有何不可？”嬴政有些不高兴地出言反问道。

“大王年纪尚幼，毫无处世经验，何况民风复杂，而今又当乱世，如果大王出个什么意外，那咸阳的事怎么办？”

“而今蝗灾横行，民风浮躁，正是多事之秋，如果地方官政策不当，不但不利于安全渡过灾期，而且还会引起祸乱，然而地方官员大多只报喜而不报忧，如此祸乱积攒而不加疏导，终将一发而不可收，本王去民间微服，一为体察民情，二为考察官员实绩，然后制定出来的策略才能切中时弊。”

面对吕不韦的反对，嬴政侃侃而谈，据理力争。他所说的都是考虑于自己的政绩，而吕不韦却只考虑他的安全。他不想老让人认为自己是个什么事也不懂的小毛孩子，而是一国之君，但吕不韦却句句离不开他还是一个小孩子，弄得嬴政心中异常不快。虽然不便发作，但却更恼怒吕不韦的专横无礼。

赵姬在一旁静静观瞧，心中却着实慌乱，自己面前的这两个人可是亲生父子啊，为什么不能静下心来好好谈一谈呢？一个是她昔日的爱人，一个是她亲生的爱子，她真的不希望他们二人之间有什么芥蒂。但看眼前的形势，吕不韦不愿让嬴政出宫涉险，而嬴政则执意要出宫。赵姬知道自己儿子的脾气，宁折不弯，再这样吵下去后果可能不堪设想。

“好啦，你们别吵了，听我一句话行不行？”赵姬猛地高声嚷了一下，正吵得不可开交的两个人倒也都真的停了下来。赵姬沉声说道：“政儿，你真的长大了，你能心系苍生，决意微服出行，实在是黎民之幸，秦国之幸，为娘同意你出宫,不过一定要多加小心。”

“母后请放心,孩儿定会多加小心的,孩儿才不想只当两年大王呢!”嬴政极为兴奋地说道。

“可是……”吕不韦见自己的劝诫被赵姬打断,异常恼火。

赵姬挥挥手示意他不要再说,而后看着他,目光之中隐含着一种异样的神色,吕不韦不觉一愣,赵姬却正色说道:

“丞相,你既为皇上仲父,理应负起辅国理政之大任,你也不希望你所辅佐的大王是一个怯懦无能、庸庸碌碌而毫无作为的蠢材吧!政儿能有此想,你应该感到高兴,而不应该反对。”

“可是外面实在太危险了,万一有个什么闪失,那可就……”吕不韦当然知道赵姬的意思,嬴政是他吕不韦的儿子,他当然希望自己的儿子能成为一个功盖千古,为人所敬仰的好君王了,但嬴政的安危却着实又让他担心。

“仲父,我已经15岁了,不再是个小孩子了,我会好好照顾自己的。”

正在这时,忽然屋内传来一阵嗡嗡的响声,三人不约而同地循声望去,只见五六只肥大的黄蜂正在屋顶之上来回地嗡嗡盘旋着。黄蜂蜇人是非常疼的,赵姬和嬴政二人都不觉失声尖叫起来。也许是他们的尖叫声惊动了那些黄蜂,又也许是他们母子二人今天穿的衣服都十分鲜艳而吸引了黄蜂,反正有三四只停止了盘旋,猛地照着母子二人俯冲下来,这一下子更把母子二人给吓得手足无措,慌作了一团。

眼见二人就要被毒蜂所蜇,吕不韦猛地揭起桌上的罩布,但是他并没有将罩布盖在离他稍近的赵姬头上,而是猛奔两步,将罩布盖在了惊慌不堪的嬴政头上。凶恶的黄蜂在这里碰壁而去,却都转而飞向赵姬,将满腔的失望和愤恨撒在了赵姬的身上,在赵姬的脸上“狂吻”了一下才飞走。

嗡嗡声不见了,嬴政将自己头上的罩布扯下来,扔在桌上,连忙过去看赵姬。经受了三四只黄蜂的热吻,赵姬疼得龇牙咧嘴,而且她知道,被蜇的地方过一会儿就会肿起来,那她连屋都出不了啦,多丢人啊!

“母后,孩儿没能保护好您,请您责罚孩儿吧!”

嬴政望着赵姬,满脸的悔愧和伤心,他恨不能代赵姬母后受此磨难,如果不是吕不韦用布罩住了他的头,那么他就能和母后平均分担这份苦痛了。虽然吕不韦使他免遭蜂吻,但他心中并不感谢吕不韦。

赵姬轻轻抚摸着还疼痛不止的伤处,爱怜地将儿子搂在怀里,却极其怨恨地看了吕不韦一眼,开口对嬴政说道:

“政儿,为娘没事的,待会儿让御医开点药就行了,你回去自己准备准备吧,多带两个随从,有什么危险可以替你挡着一点儿。”

“娘,孩儿出去又不是游山玩水,不露行藏就可以了,至于随从嘛,我自己带吧!”

“好,政儿,你已经长大了,娘不再多管你,不过你可千万别让娘失望啊!”

"您放心吧娘,孩儿一定会尽心尽力治理国家,当一个好君王的。"

说完,嬴政伸出手来,在母亲的脸上轻轻地抚摸了一番,而后才拜别母亲转身欲去。吕不韦也要走,却被赵姬叫住。

"太后,您留下微臣有何吩咐?"吕不韦有些心虚地问道。此时,嬴政尚未走出赵姬的寝宫。

"政儿微服私访,朝中大事本当与你商议一下,再说如今国内蝗祸成灾,边境之上也应加派人手去把守,以免六国趁我内乱之际再兴兵犯境。"

吕不韦闻言只能停了下来,嬴政听后心中颇觉欣慰,其实自己的母亲也是一个女中豪杰呢!随后,他才放心地快步出了赵姬寝宫。

"大丞相!"赵姬眼见儿子走了出去,一下子站了起来,语含尖刻怨恨地叫了一声,而后走到吕不韦的面前,极为恼怒地说道:"大丞相,拜你所赐,我被可恶的黄蜂叮了四下,刚才你明明能够将那罩布罩在我的头上,而你却舍近求远地去救政儿,难道我在你心里就一点儿地位也没有吗?"

"太后,政……大王是我的儿子啊?"吕不韦并不理直气壮地申辩道。

"你的儿子?"赵姬冷哼了几声,"你还记得他是你的儿子吗?你到现在为止尽过一天做父亲的责任吗?政儿可是我历尽千难万苦一手养起来的,你这个当父亲的有与没有有什么区别?如果他不是继承了大秦国的王位,你会这样拼命保护他吗?"

"怎么不会呢,舐犊情深嘛。"

"胡说,你是在自欺欺人,我就始终不明白,你在邯郸做你的一方巨富有什么不好,非得要来当这个丞相,难道这比你交游四方、聚财无数更有意义吗?"说着说着,赵姬忽然又一下子坐下,没好气地说道,"我告诉你,大丞相,虽然你是政儿的亲生父亲,虽然你现在身为秦国的大丞相,但本宫照样决定着政儿到底该听谁的,他始终还是和我最有感情!"

吕不韦本来还想再申辩下去,但赵姬的最后这一句话彻底打碎了他的防线:是啊,嬴政还是和赵姬最有感情,因为他们母子二人在一起度过了最艰苦的日子,如果赵姬在嬴政的意识中培养其反对自己的情绪(这是轻而易举的),那么这个自己费尽10余年的心血构筑起来的宏伟蓝图将会毁于一旦。大秦国仍会按嬴氏一宗绵延下去,而自己则终将成为过眼云烟,很快便被人给淡忘。自己是嬴政的父亲又怎么样,嬴政到底还是姓嬴,而不是姓吕。不,绝对不能允许这样的事情发生,否则自己的心血不就白费了!于是计上心来,诱惑起了赵姬。两人又是一夜春梦。

却说嬴政这边,他匆匆回到自己的住处,把赵高叫过来,穿上赵高弄来的两身乞丐服出宫去了。

出了内宫,步行于咸阳繁荣的街道之上,二人感觉十分新鲜。虽然有不少的地方都受到蝗灾袭击,但咸阳城却丝毫没有受灾的痕迹,依旧人潮汹涌,熙来攘往,热闹非凡。嬴政看过之后不由悄悄说道:

“要是普天之下都能像咸阳这样繁华富庶就好了!”

赵高听完,嘿嘿一笑:“大王少年继位,神武英明,定能大展雄才,为万民造福!”

一句话说得嬴政踌躇满志起来。

二人走在路上,不断有人将一些铜钱塞入二人手中。嬴政本来还有些诧异,但随即便想到了自己的一身乞丐打扮,于是便坦然地接受了那些人的施舍,不过心里却觉得出奇的有趣。若非这身乞丐衣服,自己的样子一定会引起别人的注意的。万一露了什么马脚,那可就前功尽弃了,而且回去之后可能还得挨吕不韦的一番奚落,这次多亏了赵高。

瞅个僻静的地方,嬴政开口偷偷地对赵高说道:“你好好干,机灵一点儿,多给我分点忧解点难,说不定哪天我就令内宫总管免了你的腐刑,永远留在我身边,让你做个堂堂正正的男人。”

赵高闻听此言,顿时感动得涕泪横流,若非大庭广众之下,早给嬴政跪下猛磕响头了。他抓住嬴政的手,信誓旦旦地说道:

“大王,奴才以后一定会对您忠心耿耿,赴汤蹈火,在所不惜。如违此言,奴才愿受万剑加身之苦,永世不得翻身!”

“好了,好了,你也别对我表忠心,我还要看你以后的表现呢!不过,你要记住,出行期间,为避免被人识破身份,我们不要再以主仆相称,而是以兄弟相称,你记住了吗?”

“大王英明,奴才记住了。”

而后,二人出了城门径往东去。咸阳东边都是边关要塞,地形险要,而且受灾也最为严重。

两个人一路之上一边乞讨,一边体察民情。出了咸阳不多久,地上便多见零零散散的蝗虫,一个个体大肚肥,极其悠闲地在田间散逛,不时有孩子在田间奔走捕蝗,问过以后,才知道原来是捉回家食用的。不过此处蝗虫甚少,因而没有成灾,虽然路上流民渐多,但当地的百姓生活还算安乐。

又走了三天,两个人来到了华县境内,此县正在华山脚下,远望华山,巍峨峭拔,极其雄壮。二人本来还打算上华山之巅上饱览一番风光,然而一进入华县境内,眼前的惨状顿时让他们大惊失色,所有的闲情逸致都在瞬息之间消失得无影无踪了。

只见满目苍凉破败,时值盛夏,田地里本应一片繁荣,但此时却已被蝗虫啃得不见一丝绿色,连田埂地头的绿草也被吃得茎叶全无,无数的参天大树也只剩下光秃的枝干在烈日之下无精打采地傻站着。偶尔的,还能在树上和僻静的角落发现星星点点的绿叶绿草,但一看便知这些仅存的绿色也是新近才刚刚萌发出来的。道路两旁随处可见马、羊等牲畜的骸骨,在阳光的照射下发出瘆人的白光。平常的时候,这些牲畜肯定会在大路两旁悠闲地游来荡去,吃吃青草,睡个懒觉,成为农村生活中的一个必要的点缀。但现在,为了活命,人们也只能忍痛杀了它们,吃肉喝血,填饱肚皮,而它们的骨头则只能被弃之野外。谁让这年头不养人呢!

村落之中空空荡荡,异常的冷清,很少看见人影。即使有,也都只是一些老弱之人,行动不便。问他们村中人都干什么去了,回答说村里其他的人都外出乞讨求生去了,他们是走不动了,否则也一起去流亡了,待在村里只有死路一条。在另外的一个村中,他们碰上了一个精神矍铄的老人,正坐在村边墙下的阴凉处乘凉。老人双腿都没了。

"老人家,村里的人都干什么去啦?"嬴政极为客气地蹲下身子问道。

"逃命去了,找到吃的就死不了啦,待在村里只能等死。"老人痛苦地回答着,双眼之中一片迷茫。

"蝗灾都已经过去了,为什么不想办法再补种一点粮食呢,让这地白白空着多可惜啊?"

"谁说不是啊,土地可是我们庄稼人的命啊,如果有办法可想,谁会舍得让这地白白荒废呢,我们村里的地可是远近闻名的沃土啊!可是种什么啊?种子都让人给吃了,总得先活命吧!再说啦,这粮食不可能今天种好明天就能收啊,总得等个两三月吧,那么这段时间内吃什么啊?走吧,走得越远越好,否则根本要不着粮食!"

"难道县里面没有发赈灾的粮食吗?"嬴政觉得从国库中拨出的赈灾粮食也应该发下来了,所以开口问道。

"赈灾的粮食?哼,县里不来跟我们催要地租赋税就不错了,还会给我们粮食吃!"老人极为气愤地说道。

"你们的县令叫什么啊?"嬴政的心中有些急了,年景如此不好,村中空无一人,赈灾粮迟迟不下发,这个县令是怎么当的?

"我们这里的父母官叫阎世东,只认钱财不认人,我们背地里都叫他'活阎王',就是因为他太贪得无厌了。嗨,我跟你们啰嗦这些有什么用啊,纯粹是白发牢骚,你们还是赶紧走吧,现在要饭也不好要了,你们走远一点儿,说不定别处的日子还好过一些。"

"那您为什么不跟村里人一起走啊?"赵高在一边插嘴问道。

"嗨,我一个残废能到哪儿去呢?他们走的时候非要带上我,我死也不肯去,世道这么乱,哪里都不太平,我又何必拖累别人呢!他们临走时给我留了点儿粮食,那可是全村人从牙缝里省下来的啊!他们说了,如果逃荒回来我还饿不死的话,他们就还养着我,只是不知我还能不能等得到那一天啊!"

"老人家,您放心吧,您一定会等到那一天的!"

嬴政语气坚决地说着拉起赵高径直向县城而去。

到了县城之后,二人通过暗暗察访,这才得知发放赈灾粮食的命令早已下达县里,而且华县之内便有国库存粮,但县令阎世东根本不予执行,而是从国库之中将该放赈的粮食数量调出来,然后与城里的粮店店主勾结,高价售出这些粮食,他再从中得利。而且,更为可怕的是由于县内之民早已受够了阎世东的敲诈欺压,正在准备酝酿一次暴动,杀死阎世东,夺取粮食。由于人手不足,他们正在联络流亡到各地的本县民众,待到时机成熟便相约起事。

嬴政和赵高眼见形势危急,连忙雇了两匹快马,飞奔回到咸阳。令他颇为诧异的是咸阳城的道路上有许多运粮的车马,而且一排便是一大长队,好像等着人接收似的。但他已经顾不了这么多了,连忙颁发御旨,先命人快马加鞭赶往华县,处斩贪官阎世东以及几名囤积居奇的奸诈商人,而后任命忠贞耿介的大臣为巡行使,督察各地赈灾粮食的发放情况,让各地民众固守田地,抗灾自救,遇有趁机渔利或者办事不利的官员,即刻严惩,并赐予其先斩后奏之权。

忙完了这一切之后,他的心才稍稍平静下来,正准备去问候母后并向母后细陈自己擅自主张的原因,赵高却忽然急惶惶地跑了进来,急急忙忙说道:

"启禀大王,奴才有事急禀!"

"什么事,你赶紧说吧!"

"大王,奴才刚才听几名太监说太后已于两天前颁布诏令,凡秦国之民,纳粟千石则拜爵一级。"

"真的吗?"

嬴政猛地站了起来:这消息实在太令人震惊了,但随即他便知道这是事实无疑了,那些咸阳街道之上的运粮车马恐怕就是明证,怪不得有那么多的粮食运抵咸阳呢,原来都是来捐粮求官的。可是,为什么母后下达如此重大的诏令竟不跟自己商量呢!不行,得去找母后问个究竟。

嬴政脚步匆忙地赶到了赵姬所在的甘泉宫,赵姬见到他也颇感意外,十分怜爱地问道:

"政儿,你什么时候回来的,怎么也不先让禀报一下呢,为娘也好给你接风洗尘,怎么样,这几日的微服私访感觉如何?"

"回母后,孩儿出行几日,只觉蝗灾为祸甚是严重,有的地方官员却还趁火打劫,擅权专断,不务政事,致使民怨沸腾,孩儿刚才已颁布诏令,严明法制,希望能安全渡过眼前的难关。"嬴政还是耐心地说道。

"政儿,你小小年纪便能忧国忧民,实乃黎民之幸,相信大秦国一定会在你的统治下发扬光大的。"赵姬十分高兴地鼓励着自己的宝贝儿子。

"多谢母后夸奖,孩儿实不敢当。"嬴政谦逊一番,而后沉吟半晌,又开口问赵姬:"母后,孩儿有一事不明,不知该问还是不该问?"

"此处只有我们母子二人,有什么话不能说呢?政儿,你尽管说吧。"

"母后,孩儿回宫之后听人传言说母后业已诏令全国,凡秦国子民,只要纳粟千石则拜爵一级,不论贤孝驽逆,不知可有此事?"

"是啊,这条诏令是为娘两天前颁行的,只是不知效果如何。"赵姬口气轻松,显然对纳粮拜爵一事非常赞同。"敢问母后,这条诏令是否出自母后本意?"

"啊,这是吕爱卿提出的意见,为娘觉得尚可为之,加之灾情紧急,而你又不在宫中，于是为娘就只好代你诏令天下了。”

“又是这个讨厌的吕不韦！”嬴政极其反感地嘟囔着。

“怎么，政儿，你觉得这个诏令不合适吗？”

“这个孩儿不敢妄下断言，不过按我大秦律法，历来都是以军功受爵，因而才有前方将士奋勇杀敌，大秦版图也不断扩大；如今忽行纳粮赐爵之策，无疑会大大打击举国将士上阵杀敌的积极性，得利的会是那些只知聚财敛货，而不知天下兴亡的商人们，如此下去，统一天下的宏图伟业何日才能实现啊！”

“政儿，虽然你说的也不无道理，但纳粮授爵之策也并非只有百弊而无一利啊，如今蝗灾肆虐，急需粮食赈济灾民，然而国库存粮终归有限，而且还要供军中之需，纳粮授爵则正好解了这个急。”

嬴政又与赵姬争论了半天，都是各执一词，谁也无法说服谁。赵姬坚持诏令既已发出，也不能收回，只能先暂且由着那些人纳粮了。说到激烈之处，赵姬只怕伤了母子感情，只得做出一定让步，允诺可以给那些人授爵，但不让其入朝为官，这才渐渐平息了嬴政心中的怒气。

出了甘泉宫，嬴政正好碰见多日不见的王弟成蟜。此时的成蟜已被嬴政封为长安君，不过其怯懦软弱的毛病依然没有什么改变。成蟜本想着去给赵姬请安，但见嬴政有些闷闷不乐，当下也不再去给赵姬请安，而是默不作声地陪在嬴政的左右。嬴政一见成蟜对自己如此关心，心中颇觉安慰，笑着对他说道：

“好了，我的好弟弟，我没事，你去忙你的吧！”

虽然脸露笑容，但他眉语之间仍留着一层晦气，而且说话也是有气无力。

“王兄，既然你如此闷闷不乐，不如我们到城西狩猎，顺便散散心，你意下如何？”

嬴政本想拒绝，但感念成蟜对自己的殷切关怀，又加之心情的确不太好，出去走走也是个不错的主意，于是便点头答应。

随后，二人各自回自己住处收拾东西。不多时，二人都已收拾停当，会合之后，径直出了宫门，往城西而去。一路之上，仍然看见不少的运粮车辆迤逦而来，嬴政见后便气不打一处来，越发的使劲抽打坐骑，那马便在咸阳大街之上负痛狂奔，把许多运粮的马匹都惊吓得咴咴暴叫，而路上的行人更是忙不迭地闪避在一旁。长安君成蟜不知道兄长今日为何情绪如此失控，本想追上他让他放马慢行，好好安慰安慰，怎奈自身骑术低劣，只得在后面纵马直追，盼望嬴政不要出什么危险。

转眼间已到西城门附近，有几名秦兵眼见从城内蹿出一匹如此疾奔的烈马，正想上前阻拦，却被嬴政挥鞭打到了一边，惨叫不止。嬴政马势未停，正要出门，恍惚间有个似曾熟悉的面孔在他的面前晃过。他下意识地猛然一拽马缰，胯下骏马一串暴叫，硬生生地站在了原地，连地上的青石板都被踏碎了几块。

他急忙坐在马上回身望去，街上的人流又恢复了繁华，行人摩肩接踵，熙熙攘攘，哪里还找寻得到。

这时，成蟜也来到了嬴政身边，一见嬴政坐在马上颇为迷惘困惑地东张西望，连忙开口问道："王兄，你怎么啦？"

"没什么，我好像见到一个熟人，可一时又想不起来是谁了。"

"那找到他不就行了吗？"

嬴政无可奈何地指了指如潮的人流，摇了摇头，而后对成蟜说道：

"算了，不管他了，反正他已到咸阳，说不定等咱们回来时他已在宫中等着我了。"

说完，他又率先打马出城而去。那几名挨了马鞭的兵士哼哼叽叽地从地上爬起来，这才看清了自己所拦的人原来是当今大王，直吓得欷歔不已，不过心中却对嬴政的如此暴戾蛮横非常不满。

兄弟二人飞马出了咸阳城，只见城外一片葱茏，满目生机，虽然头上烈日高悬，但马上凉风习习，舒适无比。嬴政心想：要是其余各地也能像咸阳一样未受蝗害侵袭，万物俱荣那该有多好啊！不过转而他又释然了，如不经过什么磨难，又怎么能成为天下英主呢？

忽然，他眼前一亮，猛地又想起了将出城门之际撞入自己眼光之中的那个人，啊，是王保，对，没错，就是王保！可是，他来咸阳来要干什么呀？该不会又是来向母后讨要赌资和酒钱的吧？他眼前又浮现出王保向自己的母后讨要钱物时的那副丑恶嘴脸，虽然王保是自己的舅爷，但如果见到他，自己照样会对他严惩的。因为他恨王保。

他本想掉转马头进城去找王保，但随即便放弃了这个念头。找他有什么用，他根本就是个无耻且无用的小人。即使他真的是来要钱，他也会先去找母后的。先不管他了，只要他还在咸阳城，自己早晚会碰到他的。马往西行，地势也越来越高，越过一片长满荒草与灌木的山谷，再往前走，便是一大片绵延不绝的树林。兄弟二人将马拴在林边树上，而后直往树林中走去。林荫蔽日，鸟鸣啁啾，脚下也是一片松软柔和，让人觉得心旷神怡。哥儿俩原本是约定来打猎的，但在林中转悠了半天，却始终不舍得拔箭射杀猎物。有好几次嬴政都已弯弓搭箭准备射杀近在咫尺的猎物，成蟜却都苦苦哀求他放过那些猎物的性命。嬴政虽然有些不甘心，但却又不想违了成蟜的善念，只得一次又一次地放弃了射猎的打算。

二人正行走间，忽然有无数的小动物从树后及草丛中惊惶地奔出来，飞快逃逸而去，好似有什么东西在追逐恐吓它们似的。成蟜不知道发生了什么事，正觉奇怪，而嬴政则暗叫一声不好，连忙弯弓搭箭，做好了准备。

一阵静寂之后，他们前面的一丛灌木猛然抖动了几下，眨眼间，一只肥硕体大的花斑豹出现在二人面前，瞪着铜铃一般的眼睛四处搜寻着合口的猎物。成蟜一见一只猛豹出现在眼前，而且距离又如此之近，不禁心惊胆寒，连忙躲在嬴政身后，身体竟如筛糠一般猛烈地哆嗦起来，哪里还能与嬴政并肩猎豹。

与此同时，那只花斑豹也看到了眼前的兄弟二人，嗥啸一声，尾巴猛地一甩，而后纵跃着向二人扑了过来。嬴政握着箭的手也不禁有些轻轻颤抖起来。他知道自己这支箭的分量，他只能一击而中，否则自己和成蟜就有可能葬身豹口之下。

转眼之间，那只恶豹已经奔到了距离二人不远的地方，猛地身体腾空，张开血盆大口，伸出利爪，直向居前的嬴政扑来，而嬴政的那支箭也恰在此时射了出去。只听一声震啸山林的巨吼，那支箭正中豹子的眉心，箭身半入。那只豹子吃痛不过，腾起的身子猛地跌落在地上打起滚来。嬴政猛然拔出腰间佩剑，撇开成蟜，一下子蹿了出去。成蟜一惊，再要去拽他衣服，嬴政却早已持剑站在了躺在地上打滚的豹子身边。

"王兄，难道你不要命了！"成蟜叫了一声，本想上去相助，却又被吓住了。

嬴政并不理他，而是躲避着豹爪的扑打，趁机一剑砍中了豹子的脖颈，鲜血顿时从伤处狂喷而出，眨眼之间，豹子便在地上抽搐起来。它已经没有力气再去伤人了。猛然间，嬴政一跃而起，挥剑砍开豹子的肚腹，任凭豹血喷溅在他的身上，却仍旧挥剑猛砍，直砍得豹子肚腹整个张开，他才抛下宝剑，伏在豹子肚腹边，双手在里面拨弄起来。成蟜被这血腥场面给吓坏了，只是愣愣地看着。

待了一会儿，嬴政才一脸兴奋地直起身，开始剥豹子的皮。因为成蟜看他满手血腥，脸上身上到处都是血，就提议到不远处的溪水边洗洗。手上捧一个血红的肉团，还在不停地滴着血。"王兄，你想干什么啊？"成蟜终于忍不住了。

"成蟜，我听说生食豹心不但可以强身健体，而且还会百病不侵，可一直没有尝试的机会，今天我终于可以得偿所愿了！"

"王兄，不要啊！"

嬴政却不管这些，果真伏下头去，放嘴啃咬起那只仍旧在滴着鲜血的豹心来。而且他还吃得津津有味，双唇啧啧有声。成蟜只觉肚腹之内一阵作呕，再也不敢去看，只得痛苦得闭上了眼睛。

"成蟜，你怎么啦，病了吗？"

成蟜慢慢睁开眼，乍见嬴政就站在自己面前，不禁被吓了一跳，心都凉了。此刻，嬴政心满意足地站在他的面前，呲着牙向他笑着，嘴唇之上血迹犹鲜，他的手上和衣服上也都是斑斑血痕，看起来极为恐怖，而嬴政却一点也没有觉察出来。

"王兄，你还是去洗洗吧，你……你的身上沾了好多血呢！"成蟜本来想说嬴政看起来非常恐怖，但话到嘴边，却又收了回去。那些血看上去实在不舒服。

"看你那个衰样，有什么好怕的，以后我还要带你上阵杀敌呢，你要总是这副胆量，恐怕难当大任啊！"嬴政取笑着成蟜，又顺手抹了一下嘴边的血迹。

"王兄，我如果上不了战场那就不去了，反正你说过要管我一辈子的。唉，王兄，那边好像有水流声，咱们过去看看吧！"

"不行，我得先把豹皮割下来，再晚了就不好割了，这么大的豹皮正好可以给……我做个大皮褥子。”他本来想说要把豹皮给自己的母后作皮褥子的，但话到嘴边，他又想起刚才在甘泉宫的不快，于是便改了口。

说完，他果真又跑回到豹子的尸体旁边，一剑一剑地割起豹皮来。过了半天，嬴政才长出一口气，成蟜再去看时，只见他手中已经多了一张硕大的豹皮，而地上的豹尸则只剩了一堆瘆人的骨肉。实在是太残忍了！他不由得在心中嘀咕了一声。

“好啦，你不是总嫌我身上有血迹吗，现在咱们就去找水源吧，顺便把我的豹皮也洗干净！”

二人继续循着水声向树林深处走去。走不多时，忽然隐约看见前面的树林空出来一大片，而那水声也越来越大了。二人面色一喜，加快脚步向前走。

未出树林，二人便觉一股清凉之气迎面扑来，透过依稀的树林缝隙，只见一脉飞瀑轻快地从一处陡崖上直坠入崖下的深潭之中。陡崖乱石嶙峋，瀑布落在上面，便激起无数的银白色水花，宛如漫山遍开的白色山茶，异常美丽壮观。兄弟二人陡见此水，不禁豪情万千，眉宇飞扬，直想傲啸一曲，实在没想到这深山密林之中还有如此绝佳之景。

不过，水虽然已经看到，但是兄弟二人亦是身处高崖，只能望水兴叹。若要洗涮，还须顺势下行，到山谷深潭之中去。二人探身下望，又是一阵感叹欷歔，只见崖下深潭一汪澄碧青翠，宛如美玉满盆。如此飞瀑佳潭，哪能有错过之理。二人点头会意，毫不犹豫地向山下幽潭走去。

二人一路蹿腾跳跃，不多时便已来到山谷之中，一汪碧潭已经远远望见。抬头仰望烈日，中天高悬，虽然溽热，但却抵不过这一潭清凉。二人计议已定，等到了潭边，先痛痛快快地洗上一个澡。

前面是一块巨石挡路，绕过巨石便可身临幽潭了。但是，正在这时，兄弟二人忽然放慢了脚步，期期艾艾地不敢再往前走了。因为一阵清脆悦耳的年轻女子的嬉笑声正绕过巨石，清晰而且非常具有诱惑力地传入到两个人的耳朵中来。

兄弟二人用惊诧的眼光对望一番，那目光似乎都在诧异的询问对方：怎么，这么偏僻的地方还能有女子前来？

那声音轻盈而欢快，好像那一汪深潭一般挑逗撩拨着两个人的心田。转眼间，他们都成了情窦初开的纯情少年，而不是以前的淘气顽童了。一种对于年轻美丽的异性的憧憬和向往正在兄弟二人的心灵中萌发。

兄弟二人轻手轻脚地爬上巨石的顶端，循声下望，顿时惊骇得瞪大了眼睛：

一汪清潭，凝翠澄碧，潭水清澈见底，飞瀑急下的水流不断冲击着这方幽潭，激起无尽的轻盈婉转的涟漪。一名少女正在水中嬉戏玩耍，一名侍女模样的人则正赤足蹲在潭边的浅水处，怀中抱着一堆丝衣。那水中少女全身赤裸地在水中来回地游动着，欢叫着。潭水清澈见底，虽然她只有娇容及一头青丝浮于水面之上，但她极美的胴体依然是清晰可见。啊，太美了，这简直是上天赐予他们兄弟二人的绝美的尤物。兄弟二人都不自觉地咽了口唾沫，舔了舔嘴唇，他们早已经懂得了自己对女性的需要了。更妙的是，那水中的美少女间或还轻移莲步于浅水之处，柳腰轻摇，更将无限风情展现于兄弟二人眼前。而那少女却丝毫不知道，她仿佛一条美人鱼一般快活地享受着潭水的爱抚。

“小姐，你快上来吧，我刚才听见几声野兽的吼叫，怕是有什么虎豹之类的猛兽吧？”

“玉儿，你怕什么，不管是虎是豹，你都不用怕它，小姐我替你挡着。”

“那……那要是有人来了可怎么办啊？”

“怕什么，这里山荒林密，地势又陡峭无比，没有人来的，你也快下来痛痛快快地洗个澡，这潭里真的是太舒服了，真想盖个小屋住在这里，每天都能沐浴幽潭，则此生无憾了！”

“小姐，你还是一个人洗吧，玉儿……玉儿怕被人看见……”

“你这个傻丫头，我这不是洗得很自在吗？”说着，她又将自己一副娇躯露出在水面之上，“再说，有本小姐在此，哪个狂徒如敢偷看，我们先骂他一顿，然后再挖了他的眼珠子！”

正看得出神的兄弟二人听了之后不禁一吐舌头，好蛮横的小女人啊！虽然如此，二人还是舍不得将自己的目光从这一汪清潭之中挪开。

“玉儿，我的后背有点痒痒，你给我搓搓背吧！”

说着，那少女蹚着水走到浅水处，将背部对着那叫玉儿的侍女，而她的前身则毫不羞涩地尽数展现于二人的面前，而且还不停地跳跃着，摇晃着，给了二人一种强烈的诱惑。

那名侍女一边小心翼翼地给自己的小姐搓着背，一边目光警觉地四处搜寻着。忽然，她的目光落在了对面的巨石之上，那上面好像露着什么东西，啊，对了，是男子的包头巾。虽然兄弟二人已经隐下身来，但他们的包头巾却露在外面。

“小姐，有人！”

那侍女惊慌地叫了起来，小姐也被吓了一跳，猛地一把抢过玉儿手上的衣服，飞快地穿戴整齐，而后跳上岸，穿好鞋子，叉起腰，冲着对面大声地娇叱道：

“大胆狂徒，无耻鼠辈，何必做这些偷偷摸摸、鬼鬼祟祟的小人勾当，有胆量的就站出来！”

二人一听，知道自己的偷窥行径已被人发现，不觉有些羞愧。成蟜悄悄拉拉嬴政的衣服，用手指指回路，示意嬴政溜之大吉。然而嬴政却笑着摇摇头，忽然一下子站了起来，冲着那主仆二人说道：

“小姐之美躯窈窕婀娜，羡煞仙人，如此幽幽清潭，只有小姐这等佳人沐浴才不算谮毁天赐，小生之举，实属无意，万请小姐原谅！”“无耻！”那小姐猛地一跺脚，领着自己的侍女玉儿向这边奔来，而成蟜此刻也无可奈何地低着头站到了兄长身边。那小姐气呼呼地奔到兄弟二人面前，本欲与二人争斗，但见面前的两个人都腰佩长剑，背挎良弓，而且后面又放着一张豹皮，而自己又手无寸铁，知道争斗恐怕也是自取其辱，甚而遭人轻薄，只得无可奈何地往地上猛啐一口，跺足骂道："无耻，卑鄙，恶毒，你们……"

骂了几句，她才觉得这实在没什么用处，只能恨恨地看了兄弟二人一眼，负气疾奔而去。嬴政望着离去的背影，痴痴地看了许久才回去。

第五章　李斯初登场　嬴政拢人心

自从子楚去世之后，赵姬十分听从吕不韦的话。于是经常能够看到赵姬给嬴政献计的情景。这天，嬴政去拜见母后，赵姬一看儿子来了，忙把他拉到身边，一番关心之后，又小心翼翼地开口道："政儿，娘想向你举荐一位贤才，不知你是否愿意采用此人呢？"

"母后吩咐，孩儿定当遵从，不知此贤人现在何处？"

"李爱卿，你还不见过大王。"赵姬笑着对那名文静素面的人说道。

那人听后连忙来到嬴政面前跪倒施礼：

"微臣李斯拜见大王。"

"嗯，你先起来说话。"

李斯闻言站起身来。

"政儿，李爱卿乃楚国上蔡人氏，曾师从荀卿苦学帝王之术，后来到达咸阳，于你仲父门下为客，你仲父认为他的才智足堪大用，留在自己府中反会埋没人才，这才举荐给你，辅助你治理朝政。"

嬴政上下打量了一下李斯，李斯貌不惊人，毫无出彩之处，心中便疑惑此人或许是吕不韦意欲安插在自己身边的亲信，便随口问道：

"不知爱卿对于吾秦之并吞六国，成就天下一统之大业有什么看法？"

李斯听见嬴政发问，而且问得又是并吞天下之大事，便思考一番，但也未见惶急之色，片刻之后，他便成竹在胸地说道：

"大王，微臣听闻凡为人臣者，必当知无不言，言无不尽，如果微臣卑论之中有什么忤逆冒犯以至不妥之处，还请大王饶恕微臣的罪过。若论天下，幅员辽阔，驽钝平庸之人，实在是不可胜数，而欲成就大事者，必须能忍旁人之不能忍，能拒旁人不能拒之诱惑。昔年穆公成就霸业，众国远附，然而最终却没有去并吞天下。为什么呢？当时诸侯尚多，而周王朝的祖宗荫德亦未衰败，所以五霸交相兴盛而且都共同尊奉周室之正宗地位。而自孝公以来，周室衰微，诸侯之间兼并纷争不断，只剩关东六国，而且始终卑服于我大秦盛世之下。现在六国诸侯都对我大秦畏惧三分，其势也只不过乃秦国之一郡县而已。现在秦国至强，而大王您又如此贤明，只要发动进攻，必能一举歼灭六国，天下一统于秦，成就帝业，这才是万世之功毕于王之一时也！如果逡巡不前，犹疑不决，那么关东六国则会趁此机会苟延残喘，而且还或许会强大起来，到那个时候，即使大王贤明勇毅如黄帝，恐怕也很难再轻易扫平他们了！"

李一番话连绵不绝，词锋锐利，而且句句切中问题要害，无形中深深打动了嬴政的心。他从登基之日起便想着一统天下,成就霸业。然而朝政却大都由赵姬和吕不韦过问,他并不能随心所欲地发布政令,所以他也索性三缄其口,根本不过多地发表自己的见解,但他心目中的那个宏图伟愿,却从来都没放弃过。而今,李斯的一番话深深地打动了他。单从这一番透彻明晰的时局分析,他便知道眼前这个其貌不扬的李斯肯定会于己推行并吞六国之策极为有用。但现在却还不是自己重用信任他的时候,其一,自己还不知道李斯的心意所属;其二,自己还不想这么早便露出攫取朝政权柄的野心,否则于已也许会有不利。既然吕不韦那么愿意把持朝政,那么就让他先做他的朝政重臣吧!

“李爱卿所言皆是至理名言,你能来到大秦国效力实在是我大秦国之幸事。”嬴政客套地恭维了李斯几句,而后转而面向赵姬问道:“母后,您认为该让李爱卿官居何职啊?”

“政儿,李爱卿胸怀天下时局,而且又精于法势二术,当可胜任廷尉一职,此官爵位虽不高,但却能伴于你左右,以资政事。”

“孩儿全听母后安排。”

李斯以为凭借自己的一番高论一定会打动嬴政,封自己一个高官,谁知嬴政却反应甚为冷淡,连封官一事都得问询于赵姬,心里颇感失望,但转而又释然了。廷尉就廷尉吧,反正能跟随在大王身边,自己做得好,早晚会获得升职的机会,总比窝在吕不韦手下作个门客闲人好。

而后,众人又随便闲聊了一会儿,各自告辞回府。将出门时,嬴政得知李斯仍旧住在吕不韦府中,便以一弃官宅院赐予了李斯,李斯口中称谢不已。赵姬本欲留吕不韦再行云雨温存一番,又怕嬴政心中起疑,只得悻悻作罢。

嬴政径直回到府中,赵高忙不迭地跑上前来,媚笑着说道:

“启禀大王,奴才已经把那张花斑豹的豹皮熟好阴干,单等天色一凉,您爱作褥子就当褥子,绝对又柔软又暖和。你是不知道,宫里面的人都在夸赞您骁勇神武,力诛巨豹的壮举,这两天奴才的耳朵都被磨出老茧来了。”

“好了,你这张嘴把本王的耳朵也快磨起老茧来了,本王可不想要一个只会耍嘴皮子功夫的废人!”嬴政正色说道。

“是,是,奴才有罪,不知您有何事要奴才去做。”赵高顿时收敛了嬉笑的神色,机灵地问道。

“本王要你去打听一个人的情况,要仔细,要小心,内容要细致,而且不要透露你的身份。”“这个人叫什么,家住何处,是干什么的?”赵高极有条理地问道。“这人叫李斯,新近刚被封为廷尉,他曾住在吕不韦府中,是吕不韦的门客。”

“那他是吕不韦的人?”赵高对吕不韦也极为反感。

“现在还说不定,你查完之后就清楚了。”

赵高闻听,应声而去。

嬴政点点头,现在自己的身边没有几个亲信之人,成蟜又不成器,有赵高这么个人帮自己还算不错,今年自己已经16岁,还有4年,等自己20岁时,就可以行冠礼之仪，而后全面地接掌国家的权柄，按照自己的意志去建设大秦国以及整个天下了。只剩下4年多的时间了，无论如何自己都得忍耐下去。只要自己能够忍耐，国家终归会是自己的，而且自己正好也可以利用这段时间养精蓄锐，积攒力量，拉拢培养自己的亲信。还是李斯说得对，要想成就大事，就必须忍旁人之所不能忍，拒旁人不能拒的诱惑。

两天之后，嬴政正坐在屋中闲看书简，赵高悄悄地走了进来。嬴政连忙遣散侍女，问赵高道："本王交给你的事情做好了吗？"

"启禀大王，奴才幸不辱命，将李斯的底细查得一清二楚，而且没有惊动任何人。"

"好，说来让本王听听。"

"大王，这李斯乃楚国上蔡人，曾经师从荀卿学习辅弼帝王之术，甚得荀卿赏识，他还在楚国当过一阵小官。据说他当小官的时候，有一次去茅厕出恭，看见厕中恶鼠争食秽物，连忙驱鼠出厕，正好碰上狗，吓得那些老鼠四散奔逃；又入仓中，看见仓中之鼠悠闲地吞食仓库中的粮食，安然卧于大屋之下，也没有人和狗来惊扰它们的生活。李斯有感于此，连连叹气说：'人的贤明练达世故与否，就像这些老鼠一样，只不过所处的地方不同罢了！'"

"呵，他倒挺能借题发挥的，还有吗？"

"有，大王，本来他在楚国的生活也算可以，但他却认为楚王目光短浅，胸无大志，即使官高位显，也不足以安身立命而建功业，所以才不辞远行西入我大秦谋求发展，临别之际，他踌躇满志地对他的老师荀卿说：'学生听说，如果时机合适，千万不能错过，现在正当七国纷争之乱世，为人谋者必能功高位显。而今秦王雄心壮志，意欲并吞六国一统天下，这正好是布衣平民平步青云、游说者寻求功名利禄的大好时机。如果一个人处在卑贱的地位而不希求改变，这就好像一只驯鹿，人们可以当着驯鹿的面把美食吃掉，进而图谋杀掉这只鹿来吃。所以耻辱莫大于身处卑贱之中，而悲哀也莫过于生在贫困之中，长久的处在卑贱的地位，困苦的境地，即使世人不因此而产生厌恶，自己也无所依托，这绝对不应该是有识之士的情形啊。所以学生决定西行去辅弼秦王，求取荣华富贵。'本来荀卿还对他说他的学业未竟，不能善始善终，让他再多学习几年，感悟几年再出去也不迟，但他并未听从劝告，而是执意来到了我大秦国。来到咸阳之后，因听闻吕不韦权势颇重，所以便拜在吕不韦的门下当宾客，几天前才被封为廷尉，举家居于一弃官宅院之中。"

听完赵高叙述李斯的情况之后，嬴政连连点头，心中对赵高的精明干练颇为认可。不错，才两天的时间，他竟然就能不露声色地将情况查得如此清楚，实在是难能可贵。而且，更让他高兴的是李斯的功名利禄之心原来如此之盛，那么不论现在如何，他终将会为己所用，因为只有自己才能赐予他更高的功名利禄，别人谁也不行。现在想来，李斯也许只把权熏势重的吕不韦当做了自己晋身高位的桥梁，或一名传令兵。好一个李斯，想不到你还如此机灵诡诈呢！吕不韦呢，也实在太可笑了，为他人做了嫁衣还浑然不觉呢！

“大王，奴才还查到两件事情，不知你还想听不想听？”

“说来听听。”

“是，大王，奴才的第一件事还是关于李斯的，虽然他这个人才高八斗，学富五车，辩才、机智以至佐政之能都非常人所及，但他却有一个让人难以启齿的癖好。”

“什么癖好？”嬴政的好奇心一时也浓厚起来。

“大王，他这个人啊……他这个人啊，并无其他什么大的爱好，却专好年轻美貌的女子。”

“什么？你再说一遍！”嬴政在座位上探着身子问道。

“奴才是说李斯专好亲近年轻美貌的女子，所以他的几房妻妾都比他甚小，而他也并不以此为意，还大言不惭地说，食色，性也。”

赵高说完，瞅着嬴政，而嬴政也神情古怪地瞅着他。静默了一会儿，二人都爆发出爽快响亮的笑声。嬴政越来越觉出这个李斯的有趣来了。

“那第二件事情呢？”笑完之后，嬴政又问道。

“大王，奴才在打听李斯的情况的同时，还打听到一些关于吕不韦的情况，据说他的府中现在的食客幕僚足足有3000余人，而且还源源不断有人拜在他的门下，听人说他决意效仿四公子的声势，大王，你不可不防啊！”

“这个本王也早已有所耳闻，先王既已命他为我仲父，辅佐朝政，我就且由着他去尽情折腾吧。哼，四公子？现在平原君赵胜已经死了，只剩下三个公子了吧，可那三个公子有哪一个能比他权熏势重，能比他位高爵显？且由着他去猖狂吧，只要他不危及本王的地位，本王就让他再威风几年！”嬴政瞪着眼，恶狠狠地说道。他目中的凶狠光芒把赵高也吓了一跳，当时竟然目瞪口呆了，愣了半刻，他才又说道：

“大王，这些都不是主要的，最主要的问题是现在他正指挥他的那些门客幕僚们编写一本书，具体内容我也不知道，不过听说其中杂糅了各家学说，集大成，书名是《吕氏春秋》。”

“什么，书名是什么？”嬴政听到书名之后一下子站了起来。

“听人说此书要命名为《吕氏春秋》。”赵高战战兢兢地说道。

“《吕氏春秋》？他竟然敢把书名起为《吕氏春秋》？难道他要后续鲁国之《春秋》吗？他以为自己是谁？当年他只是邯郸城里一名浑身沾满了铜臭的商人，后来投机钻营，经先王拖带提拔，他才有如此之权势威名。若非我们大秦国，他现在还不知道在哪里奔波劳顿呢！他竟然敢自续《春秋》？”

嬴政一边在屋中来回地走着，一边怒气冲冲地自言自语，赵高也只能站在一边毫无办法。此刻他可不敢招惹嬴政。

又待了一会儿，嬴政这才慢慢平静下来，又回到座位上，也觉出了自己刚才的失态，故做样子地拿起桌案上的书简翻看。赵高一见，这才趁机说道：

“大王,小不忍则乱大谋,他只不过是编了一本书嘛?你觉得不妥,回头把书全烧了不就行了吗?现在您先别跟他作对,他的势力实在太大了,许多朝廷大臣们也都竞相取悦于他,求他庇护,不到时机成熟,咱们不去理他。再说了,他再怎么折腾,这天下还不是大王您的天下吗?等您冠礼已毕,执掌大权,到时再跟他算账,一脚把他踢开,问题不就迎刃而解了吗,您说呢?”

赵高的一番话说得嬴政肺腑俱乐,满腔怒火也烟消云散。可不是,他再怎么折腾得厉害,这天下也终归是自己的啊!只要盯紧了,适时适当地限制他就行了。想清楚之后,他才又对赵高说道:

“不错,赵高,你为本王打探李斯的情况可谓是尽心尽力,而且都非常有价值,念在你忠心耿耿的分上,本王便诏令免去你的腐刑,时机成熟时再封你个官儿作。”

“多谢大王!”赵高闻听此言,高兴得一下子跪倒在嬴政的面前,满脸堆笑地说道,“奴才多谢大王恩典,如此恩赐,实同再造,大王真乃赵高再世父母,奴才以后一定会更加卖力地服侍大王,绝不会有一点懈怠,只要大王高兴,奴才就是赴汤蹈火也……”

“不过本王还有一个条件。”嬴政又继续说道,而赵高的话也顿时被卡在了咽喉之中,失望之情溢于言表。怎么还有条件啊!不会是骗自己玩吧?正在失望苦恼之中,却听嬴政道出了下文,“今天晚上,你陪本王见一个人,见完之后,你就可以享受男子之身了。”

“真的?”

“君无戏言!”

“那大王您要让奴才陪您去见谁啊,不会去见阎王老大人吧?”赵高斗着胆子打趣嬴政道。

“你想死,本王还不想死呢!”嬴政笑着冲赵高撇了一下嘴,“本王想让你陪我去见李斯。”

“去见李斯?”赵高有些疑惑地问道。

“对,去见李斯,本王只有你一个人做助手,总显势单,总不能什么工作都让你去为本王做吧!依本王看,李斯可算是一个上上之选,而且他又曾经做过吕不韦的宾客,对吕不韦的情形也比较了解,更方便我们知道吕不韦的底细。再者,吕不韦不是手下宾客众多,交游朝中大臣无数吗?我们要一一收揽笼络,慢慢地搞垮吕不韦的势力。等到本王行冠礼之时,手中也要有几个亲信才行。”

“大王英明睿智,奴才佩服之至!”

“行了,行了,你别净说漂亮话了,我们前去拜见李斯,是不是还要带点东西啊?”

“带东西?您做大王的光临一个臣子的府舍,无疑已是给其脸上贴金了,怎么还给他带东西啊?”

“你不是说李斯有个不为人所知的……”

“噢，大王，您不用说了，奴才明白了。”

“你真的明白了？”

“明白了，奴才彻底地明白了，既然他专喜欢年轻美貌的女子，那我们就送他个人情，给他一个美人享用，再许他以高官，他一定会对大王死心塌地的。”

“嗯，你说得很好，不枉本王提拔你一场。”

“但是，大王，有一个问题我们没有想到，吕不韦在城内耳目众多，我们夤夜造访李斯，万一让吕不韦知道了，恐怕于我们于李斯都大为不利啊！”赵高说完，嬴政也点头沉思不已。是啊，这可倒真是个麻烦事。二人一时之间都发起呆来，真是，怎么这中间非得夹着一个烦人的吕不韦呢？要是没有了他，事情可就好办多了！想了半天，嬴政忽然抚掌笑道：“有了，本王想起一个办法来，不过还需要你去忙活一番。”“去忙活什么？”“我们还扮成乞丐出去，装作到李斯家里去讨饭，而后借机冲进去，不就成了吗？”

“好，好，此法甚好，不过又得委屈您去穿那身又脏又臭的衣服了。”

“没事的，一回生，二回熟，何况这也都是为了本王的江山社稷，再大的困难我都会克服的。”

“那好，事不宜迟，奴才马上就去找衣服，要是上次那两件乞丐服不丢掉就行了。”说着，赵高转身向外走去，走了几步却又折了回来，对嬴政说道，“欸，大王，奴才还忘了，刚才咱不说要给李斯带点礼物过去吗，不知您是否有合适的人选？”

“这个就不用你操心了，我自有主意，你记着多找一件衣服，另外再安排几名亲信的兵士把守宫门，以免被人知道我们出去了。”

赵高答应着转身而去，办理嬴政交给他的任务去了。嬴政这才让一名宫女去将巧儿叫来。其实巧儿也是嬴政的一名侍女，只不过一直陪伴着嬴政，所以嬴政对她也颇为亲近，而巧儿无形之中似乎也要比其他的侍女宫娥的地位要高一些。

不多时，巧儿进来给嬴政跪倒施礼后起身站在一边。巧儿年纪比嬴政还要大上两岁，生得唇红齿白，身体婀娜，俨然一派成熟少女的馨香气质。

“大王，不知您叫奴婢前来有何吩咐？”巧儿轻启朱唇，柔声问道。其实她平日对嬴政的饮食起居照顾得颇为周到，却不知为何今日如此羞涩。

“巧儿，”嬴政从高大的书案后走出来，坐在巧儿的身边，“巧儿，本王问你，你来宫中多长时间了？”

“回大王，奴婢从 10 岁就进宫，一直侍候大王，到现在已经有 8 个年头了。”

“可曾找到婆家了吗？”

巧儿听到嬴政问及自己的婚嫁，不禁脸色绯红，螓首低垂，嗫嚅半天才说道：“大王，奴婢自小父母双亡，婚嫁之事不知听于何人，不过奴婢已经决意要一辈子伺候大王了。”

“笑话，你长得如此标致可人，本王怎么能让你终老于咸阳宫中呢？本王代作月老，为你选了一个夫婿，名叫李斯，已被本王封为廷尉，此人胸怀珠玑，文采出众，而且心有天下之势，你嫁过去之后肯定会大富大贵的，你意下如何呢？”

嬴政滔滔不绝地说完，以为巧儿会立即同意，然而等了半天都没听到巧儿的回音，不禁有些气恼。然而等他抬头看时，不禁有些吃惊了：只见巧儿眼中一片晶莹，双肩抽动不止，已经低声啜泣起来。

“怎么，巧儿，难道你对本王的指婚不满意吗？”

“……”

“如果你不满意，尽管开口说话，或者你喜欢什么样的夫婿，告诉本王，本王择日再给你选一个就是了。你先不要哭……”

嬴政还在说个不停，巧儿忽然“嘤咛”一声，猛地跪地扑入到他的怀中，一边号啕着，一边大声地说道：

“大王，巧儿谁也不嫁，巧儿只喜欢大王一个人，巧儿只要能每天守在大王身边，每天都能看到大王就行了！”

这一下子可把嬴政给弄蒙了，发了半天呆，这才明白了巧儿的意思，巧儿喜欢自己！这不可能，太不可能了！他迟疑地去抓巧儿的双肩，想把她从自己的怀抱中挪出去，然而巧儿却死抱着不放。

“大王，您不要赶巧儿走，巧儿只要能待在咸阳宫，能经常看到大王就心满意足了！”

“巧儿，你听着，你不能喜欢我，我这么多年来一直把你当做我的姐姐，我的好姐姐。”

“我不想当大王的好姐姐，我只喜欢大王，我不要什么名分，我知道自己的身份，您不可能给我名分的，但我只想待在大王身边，哪儿也不想去，更不想嫁人。”

“巧儿，这不可能的。”

“怎么不可能，我只想您高兴的时候看我一眼就行了，为什么不可能，难道巧儿长得丑吗，难道巧儿丑吗？”

她一边低声地叫着，一边抬起满是泪痕的脸，看着嬴政。的确，巧儿一点儿都不丑，她很漂亮，瘦长的脸庞，姣好的面容，性子温柔，而且年轻。嬴政也有些犹豫了，但转而又坚定下来，不行，自己已经打算将她许配给李斯，怎能又改变主意呢？

“巧儿，你别耍小孩子脾气了，你要嫁的这个人对本王非常重要，本王要让他尽心尽力地辅佐于我，你嫁给他之后……”

“大王，您不用再说了，巧儿答应就是了，您要是早点说出个中原因，巧儿肯定会应了这事的，只要能帮助大王，巧儿什么事都肯做。”

“巧儿，你真是我的好姐姐。”说着，嬴政顺手充满爱意地摸了摸巧儿的一头青丝，长而且柔滑。

忽然，巧儿伸手抓住了他的手，抬起头来，极为凄楚地说道：“大王，奴婢刚才说了，我不想做大王的好姐姐，姐姐就不能与大王亲近了，我真的长得那么丑吗?”

说着，她解了自己衣襟的下摆，猛然将嬴政的手塞了进去。嬴政悚然一惊，只觉两个滚圆柔软且嫩滑的东西在自己的手里来回滚动着。他想抽回自己的手，但却又抓住了那两个东西揉搓起来，他已经16岁了，已经产生了对异性朦胧的憧憬了，何况他又如何能忍受这么大的诱惑呢?

巧儿满意地享受着嬴政滞涩的抚摸，这何尝又不是她的第一次呢？她盼望这一时刻已经不知有多长时间了。她猛地撩起嬴政的上衣，用滚烫的嘴唇热烈地在他的胸前亲吻着，亲吻着。而后又一下子拉开了嬴政的腰带，继续向下亲吻着。嬴政猛觉浑身一紧，而后便疯了似的将巧儿抱起来，放在桌子上……

傍晚时分，夕阳西下，夜幕低垂，西天的一片霞光圣洁地落在咸阳城内，使人们仿佛沐浴在一片神光之中。街上的行人虽然少了，但却依然热闹，所以当三个乞丐出现在李斯住处门前的时候并没有人感到惊诧。再繁荣富庶的年头也难免有乞丐的，何况天还微亮，正好讨些东西回去做夜粮。

奇怪的只有李斯府中的家人，他们可还没见过给钱不要，给饭不要.非得要见主人的乞丐。没办法，他们只得让三个乞丐进门去，自己则跟在后边以防意外。

李斯正坐在书房之中阅看书简，闻听有乞丐要见自己，也颇觉奇怪，连忙起身去看，却正好与三个乞丐打了个照面。一见之下，他被吓得目瞪口呆，半天才缓过劲来，张大了嘴巴叫道:“大……”

“大什么呀，说我们大胆吗，我们还更大胆呢，还不给我们看座，让下人们倒茶去!”

李斯顿时会意，连忙把那几名家人支开，而后赶紧将这三名乞丐让进屋中看座。关好门窗之后，李斯这才拜倒施礼道:

“不知大王圣驾光临，微臣有失远迎，还请大王恕罪。”

“好了，李爱卿，此处并非宫中，你不必多礼，坐在一边吧。”

李斯闻言战战兢兢地坐在了一边。这三名乞丐正是乔装改扮为乞丐的嬴政、赵高以及巧儿。

“此处府第原是旧宅，不过仓促之间本王也找不到更好的地方，不知爱卿住着中意否?”

“多谢大王垂爱，微臣在此处住得非常好。”

“爱卿，本王初次到来，别无他物所赠，我这个兄弟就赠给你吧!”

说着，他将身后的巧儿拉到李斯的面前。巧儿哀婉凄楚而且无限依恋地看了一眼嬴政，这才低头站在了李斯面前。李斯眼见面前之人虽然皮肤白皙，五官端正，但却生得矮小，而且又穿着一身乞丐服，极是肮脏，不知嬴政将其赠与自己有什么目的，却又不敢询问。李斯正犹疑间，赵高将一随身小包递到巧儿手上，对李斯说道:“李大人，借你的屏风一用。”李斯更加疑惑地点点头，只见那名乞丐拿着包袱向屏风后走去。嬴政和赵高眼见李斯一副狐疑的样子，不禁好笑，却又不去点破，而是有一搭无一搭与李斯谈论着一些琐事。李斯一边应接着两个人的话头，一边心里暗自思忖：这个人是干什么的，走路怎么还摆屁股啊，难道他看中了自己的这副屏风不成？忽然，他有意无意地向屏风那边望了一眼，不禁被吓了一跳——一名身着艳服的美丽少女不知何时已经站在了自己面前。

"你是谁？"李斯惊慌地问道。

那少女盈盈下拜，声音娇滴可人：

"相公在上，巧儿拜见相公。"

"什么，你说什么？"

"爱卿，本王不是刚才说了吗，本王初次拜访，无以为赠，便赠你个小乞丐，不知爱卿还满意否？"李斯闻听，这才恍然大悟，遂于灯下打量面前佳人，只觉面前少女眼若春波，粉颊若三月桃花，身材玲珑婀娜，确实是一难得的尤物。李斯见后喜不自胜，连忙又拜倒在嬴政面前叩谢道：

"李斯何德何能，竟能得大王之如此厚赐，微臣感激涕零，以后定为大王尽效犬马之劳！"

嬴政点点头，扶他起来坐下，而巧儿也起身袅袅婷婷地坐在李斯身边。玉人在畔，李斯竟然有些心猿意马起来。

"爱卿，不知你对天下有何高见？"嬴政眼见自己的第一个目的已经实现，连忙趁热打铁地问道。一被问及政事，李斯顿时又收敛心神，潇洒自如，侃侃而谈起来："大王，若问天下之事，微臣以为，天下乃一人之天下，而非万民之天下，这样方能谓之帝业。先时之民，蒙昧而敦厚，绝无纷争之心，所以尧舜才能大行民主之道。而今时日不同，人心不古，万民虽经教化却仍桀骜难驯，所以务必严修法度，明生死刑狱，使民众卑服，严守本分，这样才能明君臣大体，树尊卑之分，上下一统，而后才能立万世不败之基业。"

"好，好，听爱卿一席言，令本王茅塞顿开，爱卿真乃天赐本王之良医贤臣。"

"微臣浅见，只是管中窥豹，怎敢受大王如此盛赞，微臣实在惭愧。"

"爱卿胸怀珠玑，有济世之大抱负，却又如此故步自封，难道爱卿来咸阳就只是为了求一间蔽屋藏身，求几石粟以饱腹吗？"嬴政目光直视着李斯，说话的内容也开始切入正题。

听到嬴政有此一问，李斯猛然一惊，抬眼望着嬴政，却正好碰上嬴政投视过来的灼灼目光。李斯心里一动，暗地里飞快地体会着嬴政话里的意思。的确，他来咸阳的目的可不是来求取一间屋以蔽体，几石粟来饱腹的。要是那样的话，他在楚国就可以得到这些了。他要的可不是这些，他寻找的是一位英明神武、胸怀天下的至圣之主，去辅佐这样的至圣之主去完成统一天下的伟业，而他也可以借此而封万户侯，成为一名权倾朝野的重臣，成为一名功业彪炳的辅政良臣。他需要一位值得辅助的明主，而后才能展开自己的一腔抱负。那么，眼前的嬴政是他所企慕渴盼的明君圣主吗?

“大王,微臣自忖才疏学浅,能得廷尉之位已觉是上天恩赐,怎敢再有奢望?更何况微臣生性怯懦,难登大雅之堂,如今地位已足慰平生了。”

嬴政眼见李斯如此奸诈圆滑,思忖片刻,当下便觉得不如来个欲擒故纵,吊一吊李斯的胃口,便站起身来对李斯说道:

“如此的话,那么本王就告辞了,既然爱卿要的只是衣食无忧,那么本王一定会满足你的要求。巧儿,你替本王好好照顾李爱卿,我先回去了。”

说完,秦王嬴政毅然起身,叫上赵高便往外走。赵高本来还不甘心,但见嬴政如此决绝,也只能跟着向外走。李斯目送二人外出的身影,心中在犹豫着是否该叫住他们。最初,当他来到咸阳的时候,他首先拜在了吕不韦门下,他希望借吕不韦的势力获得平步青云的机会,但他转眼便失望了。吕不韦刚愎自用,自高自大,根本不是他所希冀的那种人物。之后,他又将希望投在了幼主嬴政的身上。但他却仍在犹疑观望,虽然经过短时间的几次接触,他隐隐觉得这个大王好似有一种别人身上所不具备的坚忍和勇毅,但怎么说他也还只是一个未及弱冠的孩子,而且他还有一个权势熏天的仲父吕不韦从中作梗。但是,难道自己要一辈子这样无所作为地老死于秦国吗,自己当初不远万里来秦国的雄心壮志又有什么用呢?嬴政趁夜乔装改扮来见自己恐怕并非只是来给自己送一个美丽可人的巧儿吧?他思考了一下,忽然间便下定决心。

“大王,请您留步,微臣还有话要说!”

嬴政闻言停住脚步,心里暗喜,李斯忍不住了。他慢慢转过身来,李斯已经疾步奔到他的面前,再次跪倒在地,言语恳切地说道:

“大王,微臣罪该万死,不该欺骗大王,万乞大王饶恕臣的罪过,臣定当为大王尽效死力,图谋天下之大一统!”

“你不再一辈子做个廷尉以慰平生了?”

“有大王如此之勇毅圣明,只怕微臣想一辈子做廷尉都不行了。”

而后,君臣相视哈哈大笑起来。嬴政踌躇满志地扶起李斯后说道:

“昔年姜太公临渊独钓,却手执无钩之竿,怎知文王却慕其贤名,躬身背驮太公,遂拜其为相,这才成就周代800年基业,后世才有‘姜太公钓鱼,愿者上钩’之佳话。今日本王亲临茅舍躬请爱卿,是否也算是与圣人古事相合呢?有爱卿相助,本王必能横扫六国,一统天下,成就万古不败之霸业!”

第六章 又遇美娇娘 身世遭揭发

在咸阳城中,有一处酒肆专门出售从西土而来的美酒,此酒口味淳厚,饮用之后,口有余香。成蟜听闻之后,马上想起自己的皇兄,于是就来到咸阳宫,两人经过商量之后,立刻换上便装,出宫去了。

二人并不认识那家酒肆,只好向路人打听。一打听才知道,这家酒肆之名在城内已经几乎尽人皆知。在别人的指引之下,兄弟二人终于到了这家酒肆门外。酒肆外斜挑一杆酒旗,迎风招展,上面写着四个字:垂钓酒楼。二层临街小楼,木质结构,很有淳朴文雅的底蕴。虽然并非面临旺街,而且此时也并非已到用饭之时,但酒楼之内却传来一阵阵喧哗之声,不断地有人进进出出。成蟜眼见酒楼的生意如此之好,不禁感慨良多地说道:

"人都说酒香不怕巷子深,我原本不信,今日一见,果然是一点也不错。这酒楼之名,恐怕也是取自'太公垂钓,愿者上钩'之典故吧!"

"好与不好,总得尝过才知道!"说着,嬴政一把拉着成蟜径往里面走去。

见有客光临,一名小二急惶惶从忙碌之中抽身出来走到二人面前,殷勤说道:

"二位贵客是喝酒还是吃饭?"

"我们酒饭俱要,楼上雅间还有没有地方?"嬴政开口说道。

"哎哟,客官,您来得稍晚了一点儿,不要说楼上雅座,便是这楼下的闹座我还得给您找上一番呢!"

嬴政冷着脸没有说话,却从怀中掏出一锭金子,递在小二的面前:

"你去跟楼上的客人说一声,给我们腾出两个雅座来。谁腾座把这金子就给谁。"

小二见嬴政如此,却并未去接那金子,笑容依旧地说道:

"哎哟,大爷,您这可实在是难为小的了,不管是吃饭还是喝酒,来者都是客,都是我们这小店的财神,哪一个我们也得罪不起啊!"

旁边的几名食客一见嬴政如此蛮横无理,都向这边投来了鄙夷不屑的目光,有人甚至出声议论起来。成蟜见状连忙拉住嬴政的胳膊,对那小二说道:

"算啦,算啦,我们坐哪里都行,只要有美酒佳肴,让我们站着吃都可以,小二哥,你给我们找两个座位吧。"

"好嘞!"

小二痛快地答应之后踮起脚在楼下搜寻了起来。的确,里面的人实在太多了,要找个座位真的是非常难。

"二位客官，那边靠墙的方桌上只坐着两个人，委屈您二位去那边跟着挤一下吧，志趣相投的话还可以交个朋友。"

"行啦，行啦，多谢你啦，我们兄弟二人来这里主要是为了品尝你们这里的酒的，给我们来两壶酒，再上几样你们拿手的小菜。"

成蟜说完，拉着嬴政往墙边走去，而那小二则答应着下去传达了。

快到墙边的时候，成蟜却又停住脚步不往前走了。因为他看见那两个人之中背对着他们的是一个女人！和一个女人同桌而饮多不舒服啊。他又往四处看了看，一屋子满满的，实在找不到空位。算啦，出一趟宫也不容易，将就一下吧！

想到这儿，成蟜这才硬着头皮和嬴政走了过去，低着头坐好，等着小二端着酒菜前来。同桌的是一对年轻的男女，口气态度极为亲昵。忽然，他觉得王兄嬴政有些异样，发觉嬴政正在看着坐在对面的人。于是他也顺着嬴政的目光望去，不觉也愣住了。

坐在嬴政的对面的是一名面容姣好，身材健美的年轻女郎，此时正目光温柔地凝望着坐在她右手边的那位年轻公子。他惊诧的不是那名女子的美貌，而是那女子正是他与嬴政上次出城狩猎时见到的在深潭幽谷之中裸泳而嬉的那个女郎！此刻，她的全部心思都放在了身边的那名年轻公子身上，对于兄弟二人的到来以及兄弟二人的注视浑然未觉。那名受到姑娘青睐的年轻公子生得剑眉朗目，虎背熊腰，一副潇洒俊逸的气派。桌上的几样小菜根本就没有动，这一男一女将自己的心思全放在了对方的身上。

嬴政的眼睛几乎要喷出火来了。对面坐着的就是他时常魂牵梦萦的那个女人，那个曾经一展美丽诱人的胴体于他眼前的女子，那个唯一敢当面咒骂唾弃他的女子。他终于又见到她了，然而她却将自己的一腔爱意献给了别人。

忽然，那女郎的一张俊脸转了过来，或许她要向情郎敬酒，或许她想为自己的情郎夹上一口小菜，而她的目光却恰好与嬴政那可以让人为之惊恐的目光相对。

那女郎愣了一下，继而柳眉倒竖，目光顿时由一脉柔情变成了一腔怒火。她怒视着嬴政和成蟜，她已经认出了眼前的这两个人，当日自己的无限雅兴就是让这两人无耻贪婪甚至淫荡的眼光给搅没了。她甚至还没有向自己身边的爱人展现过自己珍爱且充满魅力的身体，而这两个男人却将自己的身体一览无余的亵渎了。

那名年轻公子也发觉了自己爱人的异样，连忙抚着她的小手关切地问道："莲惜，你怎么啦，哪里不舒服吗？"

"不，丹哥，我没有什么不舒服，小妹在这里遇到故人了！"那姑娘眼瞅着兄弟二人，冷冷地说道。那年轻人从自己的爱人的口气判断就知道眼前这两个人绝非自己爱人的故交，但见这两个人也是衣衫整洁，神采飞扬，恐怕不是普通人，便站起来说道：

“不才太子丹，乃燕国在此地的质子，不知二位仁兄尊姓大名？”

哼，原来是燕国在秦国的质子，凭你也敢跟我抢女人！嬴政冷笑着站起来，也拱手对太子丹说道：“啊，原来仁兄是堂堂大燕国的太子，小弟实在有失敬意，万请仁兄海涵，小弟姓文名正，这位是我的兄弟乔勇，今日有幸结识仁兄，实在是我兄弟二人的福分。”

“仁兄言重了，丹在咸阳，常有寄人篱下之感，心中也常觉惴惴，实在有负燕国太子之名，不知仁兄从事何种经营？”

“小弟子承祖业，做的是经营天下的买卖，我之经营遍天下，天下皆有我经营。”嬴政目光炯炯地看着燕太子丹，他要从霸气和豪迈上把对方压下去。

“噢，”燕太子丹听后眉毛一扬，并未躲避嬴政的目光，“如此说来，丹还是鄙陋，不知仁兄从事的是何种事业，只是不知我大燕国之中是否有仁兄的经营？”

“东方六国之中皆有我的经营，燕国当然也不例外。”说着，嬴政转而面对着那个女郎，颇为客气地问道：“敢问姑娘芳名？”

那女孩脸一沉，撅着嘴，并没有理会嬴政。旁边的太子丹替她回答道：“仁兄，我这密友姓樊，双名莲惜。她的父亲名叫樊於期，在贵国军中帐下任裨将。”

“你理他作甚？”樊莲惜气鼓鼓地说着。

“原来是樊姑娘，当日之事我们兄弟二人实非故意，请姑娘见谅。”成蟜插嘴说道。

“鬼才会相信你们呢！但凡心思鬼诈，行为险恶的人犯错之后都会给自己找一个冠冕堂皇的理由，谁知道你们是不是呢？”姑娘挖苦讥讽着二人。

嬴政眼光一直盯着樊莲惜。任性、倔犟、蛮横、美丽、健康、明朗，这一切都让他心醉不已，恨不得马上能把她拥入怀中，尽述心中无限爱慕和企盼，热烈的亲吻，或是热情的拥抱，都会是姑娘给他的莫大恩赐。然而，让他失望的是面前这个自己心仪的姑娘却喜欢上了太子丹。

“在下也曾经听闻过樊将军威武神勇之名，没想到他千金竟然如此千娇百媚，而其夫君又是天下闻名的大燕国的太子，实在令人心生羡慕，不过如今我大秦势强而东方六国却日渐衰微，大秦之神军横扫六国只是迟早的事，不知到时樊将军引兵陈于蓟城之下时二位又当作何感想？”嬴政的心中总是恨恨难平，说话也尖酸刻薄起来。

“你……”樊莲惜被他的这一番话气得粉脸通红，一句话也说不出来。

“仁兄未免也太高估贵国之力了吧！”太子丹眼见嬴政如此傲慢无礼，而且又辱及燕国，说话也顿时强硬起来，“如今秦国虽强，却也只是相对而言，七国争衡之势仍未有什么改变，否则又怎么会有五国一旦合纵，贵国军队便望风而逃的事实呢？再者，若非有些君主只求自保无虞，目光短浅，畏秦如虎狼，争相割地而侍秦，贵国又怎么会在如此短的时间内强大起来呢？如果各国君主都能奋发图强，变革以新，却也怕贵国即使东进一寸都要付出百倍的代价！”“那贵国又如何呢？”嬴政见太子丹如此豪情，立即反唇相讥。

"子议父王朝政，乃大逆不道之举，所以丹不敢妄议，不过一旦丹为君主，必当励精图治，变革而强，内抚百姓，外强边戍，合五国之势而西向抗秦，敢教贵国逡巡而不敢进，畏头畏尾而不能前！"太子丹猛地一击掌，站起来，意气风发地说道。樊莲惜一见自己的情人如此潇洒大气，凛然而不可犯，不觉为其击节叫起好来，目光之中充满了温柔、仰慕和幸福。

"太子现在居于咸阳为质，便纵有万种抱负，只怕连咸阳城都出不去！"

说完，嬴政猛地站起来，又看了一眼樊莲惜，而后扬长而去，成蟜也赶紧起身跟随。这时，小二已把酒菜端了上来，连忙殷勤地问嬴政放在什么地方，却被嬴政猛地一挥手，将手中盛着酒菜的盘子打得飞溅一地。小二一惊，再去找兄弟二人时，他二人早已扬长而去。

嬴政赌气回到宫中，令赵高派人守住燕国质子太子丹的住处，允许人自由出入，但不能让太子丹逃出咸阳城去。酒楼之中的一面让嬴政知道，这个太子丹不但抢走了自己心爱的女人，更将是自己将来统一天下的强劲对手。假如真的让他回到燕国，继位为王，或许他真的会励精图治，变革求新，使燕国重新强大起来。到时他再联合其他五国共同对抗自己，胜负还真的难以预料。太子丹身上所具有的那份豪气和胆识，是他到现在为止从来没有在别人的身上发现过的。不行，绝对不能让太子丹回到燕国去。

吩咐完毕之后，嬴政靠在椅子背上，闭目养神，然而却心绪烦乱，眼前一个劲地闪过酒楼之中的情景。无法得到自己喜爱的女人的烦躁令他猛地站起来，在屋中来回地走动着。他真恨不得立即杀掉太子丹，但那样恐怕也无法使樊莲惜移情于自己，而且还会得罪燕国。现在他还不想得罪燕国。

他的眼前又浮现出深潭之中玉人的裸泳之美，那美妙健美的身躯是多么的让人亢奋不已，急欲一亲女人芳泽而后快啊！她曾经那么骄傲欢悦的将自己身体的每一部分展现于自己面前，但那时自己只是一个偷窥者，只能暗暗赏味她身上的每一分魅力和诱惑。她现在已经属意于太子丹了，而且看样子也爱得刻骨铭心。他不明白自己究竟有什么地方比太子丹差，难道就因为自己曾经偷看过她洗澡？那么她就要投入一个燕国人的怀抱？

正当他思忖忧烦之间，赵高悄无声息地走了进来，脸上也是有些惶急。不过见嬴政正在烦躁忧虑之中，他没敢出言打扰嬴政。

嬴政走了半天，猛然抬头，却看见赵高站在自己的面前，忙出了一口长气对赵高说道：

"啊，赵高啊，你什么时候来的，本王交给你的事情办好了吗？"

"大王，小人已命人守住太子丹的住处，绝对不会让他逃出咸阳城的。"赵高说完这些话之后又看了嬴政一眼，迟疑了一会儿，这才说道："大王，小人刚才出去时又听到了一件事，事关吕不韦的，不知大王想听不想听？"

"赵高，有什么事你就说，不要这么吞吞吐吐的。"

"大王，小人说了此事是尽忠于您，您听了之后可千万不要生气。"

“好啦，你就快说吧！”

“大王，刚才有人对小人说，吕不韦让他的门客编了一本书，他为这本书定名为《吕氏春秋》，而今，这本书已经编纂完毕，他将此书悬于北门之上并且宣言，谁能为此书增删一字，就可获得千金的赏赐。”

“什么，他把书悬于北门之上，让众人翻阅？”

“是的，大王。”

“岂有此理，吕不韦简直是太猖狂了，他还把本王放在眼里吗？”嬴政怒不可遏地拍着桌子叫道。

正在这时，御史王绾和少府冯去疾先后来拜见嬴政。他们都是赵高叫来的，赵高心知嬴政知道这条消息之后一定会龙颜震怒，所以赶紧让王绾与冯去疾来宫中劝解嬴政，以免他头脑一热，与吕不韦产生正面冲突。王绾来的时候还让人把《吕氏春秋》的序言抄下来带进了宫中。

嬴政展开抄有序言的绢帛，只见上面写着：

“维秦八年，岁在涒滩，秋甲子，朔之日，良人请问十二纪，文信侯曰：‘尝得学黄帝之所以教诲颛顼矣……’”

读到这里，嬴政猛然把那帛书扔在地上，气愤难平地说道：

“吕不韦，他也太嚣张了，竟然敢自比黄帝，想来教训我，想得倒容易？人人都知道《春秋》是历代帝王教育太子持政务实的书，现在他却为自己的书命名为《吕氏春秋》，摆明了是想用他的思想来左右本王嘛！”

“大王，微臣之所以把序言抄来给大王亲览，目的就是想喻示大王吕不韦并无可惧之处，他也只不过是一个沽名钓誉之徒罢了。”御史王绾慢条斯理地说道：“大王，吕氏之《春秋》，皆为其门客所撰，于他毫无干系，而他却强名之为《吕氏春秋》，足见其附会之心。至于将此书悬于北门招摇，更显示出此人之不足为惧，学者读书，贵在取有余而补不足，这本书虽无甚高论，但概括其宗，不外乎五个方面：一、主张天下为公；二、主张君道无为；三、反对君主独裁；四、主张德治教化；五、主张天下一统。抛去前四条，这第五条倒是颇合人意，所以此书并非一无是处。至于吕不韦之招摇炫耀，大王您不去理会他，咸阳之民不去理会他，他自会碰得一鼻子灰，撤掉北门之竹简的。”

“大王，王大人说得非常对，”少府冯去疾又接着王绾的话茬说了下去，“吕不韦虽然贵为丞相，然而此人却心胸狭窄，心高气傲，喜欢炫耀，总想凌驾于别人之上，此种人物，忍他一时又能怎样？再者，老臣业已读过此书，虽然此书耗时耗力无数，洋洋二十余万言，包含墨、儒、道、法等诸家学说，涉及伦理、道德、为政等诸方面内容，然而内容复杂，难成系统，实难供吕不韦作炫耀之资，大王且少安毋躁，不要与吕不韦作正面冲突，他自会自解而去。”

嬴政点点头，是啊，自己何须如此动怒呢？吕不韦就是再大肆炫耀张扬，其手中的资本也只不过是一本书。他再折腾，人们也不会奉他为至神，而自己则仍旧是高高在上的大秦国国君。只要自己能够忍耐，所有的东西都是自己的。

吕不韦将《吕氏春秋》挂于北门之上，并未收到自己预期的效果，而且宫中又传来了嬴政对他这种行为大为恼火的言论，于是连忙令人取下书稿，藏于家中，再也不愿张扬。如此一来，本来被他弄得沸沸扬扬的悬书一事就这样悄无声息地没有了下文。

再说那日嬴政打猎途中看到了王保的身影。那人确实是王保，他在赵国赌钱输了之后，被人砍下了一只手。来到秦国之后，不敢去找赵姬，只在赌坊间留恋。一日，王保在赌坊中宣扬嬴政不是子楚亲生子时，正被秦国的大将樊於期撞见。

他把王保直接带回了自己的府中，在他的追问下，王保说出了真相，而樊於期想到自嬴政上台以后，备受倚重的不是先朝老臣，而是吕不韦，而且吕不韦也能直入后宫与太后密议朝政，便也相信了王保的话。随后，他让人把王保软禁起来，他决意要找一个真正的嬴氏子孙去代替嬴政，因为那样大秦国才会继续保持嬴氏正统。

他想到了长安君成蟜。成蟜虽然性格懦弱，但却是真正的嬴氏后人。同时，他知道，如果自己冒昧前往去见成蟜细陈此事，长安君可能会不相信或者说会鲁莽而坏了大事。他要让成蟜掌握军权之后再告诉他，那时他们就可以兴兵讨伐嬴政，赶嬴政下台。

打定主意之后，他想尽所有办法去接近长安君成蟜，并最终取得了他的信任。此时，长安君蒙嬴政眷顾，早已是妻妾成群，整日饮酒作乐，根本没有雄心大志。樊於期又费了九牛二虎之力才打动了成蟜的心，激起了其体内的气概，决定向嬴政请命领兵攻城掠地以建功立业。

嬴政看见自己的王弟成蟜又来咸阳宫找自己，非常高兴，但听说成蟜要领兵出征之后，嬴政不由得欣然而笑，打趣成蟜道：

“王弟，你一向文静儒雅，为何现在又要一意上阵杀敌建功呢？”

“王兄，小弟听闻男人之业在四：修身、齐家、治国而平天下。男人立世当以事业为上，否则便如行尸走肉，人而不知其可，小弟半生碌碌，今日幡然悔悟，常觉惭愧不已，小弟也想趁王兄在位，允小弟领兵杀敌，建功立业，后世也会有小弟之遗名，否则实在是枉为男子。”

“有王兄在这里，你又何必有如此多的挂念？”

“正因为有王兄庇护，小弟才会常感心中惴惴。若非王兄相助，小弟今日便是流落街头也是一己之力，但现在却位享荣华，只恐被人奚落。何况现在赵国正与燕国于北境交战，我们恰好可以收渔人之利，引兵袭攻赵国后方，必可一战而成，则小弟不但功成业就，而且还可为王兄及母后报当年在邯郸受辱之仇！”嬴政一听到成蟜提及邯郸受辱之仇，心中也是无名火起。是啊，自己不也是日思夜想着要去报邯郸受辱之仇吗？现在不正是机会吗？他望着眼前的成蟜，这个酷似子都的王弟，由他领兵去报自己的仇恨不正好吗？燕、赵交兵，赵军无暇后顾，正好可以趁机给其以致命打击。想到这里，他欣然允诺道：

“王弟，王兄答应你的请求，准你率军征伐赵国，不过你自小好文厌武，不习攻略之策，王兄是不是该给你再配备几名良将啊？”

“王兄，此事无须王兄挂心，王弟早已觅好一得力助手，此人刀马娴熟，而且熟读兵书战策，有此人相助，小弟一定会奏凯而还的。”

“噢，不知王弟选中的人是谁？”

“此人现为军中裨将，名叫樊於期。”

嬴政一听，不觉心中一动，樊於期，不正好是那个自己梦寐以求的佳人樊莲惜的父亲吗？他当场答应了成蟜的请求，让他与樊於期领10万兵马择日攻赵。他要给樊於期建功立业的机会，而后对樊於期大加赏赐，说不定樊於期一高兴就会把莲惜许配给自己呢！到那个时候，太子丹，你就在咸阳城里作一个顾影自怜的苦命人吧！

樊於期回到府中，到处去找自己的女儿樊莲惜，但却哪儿都找不到，连她的侍女玉儿也不见了踪影。莲惜是他的掌上明珠，他知道，自己这次出征，有可能再也回不到秦国了，即使成功地推翻嬴政，他也不会立即回到咸阳。他可不想让自己的女儿受到任何伤害，他要先让女儿离开咸阳。但是，任他怎么找，就是找不到莲惜和玉儿的踪影，他只能罢手了。

而在咸阳宫中的嬴政为了使攻赵行动一奏而效，生怕成蟜不足以堪大任，所以又派王翦及其子王贲还有蒙骜的儿子蒙武共同将兵5万，择日从另路进攻赵国。

樊於期为了使拥戴成蟜反击嬴政的行动成功，他又去游说了子傒也加入到这个联盟之中。在争夺继承权的斗争中败给子楚的子傒也想趁此机会重掌大权，因此毫不犹豫地率领自己所有的力量加入了战团。同时，他们还给东方六国国君传去消息，揭穿嬴政的真实身份，约他们一同出兵讨伐好战的嬴政。

再说赵姬这边，吕不韦为了讨好赵姬同时为了不让嬴政知道自己与赵姬的事，于是就将自己的门客嫪毐献给了赵姬，哪知赵姬很快就怀上了嫪毐的骨肉。为了不让嬴政知道，赵姬不得不借口到大郑宫去养病，把孩子生了下来。现在赵姬已经回来了，还带回来两个儿子。这两个儿子都是她与嫪毐的合作产物。居然为嫪毐生下了孩子，但是为了不让嬴政知道自己与嫪毐的奸情，只好把这两个孩子藏起来。赵姬回来之后就让嬴政细陈嫪毐在大郑宫中对她的悉心照料，求嬴政封其官职。嬴政被其纠缠不过，加之见到母后也确实气色越来越好，便让母后自己想一官职封给嫪毐。他本来认为赵姬也就随意封嫪毐个官职过过瘾就行了，没想到获得了嬴政认可的赵姬回去之后竟封嫪毐为长信侯，而且把山阳、河西及太原三地作为其封地。嬴政听后虽然吃惊不小，但自己已经答应，不好悔改，只好随她去了。离自己冠礼执政还有不到一年的时间，他可不想出什么意外。

成蟜与樊於期、子傒领兵出征后不久，王翦父子及蒙武也率五万兵马从另路进攻赵国。成蟜一路势如破竹，连下野王、天门、长平数城，进扎屯留。在屯留,樊於期才将事实真相告诉了成蟜。成蟜听后先是惊骇,继而是义愤不止,没想到自己所尊敬信任的王兄竟然是奸贼吕不韦的孽子,而自己却还一直对他依赖有加。

当下,成蟜在屯留驻兵不久,便向咸阳发回讨逆檄文,历数吕不韦及嬴政之罪过,决意驱赶嬴政这个吕商的孽子下台,而由自己继承嬴氏正统。

檄文昭示天下,很快就传到了咸阳。嬴政获悉之后雷霆震怒,一方面怒于母后赵姬与吕不韦有染而生下自己,另一方面更怒于成蟜敢于拥兵对抗自己,而且把这等不光彩的事宣扬于天下。

他连忙传令王翦父子及蒙武立即停止进攻赵国,转而围攻驻扎于屯留的成蟜。但是,他又不希望成蟜因此而亡去。毕竟,他在感情上还很依赖成蟜,因为只有与成蟜在一起时他才能感受真诚,感受快乐,远离尔虞我诈。于是,命人进攻屯留之际,他还下令只要成蟜回心转意,绝对不要伤其性命。

吩咐完毕,他怒气冲冲地去找赵姬。赵高拦也拦不住。

甘泉宫中的赵姬也听到了成蟜拥兵反叛的消息,她奇怪的是谁使成蟜知道了这个消息。嬴政的到来也使她有些吃惊,但她转而又镇定下来,正好可以趁这个时间告诉嬴政真相。吕不韦,你想得逞,我偏不让你得逞!

"母后,外面传言我是吕……吕不韦的亲子,不知可否属实?"嬴政的语气非常强硬。

"政儿,为娘何尝不想告诉你事实的真相呢!你可知道,这么多年来,为娘是怎么度过的啊!"赵姬眼中含泪,声音哽咽,"不错,外面的传言都是真的,但你只知其一,不知其二,其实当年为娘是吕不韦的侍妾,遇到你的父王为质邯郸,吕不韦认为时机难得,便使计逼我嫁给了你的父王,后来便生下了你。为娘这么多年一直未说,一是不想影响你们父子的关系,二来也不想影响你的帝位。其实,你之为帝,不是比任何一个嬴氏子孙都强吗?再者,自从你出生之后,吕不韦从来没有尽过一天做父亲的责任,是为娘和你父王将你抚养成人,所以你也是嬴氏的子孙,而非吕不韦的儿子!"

"又是这个吕不韦!"

嬴政暗暗骂着。看着母后一脸凄楚无助的样子,他原谅了自己的母后。是啊,自己是嬴秦的一分子,而不是他吕不韦的骨肉。吕不韦,早晚我要收拾你!

讨伐檄文发出去之后,成蟜与樊於期满以为会有无数的秦国将士纷纷来附,东方六国也会立即发兵驰援。然而,让他们失望的是,不但秦国兵将无一人来附,就连自己所率的20万大军之中也有不少将士不愿回军征战咸阳。第一,他们不愿在这大好时机自相残杀而失去了对六国的军事优势;第二,他们已经开始欣赏并信任善战好斗、英明决断的嬴政,而对于真正的嬴氏后代成蟜,他们只知其优柔寡断,软弱无能。在他们的心目中,能够率领他们开疆辟土,建立功勋的君王就是至圣明主,管他是姓嬴还是姓吕。东方六国的军队来是来了,但却犹疑观望,逡巡不前,他们谁也不想得罪秦国,尤其是在不知道成蟜与嬴政谁胜谁负的情况之下。

援军一点儿也没等到,他们却等来了王翦父子及蒙武率领的5万大军。樊於期没有料到嬴政的军队会来得这么快,所以有些措手不及。可他哪里知道,这些军队也是奉命去攻打赵国,只不过又临时被调来平定他们的叛乱而已。

成蟜一听王翦与蒙武都率兵前来,顿时有些慌了手脚,因为他知道王、蒙二人都是大秦国战勋卓著的名帅良将。樊於期见状忙与子傒商议当前对策,子傒建议樊於期先率一路人马到城外迎敌,顺便看看是否能将王、蒙二人劝入己方阵容,樊於期点头答应。

当樊於期率军来到屯留城外的时候,不禁也有些心惊胆寒。只见自己对面战旗猎猎,盔甲鲜明,5万秦军列战候战。再看己方军队,一个个萎靡不振,精神懒散,根本不是一副大敌当前的样子。他曾在王翦手下为将,知道以己之能绝非王翦对手,更加之对手还有一个虎将王贲和一个与王翦的能力就在伯仲之间的蒙武。虽然自己有10万兵马,而对方却只有5万兵马,但此时一见,胜负立判。

坐在马上,他不禁有些怅然若失起来:难道是自己做错了吗?自己维护嬴秦的正统地位有什么不对?可现在为什么支持自己的人少,反而支持嬴政的人却多呢?

他硬着头皮来到阵前见过王、蒙二将,正欲劝降,王贲却径自出阵要与自己交战。这三人原本打算一举攻陷赵国,也好立个大战功,谁知成蟜却突然拥兵反叛,坏了他们升官晋爵的好梦。他们此时只盼能尽快剿灭叛军,也许还能讨得嬴政的欢心。而且,他们知道,叛军之中唯一可惧的就是樊於期。只要诛杀了樊於期,叛军必乱。所以,一见樊於期,不待其说话,王翦便命自己的儿子王贲上阵迎击。若论武艺,樊於期与王贲乃在伯仲之间,胜负也全在一招两式,然而今日他的勇气早已大打折扣,而王贲又志在必得。战至四十多个回合,樊於期已有些体力不支,便寻思先撤兵回营商讨退敌之策。于是虚晃一招,掉转马头,一挥手中兵刃,示意手下兵士立即变阵撤回。

樊於期率领手下兵士退回屯留城下,叫喊城上军兵开门,然而城门依然紧闭。再要叫喊,却见城头之上,子傒与成蟜等人都一一出现,再仔细一看,只见子傒手下已用钢刀架于成蟜脖颈之上,挟持了成蟜。

"樊将军,老夫一直盼望有此机会能与子楚一脉进行公平的争夺王位的斗争,可惜总是没有机会,今日算是将军替我遂了这心愿,将军的大恩大德,老夫一定会铭记在心,有朝一日,我若能登基为王,我一定会封你为上将军的。不过,将军,上天有好生之德,似乎你现在该逃命去了!"

樊於期闻言连忙向身后望去,只见尘烟四起,呐喊阵阵,后面的追兵已经追了上来。

"子傒你这贼子,樊某若有命在,定与你势不两立!"

恨恨说罢,樊於期连忙掉转马头往北方逃去,余下那些兵士大部分缴械投降,少部分负隅顽抗的人都做了刀下亡魂。王翦命一偏将率一小部分人马去追捕樊於期,自己则率大军陈于屯留城下。

王翦立马城下,眼见成蟜被子傒挟持,知道子傒要比成蟜难对付得多。连忙高声对城头之上的人高声喝叫了嬴政的口令,所有城内的兵将,不管是自愿参加还是被胁迫,只要能番然悔悟,概不追究责任。城头之上顿时一片哗然,子傒及其同党镇压半天才算压制住。子傒长期蛰居隐忍,他的威望早已如同他的名气一样被人淡忘,尤其是在军中。当然,王翦的这些话主要还是说给成蟜听的。因为嬴政特别叮嘱过,只要成蟜痛改前非,他会既往不咎的。

城头之上的成蟜遭子傒等人挟持,钢刀临颈,面色苍白,心头一片茫然。继而,所有过去的一切又在他的眼前渐渐清晰起来。他现在才终于醒悟过来,在这次整个的行动中,自己都只是一个傀儡,一只被人随意操纵着的木偶。虽然他在嬴政面前力争带兵出征的时候多少也显得有些豪气于云、英明睿智,但大部分却都是樊於期的指导。否则,他仍旧只是一个醉生梦死的安乐王。

听着下面王翦的喊声,他便又想起了自己的王兄嬴政,或许应该说是窃取了嬴秦地位的商人的儿子。嬴政刚直、残暴、英武、执著,而且极有威信和号召力,完全不似自己的怯懦软弱、缺乏主见,又贪于享乐。其实,无论谁是真正的嬴秦后裔,嬴政都要比自己更适合成为一个统御天下的君王。

他知道,自己已经不可能再回到咸阳去作自己的长安君了,即使嬴政会原谅自己。这一次拥兵反叛的行动使他彻底地认清了自己,自己只是一个一无是处的大废物,只能依仗别人的恩赐和庇护来享受荣华富贵。浮生若梦,也许这是自己过去日子的最好写照。而自己,已经不可能再回到过去了。现在他才想起来为什么燕太子丹委于咸阳为质却仍然有许多人知晓他的大名,因为太子丹有足够的勇气和胆识以立世,而自己什么都没有。既然已经无法再回归过去的生活,而且又不知明天的出路在何方,那么还不如在今天结束自己的痛苦吧。

想到死,他忽然间便大彻大悟了。是啊,对于自己这样的人来说,死也许是一种最好的解脱。定了死念之后,他的目光忽然变得坚毅果敢起来。一丝满意的微笑在他的嘴角边浮起来,连用钢刀架住他的脖颈的那名将官也不禁有些心虚了。

他又往前走了几步,将身子探出城墙的垛口,迫得那名将官也不得不跟着他探出身去。他强忍住眼眶之中的泪水,声音略微有些发涩地对城下的王剪叫道:

“王将军,待将军引大军回归咸阳之际,请代我向王兄致意,就说我成蟜有负他的恩情,听信奸人之言起兵反叛。他对我的照顾和体恤我只能来生再报了!”

说着,他猛地将脖颈向左一侧,钢刀的利刃顿时割脉而进,等到那将官警醒之时早是为时已晚。只见鲜血迸溅,成蟜的尸体猛地伏在垛口之上,鲜血淅淅沥沥地直飞落到城墙之下。

子傒一见成蟜死于钢刀之下，不由狠狠地跺着脚，冲着那名未能尽好职守且一直愣愣不已的将官叫道：

“蠢材，成事不足，败事有余，让你看一个软蛋都看不住！”

正在这时，子傒身后的将士们一片哗然大乱。子傒正在纳闷，只见一名小校气喘吁吁地跑到他的面前报道：

“启禀王爷，大事不好了，成蟜营中部将杨端和率兵反叛，如今已攻到城头附近了，请王爷早作对策！”

“完了，完了，赶紧去给我顶住，谁杀了杨端和，本王爷赏五百金！”子傒歇斯底里地大叫着。

杨端和是樊於期营中的一名将官，为人也是骁勇善战，颇有计谋。只因未立多少军功，所以才位列低等将官。本来他想趁这次伐赵的机会杀敌建功，从而能获得封赏。谁知军至屯留，成蟜却要拥兵反叛。此刻他便已萌生退意，只因势单力薄，恐怕退不出去，反而因此而丧命。所以，他一方面暗地里搜寻汇集同盟者，另一方面则在不停地寻找机会。

今天，当他得知樊於期被逼出走，成蟜被子傒胁迫，便感觉自己反归秦王嬴政的机会到了，于是连忙率兵直往城头杀来。

城外的王翦等人一见成蟜身死，再也无所顾忌，下令手下全力攻城，如有弃城投降者则俘之。此时，他们还不知道城内的杨端和已经率兵而反了。

战斗打响，但很快就结束了。

虽然成蟜此次出征时领兵10万人，但成蟜已死，樊於期被逼而走，愿意跟随子傒作战的兵士是少之又少，根本无法抵挡内外大军的共同攻击。战斗很快结束了，整个屯留城到处都是散落的尸体。所有的负隅顽抗者都成了刀下之鬼，子傒及其手下的一群死党也全部战死。

这次由樊於期发起的，力推成蟜为主角的兴兵反戈，本打算将假嬴秦帝王嬴政驱赶下台的哗变近似闹剧般收场了。主角成蟜万念俱灰，刎刀而死，始作俑者樊於期也单骑落荒奔逃而去。

第七章 屠杀反叛军 血洗甘泉宫

消息传到咸阳,嬴政的喜悦抵不过他的愤怒和哀痛。虽然他极力想保住成蟜的性命,但成蟜却还是死了,而且,在他死前,他所怀有的仍是对自己的依恋和感谢。其实,他根本不该死,该死的是樊於期和那些怂恿他与自己作对的那些人。他当即便下了两道令,第一道,凡是参加了这场兵变而且负隅顽抗的有名可查的人全部夷其九族;第二道,诏谕东方六国国君,凡是有收留大秦国叛将樊於期的国家便是要公然与大秦国作对,大秦国必定会兴兵讨伐。

下令之后多日,嬴政心头的恨意才慢慢平息下来。

樊於期匹马单人落荒而逃,连他自己都不敢相信自己费这么大力气发动起来的除逆扶正的运动这么快就失败了。他本想能够借助自己发动的这场兴兵除贼的运动使自己成为彪炳于秦国历史的名将,没想到却使自己成了通缉犯,被无数军兵追得狼狈而逃。

那名奉王翦之命捉拿樊於期的偏将为了抓住樊於期以向秦王邀功请赏,率手下骑兵紧追不放。虽然樊於期奋力北逃,但就是逃不脱那一群人的追赶。

正当他在马上思忖脱身之计的时候,忽然看见另外一条岔路上有两骑也径直向北疾奔,而且后面也有不少的人在紧紧追赶。

转眼之间,两个队伍的人马都汇聚于岔路的交汇点。樊於期一见对面被紧紧追赶的那两个人,心神一振,握着马缰的手都轻松起来。

那边被追的两个人都比较年青,而且都是一身平民打扮。其中一个虽然衣衫朴素,但是却剑眉朗目,英气逼人,一看便非是平常人,而另一个年轻人则身材小巧,皮肤白皙,生得也非常俊俏。那两个人与此同时也看到了同样落荒而逃的樊於期。那名身材小巧的年轻人在马上极其兴奋地叫道:

"爹,爹!"

原来此人是女扮男装的樊於期的女儿,也就是嬴政一直日思夜想的樊莲惜。

三人会聚在一起,而他们后面追赶的人也同时汇聚在一起,因为他们都是大秦国的人,只不过追樊於期的是秦军中的兵士,而追赶樊莲惜的则是赵高派下来的便衣卫士。

樊於期眼见无法摆脱对方的追赶,当下把心一横,与其逃而不知所终,不如置之死地而后生。想到这里,他冲着女儿使了个眼色,猛地勒住马,掉转马头,抽弓搭箭,频频射向后边的追兵。那些追兵不意他们三人会突然停下,而且还施放冷箭,疏忽间已有数人中箭,但剩下的人却仍旧奋勇向前。因为这三个人都是秦王嬴政急欲得到的人。只要抓住一个,那么他们的下半辈子就有保证了。

樊於期箭发连珠,直到射完箭囊之中最后一支箭,这才拔出佩刀,猛地向那些追兵冲过去,而樊莲惜和与她同行的那名男青年也抽出暗藏的兵刃迎击敌人。那些追兵在那名偏将的授意之下围成一圈,将三人围在圈中,而这三人也互成犄角之势,分别抵挡着纷至沓来的进攻。

一片刀光剑影之中,惨叫声不断地响起,那些兵士也不断跌落于马下,痛苦地扭曲着或是跌下即丧命。然而,敌人的数目实在太多了,虽然他们奋力砍杀,其惨烈程度早已惊骇人心,但还是有人不断地扑上来。因为他们身上所蕴含的价值也实在太大了。

三个人杀人已经杀得有些精疲力竭了,却仍旧有人鼓噪呐喊着,不要命地冲上来。樊莲惜的胳膊上已经挂了两处彩,虽然她仍咬牙苦战,但却已势如强弩之末,而那名男青年的大腿上也被人刺了一枪。他们不能去互相帮助对方,因为那样的话他们就会被敌人冲散,更难保命。

正在这千钧一发之际,敌兵的后边忽然一阵大乱,一片光影之中,敌兵的包围圈被撕开了一个大血口子,一骑一人飞驰进圈中,却是一名五十余岁,身材瘦小但却精神矍铄的老者。老者进圈之后,也不说话,径直照那些秦兵砍杀,而那三人一见来了强援,又陡然精神焕发,迎着敌兵的冲击攻了上去。

不知过了多长时间,战斗终于结束了。所有的秦兵(除了见势不妙逃逸的)都作了刀下之鬼。只见尸首横陈,鲜血四流,一片狼藉,还有几匹恋旧的战马徘徊于主人身边,不住地哀鸣着。

三人正要道谢,那老者却先开口说道:

"三位已脱敌兵之困,田某也要告辞了!"

"田先生请留步!"那男青年纵马来到老者面前,拱手彬彬有礼地说道:"先生洁行高义,实乃晚辈平生所见,难道先生连被救者是何人都不问问吗?"

"田某云游四方,虽不敢自比闲云野鹤,却也常觉无尘事累而一身轻,救三位全是偶遇,知道姓名又能怎么样?而且造成如此大的杀戮实非田某所愿,几位以后还要切记以善字当头,不要轻易便与人结怨,否则天下芸芸众生,不知何时才有个宁日!"

老者说完,抖动马缰,便要纵马而驰,那年轻人却猛地滚鞍下马,跪在老者马前,磕头施礼道:

"田先生,晚辈燕国太子丹,刚刚脱离秦国之囹圄,先生身怀绝世武艺,而且又洁操高尚,丹愿跪求先生同赴燕地,共图大事,救天下苍生于水火!"

樊於期这才知道与女儿同行的是燕太子丹,也明白了为什么会有人追杀他们。那老者听了太子丹的话之后摇摇头说道:

"如今秦强如虎狼,而六国弱小且不知自强,秦灭六国只是时间之限,此种结局绝非一人之力可以为。而且我早远离凡尘事,老夫多谢太子殿下的盛情。"

“先生，丹欲西向而抗秦，终成七国鼎立之势，再无兵戎争戈，奈何人单力孤，先生心系天下苍生，何不与丹一起同谋大业，共抗暴秦？”

老者听后思忖良久，终于轻轻点了点头。太子丹又跪下拜谢，而后才来拜见了樊於期，并且邀请樊於期同奔燕国。樊於期眼见自己爱女已与太子丹互相爱慕，心生情愫，只得点头，于是四人四骑共同赶赴燕国。

嫪毐被封长信侯之后，其势一发而不可收。在太后赵姬的暗许之下，他在自己的封地之内大兴土木，富室、车马、衣服、苑囿、驰猎，排场奢华，而且还和吕不韦一样多养家僮，广招门客，其势直逼文信侯吕不韦。

他的这些招摇之举早被赵高侦知，而且告诉了嬴政，但嬴政并未动声色。他要看看这个嫪毐到底有多大的能量，而后再在他最猖狂的时候将其一击打入十八层地狱，让其永不得翻身。

公元前238年，这一年嬴政已经22岁了，他就要行冠礼而执掌朝政了。然而他面前却有三个人在阻碍着他顺利地执掌朝政，这三个人就是太后赵姬、嫪毐、吕不韦。

在一次偶然的机会，嬴政得知自己的母后与嫪毐有染，居然还生下了两个儿子。而且嫪毐还想要把自己除去，让他的两个孩子登基为王。

嫪毐知道自己的行踪暴露，于是就联合自己的一群死党拿着嬴政的御玺和赵姬的玺印矫诏以嬴政在雍城蕲年宫举行冠礼时身受逆贼兴兵作乱，自己受命征调咸阳各处军队去护驾勤王，保护嬴政的安全为借口准备谋反。后来，嬴政派兵进行截杀，很快就取得了胜利，但是嫪毐却逃走了。

胜利的消息传到雍城蕲年宫，嬴政大喜，随即下令国中：“境内之民，不论贵贱高低，凡是活捉嫪毐的人，赏钱100万；杀死嫪毐的人，赏钱50万。”

悬赏之令发布出去，只过了短短两天，便有人来报说嫪毐已经被抓住了，嬴政连忙令赵高去审讯嫪毐及其一群死党，而后让人去赏赐捉嫪毐的人100万。一名内侍忙去安排，然而不久之后却又回来禀报嬴政道：

“启奏大王，此人不要赏钱。”

“那他要什么？”

“他说他只想见大王。”

“噢，还有这等人物，让他进来见我！”

内侍出去不多时，引进一名身着军服的虬髯汉子，样貌甚是威猛。来人龙须虎步，腾腾腾地走到嬴政面前，跪倒施礼道：

“小人桓龁拜见大王。”

“桓龁，本王见你一身军服，难道你在军中吗？”

“禀大王，小人乃军中校尉，正带着数名弟兄巡行于长安县内，忽见一行人行色匆忙，连忙上前盘问，谁知他们却抢先动手，被我们一一使绊马索擒住，这才知道他们原来是叛贼，连忙送来交给大王发落。”

“好，若非是你，这嫪毐恐怕一时还抓他不着呢！刚才听人说你不要那一百万赏钱?”

“是,大王,钱财我桓齮并不看在眼中。”

“那你想要什么?”

“小人想求为将!”桓齮干净利落地回答着。从他的脸上看不出一丝的羞惭与心虚,一脸的从容镇定。

“桓齮,你可要知道,本王即使封你为将军,如你没有军功入账,你仍然只是孤苦伶仃一人,倒还不如那一百万钱来得实惠。”嬴政虽然嘴里面这样说,但心里却对这个心直口快,而且充满自信的桓齮暗生收纳之意。

“大王,小人虽不敢才比孙武,但却也自幼熟读兵书战策,苦练武艺,若非近来我国一直外无战事,桓齮也不会至今仍只是一个军中校尉。”

“嗬,桓齮,你真是好大的口气,不过本王答应你,就封你为将军!”嬴政大笑着说道。

“小人多谢大王御封,桓齮日后定当衔恩东进,为大王之前驱,扫平六国,一统天下!”桓齮跪地再拜,谢嬴政之封赏,但叩过头之后却并不起身。

“桓齮,本王已封你为将,难道你还有什么要求不成?”

“大王,小人斗胆,擒获嫪毐等一伙贼人并非桓齮一人之功,乃是与众弟兄合力为之,现在桓齮已得偿所愿,被大王恩封为将军,不过那些弟兄仍在宫外守候,企盼大王能奖赏他们一二。”

嬴政低头看着面前的这个外表粗壮鲁莽而且豪气冲天的桓齮,不禁“扑哧”一下笑出声来。笑罢,这才用手点指着桓齮说道:

“桓齮啊,桓齮,你可真是贪心得很哪,你不但求得了本王一个大将的封赏,钱也不想放过,你这小算盘敲得可真紧啊!也罢,那一百万的赏钱就都赏给他们吧,不过可就没有你的份了!”“小人代那些弟兄们谢过大王的恩典。”拜谢完毕之后,嬴政让桓齮起身,站在一边。他侧脸向昌平君道:

“爱卿,前日剿灭嫪毐之乱党以后,你可曾派人到其府中查看一番?”

“大王,微臣待尽剿叛军以后再进城,想去搜查嫪毐的住处,谁知其住处早已葬身于一片火海之中,连其邻人屋舍都被殃及许多,大火过后什么东西也没有了。”

“可恨!定是那些留守其府中的人眼见大势已去,才放火烧府,意图一举消除所有罪证。如此一来,想要清查与嫪毐勾结往来之人就势如登天了。”嬴政恨恨地说道。

正在这时,门外一名侍卫禀报说侍郎李斯求见,嬴政连忙召见。

嬴政虽与李斯早有约定,但恐怕为吕不韦所知,所以一直以来并未有过多的接触。现在嫪毐已被抓,而嬴政也已行冠礼,二人交往也就无甚可惧之处。嬴政本想回到咸阳之后再找李斯商讨天下大势,没想到李斯却先来找他,还带了与嫪毐有关系的人名单。之后,又对嫪毐进行了严刑拷打,嫪毐禁受不住只好供认出了自己的罪状。

嬴政看过嫪毐的供状，见其中多有涉及吕不韦之处，但他并不去问吕不韦，继而下令，首恶嫪毐车裂之刑，尸首弃于荒郊野岭，夷其九族；其死党内史肆、佐弋竭及中大夫令齐、吕小宝等20余人枭首示众；对其门下宾客，分轻重罪责，罪轻的罚做三年苦役，罪重的刺面以戍边地，永不得回归内境；与此事及嫪毐有牵连的四千多家，都免其爵位供俸流放到西蜀房陵。

而后，嬴政又授意将自己的处罚决定诏令全国之民得知。他的目的就是想让全国的人民都知道自己的权威和严厉，要让那些归附于吕不韦门下的人知难而退，慢慢地孤立吕不韦。

一切处理完毕之后，他让众人分头准备择日回归咸阳，而后自己闭目养神，同时也思考以后该如何去一步一步夺回自己应该拥有的权柄。

赵高轻手轻脚地走到他的身后，一边给他轻轻地揉捏按摩，一边低声说道："大王，您以雷霆之势，横扫嫪毐之乱如疾风拂乱草，瞬息即平，声威大震，不过依小人看来，如平定削弱吕不韦的势力恐怕就不能须臾之间以力平之了。"

"噢，这是为什么？"嬴政闭着眼睛，似乎是漫不经心地说道。

"大王，您想想啊，吕不韦在咸阳经营多年，而且他又极善诡诈机变，所结交的人定然不在少数，也一定会有不少的人争相附庸于他，整个大秦国之内，他的关系恐怕是盘根错节，如牵一发，肯定会动全身，到时我们要处置吕不韦，只怕应之者众，我们也就不好处理了。"

"嗯，不错，想不到你还能将问题分析得如此透彻明了，也不枉本王栽培重用你一场。"

"谢大王夸奖，小人这不全是跟大王您学的吗！大王，下一步我们该怎么办？"

"你说呢？"

"小的不敢说，小的不能说。"

"不敢说最好，你也回去收拾一下吧，我们明天就动身赶回咸阳。"

赵高答应一声，悄悄地退了出去，嬴政则发起呆来。

是啊，赵高确实不敢说，也不能说。嫪毐已受车裂之刑，剩下的就应该去针对甘泉宫中的太后赵姬以及她与嫪毐的那两个私生子了。这样的事，赵高敢随意插嘴评说吗？

甘泉宫。自从嫪毐捧着两颗玺印走后，赵姬一直坐卧不宁，茶饭不思。虽然她并不希望这样的争斗出现，但现在却势在难免。这已经不能再去评论是谁对谁错了，虽然她贵为太后，但是她空虚、寂寞，她渴望男人的爱抚和滋润，渴望家庭的温馨和甜蜜。然而，吕不韦不能给她爱抚和滋润，而嬴政也不能给她以温馨和甜蜜，因为这两个都是一心只为自己的天下和事业拼搏的男人。嫪毐给了她所需要的一切，但嫪毐也有野心，他想在女人的庇护下成为一个权势显赫的人，甚至想君临天下。于是，他和嬴政之间便产生了矛盾。嬴政想成为大秦国真正的君主，而嫪毐也想进一步提高自己的地位。于是，他们之间的争斗就不可避免了，赵姬只能是一个夹在中间两头受气的人。如果让她来臆测两方的成败的话，她也许会偏向着嫪毐，因为嫪毐是她现在肌肤相亲、春风共度的男人，也是她的两个嗷嗷待哺的儿子的父亲，她不想失去嫪毐。虽然嬴政也是她十月怀胎的骨肉亲子，但他太重权术而且也太深沉了，更何况他还是吕不韦的儿子。

已经过去三天了，当天里还能知道城里城外都有了骚乱，而后就听说嫪毐在城中的住所被一把大火烧了个一干二净，再后来就什么消息也听不见了。她派宫女出去打探，但接连派出去的好几个宫女都如泥牛入海，再也没回来，消息更没有打探回来。她也有些六神无主了。再派宫女去打探消息，那些宫女都婉言推诿拒绝。她本想自己去，但那两个孩子却就是不放她外出。其实，出宫打探消息的那些宫女都被赵高所指挥的武士给抓了起来。这是赵高私自做的主，但是，他知道，嬴政需要这些。

赵姬只得坐在宫中静等消息。也许现在自己的儿子嬴政已和自己的新宠嫪毐议和罢兵了，嬴政承认了嫪毐与自己的关系，而嫪毐也尊嬴政为大王，皆大欢喜。但她知道，这只会是自己的一厢情愿而已，这样的情形绝对不会出现的。

正当她沉浸于一片焦急之中的时候，一名小宫女忽然慌慌张张地跑了进来，急惶惶地禀报她：

“启奏太后，那个赵高非得要进宫来！”

“你把他拦在宫外不就行了吗，怎么这点小事也要向我禀报？”赵姬不喜欢赵高，因为她不喜欢这小子的一派作风，极其厌烦他那种目中只有嬴政，余者全不看在眼中的飞扬跋扈和嚣张气焰。他来甘泉宫干什么？

“不行啊，太后，奴婢根本就拦不住他啊，他不但硬要闯进来，而且还带来了许多侍卫！”

“什么？这个狗奴才，竟敢闯甘泉宫，我看他也该有人管教管教了，否则他连自己是谁都不知道了！”

说着，赵姬猛地站起身，示意宫女先把两个孩子藏好，而后怒气冲冲地向外走去。今天她一定要给赵高一个下马威，让他知道他自己只不过是一个仅能向主人狂吠讨赏的奴才。

她急匆匆地出了寝室大门，又向前走了不多远，远远地已经看见了赵高那张骄纵蛮横、飞扬跋扈的面孔。她心中的怒火不由得猛往上撞来。赵高一意只往里闯，几名拦阻他的宫女和太监都被他给推到了一边。他一抬眼皮，正好看见了赵姬，便笑嘻嘻地说道：

“太后，小的赵高给您请安了，您一向可好啊？”

“赵高，本宫问你，谁给你的权力，让你到甘泉宫中来撒野，往日你在他处横行霸道倒还罢了，今日竟敢来本宫这里横冲直撞，我看你是不是嫌命太长了！”

“哎哟，太后，您消消火，赵高哪有胆量来甘泉宫撒野啊？不过今天小的这是奉命行事，实在也是没有办法啊！”

“奉命？你奉什么人的命？”

“不瞒太后，小的乃是奉了当今主上的命，带兵前来搜查甘泉宫！”

赵高本来还是一副低三下四、低眉顺眼的模样，等到这句话说完，他忽然把眼眉一扬，一挥手臂，那些侍卫们就要散开进行搜查。

“你们敢！”

赵姬猛地张开手臂，横眉立目地怒喝着拦在了赵高的面前。这一下子倒真把赵高吓了一跳，他不觉后退了一步，随即便又恢复了刚才的那一副奴才相：

“太后，小的是不敢，可小的也是奉了大王的命令，大王之令更不敢违抗了，您就让开吧！”

“狗奴才，你别猖狂，也别拿当今主上的命令来吓我，再怎么说我也贵为一国太后！你滚回去，让你的主子来见本宫！”

“太后，小的今天既然来了，可就没想着空着手回去！”赵高斜着眼睛看着赵姬，冷冷地说道。

只听“啪”的一声脆响，赵高猛地惨叫一声，捂着自己的一边腮帮子呻吟起来。原来赵姬趁他得意之机，猛然抽了他一记耳光。

“你这个狗仗人势的狗奴才，要不是本宫怕失了威严，非得撕烂了你这张臭嘴不可，让你叫都叫不出声来！”赵高捂着腮帮子呻吟了老半天，半边脸上那火辣辣的感觉这才慢慢消退下去。这一记耳光来的毫无防备，直打得他眼前金光直冒，耳鸣不已。他放下手，竟然发觉手上还沾了丝丝血迹。这一下子，他心中无处发泄的怒火也一下子蹿了上来，他看着赵姬大叫道：

“哎呀，你这个……”

“赵高，住口！”

一声厉喝在侍卫队中响起，赵高的怒气顿时便消逝无踪了。侍卫两边分开，一个人从里面走了出来。赵姬一看，正是自己的儿子嬴政。

“母后，请恕儿臣无礼了，儿臣要搜查这甘泉宫！”嬴政狠狠地瞪了一眼赵高，而后冷冷地对赵姬说道。

“搜什么？”赵姬有些心虚地问嬴政。

“搜什么母后心中自然是一清二楚，不用儿臣明说了吧！”

说完，嬴政将手一挥，赵高自去带着侍卫们搜查去了。

赵姬眼含泪水，极其哀怨地望着眼前的嬴政。儿子已经长大了，也长高了，不再是邯郸城里那个陪伴自己相依为命的小赵政了。嬴政却目视着别处，并不与赵姬的目光相对。此刻，院落之中只有母子二人，但都是默默无言。

“政儿，不，现在应该叫你大王了，本宫问你，你把嫪毐怎么样了？”赵姬神情黯淡地看着嬴政，极为哀婉地问道。现在她最关心的就是嫪毐的生死安危了。

“嫪毐纠集乱党，兴兵造反作乱，意欲对本王不利，继而图谋本王之天下，本王顺天意而捕之，现已将其车裂以谢其罪，并且夷其九族，再过一会儿，这个世界上也就不会再有嫪毐的近支繁衍生息了。”

“你……你也太狠心了！他伺候我多年，可以说是尽心尽力，百般周到，纵使有罪，你难道就不能因人而异吗？更何况他……他也算是你的假父啊！”

“你错了！”嬴政的目光忽然直视着赵姬，那目光之中的坚定、阴鸷、深沉、狠毒使赵姬禁不住打了一个寒战，这眼睛之中应该是她熟悉的眼光，但现在却为什么又如此陌生了呢。只听嬴政一字一顿地说道：“在我的眼里，我的父亲只有一个，他就是已仙去的先帝庄襄王，其他的男人，只和你有关系，和我毫不相干！”

“你……”赵姬用手指着嬴政，气得胸脯剧烈起伏着。但她伸出去的手指却又是那么苍白，那么无力。

嬴政的目光也盯着赵姬。在他心中，他曾经是那么的尊敬爱护自己的这位母亲。在邯郸，当父亲回到秦国，而邯郸人又无比的仇视自己的最艰难的时刻，是母亲含辛茹苦地拉扯着他。所有的罪责，所有的苦难，只要她能够，她都会代他背负起来。在他心中，他对这位母亲曾经充满了崇拜和感激，因为她赋予了自己坚强和忍耐的性格。但回到咸阳之后，他觉得自己在她心目中的地位不那么重要了。她更喜欢和父王待在一起。他不怨恨，因为他也经常撇开她去和父王在一起。但再后来，父王死了，她本应该恪守妇道，但她却红杏出墙，先是召幸吕不韦，而后又将那个假阉官嫪毐养在身边，不但将其封为长信侯，给其封地仪仗，还为他生了两个逆子。而今，这些丑行几乎已是人尽皆知，让自己这一国君王的脸面还往哪里搁啊！

现在，他对眼前的这个女人的尊敬和爱意早已荡然无存，有的只是怨恼和愤恨。而且，她还甚至授意嫪毐去兴兵作乱，要夺自己的帝位。

“大王，小人已经搜到了！”

伴随着一阵小孩的啼哭声，赵高极其兴奋的声音传进嬴政的耳朵中来。

只见赵高一手提着一名小儿，脚步飞快地从后殿走出来。那两个小儿一边不停地扑打挣扎着，一边啼哭不止。赵高的后面跟着几名气势汹汹的侍卫，再后面则有两名宫女脸色苍白地追赶着。一看见嬴政，她们顿时吓得再也不敢追了。

“赵高，你这狗奴才，快还我儿来！”

赵姬一见赵高手中提着的两个孩子，顿时大叫一声，疯了似的向赵高扑去。赵高一见，根本不与之争斗，一下子躲到了那几名侍卫的身后。赵姬想去抢夺自己的孩子，但那几名侍卫却死死地挡在她的面前。

无奈之下，赵姬又奔回到嬴政的面前，低声下气地对嬴政说道：

“大王，念在你我母子一场的情分上，你就饶过这两个孩子的性命吧，他们可还都是懵懂无知的孩子啊！”

“本王不是刚才已经说过了吗，再过一会儿，这个世界上就再也不会有嫪毐的近支繁衍生息了，这两个自然也不能独活在这个世界之上！”

嬴政看着赵姬那一副方寸大乱的凄楚模样，冷冷地说道。

赵姬一见嬴政如此绝情，心中本是一阵恶气怒火，但耳边却又忽然响起了自己那两个孩子可怜的哭声，她的心顿时又软了下来，不禁双膝发软，猛地跪在了嬴政的面前。嬴政虽然心中痛恨，但对方却始终是自己的母亲，无论怎样他也不能接受这个跪拜的。他连忙跳到一边，但并不去扶赵姬起来。

“大王，你们同样都是我身上掉下来的肉，再怎么说，他们也算是你的弟弟啊，更何况罪不及幼子啊！”

“不，他们不是本王的弟弟，他们是嫪毐留下来的孽种，嫪毐犯上作乱，罪不容赦，他的孽子也一个都不能留，都该死！”赵姬眼见，情知即使再去乞求也无济于事，她一下子站了起来，指着嬴政的鼻子痛痛快快地骂道：

“嬴政，你说得好，骂得对，他们都是嫪毒的孽障，他们都该死，可你就高贵了吗，你以为自己是真正的王孙贵族吗？你自己扪心自问，你敢痛痛快快地说一声是吗？你长大了，翅膀硬了，你就可以为所欲为，再也没有什么顾忌了，你刚刚残忍弑父，而今又要狠心杀弟，嬴政，你这个暴君，你会遭天谴，会遭雷劈电击的！”

她这一番话骂得痛快淋漓，把嬴政骂得面红耳赤，怒火中烧，双目血丝暴现。他猛地转头对着赵高叫道：

“赵高，把孩子给我！”

赵高有些心惊胆战地跑过来，嬴政并不去抱孩子，而是双手抓住一个孩子的两只小脚，一使劲，将那孩子猛地拎了起来。那孩子一边更加响亮地啼哭着，一边呼喊着赵姬。赵姬正要上前去抢孩子，嬴政早已双膀一用劲，可怜那小儿一声凄厉的惨叫，被嬴政硬生生地从中间劈了开来，鲜血喷溅，溅了嬴政一头一身，连赵高和赵姬身上也溅上了无数鲜血。

赵姬眼见自己的儿子被嬴政劈为两半，顿时也惨叫一声，一下子晕倒在地上。赵高也惊得目瞪口呆。他本来想建议嬴政将两个孩子装入口袋之中沉入河里溺死，却没有想到嬴政竟然会如此狠戾，硬生生地将孩子给劈了。在他惊愕失神之中，嬴政又劈手将另一个孩子也给抢了过去，如法炮制，将这个孩子也给活活地劈开了。他狂笑着攥着孩子的两半身子，神情极其恐怖，好像刚从地狱冒出来的恶魔一般。他恶狠狠地对着地上晕厥过去的赵姬大声叫道：

“你骂，你骂，你骂我个狗血淋头，本王便杀你个痛痛快快！”

说完，他又重新放声大笑起来。一些闻乱而来的宫女眼见如此惨烈景象，都被吓得连连尖叫，不忍再看，有的甚至被吓得顿时晕厥过去。

“甘泉宫中的所有宫女内侍，助纣为虐，知情不报，欺君枉上，给我杀，立杀无赦！”嬴政用手抹着脸上的血迹，恶狠狠地下达了诛杀之令，那些宫女内侍们听后立即四散奔逃起来，但门口都有侍卫把守着。刀光剑影之中，血肉横飞，惨叫连连，无数的宫女内侍都毙命于嬴政侍卫的屠刀之下。偌大一个甘泉宫，转眼之间便成了一个屠杀场，到处都是惨死的尸体，到处都是殷红的鲜血，到处都是令人作呕的血腥气。

屠杀终于结束了，所有手无寸铁的宫女内侍都惨死于侍卫的利刃之下。甘泉宫陷入了死一般的沉静，或者说死一般的沉静笼罩了整个甘泉宫。

嬴政看着自己屠杀的成果，脸上没有一丝表情，也看不出他是欣喜，是满足，抑或是悔愧。他身上脸上的血迹已经开始渐渐风干，使他看上去仿佛血人一般。

这时，刚刚晕厥过去的赵姬忽然发出了一声长长的呻吟声。赵高忙向嬴政问道：

“大王，太……太后怎么办啊？”

他的声音有些颤抖，因为他看到的正好是嬴政的一张血脸和他眼中所泛出的隐隐的凶煞之气。

“太后淫乱富闱，助纣为虐，有失太后之仪，立即逐往雍城故地，永不再回甘泉宫！”

赵高挥挥手，立即有两名侍卫架起瘫在地上的赵姬向甘泉宫外走去。

“赵高，你火速着人将甘泉宫中的尸体收拾干净，擦净血迹。”

赵高答应着去命人清扫眼前的血腥场面，而嬴政则转过身来，默不作声地往外走去。

第八章 将太后迎回 除去吕不韦

接连发生的这一切事情使吕不韦不禁有些心惊肉跳起来。他一直以为，凭借自己在秦国的多年经营，凭借自己高高在上的地位，即使嬴政毕冠礼而亲政，他也依然能够依靠自己的影响力而左右朝政。但现在看来，自己的这种想法未免太乐观，而且简直有些不切实际了。嬴政的强硬手段大大出乎他的意料之外，虽然他自信自己绝对不会像嫪毐那样没有丝毫的底气，那样不堪一击，但他也没有十足的把握认为自己有足够的力量与嬴政对抗。

而且，更让他感到震惊的是无数朝廷重臣开始倾向于嬴政，因为在他们的心目中，这位少年英武的大王甚至比昭襄王更具挑战意识和进攻倾向，更渴望统一天下，而他们建功立业的愿望也就能够在统一天下的过程中得以顺利的实现。所以，他们更愿意接近嬴政。许多原来约定和吕不韦同为盟友，共同进退于朝政的，或是归附于他的门下以求庇护的人现在渐渐地疏远了他，投入了嬴政的怀抱。

他本来想率众像嫪毐那样击杀了嬴政，自己去统领大秦，但看到王翦父子、蒙武、桓齮等数员大将都对年轻的嬴政忠贞不贰，便立即放弃了这个想法。即使率兵反戈，只怕也抵不过这几员名将的攻击啊！

他依然常去上朝，与文武群臣同议朝政，商讨进兵东方、统一六国的大业。李斯现在已经被提为长史了，虽然其曾经低三下四地求拜在自己的门下。他极力转移嬴政的注意力，使其投视于统一之大业上，而不是再想念起过去的事情。如果想起过去的事，嬴政就会很自然地顺带想起他吕不韦，那他的苦日子可就来了。而且，他还在等，因为他知道，嬴政已经知道了自己是他的生身父亲。也许，终究会有一天，血缘亲情的无形纽带会使嬴政认了自己这个父亲，回到吕氏的宗族中来。到那时，嬴政便会属于吕家了。

但是，他的算盘根本不可能打好，因为在嬴政的心里，吕不韦的影子从来都没有散去过，而他之所以没有像对付嫪毐那样去对付吕不韦，是因为牵连者太多，会引起不必要的混乱。

他采取强硬的手段对付嫪毐，一方面是为了迅速地平息暴乱，另外一方面也是警告那些已经依附或者意欲依附吕不韦的人，显示他的强硬和决绝。他要通过这样的办法来瓦解吕不韦苦心经营起来的、盘根错节的关系网。而且，他也欣喜地看到自己的策略正在取得越来越大的成功，已经不断有大臣向他表明自己的忠贞，决心和吕不韦划清界限。而且，他还密令赵高清查后宫及内宫之中吕不韦所收买安插的所有亲信，以俟在合适的机会将他们一网打尽。

他知道，现在该着急的应该是吕不韦，而不是自己。

唯一让他不开心的事情还是关于自己的母后赵姬。自从他劈杀了赵姬所生的那两个逆子，并且把赵姬迁往雍城之后，不断有人向他进言劝谏，力陈迁母之弊，有的甚至当面指责他的不孝不亲不仁不义，骂他为昏聩之君，而他把这些人全部都杀了，并将他们的名字刻于咸阳宫外的一块青石上，以儆效尤。

然而，让他吃惊的是，他的这种严厉强硬手段并没有使那些认为他有迁母杀弟之不仁不义不孝不亲之过的人望而却步，反而更加踊跃起来。有时他也会在无人的时候反省是不是自己真的做错了，是不是自己真的应该饶过那两个黄口小儿的性命，而且不把自己的母后赵姬迁往雍城。但是，他最后下了决心，即使真的是自己错了，那也要这样一直错下去，而不是悔过改错。他觉得嫪毐和母后赵姬带给自己的灾难、隐忍和毁誉实在太多了，他们应该受到这样的惩罚。

一日夜半，或者说刚过傍晚，夜幕低垂，四野寂静，整个咸阳城被笼罩在一片绝大的黑暗之中。

吕不韦独坐于桌前，手中虽然拿着简册，但却全然没有心思去看。他已经被眼前的事给烦透了，哪里有心情去看简册啊！以往，他总从窗外的信鸽的振翅声中得到于己有利的消息，或者宫中有什么风吹草动，自己也能率先知道，以作应对。但现在，他已经有很长时间没有从窗外再抱信鸽进屋来了。有时候，听到檐上麻雀振翅飞动的声音，他都会跑到窗边，推开窗子看一下。虽然他知道那根本不是信鸽飞动的声音，但他仍然会怀有百分之百的热忱希望。他有了一种大厦将倾的危机感，而且他更感到了嬴政身上所蕴藏着的无法估量的勇气和反抗力量，那是他几乎无法招架抵挡的。嬴政可确确实实是自己的儿子啊！自己赋予了他生的权利，而且又将自己血脉中的智慧和勇气转继给他，但得到的却是儿子的敌视和自己无法抵挡的反击。他不知道自己是应该高兴，还是应该悲哀。

正当他陷于沉思之中的时候，张琪忽然面色沉重地走了进来，向他禀告道：“老爷，外面有个人要见您。”

“谁啊，这么晚了！你去告诉他，如果没有什么特别的急事，那就让他明天再来吧，我这儿正想睡觉呢！”

“老爷，这个人恐怕不好回绝啊！”

“是谁啊，值得这么犯难！”

“是内宫总管赵高。”

吕不韦一听是赵高来见自己，脑海中便飞快地思索着赵高此来的目的。虽然赵高现在只是一个小小的内宫总管，没有官职，没有爵位，但却是嬴政身边炙手可热的红人。如果嬴政不在，那么赵高就是他的代言人。赵高有着和嬴政类似的性格，狠毒、暴戾、高傲、目中无人，而且喜怒无常。他怎么也猜不透赵高为什么会趁夜拜访自己。

“他带了多少人来？”

“只有他一个人。”

“快让他进来，我就在此地等候。”

“是，老爷。”

张琪答应着转身而去。

吕不韦仍旧沉浸在刚才的问题之中。他知道，在平息嫪毐之乱以及迁赵姬于雍城的举动中，赵高都起了不可或缺的作用。他曾经想过去接近赵高并将其笼络住，但他很快便知道自己的举动是徒劳的，因为赵高的心目中只有秦王嬴政。

那么他来找自己有什么事呢？应该不会是传达嬴政的口谕或旨意的，这些东西朝堂之上就可以解决了。也不会是来给自己与嬴政做说客的，因为他读得出嬴政眼光之中对自己的敌意，而赵高也是不会违背秦王的意思的。

这时，门外传来一阵脚步声，紧接着便停在了门前。

门“吱呀”一声开了，张琪出现在门口，恭恭敬敬地说道：

“总管大人，您请进，我们家老爷在里面候着呢！”

眨眼间，赵高已经迈步进了屋。他今天穿的是一套便装，少了在嬴政面前点头哈腰的奴才相，却多了一份端庄严肃、不怒自威的气派。吕不韦连忙站起来向前迎，而且还拱手笑着说道：

“哎哟，赵总管，赵总管大驾光临，不韦未能躬身远迎，还望总管见谅。”

“丞相您实在是太客气了，丞相为国事日夜操劳，在下早该前来探望，今日夤夜前来，扰了丞相的睡意，还望丞相大人有大量，不要挂怀心上！”

“总管大驾平日里请都请不到，今日能来，不韦感觉荣幸之至，便是秉烛夜谈都行，来，总管请坐。”

赵高不客气地坐下，吕不韦也连忙坐下相陪。赵高笑了几声，继而脸色一沉，吕不韦的心也不由得随之往下一沉。

“丞相，赵高是个粗人，没有读过多少书，咱明人不打暗语，我今天是无事不登三宝殿，特地代表大王来与丞相面谈的。”

“总管请说，不韦洗耳恭听。”

赵高瞅了瞅身后的张琪，张琪立即告退出屋，并随手关上了屋门。

“丞相，今日赵高是特地代表大王来答谢丞相的。”

“谢我？”吕不韦一下子有点丈二和尚摸不着头脑了，但却并不追问。

“对，丞相，大王嘱咐赵高一定要将殷勤谢意致于丞相面前，大王说了，何为答谢呢？一谢丞相明察识人之功，所用之人俱都兢兢业业，不辞辛劳，将后宫诸事打理得井井有条，无一丝紊乱；二谢丞相赐鸽之意，赵高拜丞相所赐，近日也跟大王品尝了不少鸽肉，果然是肉中极品，只恨数量太少。此为大王的殷勤谢意，想必丞相都会笑纳的。”

吕不韦被赵高说得脸上红一阵，白一阵，心中不禁惶急。怪不得自己近日一直收不到来自宫中的消息，原来自己布置于宫中的眼线及信鸽都已被嬴政及赵高发现了。

“丞相,大王以善念为先,对那些做事至勤的宫女内侍并未严惩,除副总管任成畏罪咬舌自尽,其余人等皆远徙边疆,或戍守边境,或赠与边境将官为妻,让他们继续为我大秦国之兴盛做事,丞相也不必责备他们失职了。”赵高说得轻轻松松,而吕不韦听来却心惊肉跳,如坐针毡,对于赵高的这副恃宠而骄的德行也是一肚子怒火。赵高的话虽然说得这么漂亮,没有丝毫的血腥气,但吕不韦知道自己在宫中所有的布置都完了。这么说来,嬴政已经开始对付自己了。那么今天赵高来见自己又是为了什么呢?难道就是以一个胜利者的姿态来向自己夸耀一番的吗?可是,他们还没有完全胜利啊!自己还重为一朝丞相,而且还有不少的人拥戴自己。

赵高神情悠闲地玩弄着桌上的一只玉石镇纸,好像坐在自家的书房里似的。忽然,他开口问吕不韦道:

“丞相,你认识嫪毐吧?”

“嫪毐?认识啊,朝中文武大臣谁不认识他啊,他曾经也是显赫一时的人物啊,不过他竟然犯上作乱,真是以卵击石,不知道天高地厚!”吕不韦听赵高问及嫪毐,不禁一愣,但只在一瞬,转眼间便表明了自己的态度。

“是啊,曾几何时,有多少人想依附于他的门下求得庇护啊!可到头来又能怎么样,自己被车裂,连族人都跟着他遭殃!”赵高颇有些意味地说道。继而又问吕不韦道:“丞相,听说嫪毐在进宫伺候太后之前曾在丞相府中做舍人。”

“是啊,不过此人原为泼皮无赖,来到我府中后虽有收敛,但每天也只是酗酒赌博,我也极不喜欢他。”

“是啊,他这种得势忘形的小人,有谁会喜欢他呢,只是我不明白他是怎么混入宫中为内侍却免受腐刑的?”

“这个……这个在下也不知道。”

“丞相果然是爽快人,这么快就推脱掉了,只不过我听任成说好像是丞相举荐且一路操办嫪毐进入甘泉宫的,丞相,不知是任成信口雌黄呢还是丞相忘性太大呢?”

“赵高,你直说吧,你今晚来我这里到底是干什么来了,别这么拐弯抹角,啰里啰嗦的,爽快点吧!”吕不韦终于被赵高这副不紧不慢不温不火的态度和紧追自己不放的词锋给激怒了,一下子站起来,喝问道。

“好,丞相果真爽快,快刀斩乱麻,单这份豪气赵高便得再学上十年。”赵高依旧坐在桌边,声音也还是那么不疾不徐,“丞相之功,大王未为敢忘,但丞相却与太后惑乱宫闱,后又引嫪毐诈为阴人入甘泉宫,间离太后与大王的母子之情,致使嫪毐为乱于咸阳,荼毒生灵,现毒贼已伏诛,太后也已被迁往雍城,唯独丞相仍旧官居高位,出入无忧,这是为什么?大王感念丞相扶助先王登基为帝,又曾为大秦灭掉东周,可谓功过相抵。然而事及嫪毐作乱者,轻则流放,重则枭首,丞相乃聪明人,应该能体会大王之良苦用心,洛邑之地物庶民丰,丞相也在彼处经营多年，应该可为丞相安享余生之所，不知丞相明白了吗？”

“我明白了，多谢总管大人。”

“不谢，不谢，既然如此，我也该告辞了，不耽误丞相休息了。”

说完，赵高转身告辞而去，他的使命算是完成了。

吕不韦将赵高送至门边，道别之后关门，回到桌边，坐下，复起，复又坐下，仿佛须臾之间便苍老了许多。嬴政真的是好厉害啊！不费一兵一卒，只遣一人前来，追根溯源，其实目的就是逼己退位。他总以为自己在秦国还是个举足轻重的人物，现在他明白了，自己辉煌的日子已经到头了，嬴政已经成长起来，知道用自己的眼光去建设自己的王朝了。

也许，赵高说得不错，洛邑真是自己安度晚年的好地方。起码，在咸阳，现在他已经没有什么落脚之地了。咸阳城完完全全的成了新锐们的地盘了。

第二天一上朝，吕不韦便称病请辞，回归封地洛邑以度余生。嬴政假意挽留几句，便答应了吕不韦的请求。他知道，即使现在吕不韦不回洛邑也不会成为自己强大的敌人了。因为他已感到了吕不韦的老迈，从对方的眼神里，他看不到一丝昔日的意气风发、豪情满怀，或是一丝的反抗、愤恨抑或不满了。

文武百官并没有多少人挽留吕不韦，吕不韦走得一点儿也不壮烈，因为没有多少人为他惋惜，即使那些曾为他门客或挚友的人。

嬴政处理完政事以后就来到皇长子扶苏的门前，听见一阵婴儿的啼哭声隐隐传来，紧接着又是奶娘的呵护声，心里不知该哭还是该笑。这是他的第一个儿子，虽然他妻妾无数，但这却是他的第一个儿子。他给儿子起名叫扶苏，希望他长大后能继承其父的事业扶助天下。

其实，他本来已有发妻，是楚国的一个公主，但入宫之后不久便染病不治身亡，于是便又立了卫国公主郑怀雪为正妻。但是怎奈怀雪不幸被自己的仇敌所害只留下还在襁褓中的儿子扶苏。

这时，赵高忽然走到他的身边，小心翼翼地问他道：“大王，齐国人茅焦求见大王，您见还是不见？”

“茅焦是谁？他来见本王有何事？”

“大王，微臣倒听说过此人，”李斯在一边说道，“此人乃齐国淄州人氏，尚古人遗风，而且颇有辩才，但不知他来有什么事。”

“好，那本王就于朝堂之上见见这个尚古人遗风的茅焦。”

朝堂之上，许多大臣都知道了嬴政新丧爱妃的事情，所以一个个面面相觑，谁也不敢说话，都在猜测着茅焦的来意。

嬴政坐于龙书案后，不多时，一个身材矮小但却十分精干的人大摇大摆地走上来，拜伏于地，大声说道：

“齐国淄州之人茅焦拜见大王。”

“茅焦，你见本王有什么事？”

“大王，茅焦拜见大王，专是为了谏言大王幽囚太后于雍城一事的。”

嬴政一听茅焦进见仍然是为了自己迁太后于雍城一事，不禁怒火中烧，勃然作色，冲着茅焦叫道：

“茅焦，本王早已下过一道旨意，凡有以太后之事谏言者，立杀无赦，而且刻其名于殿前青石之上，以儆冥顽不化者，想必你也知道了，却又要用此事来烦扰本王，来人哪，将狂人茅焦推出去斩了！”

“慢！”茅焦猛地一挥手，几名欲前来捉他出去受死的殿中侍卫不禁也停住了，却听茅焦又说道：“大王，茅焦听说上天有28星宿，降于凡间则生为圣人，刚才茅焦已在殿前细数，因谏言而死的人已有27个，加上我茅焦正好凑足28个，感谢大王恩赐，我等正好可以上天而为仙人去了！”

“你……”嬴政被对方的诡辩气得一时哑口无言，想了一下，立即又恶狠狠地说道：“你想遂此佳愿，本王偏不让你得逞，来人啊，将这不知天高地厚的狂徒手足割去，舌头割去，让他有话说不得，有字写不得，本王倒看看他再怎么样逞口舌之利！”

阶下的文武群臣听后都不禁倒吸了一口凉气，这种处置人的方式也未免太过分一点儿了吧！有几名心地善良的老臣都为茅焦的只逞口舌之利而可惜，但也不敢为他求情。他们都知道，嬴政可正在气头上。

几名侍卫扑上前来，像抓小鸡似的提起茅焦就往外走，茅焦却毫无惧色地大叫道：

“大王若不想统一并有天下，那么你就将所有的惩罚都加在茅焦身上吧！”

“等等，本王要惩戒于你和统一天下有什么关系？难道你一个人便能代表得了天下吗？”嬴政听他言及统一天下的事，心中一动，连忙先把他叫住。

“大王，自三家分晋以来，七国纷争，祸患不断，人民唯望天下一统而使自己解于倒悬之苦，行商亦盼七国合一而无碍经营于天下。现在六国势弱，而秦国独强，为什么仍旧让这种乱世维持下去呢？忠臣无奉承之言，而明主亦无悖谬之行。主行悖谬，而臣下无言，此为臣负君；臣进忠言，而君不听，此为君负臣下。现在大王迁母至雍城，有不孝之名；亲手剪除两弟，有不义之心；不孝不义且又诛谏言之忠臣，此乃桀、纣之暴政。大王虽英明神武，一心以武力并天下，然而今日却有如此之行径，只怕天下之士方有向秦之心便即反悔，由此而转投他国，大王又如何并有天下。好了，茅焦之逆耳忠言已经说完，就请大王割我四肢，取我喉舌吧！”

嬴政听完茅焦的话之后不禁出了一身冷汗，若非茅焦之一言，自己拒天下之士于门外，忘统一天下之大业于心思之内还不知道呢！他连忙走下殿来，亲自为茅焦整理好刚才被侍卫们弄乱的衣服，而后一揖长谢道：

“若非先生之言，嬴政几乎已负天下了，嬴政恭请先生留在咸阳，常给嬴政以震耳之言，匡嬴政之昏聩之举。”

茅焦虽见嬴政一心恳求礼待自己，但他心知嬴政之暴虐刚才已可见一斑，即便留在咸阳而有高位，恐怕以后也难有善终，于是婉言而拒道：

“大王有知人善用之能，奈何茅焦只有一张专爱耍弄是非的鸭子嘴，而且尊奉圣人之仁义忠孝之道，现天下方乱，人心不古，正好是茅焦一展口舌之时，何况大王一心以并天下，茅焦留亦无用，大王请自珍重，茅焦去也！”

说完，茅焦仰天长笑一时，信步出宫，不知所终。

随后，嬴政命人将殿外青石板上的名字悉数擦去，而且将死去的 27 人予以厚葬，厚慰其家属，并且下诏力行进谏之道。

接着，他又命赵高安排仪仗，大张旗鼓地亲往故都雍城，将太后赵姬迎回甘泉宫。

从雍城迎回了太后赵姬，嬴政的心这才稍稍安定下来。但他却又想起了赵国使者对他所说的话，虽然他并未全信，但也觉得不无道理，便决定派人去挖渠的那里看一下，了解实际情况。本来他想派赵高去，但自己身边又有许多事要由赵高去办；想派李斯去，但他又犹豫了，郑国是韩国派来的奸细，李斯是否是楚国派来的细作呢？最终，他派了自己的王叔子康前往查看实情。

派子康王叔走后只一天，嬴政正在御书房中审阅竹简，赵高忽然走了进来，对他说道：

“大王，小的刚收到密报，吕不韦回到其封地之后并未一意安享晚年，而是继续派人与自己以前的亲信、门客以及各国国君联系，议论天下之事，有意东山再起，大王您看该怎么办？”

“哼，这个老贼竟然还不死心，本王念他于我大秦还算是有些功劳，其功与其过相抵，放其回洛邑终老，他倒反而不知饱足起来，你去召王绾及王翦进宫来，咱们一起商议一下对策。”

赵高去后不久，便把王绾和王翦都召进宫中。四个人商议了半天，最终同意由王翦之子王贲携带一封嬴政亲笔书信，驰往洛邑，交与吕不韦，仍旧不采用以暴力镇压的方式。嬴政其实也有此意，他思索良久，终于修书一封，由王贲携去交与吕不韦。

洛邑吕不韦的府第之中。这里是吕不韦的王国。自从当年他亲自带兵灭掉东周以后，庄襄王子楚便把洛邑赏他作了封地。经过多年经营，不但其封地之内物庶民丰，而且境内之民众也都心向于他吕不韦。

被嬴政罢去相职之后，吕不韦回到了洛邑。但他并没有从此清闲孤独下去，各国的商贾和使者都纷纷来到他洛邑的府第，劝他到其国内为相，开辟另一片崭新的事业，甚至那齐国和赵国的使者现在都还没有走，而是住在吕不韦的府中，单等吕不韦同意到他们国内为相就一起起程回国。

但吕不韦不想走，东方六国他哪一个也不想去。齐、赵虽然还算强大，但齐王建自高自大，目中无人，而赵王迁又一味听信谗臣之言，疏远忠良。六国势弱已成为一个不争的事实，而且又互相钩心斗角，不再合纵起来去一起对付强大而且有虎狼之心的秦国。无论自己去哪一个国家，即使是取得其君王的信任和宠爱，也不能使其得到与秦国平等对抗的实力，早晚还是要为强秦所吞并。不，吕不韦可不想做一个亡国之相！但是，对于各国使者和商贾的拜访他又不拒绝，而是热情接待，虚与周旋。他的目的就是要让这些人为自己造成一种声势——他吕不韦还不会从秦国的政坛上消失，他仍旧是一个举足轻重的人物。他要给秦王嬴政以压力，使他被迫再把自己召回咸阳，让自己重新成为权高势显、威风赫赫的大秦丞相。但是，他的如意算盘打错了。他的这种矜持的欲擒故纵非但没能使嬴政回心转意，反而引起了嬴政的猜忌和疑心。

王贲携书信前来的时候，他正独自坐在书房之中冥想心事。

一听王贲携书信前来，吕不韦心中一喜，以为秦王政这么快就已回心转意要召自己回咸阳了，连忙出门恭迎。

二人进屋之后寒暄而坐，吕不韦问道：

"不知王少将军匹马而来有何要事？"

"我是奉了大王的旨意，专门奉书信一封交与吕侯过目。"

说着，王贲从怀中将信掏出来，递给吕不韦。吕不韦叩礼之后，恭恭敬敬地接过书信，展开阅读，顿时大惊失色。只见帛书上面朱砂赤字，正是嬴政的笔迹：

君何功于秦？秦封君河南，食十万户！君何亲于秦，号称仲父！其与家属徙西蜀！

字字如血般鲜红刺目。

吕不韦顿感四肢无力，一屁股跌坐在椅子上，头脑之中一片空白。

"吕侯，我的使命业已完成，而且大王还说让吕侯抓紧时间收拾，不日起程，我要回咸阳复命去了。"

吕不韦充耳未闻，呆若木鸡。王贲心中一阵好笑，也不再多说话，转身出府回奔咸阳了。

吕不韦拿着自己亲生儿子嬴政写给自己的书信，禁不住老泪纵横：好啊，我已被放至洛阳为民，你却仍不能容我，还要把我迁往西蜀，与世隔绝，那里可是嫪毐的亲信宾客被流放的地方啊！哼，说我无亲、无功于大秦，那么你嬴政能有今日的威名地位又是靠谁的功劳啊！若是只靠你那个软弱无能，唯唯诺诺的父亲子楚，说不定你现在还只是邯郸城内的泼皮混混呢！如今你翅膀硬了，再也不需要我的协助了，你就要过河拆桥、卸磨杀驴了。去西蜀，那只会是死路一条，我也将永无出头之日！

他一把将嬴政的书信拍在桌子上，而后站起身，在屋里来来回回地走着，思考着该如何去做。

思忖良久，他猛地下定了决心：坚决不去西蜀！齐赵两国的使者还留居于府内，邀自己赴其国为相，现在正好可以顺水推舟答应了他们。嬴政，这都是你逼我的！凭我吕不韦的才干，到哪一个国家都会使其重振国威，使其君主树立起并吞天下、一统宇内的雄心，到时再与其他国家西向而抗秦。哼，嬴政，恐怕到时候风光的是我吕不韦，而不是你堂堂大秦国的君王了！

对，就这样办！嬴政不是要让自己快点儿收拾吗，那么自己就快点收拾，而后悄悄掩藏在使者的队伍中。只要能东出国境，天下就又是自己的了！

正在这时，门外传来了一阵“笃笃”的敲门声。

“谁啊？”吕不韦颇为警觉地问道。

“老爷，是我啊！”

“啊，是你啊，进来吧！”

吕不韦一颗悬着的心才放下来。听声音他便知道门外的人是张琪，那个他从咸阳失魂落魄的来洛邑之时唯一跟他回来的人。也许自己赴他国为相时还可以带着他，虽然他的能力不太突出，但对自己却是绝对忠心。

张琪轻手轻脚地推门走了进来，手中还端着一把酒壶和几样小菜。

“老爷，王贲来干什么？”

“他走了吗？”吕不韦反问道。

“早就骑马走了，他以前没跟老爷有什么交往啊？”

“你看这个。”

说着，吕不韦毫不避讳将嬴政的那封信递给了张琪。张琪接过来一看，顿时无比的气愤，声音高昂地说道：

“嬴政这贼子也太狠心了，您到了这个地步他还不肯罢手，还要赶尽杀绝！”

“他是怕我的存在影响到他在秦国以至天下的地位和影响！”

“那老爷您打算怎么办，您不会真的去西蜀吧？”

“当然不会了！西蜀是谪戍贬罪之人的流放地，我又没罪，我为什么要去那里？我已打定主意，随齐、赵两国使者就其国为相，使其富国强兵，西向而抵抗嬴政，到时孰胜孰败还未可知呢！”

“丞相英明神武，才智过人，出国为相之后定然不同于今日之虎落平阳。此地不留爷，自有留爷处，小的先祝老爷能在齐、赵两国平步青云，再造伟业！”

说着，他把托盘之中的酒壶、酒盅以及几样小菜都放到桌子上。吕不韦极为兴奋地对他说道：“张琪啊，难得我今天如此高兴，你也来陪我喝杯酒！”

“好嘞，老爷，我再下去拿个酒盅过来！”

说着，张琪跑着出去拿酒盅，吕不韦则一脸笑容地坐到桌边，闻着扑鼻而来的菜香，极为得意地伸了个懒腰，而后拿起酒壶给自己倒了一杯酒，端起来，放在鼻子边嗅了嗅，他要慢慢地享用这杯酒，而且他觉得今天的这酒也分外的香甜。嗅够了味道，享受够了，他才端起酒杯一饮而尽。只觉入口绵甜醇厚，回味无穷，他便又笑着拿起桌上的筷子去夹菜。

这时，张琪也拿酒盅走了回来，脸上也挂着幸福的笑容。他走到桌边，却不把酒盅放下，而是站直身看着吕不韦。

“张琪，你怎么不坐啊？”

吕不韦站起身来去招呼张琪，却突然感到腹内一阵刀绞般的疼痛，疼得他猛然跌坐在地上。而后那疼痛便一阵紧过一阵，一阵痛过一阵地在他的肚腹之内折腾起来。

"张琪……这酒好像不太对劲儿！"

"不，老爷，这酒是上好的醇酒，"张琪的声音忽然变得冷了起来，"酒是好酒，只不过我在里面又放了一点儿东西。"

"你……放了什么东西？"

"鸩毒！"

吕不韦一听，顿时便觉一阵天旋地转。自己喝了鸩酒！那么大罗神仙也救不了自己的性命了，就更不用提再去齐、赵为相，开辟新的事业了。他咬着牙，忍着肚腹的疼痛，指着张琪追问道：

"你……我吕不韦待你不薄，你……为什么要对我下此毒手？"

"你待我是不薄，可是当今大王出手比你出手更大方，他不但让赵高给了我大量的金银财宝，而且还许我，只要你一死，就封我做大官，不过只要你不死，就让我一直跟随你的左右，寸步不离，而且绝对不能让你逃出秦国，若你意欲出逃，就立即杀无赦，并许我先斩后奏之权，而今你想出逃齐赵两国为相，我也就只好对你不义了。这所有的罪责都在于嬴政，你九泉之下要是有灵，那就去找他算账吧！"

"你……"

吕不韦一阵怒火上升，就要扑过去抓张琪，然而只奔了两步，猛然间惨叫一声，扑倒在地上，鲜血从他的口鼻之处流了出来。

张琪没有上去确认他是否死了，而是将自己拿的那个酒盅装在兜中，开门望望，见外面无人，连忙溜出去，迅速地在吕府消失了。他已奔回咸阳请赏做官去了。吕不韦肯定是活不过来了，饮了鸩酒的人是不会逃脱死亡的。

吕不韦到死也不甘心，自己一世精明，运筹帷幄，机关算尽，没想到最后竟死在了自己的儿子手上，现在，他可是完完全全地跌死在自掘的坟墓中了。

吕不韦死后不久，他的门客们便发现了在书房之中口鼻流血的尸体，但门客为了避免给自己惹上麻烦，而且他们都看到了屋中嬴政写给吕不韦的书信，以为吕不韦乃因绝望饮鸩而死，便决定秘不发丧，只是偷偷地把吕不韦埋葬了。但随后不久，他们还是受到了嬴政的惩罚，有的被驱逐出境，有的被剥夺爵位，流放至西蜀房陵。

吕不韦这一支力量完完全全被嬴政歼灭了。

第九章 收回逐客令 私访遇贤人

而在咸阳，前去暗察郑国修渠情况的子康也回到了咸阳宫，与他同来的还有几个已经不被嬴政重用的嬴氏宗亲大臣。嬴政只留赵高在身边，接见了子康王叔等人。

“大王，微臣奉大王之命前去渭水以北暗查修渠一事，发觉工程进展极为缓慢，费人力物力无数，而且民工怨愤极大，依微臣之见，郑国确实是韩国派来的以修渠为名图谋削弱我国国力的间谍。”子康王叔率先言之凿凿地说道。

“本王当时刚刚登基，尚且年幼，对此事根本不知道，后来认为修渠亦是造福桑梓的好事，所以也没有下令禁止。”

“大王，当年修渠一事，吕不韦极力赞成，先时我还不明白，现在才知道，吕不韦为韩国人，郑国也是韩国人，看来吕贼早就处心积虑要削弱我们了，可惜我们还被他蒙在鼓里。”另一位宗室大臣也说道。

这些宗室大臣原来极是受宠，后来却被吕不韦给压住而无出头之日，到了嬴政又只重贤才，不避亲疏，弄得他们也是积怨颇深，现在好不容易有了一个攻击权臣外姓的机会，他们自然不会放过。

“大王，现在虽然有不少人慕大王威名而远来，但其目的无非是求取功名利禄，一旦我们挺兵东进而欲谋天下，他们必然会心向其国，而非我们秦国。而且，说不定有些人本来就是像郑国、吕贼一样是来削弱我们大秦的。”

这些宗室大臣你一句我一句的，一会儿便把嬴政说得后脊梁直冒凉气，心内也直犯嘀咕：是啊，现在自己的手下也有不少来自于六国的谋臣志士，谁能保证他们真的是一心一意，忠心耿耿地对待自己呢？自己虽然给他们以功名与富贵，但他们毕竟是生于其土，长于其土，一遇兴亡之事，谁又能保证他们不会心向故国而背叛自己呢？想到这里，他不禁也有些迷惘起来了。

“大王，微臣以为，宁缺而毋滥，索性不如将大秦境内所有的六国幕僚宾客都驱逐出境，以免他们坏了我们统一天下之大事。而且，现在我国之强足以令六国胆寒，不借外人之力亦可平定天下，否则吾国分崩离析而吾辈尚且不知啊！”子康眼见嬴政动心，便连忙提出了自己这些人蓄谋的建议。

嬴政听了子康的建议之后，细细思忖半天，终于下定决心诏令全国，驱逐所有六国在秦国的人，上至公卿大夫，下至商贾平民，全部限期离境，而且其在秦境生活时所得财物也一并没收充公，不许带回其国；同时下令停止修建渭北水渠，将郑国逮捕入狱以待后审。

逐客令一经发布，秦国上下一片混乱，许多身在秦国的六国人都凄惶惊恐不已。秦自昭襄王时就已经确立了在七国之中的优势地位，因此不少商贾集于秦境以图更大的利益，而那些有谋略胆识的人也纷纷来到秦国以求取功名和更好的发展。来到这里，他们便在秦国安定下来，娶妻生子，繁衍生息，经商务农，咨政献策。其实，他们已经把秦国当做自己的家了，因为在这里他们可以得到自己梦想的东西，可以更好地施展自己的才华，实现自己的价值。

但现在，他们却被这道莫名其妙的逐客令给弄蒙了。这项诏令不但来得十分突然，而且态度十分强硬，根本就不给任何辩驳申诉的机会。他们只有一个选择，那就是携妻挈子，离开秦国，回到自己已经没有了多少感情的故国。

长史李斯还在家中准备着上朝的奏折，向嬴政重陈一些关于司法和情报方面的奏议，赵高却来向他宣布逐客之令了。赵高已被嬴政命为中车府令，前来接管李斯的所有职务。

李斯晕了。他实在没有想到主上会在这个大好时机发布出这样的一条诏令，这不是自毁长城吗？再说，自己出了秦国又能上哪个国家去呢？东方六国不但势弱，而且不知自奋，待在他们那里是绝对不会有什么出息的。

“李大人，赵高知道你能言善辩，而且最能切中利害，现在大王早已被那几个王叔给说得铁了心了，根本听不进我说的话，要是这些人都走了，那大王的东进计划可就不知道要被搁置多少年。”赵高也焦急地对李斯说道。其实他的担心并不在这里。这些宗室大臣在六国客卿走后肯定会得到嬴政的赏识，从而把持政务，而他们也绝对看不起出身于地位卑微的宫人赵高，到时候他赵高的日子可就难过了。而如果那些六国客卿待在秦国，他们就和赵高在同一个等级上，他赵高也就不会失去嬴政的宠信了。

“赵大人请稍候，待我细细斟酌之后再行商讨。”

李斯坐在椅子上想了半天，忽然对赵高说道：“你在此静候，我赶紧先拟一份奏折，你进宫之后呈给大王，我认为大王阅后肯定会撤回逐客之令的。”

“那就好，那就好，就请大人快快动笔，多长时间我都会等下去的。”

当下，李斯取过一册竹简，沉吟片刻，立即捉刀伏在竹简之上急急地书写起来。因他心中急切，再加之其语出自肺腑，所以速度极为惊人。赵高则站在一边，为他整理写好的竹简。

书写奏议完毕，李斯释刀而立，长啸一声，而后踌躇满志地说道：

“若是大王阅完此奏折之后，仍固执己见，不收回逐客之令，那么李斯当立即回归乡野，躬耕田园，种粟收禾，从此再也不过问天下事了！”

赵高立于一边，大概看了看奏折的内容，也不禁连连点头，心中暗自佩服李斯的文思、机辩过人。连忙称赞了李斯几句，李斯却并不谦逊。

“唉，李大人，此奏折既为谏议大王逐客之令，总该得来个名头才更响亮一些。不知大人以为然否？”

“是，是，不知赵大人以为该取何名，我一时倒想不起来了。”

“依我看就叫‘谏逐客书’吧，叫得响亮，也让人一目了然。”

“嗯,不错,这名字不错。”

李斯连连赞着,而后执刀而动,点点几笔便将‘谏逐客书’四个字写在了竹简之首。赵高将竹简卷起收好,而后对李斯说道:

“李大人,有此书在,大王阅后一定会番然悔悟,你就在这里静候佳音吧!”

李斯点头,送赵高出府,注目良久,这才返身回到屋中,但还是坐如针毡,翘首等待赵高的好消息。

赵高腋下挟着李斯一气呵成的《谏逐客书》,兴冲冲地赶回咸阳宫。嬴政见后连忙问他道:

“赵高,李斯等闻逐客令之后反应如何?”

“大王,李斯不但备感震惊,而且也颇为失望。”

“其实,本王也对他的才干颇为爱惜,若常伴本王之左右,必能为辅弼之良臣,奈何其人生于荆地,而非我大秦所有啊! 也罢,念其人情,本王就准其携带财物出境,以免出去之后孤苦伶仃,无所依托,何况本王的侍女巧儿还是他的小妾呢!”

赵高听出嬴政话语之中对李斯颇有怜惜不舍之意,连忙趁机说道:

“大王,李斯已将其管理之政务悉数委托,啊,不,是交卸给奴才了,不过,他说他临行尚有一忠言进谏大王,请大王龙目御览。”

“那他想说什么啊?”

“全在这竹简之上。”

“呈上来,我倒想看看他要对本王说些什么话。”

赵高听罢,忙从腋下拿出竹简,跑到嬴政身边,双手递了上去。嬴政将其接过来,展开一看,见其题为《谏逐客书》,不禁眉头一扬,笑着说道:

“这荆人倒也真是迂得可爱,本王早已诏行逐客之令,而他也将离咸阳远走,却还谏议本王之逐客令,难道还要让本王出尔反尔不成!”

然而,一旦阅读,他的眼神立即便严肃起来,一字一句,认认真真地看了下去。

嬴政一口气将李斯这篇洋洋数百言的奏章读完,痛思良久,忽然便如醍醐灌顶,幡然大悟,连忙向赵高道:

“赵高,李斯走了吗?”

“启奏大王,李斯还待在家里呢!”

“那好,赶紧去给本王备车,本王要亲自去见李斯,子康等人真是老而无用,逐客之令几乎误了本王的天下了。”

赵高连忙跑下去给嬴政准备车去了。行啦,李斯的奏章发挥作用了。

李斯正在府中等待,眼见总没有赵高的消息,他已经开始极为失望且痛苦地让家人收拾东西了。而且他还让总管告诉那些仆人妻妾,就说他李斯要被逐出境回到荆楚之地,愿意跟随的就跟着,不愿意跟随的,可以取钱走人,结果当下便有几名仆人妻妾取了钱财,连招呼都不打就走了,反倒是巧儿坚持要和他一起去楚国。

众人正乱作一团，一名家人忽然匆匆忙忙地跑进来，急惶惶地对李斯说道：

“老爷，外面有个人想要见你。”

“谁啊，你告诉他，我这就要走了，让他有事去楚国找我吧！”李斯极不耐烦地挥挥手说道。现在他只想见赵高。

“怎么，连我都不想见了吗？难道你不想陪我一起挥师东并六国了吗？”

一阵熟悉的声音从门外传来。李斯愣了一下，但一时之间却又想不起是谁了。正在他的冥思苦想之中，嬴政笑着出现在门口。

“大王，不知大王亲驾而来，李斯未曾远迎，请大王恕臣怠慢之罪！”李斯连忙跪倒在地上，其他的仆人一听眼前这人是当今大王，也都慌张跪倒地上。

“好了，好了，爱卿请起，今天本王微服出行，不在朝廷之上，你也不用这么多礼了。”说着，嬴政弯腰将李斯搀扶起来，而后又对那些仆人们说道：“好啦，你们把手中的东西各复原位，各做各的事去吧，你们家老爷不走了。”

那些仆人听到之后立即极其高兴地四散而去，李斯更是惊诧地看着嬴政。嬴政手执李斯的手，极为恳切地说道：

“爱卿，若非爱卿之《谏逐客书》，本王失天下而尚且不知呢！爱卿真乃上天赐给本王之良辅贤臣也！本王昏聩，竟下逐客之诏，致使无数忠于秦国之义士负气而走，本王愿立即收回逐客之令，诏告天下之士，但得有真实才学，只要能为我所用，无论尊卑国属，都是我大秦的座上嘉宾！”

“古人云，知错能改，善莫大焉。现在大王不但闻过而改，而且再接再厉，实乃至圣至明之主，李斯怎能不心仪于大王，天下之士又怎么会不向西而影附？微臣相信东并天下必在须臾之间也！”

“好，本王即刻下诏废除逐客之令。”嬴政一脸兴奋地叫道：“赵高，赵高！”

“大王，小的一直在外面候着呢，您就说吧！”

“立即传我命令，废除逐客诏令，着各府县官员速将亡走他国而未出境的客卿追回，给予封赏！”

“是，小的这就去办，不过大王，小的还得多一句嘴，此次逐客之令下后不但令我国亡走许多有才智的客卿，而且有许多督办此事的官员趁机聚敛求财，中饱私囊，对这些官员该怎么办啊？”

“这群蛀虫，成事不足，败事有余！赵高，这工作就交由你去办了，如果确实查之有据，将主犯夺去爵位，贬而为民！”

“是，小的一定给您办得妥妥帖帖的。”

说着，他便笑着跑出去办嬴政交给他的事情去了。至于他将那些趁机中饱私囊的人提出来交与嬴政处置也是完全出于个人私心的。因为此次侦查督办逐客一事的官员大部分都是秦朝宗室大臣，而他们平日也最瞧不起赵高，所以赵高这次也算是公报私仇。

看着赵高兴冲冲而去，李斯这才壮着胆子问嬴政道：“大王，此次逐客之令事发太过突然，微臣连一点儿心理准备都没有，不知是何因由导致大王颁行此令呢？”

“爱卿知道于渭水之北修建沟通洛水与泾水的水渠一事吧？”

“知道，挖沟修渠乃大有利于天下之事，微臣怎么会不知道呢？”

“本王之所以会昏聩至颁发逐客令，实际上就是因为这凿渠一事。此渠一凿就是11年，耗费了大量的人力和物力，至今却仍没有凿成。后来便有人告诉本王郑国原来是韩国派来大秦的奸细，目的就是通过修凿渠道以弱我国之积蓄，从而无法挺兵东进，再加上子康等几位王叔一直对本王说六国客卿之来秦，壮秦之力者少，谋弱秦力者众，所以就建议本王宁缺而毋滥，本王一时糊涂便诏令全国，将所有的客卿全部驱逐出境。”

“不知是谁告诉大王郑国是细作的？如若微臣猜得不错的话，告诉大王这条消息的人一定是赵国使者。”

“爱卿果然机智过人，告诉本王这条消息的人正是赵国使者，那你又是怎么知道的呢？”

“大王，您嘱微臣为长史，负责搜集情报，近日来并无情报关于此事，而自那日赵使去而复返，与大王耳语了几句，微臣便猜想应该是关于这件事的。不过，依微臣看来，赵使之言固然有迹可查，不过他也是别有用心。齐、赵二使都来恭贺大王，却为何只有赵国献城以贺，那是因为他们毗邻我国边境，而他告诉大王如此消息后，大王有可能一怒而拔除韩国，到那时齐国也与我国毗邻，那样先攻赵或者先攻齐也就都一样了，他们这个想法可是够精明的。”

“嗯，经过爱卿这么一分析，本王也茅塞顿开了，不过郑国为间恐怕也是不争的事实，为今之计，我们又该怎么办？”

“既然箭在弦上，蓄势待发，那何不就让箭发出来？不知那水工郑国现在何处？”

“尚在我大秦国之中。”

“大王，微臣有一言，不知当讲不当讲？”

“本王愿闻其详。”

“大王，如今既然各国有志之士都慕大王之威名而竞相归附，那郑国虽为细作，但谁又能说他不能为我大秦所用呢？历来靠兴修水利而名的并不多，屈指数来也就只有大禹及先朝的李冰父子，这郑国既以此名，必然有其过人之处，如果能为我所用，一定会对我之国力增强大有裨益的。”

“好，既然如此，那我们就见见这个郑国，何去何从，任他自己选择。”

说完，君臣二人一同坐车回到了咸阳宫，命宫中侍卫到牢中把郑国带到宫里来。

侍卫去不多时，已经将郑国带到了宫里。二人定睛一看，郑国早已不是当年那个白皙英挺的中年人，而是变得皮肤黝黑，身材瘦小，连背也有些驼了。如非经历太多磨难，就是再有11年的时间也不会将一个人改变得如此之大啊！看来郑国对于修渠一事的确是倾尽了心力。嬴政心中对他也甚为怜惜，但还是冷冷地问道：

“郑国，你可知罪？”

“大王，郑国知罪，事已至此，郑国全凭大王发落，绝无怨言。”郑国拜伏于地，老老实实地说道。

“郑国，你只是一水工，何苦介入到这军国之事当中来？”李斯问郑国道。

“大王，大人，西入贵国而行间绝非郑国之所愿，是韩王迫我太甚啊！而且，我初入贵国之时确实是只为行间而来，然而到后来却放弃了最初的念头，一意为凿渠一事而奔波。”

“此渠一凿便是11年，为何到现在还没有凿成啊？”

“大王，非是郑国不尽心，乃是凿渠之地多坚岩硬土，虽投入大量人力物力，然而速度仍然不甚理想，不过此时渠已将成，相信不过半载，此渠两岸定能得渠水自流灌溉而成为沃土良田，不但富其境内之民，而且，必能提供大王东并六国而统一天下之资，此虽十余载之苦功，却为泽福后世历代之业！”

“好，既然你一心系于此渠之上，那么本王就准你继续领人开凿此渠，当年李冰修都江堰而造福百姓，百姓在堰边立石以咏赞其功绩，若此渠修成，本王命其为‘郑国渠’，让秦国后世子孙都记住你的功业！”

“郑国多谢大王恩典，此渠耗时耗力无数，凿渠之民工亦颇有微词，但他们却仍旧尽力于渠址之上，就连许多监工之人也都加入其中，此种盛况，郑国鄙陋，是从来没有见过的，若有一国统一天下，其必将是大王统御之国。”

说完，郑国又给秦王嬴政磕了一个头，起身要走，却有一物从其身上跌落下来，嬴政连忙将他叫住。郑国回身拾起，正要揣入怀中，忽然对嬴政说道：

“大王，此乃小人从韩入秦之时带来的一卷帛书，乃吾国公子韩非所著，小人时时将其带在身边阅读，如今早已背得滚瓜烂熟，留之也是无用，或许大王有些用处，小人就将它赠与大王吧！”

说着，郑国将那卷帛书递给嬴政，这才转身而去。李斯一听郑国提及韩非的名字，也连忙凑了过来。嬴政接过那卷帛书，对于郑国的话并不是太在意，心想：你之所用在凿渠挖沟，对于文笔翰墨之事恐怕很难窥其门径吧。他很随意地翻开帛书，第一篇为《五蠹》，第二篇为《孤愤》，第三篇为《说难》。嬴政不看则已，一看便顿时被其雄辩及语言之犀利痛快所吸引，一口气读完了三篇文章，而后又反过来重读一遍，细细品味，只觉其论点精到，舒张自然，语言确切而且气势宏大磅礴，读后荡气回肠，而且其文也很有咨政劝谏之实用价值。嬴政禁不住啧啧称赞着感慨道：

“简直太棒了，本王若能与此文之作者见上一面，促膝深淡一番，本王将死而无憾也！”

“大王何必如此慨叹，此书之作者微臣倒还认识。”

“噢，真的吗？”嬴政一把抓住李斯的手，急急问道，“不知爱卿何时与其相识，其才学人品如何？”

“大王，其实我们乃同窗学友，我们共同师从于荀卿学习治世之道，当年我们二人也是才智学问不分伯仲，常自分庭抗礼，只不过近年已没有了来往。”

“那本王怎的没有听到爱卿提到过此人呢？”李斯本想借提及韩非来炫耀一下自己的卓越不凡与才智超群，奈何此时秦王嬴政的全部心思都放在了韩非的身上。他只得先解决这个问题，便极为委婉地说道：

“大王，我与韩非虽然师出同门，然而却志趣各异，微臣崇尚事功，愿辅弼明主以成就大业，而韩非则心无旁骛，一意于著书立说，成一家之言，借以诫君王，昭天下，而不愿委身于政事，所以臣才没有向大王推介此人。”

“那么说他现在在韩国？”

“非为韩国王室公子，如果微臣所猜不错，他应该是闲居于韩国了。”

“韩王安卑怯而无大志，此等人才居于其境之内，他竟然不将其擢而重用，岂不是暴殄天物，若本王能得此贤臣，本王当人尽其用，为本王之大业献力。”

李斯知道嬴政的性格倔犟且执著，凡是他想做的事情，谁也拦不住。他心里虽然害怕韩非来到秦国之后会夺去秦王嬴政对自己的宠爱，但他也不敢再对韩非的事遮遮掩掩，否则引起嬴政的猜忌，自己就麻烦了。为今之计，倒不如送个顺水人情，利用自己与韩非的同窗之情，让嬴政得到韩非自己再想办法疏远二人的关系，他李斯仍可位为上卿。想到这里，他便对嬴政说道：

“大王求贤若渴，实乃我等之大幸，臣愿只身前往韩国，说服韩王让韩非西向入秦，则大王之愿可遂。”

“爱卿真知本王心意，不过，韩非虽然在韩国闲而无用，但倘若本王去请，韩王恐怕又会瞻前顾后，不让韩非西来，那时爱卿该怎么办呢？”

“韩国地小人少，韩王安又只图自保，若我们只要韩非，他一定会答应的，万一他要是不同意，微臣便以郑国之事对，斥其背秦在先，以武力相迫，他一定会乖乖就范的。”

“好，爱卿果然是本王忠贞不贰之臣，那么本王就在咸阳等候爱卿的好消息了。”

李斯答应着告辞而去，但他的心里却甭提有多懊恼，多苦涩了。其实，从心里讲，他觉得他自己的才能还比不上韩非，与自己相比，韩非更多一种沉实内敛，从不轻易暴露自己的才学，但是他看问题比自己更透彻，更清晰，而且他于君主之道好像比自己更有研究。如果他来到秦国，而且受到大王的赏识，那自己还会有好日子吗，自己去楚而至秦的宏图伟愿还会实现吗？

算啦，算啦，他猛地摇了摇头，何必苦自己呢，等韩非来到了咸阳再说吧！既然自己已经在秦王的面前夸下了海口，现在就要想尽一切办法让韩非入秦。

一切又似乎平静下来了。嬴政的心情也略微放松下来，便叫上赵高，陪自己微服出宫，游玩上一圈。

转眼之间，二人已经身着便服，置身于咸阳城的闹市之上。

“爷,今天咱们去哪里散心啊?”

“垂钓酒楼!”

嬴政脱口说道。说完之后,连他自己也纳闷了,这个名字怎么会在自己的记忆中刻得那么深呢?也许,自己真的是想念成蟜和樊莲惜了,他可是真的爱着这两个人的。可是爱又怎样呢?爱反而让他越发的孤僻,越发的心狠起来。因为自己爱着的这两个人最终都背叛了自己,背叛了自己这个堂堂大秦国的国君。自己不能再有爱了,否则得到的只有伤害。天下和贤臣才是自己最想得到的东西。儿女情长,私私软语,那只是浮世之苦累,而且还会累死人的。看着赵高那一脸的疑惑神色,嬴政得意地笑着说道:“怎么,你不认识这个地方吧?我带着你去吧!”说着,他果真大踏步地走到前边领路去了。几年的光阴,垂钓酒楼早已不复昔日的繁华热闹了。当年那个被自己打翻了盘子的小二还在,不过老了一些,而且也认不出他了。虽然已到吃饭时间,楼上雅座却还是空了不少。

二人选了二楼靠窗的一个座位坐下,问及昔日的那种美酒,小二却一脸的迷惘,说已记不清楚,看来已是许久不卖了。嬴政只得拣了几个菜点上,又要了一壶酒。临窗而望,窗外车水马龙,熙熙攘攘,一派繁华热闹之象,让人看了心中也觉十分舒泰。

不一会儿,小二给二人端来了酒菜,却也同时领上一个人来。只见此人素衣白面,样貌甚是英朗挺拔,目光炯炯,走路也虎虎生风,而且一脸风尘仆仆的样子,显然是刚赶了半天的路了。

那小二先将二人的酒菜放下,而后冲着二楼雅座的所有客人大声说道:

“诸位客官,手边有酒喝着,有菜先吃着,您听我咕哝几句,站在我身边的这位仁兄叫缭,刚从魏国大梁来,他说自己已经多日未梳洗,而且一天水米未沾牙了,想着和哪位有远见卓识且有察人之能的客官同桌而饮,而后再借点钱装饰一番,他年若得富贵,定当涌泉相报。”

小二说完,随他一齐上来的那个满面风尘的人深深地冲着楼上的客人鞠了一个躬,而客人们中间却有不少人已哂笑嘲讽起来。

“小二,你没病吧,是不是前辈子作了什么孽,这辈子想做事补偿过来啊?”

“你在这啰嗦什么啊,不就是一个叫花子吗,也想跟我们同桌而食,简直是痴心妄想,别做梦了!”

“小二,你让他多等一会儿吧,我们就要走了,我们这要是有剩下吃不了的酒菜,你就别拿去喂猪了,让他吃掉就得了!”

“哎,我说魏国人,你会唱小曲子吗,给爷唱段荤的,把爷唱乐了,爷就赏你一桌酒席!”

小二一见情势不妙,连忙收身下楼去招呼其他客人去了,而那名叫缭的魏国人却还站在那里,眼光里闪出失望与怨愤的神色,但又转瞬即逝,面色依旧平静如常。嬴政一见,对此人的涵养气度颇为赏识,便递了个眼色给赵高,赵高连忙伸手招呼那人道:

“远道来的先生，若是不嫌弃的话，就和我们同桌而食吧！”

其他食客正逗弄调笑得起劲，忽见有人横插了一杠子，都颇为恼恨，但见这二人气度不凡，也不敢来招惹，只有几个人小声地嘀咕了几句，嬴政和赵高也不去理会他们。市井闲民，整日无所事事，难免会这样粗俗无礼的。

缭疾步来到桌边，冲着二人深施一礼，而后颇为恭敬地说道：

“二位先生洁行高义，缭既今日与二位共食，他日富贵，定当涌泉相报。”

说完，他也不客气，径自坐到了桌边。赵高连忙唤小二加上一套餐具，另外再上几个好菜，而后又拿起酒壶给缭斟了一杯酒。只见此人不但满面征尘之色，而且身上衣服也是颇为破旧，但其人容色举止倒不像是一个普通人。

“乡间之民，蒙昧无知，粗俗无礼，刚才对先生多有得罪，请先生见谅，而且不要对咸阳之民等同视之。”嬴政小心地说道。生怕那些市井流徒听见，引起不必要的麻烦。

缭微微一笑，拱手对嬴政道：

“先生谦卑有礼，不也是咸阳人吗，缭又怎会等同视之呢？不过，圣人既亡，礼教不兴，民心不古，天下都是这个样子，但是贵国一意并天下，成一统，缭以为应该与东方六国有所区别。”

嬴政一听，不觉心中一动，便颇感兴趣地又问那魏国人道：

“先生既怀圣人，又崇礼教，莫非想要复古人遗风不成？”

“错了，错了，缭尊法术，而非儒家之大礼教。缭自大梁起，游历各国，发觉各国之民都是一样的终日无事，群相博嬉聚谈，而不思为国效命，其国君也是浑浑噩噩，只图安逸享乐，根本没有什么雄心大志，所以缭才投身咸阳，此处虽有浮浪之民，但并不在多数，只要尊法术治国，申法制之严，重刑律之治，重法则民有尊卑而奋进，重法则国体有格而昌盛，缭即欲以此拜见秦王。”

“先生刚才说但得共饮，他日富贵，定不相忘，先生怎知自己一定会获得秦王的赏识而得富贵呢？”嬴政一脸郑重地问他。

“缭久闻当今秦王年轻有为，乃至圣至明之王，而且颇有雄心壮志，若秦王只在大秦一境，故步自封，安享太平，那么缭自然无法求得富贵，若他想东并六国而有天下，则必用缭！”

嬴政一笑，又亲自给缭斟了一杯酒，把酒言欢，极为畅快地叙谈一番，直至酒足饭饱，嬴政这才付了账，待要再赠与缭一些金钱，让他梳洗装扮一番，但赵高却一脸苦笑，他就带了这么一点儿钱出来。嬴政见状，一咬牙，将自己的长袍脱下来，递与缭说：

“先生志存高远，才学过人，定可为我大秦奉助至力，当今大王也一定会重用你的。”

说完，他便与赵高快步而去，缭捧着衣服叫住二人：“请二位留下尊姓高名，他日当可报答二位。”

“先生，就当是我二人为大秦举荐一贤良之才吧！”

缭捧着那衣服，愣愣地望着二人下楼出店门而去，这才也走到楼口，拾级而下。

嬴政与赵高二人赶回宫中，又给自己穿上了一件衣服，而后坐等缭前来拜见。赵高问嬴政道："大王，您觉得此人才能如何？"

"本王觉得这个人于我大秦定有裨益之处，本王心向法度，而他与李斯一样，都主张以法治国，以法生尊卑孝悌伦常，如此可固社稷，抚人民，否则就会民乱国衰。何况此人游历数国，终选为大秦，本王怎可坐而却之，以失天下之士呢？"

赵高点点头。他知道，嬴政现在最喜欢谈论的一个话题就是兴兵东并六国，成就统一大业。凡是进谏与此相关之言的人，都一定会受到奖赏和重视的。而自己确实没有什么才能帮助其东灭六国，那么也就只能去猜测嬴政的心思，哄得他高兴，那么自己也就不会失宠了。

二人等了半天，赵高都等得有些心焦了，才有一名内侍急匆匆跑进来对嬴政说有一个叫缭的魏国人求见，嬴政自然不会拒绝了。

不多时，那内侍已将缭引了进来。嬴政和赵高二人一见，不由相视一笑，原来嬴政生得高大威猛，而缭却稍显短小，长袍穿在他的身上，几乎长可及地了。不过其面目之上的风尘早已洗得干干净净，看上去也是一派威风，而且有股凛然之气。缭进来之后，偷偷地看了一眼，不觉呆住了。愣了半天，这才拜倒说道：

"魏人缭拜见大秦君王。"

"好了，你起来吧，你不是有话要对本王讲吗，你现在就说吧，本王洗耳恭听。"嬴政笑眯眯地说道。

听到嬴政的话，缭迟疑了一下，片刻之后，他才开口说道："大王，缭乃魏国布衣，欣闻大王乐善好施，海纳四方之客，缭心动不已，所以拜致君王面前，乞美女财宝永居于秦，则万世仰瞻大王之恩泽。"

嬴政和赵高听完之后，差一点没从座位上摔下来：这还是自己在酒楼之中邂逅的那个踌躇满志，一腔抱负，满腹济世的缭吗？怎么现在如此俗不可耐，亲口讨要起美女财宝来了呢？

嬴政瞪着眼睛看了看对方，却发觉缭面色平静，并无做作之态，好像刚才这番话完全出自其肺腑真心。他连忙下了座位，奔到缭的面前，执其手急急问道：

"先生，本王要的可是具有平定天下之策，胸怀治世经略之能的大才，而非一意于富贵美色的俗夫，先生不要再欺瞒本王了！"

"大王，缭本一凡夫俗子，酒楼之言完全是想借以而为进身之道，其实我所求者只在美女财宝，不知大王能否给予恩准。"缭也看着嬴政，一脸坦诚恳切地说道。

"好吧，好吧，既然你为了美女与财宝不惜奔波六国，那么本王就满足你的要求，你去尽情地享用吧！"说着，嬴政便极为气愤地冲着缭挥了挥手，"赵高，赶紧去准备财宝美人，送给他！"

赵高答应一声，看了一眼嬴政和缭，慢吞吞地往外走去。缭躬身谢过嬴政的厚赠，也一言不发地转身向外走。嬴政极为无奈且痛苦地看着缭的背影慢慢地在自己的视线中远去，不知道为何他会前后判若两人呢。不行，怎么也得问个清楚，他对着缭远去的背影叫道：

"先生，请慢行，本王还有话说。"

缭慢慢地转过身，眼中闪现出一种让人难以觉察的犹疑神色，但却依旧平静地说道：

"不知大王唤缭止步另外有何吩咐，是不是还有什么馈赠我的东西啊？"

嬴政紧走两步，走到缭的面前，目视缭良久，忽然躬身对着缭深施一礼，而后推心置腹地沉声说道：

"先生，嬴政自忖确实是躬身虔诚以求治国经略之贤才，而且确无怠慢开罪先生之处，不知先生为何如此拒嬴政于千里之外，前后判若两人呢？"

缭听完嬴政的话之后也目视嬴政半晌，而后才对嬴政说道：

"缭何尝不知道大王求贤若渴，必欲得之而置上卿方后快，怎奈大王仍非缭心目之中至圣至明之主。"

"那么什么样的人是先生心目中的至圣至明之主呢？是不是先生在其他六国君王之中发现有可辅弼之君？"

缭听后立即摇摇头，又开口说道：

"其实以大王之威仪才智，实是缭心中之上上人选，六国君王无一人可与大王相左右，奈何缭尊法术，其君王则必威严有仪，峻形而有体，绝不轻而下人。大王鼻额高耸，双目颀长，胸若巨鸟，声如豺虎，少恩德之心而多虎狼之志，简约可比常人布衣，得志也会轻视共过患难之人。尉缭只不过是一介平民，但大王却与我分庭下礼，实在有失一国君王之仪，所以缭才不得不辞去。"

"先生之言，本王谨记于心，以后定当保持国君之威仪体度，即使求贤，也保持君王之仪容，请先生务必留于本王左右，辅佐本王以经略天下，建一统之大业。"嬴政极为恳切地说道。

缭听后沉吟半天，而后点点头，对嬴政说道："秦强而六国弱，大王又如此礼贤下士，求贤若渴，缭不身向秦国，又能浪迹何处呢？请大王上座，受缭一拜。"

嬴政听后连忙回身重新坐好，缭则恭恭敬敬、极其虔诚地跪在地上，给嬴政叩了一个头，而且还说道：

"微臣缭拜见吾王，愿吾王政盛国强，早日完成一统大业，不过请吾王切莫忘了微臣所说之话，勿忘国君之体。"

嬴政笑着点点头说道：

"爱卿且平身，本王又得一贤臣良辅。本王任命你为国尉，愿听国尉是如何看待本王东并六国的事情的。"

"大王既然问起此事，那么微臣便抒一己之言，以现在秦国之强，其余六国便如秦之郡县，以秦国之兵强马壮，足以将其逐个歼灭，收其君为庶民。但微臣唯一所恐的就是六国之君再造合纵，偶于顺从之中突发不意之兵，这也就是智伯、吴王夫差及齐之滑王为什么会失败的原因。所以我希望大王不要爱惜财物，要贿赂六国的权臣，从而打乱其谋划，不过用去三十万金，则必可灭六国而得天下。现在大王的兵马已经足够强壮，单看先灭掉哪一个国家了。臣听说先祖昭王之时，范相国睢曾献远交近攻之策，赵、魏、韩三国距我国近，而楚、齐、燕三国则远，劳师以袭远，则败必不可免也。何况我们如果劳师袭远，或许还会惨遭身后黄雀之灾。所以微臣以为如果大王必欲得天下，则需行两方面策略：

一、继续实行远交近攻之策略，而且还要逐步地蚕食各国领土，防止六国心生恐惧而再度合纵，同时再反复压制楚、齐、燕三国乘机发展，所以必要的情况下还可出兵助韩、赵、魏去攻击燕、齐、楚三国。

二、实施间谍策略，选能言善辩之士远赴六国，以财宝及美女离间各国君臣之间、六国之间的关系，从而使我们坐收渔利。

如果这两方面的策略都能得到顺利实施，那么大王之宏图伟业不久则可成功。”

嬴政听后连连点头，颇为赞同尉缭的建议，而后令赵高先选择合适人选用作奸细，离间各国的关系。赵高为嬴政推选了善于辞令、长于应变的顿弱和姚贾。

其后，嬴政果真采用了尉缭之远交近攻而且还要蚕食的策略，韩国已不足惧，魏国也已非强国，只有赵国还算是其近邻之中的强敌，于是便先展开了对赵国的攻击。

他先命王翦、桓齮、杨端和攻邺、阏与，并取赵之九城，随后又命桓齮攻赵平阳，杀赵将扈辄，斩赵兵十万人，攻下平阳后又挺兵深入，攻其宜安，杀其守将。虽然燕国与齐国毗邻赵国，赵国一灭，他们的国境也必临于秦军铁蹄之下，但他们早已为秦国强大的军事力量所吓倒，谁也不想趟这场浑水，得罪秦国。于是秦国轻而易举地夺取了赵国的大片土地。

第十章 深夜访韩非 赵高欲加害

战场上节节胜利的同时，远赴韩国的李斯也为嬴政带回了一个好消息：他将嬴政梦寐以求的贤才韩非给请到了秦国。虽然李斯是老大的不情愿，但他知道，自己绝对不可能动摇嬴政见到韩非的决心。即使自己不出使韩国劝韩王安放韩非出秦，嬴政也会以武力相威胁来得到韩非的，在韩非的问题上，他唯一能讨好嬴政，给嬴政留下一个好印象的行动就是尽自己的所能使嬴政尽早见到韩非。而韩王安早被秦国的百万雄师吓破了胆，怎敢与嬴政作对呢？

去见嬴政前夕，李斯先于自己舍下宴请了韩非。他要探探韩非的口风，如果韩非真的想留在秦国发展，那可无疑会成为他获得高官厚禄的最大障碍。

“韩兄，你我当年同师于师尊门下，弟常对兄之才华钦慕不已，如今吾王一见兄之高论，更是拍案叫绝，非得亲见兄一面才行，所以我才只身去韩，邀兄往秦。大王既对兄长如此青睐，以后定让你侍奉左右，予你高官厚禄，长享荣华富贵。”

“你我师出同门，各有宏图，兄长能审时度势，去故国择明主而事，于是宏图大展，扶摇直上；而愚弟资质驽钝，又恋故土，于是便只得徜徉于文字之间，著书立说，不求君王赏识，但求警策后世之人，而且此番愚弟乃是衔王命而来，但求缔结和约于大秦君王，而后我自当再返故国，终老于乡闾之间。”

韩非并没有听出李斯话语之中酸溜溜的味道，实实在在地回答道。当然，李斯听完他的话之后心里也十分高兴，因为韩非不会留在秦国与他争宠。

嬴政一听说韩非已到秦国，立即召见。但韩非有一个特别大的缺陷，那就是他一遇重大场合就会口吃，无法潇洒地将自己的思想更好地表达出来，而这也从一定程度上影响了他将自己的治国之道更好地表示出来，虽然他的文字功底绝对一流。

鉴于其口吃的弊病，李斯建议嬴政以非正式的场合接见韩非，而不是以严格的两国之仪。嬴政本来索要韩非的目的就是要了解韩非的著述及思想，而非看重其使者的地位，韩非也正好不喜好庄严的仪仗和令人压抑的气氛，所以李斯的建议得以顺利通过。其实，李斯之所以有如此建议，完全是想淡化韩非的到来，使韩非匆匆而来，匆匆而去，不给秦国留下任何印象。他唯一惧怕的就是嬴政爱上了韩非之才，留其在秦国。

咸阳宫偏殿之内，嬴政在赵高的陪伴下接见了韩非，而李斯作为韩非的同窗也参加了这次会见。

“先生远道而来，本王不胜荣幸，本王曾夜读先生《孤愤》《五蠹》等诸多篇章，尝为之击案叫绝，发誓此生定要得见先生。今先生已来，本王亦无忧了，以后先生便可伴于本王左右，以解本王之惑。”

“大王，韩非有负大王之赞誉，实在心中惴惴，此次敝国遣非为使，专门是为致献吾王殷勤之意，吾王实震慑于大王之威，愿与贵国缔结盟约，则韩非此行亦算是不辱使命了。”韩非并没有忘记自己临行前韩王安交给自己的任务，一方面要与秦国缔结盟约，另一方面还要劝嬴政先率兵攻赵，韩国则可先保无虞。而李斯也曾在会见之前告诉过他，有什么话一定要在嬴政高兴的时候说，否则不但会毫无效果，还可能会惹来杀身之祸。此时他见嬴政一脸兴奋，便忙不迭地将自己此行的最大愿望说了出来。

其实，他自己的心里又何尝不是极为矛盾呢？他和李斯为同门，才学能力不相上下，如今李斯已在蒸蒸日上的秦国位为长史，而自己却在韩国只是一个落泊王孙。韩王安对自己的著述从来都不正眼瞧上一眼，而远在咸阳的嬴政却夜读己书且拍案叫绝。如此悬殊的境遇怎能不让他心生怨愤呢？有时候，他也曾想像李斯那样求辅贤明之主以得通达，但他却做不到，他始终无法舍弃自己的故土，也无法舍弃故国之民，即使自己不是韩国王族，他也一定不会拂袖而去的。虽然他也知道自己与李斯相差的就是那种毅然决然的干脆，但他却无法身体力行，也许这就是人的天性。

嬴政一听韩非只提缔约之事，对自己的著述绝口不提，心中便有些不高兴，不过并未形于脸色，但见韩非一脸倦容，心想只要韩非留在咸阳，来日方长，自己早晚可以一听韩非教诲的。当下让赵高为韩非准备驿所休息，而且遣两名温柔漂亮的宫女侍奉韩非。李斯和赵高听后都不禁心中一凛，看来秦王真的是打算要将韩非留在咸阳了，那对自己可就是一个极大的威胁了。而韩非眼见嬴政无意缔约之事，也不敢再坚持。第一场会见便这样草草地结束了。

韩非闷闷不乐地回到赵高为自己安排好的驿馆，只见环境清幽，布置淡雅，绝少修饰，房屋边上即是重重绿萝及一片草地，让人见后就心情舒畅。韩非对赵高的细腻心思颇为感激，他丝毫没有意识到自己已经受到了两个嬴政身边宠臣的敌视，因为他的存在给他们构成了邀宠媚上的潜在威胁，至少，他们自己是这样认为的。

韩非在这间驿馆一待就是一月有余，他万分焦急，还以为秦王嬴政已经忘了自己。其实，嬴政并没有忘记他，只是他的烦心事来了。

就在秦军在赵国境内，一路高奏凯歌，挥师猛进的时候，突然遭到了赵军的顽强抵抗。原来在节节败退的惶恐无助之中，赵王迁任用了一直在北境御守匈奴的大将李牧为抗秦元帅。李牧挥师御秦，采用迂回战术，避开秦军的锋芒，而后给予适时的痛击，结果一战大败立功心切孤军深入的秦大将桓齮，杀戮秦军十万人，受其鼓舞，其余各条阵线也接连告捷，成功地阻住了秦军的强大攻势，而且开始转入反攻，秦军开始大规模溃败。

其实秦军此时溃败已属侥幸，因为在此之前，嬴政已经听取了尉缭和李斯的建议,派姚贾东行入赵,厚贿赵王宠臣郭开,使其在赵王面前屡进谗言诋毁赵王将要启用的名将廉颇,说廉颇早已年迈昏聩,而且又非赵之臣民,恐其不尽全力。结果,赵王放弃了廉颇,而派赵葱和颜聚为帅,秦军这才得以节节胜利,否则也许早就溃败了。

战败的消息传到咸阳,嬴政龙颜大怒,连忙召集辅政重臣齐集于咸阳宫中,商议当前的形势以及今后策略。君臣环坐,静听前方军兵汇报战况,王翦、王贲父子以及杨端和一路虽然为敌所阻,但都已全身而退,筑墙以御,只有桓齮因为指挥失误,贪功心切,孤军深入且又犯了轻敌大忌,结果所率部属几乎尽丧敌手,只有桓齮等少数将领逃脱。嬴政一听便大发雷霆之怒,冲着赵高叫道:

"速派宫中侍卫赶往军前,将桓齮就地正法,收其家属为官婢!"

赵高正要答应着出去督办此事,却有一人大叫道:"大王,切莫如此鲁莽,请容微臣启奏。"

众人一看,原来是相国昌平君,心下便都静了下来。谁都知道,昌平君与桓齮私交甚厚,而且又是儿女亲家。如果桓齮的家属全被没收为官婢,那他的女儿也必然在其间了。

嬴政一见是昌平君,心中便有些不悦。因为最近昌平君总是自恃当年平定嫪毐为乱之功骄纵成性,常常出言无忌,忤逆嬴政,不像其弟昌文君,虽亦有功,而且也为老臣,但始终矜持有礼,不越雷池半步。沉思之间,却听昌平君语音粗壮地说道:

"大王,常言道胜败乃兵家常事,桓齮将军为大王立下赫赫战功。当年又有生擒嫪毐等叛首之功,今日大王却因一败而斩其首,收其属为婢,岂非太过无情？若是前方将士听到大王如此刻薄寡恩,又有哪个人还会再效死力以杀敌呢？又有哪个大将敢为大王攻城略地呢?"

昌平君目光直视嬴政,毫无惧色,而且又没有择言之忌,说到后来,甚至有些倚老卖老,威胁起嬴政来。嬴政冷笑着说道:

"桓齮既有军功,本王自当厚赏之;既受本王之厚赏,则应为本王为前驱。亦有古语为,将在兵在,兵亡将亡。可怜我大秦十万军士之性命惨死于敌手,独桓齮生还,岂不太过有失吾国尊严,有失为将之德！赵高,赶紧依本王诏令去做!"

"暴君！当年我瞎了眼,竟然保了你这残暴冷酷,嗜杀成性的狗贼！早知如此,还不如当初斩杀了你这暴君另立他人,也省得受你这无恩无义之徒的鸟气!"昌平君眼见自己劝谏不成,无法让嬴政收回成命,暴怒之下竟指着嬴政破口骂了起来。

他这一骂,不但把在场的其他大臣吓得呆若木鸡,不敢再说什么,把嬴政也骂得无名火起,猛地一拍桌子,站起来大叫道:

"来人啊,将这个忤逆犯上的狂徒抬下去砍了,将桓齮一家流放边疆,永世不得返回内境!"

昌平君一听，毫无畏惧之色，依然破口大骂，然而几名侍卫却冲上前来，将其拖住便往外走，转瞬之间，他的叫骂声便消失在大殿之外。

嬴政犹自不解气地怒目向着殿门外站了半天，这才长出一口气，慢慢地坐下来，其余几个人一时连大气都不敢出。又待了一会儿，嬴政目光才柔和地望了其余诸臣一眼，忽然看见昌文君脸色苍白，身体颤抖，便忙勉强笑着对昌文君说道：

“爱卿不必心惊，忤逆之罪为乃兄一人所为，与爱卿并无关联，本王不会因乃兄之罪而事连爱卿的。”

昌文君听后脸色这才渐渐放松下来。心想自己一世谨小慎微，总怕无意之间惹了什么灾祸，如果因为己兄出言不逊，忤逆大王而殃及自己，那可算是太过无辜了。其他大臣一见嬴政的脸上露出了笑容，心里这才轻松了。

通过一番商议，最后他们决定暂时停止对赵国的进攻，据城固守，如果守不住，就将所得赵城再为赵所得。同时派顿弱赶赴赵国邯郸，并且随行带去无数的金银财宝，想方设法厚贿权臣谮害李牧，诱使赵王迁杀掉李牧，则赵国就可唾手而得了。

王绾以为离间厚贿之计恐怕无法拨弄赵国君臣之间的关系，便对嬴政说道：

“大王，赵王迁虽然生性怯懦卑微，目光短浅，但其居上之心颇重，当年他就是通过一番明争暗斗之后才继位为王的，而今赵国在其手已是势见衰微，唯有一将李牧尚能东征西讨为其保住王位，他又怎么会杀掉李牧而自掘坟墓呢？”

尉缭听后并不同意王绾的话，反驳道：

“臣以为丞相之言有误，明主亲贤臣而远小人，昏君亲小人而远贤臣。明主会依靠忠臣良将得天下，而昏君则会专宠奸佞之臣而失天下，而且更会忌恨忠臣良将的诤谏。现在李牧之声望在赵国日隆，赵王狐疑，必会疑心李牧会功高震主，从而想方设法牵制李牧。另外，赵王迁有一宠臣郭开，最会阿谀且容不得别人抢了他的宠幸，如果我们从郭开之处下手，离间之计必定会奏效的。”

嬴政听后觉得尉缭所说全在情理之中，当下命顿弱携重金取道往邯郸，设法结交宠臣郭开，通过他的口来离间赵王迁与李牧之间的关系。而后嬴政又下令让王绾等人去布置全国男丁登记年龄的工作，让符合年龄要求的男丁全部服兵役，强化军事训练，为以后的征讨作准备。同时还要做好全国的纳粮赋税工作。此事虽然看似平常且烦琐，但却能增加国库之储存，为东并六国打好基础。

赵高带人将桓齮全家放至边境耕田，而后又让人快马赶奔军前，想将桓齮斩于军前，消息传到军前，正欲回咸阳请罪的桓齮连忙率几名亲信拨马逃之，却正好被李牧的手下抓住，一样做了刀下之鬼。然后，赵高径直回后宫去见嬴政，却怎么也看不到嬴政的身影。赶忙询问其左右内侍，一个个都大眼瞪小眼，根本就不知道，最后才是一个扫院子的内侍告诉他：大王与君臣商议大事以后就换上衣服出宫去了，什么人也不带，而且谁也不知道去什么地方了。

赵高正欲出宫再去找一下，姚贾却神神秘秘地来找他了。

这日韩非正在驿馆中读书，突然听见门响。“门没有插，请进来吧！”

门“吱呀”一声开了，一个人轻手轻脚地走了进来。韩非抬头一看，不禁一愣，而后赶紧起身跪拜于地，恭恭敬敬地说道：

“韩非拜见大王，不知大王光临，韩非未曾远迎，请大王恕罪！”

来人正是微服出宫的嬴政。嬴政见韩非对自己深施大礼，连忙以手相搀，而后温和地说道：

“先生，今日我前来非为公事，全为向先生请教先生之高论，望先生不吝赐教，先生请坐。”

韩非闻言倒也实在地坐在了嬴政的对面，而后对嬴政说道：

“大王过誉了，韩非闭门造车，自勉尚觉粗陋，又怎能为高论呢？大王自管问，但得韩非所知，定当知无不言，言无不尽。”

此时非正式场合，而且嬴政又微服而来，韩非的口吃之弊便一点也显不出来了。

“先生，本王听闻先生之论乃集法家之大成，本王朝内李斯及尉缭都为法家，但本王却从未听闻其系统之论，愿听先生为本王言‘法’。”

“大王，韩非之论未敢为系统之说，但得杂糅商鞅之‘法’，申不害之‘术’，慎到之‘势’而为一体，犹如鼎之三足，缺一不可。”

“法，即为准则，规矩，是事物必须遵守的准绳。夫孟子所言‘公输子之巧，不以规矩，无以方圆’，说人也就是这个道理。商君制秦之法，虽已完备，但为什么贵国仍然不可扭转地发生了桓齮、吕不韦二人大违法度仪礼的事情呢？皆因只有‘法’，而缺乏对‘法’的执行的监督、惩治之力，此为‘术’之关键所在。”

“虽有细法严刑，然而却无人督导之，则其必有疏漏，所以韩非主张要有明确的监督法律执行情况的具体条例，这也就是‘术’。而要发挥‘术’的重要监督作用，就必须坚持尊卑高下同一的原则，即我们所说‘王子犯法，与庶民同罪！’而大王您将齮和吕不韦两个乱法之人绳之以法，其实就是无意之中履践了‘术’的原则了。若非如此，如果依儒家之道，刑不上大夫，那么您还能依律治齮和吕不韦的罪吗？如按儒家主张来看，你的这种维持国家安宁秩序的必要措施就是违‘礼’的了。所以，我以为‘术’一定要一以贯之，严格有力，而且不给任何人以特权和例外，否则，再强有力的‘术’也很难发挥其作用。”

“而‘势’则是居于高位而下临，则上命下达，政通人顺。大王正是凭借‘势’的强有力剪灭了吕、缪之乱而且没有引起什么纷争。所以您必须要时刻使自己处于绝高之位，临下而主宰一切，掌握最高力量的权柄。您要是不具备最高权威的声望，没有处在至高无上的地位，您又怎么能综观全局，使自己的政策得到顺利的推行，真正的实现有令即行，有禁则止呢？因而欲行法度则需立‘势’，立‘势’即为建立一个权力集于一人之手的国家。‘法’‘术’‘势’三者相杂糅，就可以形成一个既有完备的法令制度和坚持平等原则的监督条例与机构以及权力一统，政令集中的中央府地。只要建立起这样的机构，那么您治国并平定天下的宏图伟业就可以得到顺利的实施并实现了！”

韩非终于找到了一个可以倾听自己理论的人，而且此人的地位和权势又无比的尊崇，所以他说得十分尽兴，也非常痛快，他甚至忘了此行的主要目的是与秦缔结和约，劝秦国去攻打赵国，而不是为嬴政设计统驭天下的宏伟蓝图。

嬴政听后虽未说话，但心中却已对韩非之言大为赞叹，自己弃儒道而行法度，严是够严了，可就是觉得有点儿照猫画虎的牵强之感，总不是那么得心应手。现在听了韩非的一番理论，他才算是有些醒悟了。自己思考了半天，而后才意犹未尽地说道：

“本王尝读先生之著述多篇，不知先生对自己的著述又有何看法？”

“大王，我之著作，最得意在《五蠹》及《内储》二篇，因为这两篇是我治世思想的一个集中体现。其五蠹者，乃五种于国家政治经济有大危害的蛀虫，有他们在，国家的权柄便不能尽集于王手，而且不能发挥其最大作用。这五种蛀虫依次是：一、一味只谈先王学说，循规蹈矩，冥顽不化，凭借伶牙俐齿和巧于辞令以及礼仪法度之名与治者争衡的人；二、弄虚作假、私通敌国、蛊惑君王之心，损公财而中饱私囊之人；三、纠合朋党，好武任侠，善仗利器，沽名钓誉而身犯刑律的人；四、卑怯惧战，依附豪门之下以求庇护，逃避国家责任的人；五、行商富贾以及手工业者之中制作销售伪劣产品以牟取暴利，聚财而用之无度的人。这五种蛀虫的危害极大，国家如果让这种人肆意横行，那么国家政权就会变弱，纲纪也会被毁坏，则邦分崩离析之险便在须臾。而《内储》一篇是讲统治者如何运用权术的。君王通过对权术的运用而统御自己的属下，使属下依赖于君王之威仪，因而称其为‘内储’。而‘外储’就是统治者根据自己对下属政绩的考查评判，有功而赏之，有过则罚。因无论赏罚，所受者都是君王以外的僚属臣下，因而名之曰‘外储’。至于内外储之言，其目的就是为了提高一国治者明辨是非、统御部下的能力，从而才能使国家权柄集于君王一人之手。”

“好，听先生一席话，胜过本王再读十年书，如今本王已是大彻大悟，眼前一片光明，本王定对先生之高论身体力行，以后必能东并六国而一统天下。”

嬴政说完之后立即无比欣悦地站起身，意气风发、神采飞扬，不但谢过了韩非的说教，更抒发了自己的一腔踌躇之志。韩非还沉浸在一吐心中块垒的喜悦之中，忽然听到嬴政口中东并六国之事，这才想起自己此行的目的，连忙说道：

“大王，韩非愿再为大王言及东并六国之事，不知大王可否愿意听。”

“但得先生之言，本王必当洗耳恭听。”说着，嬴政又坐回了位子上。窗外偷窥的眼睛又悄悄出现了。

“大王，非为韩国人，韩国以藩臣之位服于大秦威仪下已经足足30多年了。吾国对外以为屏障而御齐师，对内则纳粮贡以补不足。大秦派兵东征别国，吾国也随之助阵，以至于天下诸侯都对韩国无比痛恨，但贵国却得土地而长声势，于韩却无所得。现在韩之于贵国，实际上已如同郡县。但贵国之境内、大王之臣属之中却有很多人都主张大王先剪除韩国，以之为郡县，从而东向以抗齐，这是为什么呢？而且，现在我听说赵国正在集结国内之中的所有兵力，忍当年长平坑杀之辱，号召天下之诸侯：如果再不想方设法地削弱秦国的力量，则六国必会社稷尽而宗庙毁。由此看来，赵国之西向抗秦的决心绝非一日两日了。但现在您却放弃赵国这么一个强大的隐患不去攻打，反而去毁灭已为内臣的韩国，窃以为这是非常不明智的。

“吾国乃一径寸小国，却又要经受来自于四面八方的进攻，因而长期以来总是君王受屈，臣民遭苦，始终无法得以舒展。所以吾国一直致力于加强防务，提高警惕，同时加固城池，从而希冀能够死守国土。如果大王现在领兵东进略韩，则不足一年，韩地可尽为大王国土，吾国之民也尽为大王之虏。但是，如果您取吾一小国便退兵，无疑是在说自己的力量比不上天下诸侯，那么天下必会有人来摧毁大王在韩国的兵力。倘若韩国弃大王而去，则可依傍于魏国；而赵国也很有可能背倚齐国为后援。如此一来，则韩、魏都支持赵国，再借齐国之力以成合纵之局面，从而西向抗秦，则赵国可大获其利，而大秦国大受其害。”

“如果秦国与赵国相争，那么齐国一定会心向赵国，现在贵国既弃韩秦盟约于不顾，又无意于去安抚楚、魏两国，实在是四面树敌。如果一战而不能战胜赵国，那可就太危险了。用兵之策，非在一时之好恶，而是要综观大局，作深刻的、全盘的考虑。决定秦、赵两国孰强孰弱恐怕也就在今年了，而且赵国与其余各国谋弱大秦已经不是一天两天的事了，如果靠武力征服反而为对方所败，那秦国之社稷可就危险了。您是不是真的想采取这样的策略，结果造成天下以合纵之势来对抗您呢？我希望大王能够深思熟虑，切莫草率行事，结果将本来臣服于您的韩国推到敌方阵营中去，那么您肯定会后悔的。”

说完这番话之后，韩非使劲咽了口唾沫，舔了舔嘴唇，而后又喝了口茶，颇为紧张地看着嬴政，想着自己这番话到底起没起作用。嬴政听后却不置可否，先是沉思了一会儿，既而才说道：“先生刚才这番话说得也非常有道理，奈何经略天下之事也非本王一人之愚见，我还得回去跟他们商量商量，更好地实行先生之‘内外储’之道，请先生不必着急，时间不早了，打扰先生清修，本王实在是愧疚，请先生早点休息吧，告辞。”

“与大王一席畅谈，我也觉心中无比畅快，大王乃难得英主，必能宏图大展，不过韩非之攻取策略的建议，还望大王三思，孰轻孰重，大王应该比我这一介书生更清楚。”

嬴政便起身告辞，韩非也起身恭送，这时，他忽然有了一种莫大的遗憾：若是自己的君王也能如秦王嬴政这般英武神勇，胸襟广阔，而且躬亲下士，与自己畅谈探讨一番，那该有多好啊！

对于韩非的问题，赵高、姚贾和李斯站在了同一阵营之中。赵高没有什么大本领，只靠仰人鼻息、阿谀奉承邀宠取悦于嬴政，而且又善弄权术。姚贾贪财好利，他在大梁作门监时收受过他人的贿赂，也曾将国家之财纳为已有，而这些情况韩非都一清二楚，他怕韩非把这些情况告诉嬴政，因而影响他的仕途发展。而李斯和韩非同为法家思想的倡导者，他李斯知道，自己的功利思想太浓厚，所以自己学术上的修养不如韩非。如果韩非留在咸阳受到嬴政的宠信，那么同为法家的他也就只能再到别的地方发展了，可其他的地方又有哪一处地方能比秦国更合人意呢？

出于共同的利益，这三个正在秦国走红的人物走到了一起。他们的才能各有长短，可以取此补彼，所以虽然他们都是奸诈之辈，善弄权术，但他们之间却不存在什么利益矛盾。在他们的心目中，若想继续保持自己现在的荣宠地位，那么出路只有两条：一、韩非出秦，再回到韩国；二、杀死韩非。第一条他们觉得已经不太可能了，因为嬴政已经意识到韩非是一个不可多得的人才。以他的性格，这样的人即使不为其所用，他也不会将他拱手让给别人的。所以，他们的选择只有一个——杀死韩非，一了百了。当然，他们绝不会自己动手，他们要让爱才的嬴政亲手杀死这个贤才。

李斯府第。赵高、姚贾和李斯坐于书房之内，正在密谋着如何让嬴政疏远韩非，失去对他的兴趣，继而猜忌韩非并最终将其杀死。

经过一番周密的讨论，他们终于商量出了一个周密的计划，相信定能使韩非最终命丧嬴政之手。计议已定，三个人击掌相庆，都得意地笑了起来。

忽然，门外传来了“哗啦”一声响动。

“谁？”

喝问声中，李斯已经迅速地冲到了门边，一下子拉开了门。门外站着一名面色有些苍白但容颜俏丽的少妇。

“李斯，你好大的胆子，竟然做出这样欺上瞒下，奸诈阴险的事情！”

少妇指着李斯的头义正词严地骂了一句。李斯没有申辩，而是退回了屋中，他怕被别人听到。这位容颜俏丽的少妇正是他的侍妾巧儿，也就是在当年献贞洁于嬴政之后又嫁与李斯为妾的巧儿。因为她是嬴政所赐，而且又性情刚烈，所以李斯对她也颇为惧怕。此时，她已为李斯育有二子。

“巧儿，你小点儿声，让别人听到了我可就全完了！”李斯伸手关上屋门，急急地对巧儿说道。

“怕什么，你敢做为什么不敢承认？李斯，大王对你恩宠有加，赐你荣华富贵，没想到你却这样忘恩负义，自私自利，残杀异己，不肯让大王得到这样的一个有治国平天下之能的贤才！”巧儿一边义愤填膺地说着，一边又冲着屋中的赵高和姚贾大声地怒叱道，“赵高，姚贾，大王都给你们富贵荣华，你们就应该尽人臣之分，好好地辅佐大王，可你们又是怎么做的呢！你们对得起天地良心吗？不行，我得去告诉大王！”

说着，巧儿果真愤愤然地向门口冲去，李斯大惊失色，下意识地挡在了她的面前，双手抓住了她的胳膊。

“巧儿，你疯了，你若是告诉了大王，我们可就都完了，连咱们的孩子也会性命不保的，我求求你啦！”

“如果巧儿一死能为大秦保住一个世间难觅的贤才，那我虽死而无憾！而你们这群自私自利，只顾贪图富贵的奸诈小人，便是再死十次八次也对大秦没有一点儿损失！你放手，我要出去，放手！”

两个人就在门边激烈地争执着。巧儿想要出去，而李斯却死也不肯让她出去。他知道，如果自己现在拦不住巧儿，那么以后就永远没有机会了。依嬴政的脾气，只要他知道他们这三个人的密谋，那么他们三个人一定会身首异处的，到时候什么荣华富贵也都没有意义了。

但是，巧儿的性情又是如此刚烈，无论他怎样乞求，怎样对其动之以情，晓之以理，巧儿就是执意不肯。虽然她已经侍伴李斯多年，但她的心中仍旧对嬴政怀有一丝旧情，仍旧会时不时地想起嬴政粗暴地占有她的那一次。在她看来，这是一种甜蜜，一种享受，因为她把自己的初夜交给了自己心仪的伟大的男人。她猛地大喊起来，她希望仆人们能够听到她的喊声赶来，到时李斯自然会放开手的。但是她刚张开嘴喊了一声，李斯的手已经扼住了她的咽喉。随即，她便猛觉后心一阵锐痛，便软软地扑倒在地上，慢慢地闭上了眼睛，停止了呼吸。

李斯本来也只想吓唬巧儿一下，以渡过眼前的危机，却不想巧儿如此的不禁折腾，直吓得他双手发抖，心惊肉跳。然而他却忽然看见巧儿的身下有鲜血汩汩地流出来，他这才知道杀死巧儿的并非是自己。

他一抬头，正好发现姚贾将长剑慢慢地插入剑鞘之中，那剑尖上犹自往下滴着鲜血，其脸上则满是暴戾狠毒之色。

“姚贾，你简直害死我了，这件事要是让大王知道了，我定难逃一死，你可要知道，她是大王亲自赐予我的侍妾！”李斯惊恐万状地向姚贾叫道。

“难道让她跑出去告诉大王我们就能活命了吗？杀了她我们还有机会，如果让她活下去那我们就都玩完了！”姚贾还剑入鞘，恶狠狠地说道。刚才正是他拔出腰下佩剑，从后面一剑刺死了巧儿。他知道，李斯胆小而且手软，只能他下手解脱他们这三个人了。

李斯听到姚贾这么一说，也慢慢地安静下来。是啊，姚贾说得没错，要是密谋的事情让巧儿说了出去，自己照样会难逃一死。除非自己能够封住巧儿的这张嘴，可是也许只有置其于死地才是缄封其口的最好办法。

他跑到门边，偷偷往外看了看，并没什么人。仆人们早就被他都给打发到一边去了，没有他的召唤谁也不许过来。

而后，他又返回到当屋，却正好看见巧儿的眼光怨恨地瞪着他。他不禁被吓得一颤，连忙伏到巧儿身边，将其死而不瞑的双眼合上，嘴里轻轻地对巧儿说道：“巧儿，如果你泉下有知，你可别怪我，我也是出于无奈啊，咱们的儿子我一定会将其抚养成人，让他们获得功名利禄的。”

而后，他询问赵、姚二人该如何处置眼前的事。赵高低头沉思半天，忽然眉开眼笑，兴奋地叫道：“嘿，简直是天助我三人也！我想起一个办法来。咱们的目的不就是对付韩非吗，正好可以借此机会顺利地实施我们的计划。”

说着，他低声地将自己的计划耳语给李斯和姚贾。而后，三个人便散去了。

第十一章 韩非遭杀害 献计杀李牧

这日，韩非正在房中翻阅简册，突然有家仆来报说李斯请自己到府中一叙。虽不喜热闹场景，但是好意又不敢推辞再加上李斯与自己又是同窗，只好随那李斯家的奴仆前去。

当韩非步入李斯的屋中的时候，不禁心中一乐，果然如那家人所说，美酒佳肴，而且只有李斯一人在桌边。李斯眼见韩非如约前来，连忙起身相迎，寒暄之后，二人分座落下。李斯斥退了所有的家人，而后对韩非说道：

"韩兄，你来到秦国多日，我只是在你初来之时设过一顿便宴为你接风洗尘，以后一直想再尽地主之谊，然而却总是公务缠身，有心无力，今日终于落得个清闲，所以便邀兄长过府一叙，品尝美酒佳肴，共叙当年同窗之谊，小弟已经备下美酒数坛，咱们今天就来个不醉不休！"

说着，他笑着指了指自己与韩非的脚下。韩非低头一看，不禁哑然：原来自己与李斯的脚下都摆着好几坛酒。他也不禁一阵豪气盈胸，拱手对李斯说道："兄长果真知道愚弟心意，愚弟一生所好唯在两种：一为高人著述，二为杯中之物。想必此坛之中必是难得佳酿，如不饮个酩酊大醉，岂不有负兄长雅意吗！"

说着，他弯手从地上拿起一小坛酒，拍击泥封，只觉一阵异香扑鼻，让人顿时产生一种饮之而后快的冲动。而李斯这时也拿起一坛酒放在桌上。二人仰天大笑，而后将手中酒坛轻轻一碰，便以坛代杯，咕咚咕咚地对着酒坛猛喝起来，竟连桌上的菜肴都懒得去吃了。

二人一边举坛畅饮，一边回想着当年同窗学艺时的一些趣事。说到痛快之时，二人一齐仰天长啸或是捧腹大笑；说到忧伤之时，二人又都是唉声叹气，一脸愁苦。桌上的菜肴没有被吃掉多少，地上的空酒坛却越来越多。

不知不觉之中，韩非已喝得醉眼惺忪，舌根发硬。李斯的嘴角却浮现出一丝让人不易觉察的冷笑，只见他对韩非说道：

"兄长，我记得当年我们于荆楚同门习艺之时，也常常饮酒而乐，那时兄长常常会舞剑助兴，终至酒酣而醉，不知今日兄长能否再为小弟舞剑以助兴？"

"不行，不行！"韩非一只手抓着酒坛子，一只手不停地在李斯的面前来回摇晃着，"我……我记得当年每逢我舞剑助兴之时，总有那位名叫卓的兄长鼓瑟击缶而歌。而今既无瑟无缶，又无歌声，让我怎么舞剑啊！"

"啊，原来兄长所虑的是这个问题啊，这好办啊，小弟虽然粗于音律，而且又五音不全，但此时却有无数的酒坛，小弟便为兄长击坛为乐，助兄舞剑之兴如何？"

“好，击坛为乐，谁人能听到过，取剑来！”

说着，韩非将手中的坛子猛地往桌上一墩，而后站起身来。李斯赶紧从墙上将剑给韩非取来。韩非仗剑在手，移步出桌，而后便在屋中空地上舞起剑来。而李斯也将地上的空坛拿到桌上，举箸击坛，为韩非奏起乐来。

屋内一时之间剑光翻飞，而韩非虽然酒意已酣，脚步轻浮，但却一意于剑上，倒也颇有一番剑侠风范。李斯一边为其击坛以乐，一边不住地为其呐喊叫好。韩非也是越舞越带劲，屋中竟隐隐有了一种风雷奔放之声。舞到得意处，韩非却又奔到桌边，拿起酒坛畅饮一番，又大叫一声，回到屋中央，又将手中之剑舞得酣畅淋漓，蔚为壮景。

忽然，韩非的剑势有些迟缓滞涩，李斯见了非但不以为意，反而笑了起来。他得意地看着执剑而舞的韩非，忽然叫了一声“倒”，再看韩非，却已慢慢地卧倒在地上，那剑却依旧紧紧攥在手中。

李斯见状，连忙打开门，叫进来两名身强力壮的家人，命他们将韩非连人带剑抬到他的书房之中，而后又将酒宴残席完全不变样子地撤到书房之中，一切工作做完，李斯才让两名家人离去，而且告诉他们对谁都不能将所见到的事情说出去。两个人点头答应，这才转身而去。李斯目送二人远去，而后关上书房的门，回到屋中，伸手将一边地上放着的一张大席子揭开，席子底下盖着的正是惨死的巧儿的尸体。一阵扑鼻的血腥气中，李斯不觉流出了几滴眼泪。毕竟巧儿陪伴他多年，而且一直对他忠贞不渝，就是在他被逐的时候，巧儿也决意要跟随着他。但现在，她却因他李斯而死了。

韩非伏在他身后的地上，鼾声阵阵，依旧是长剑在手。李斯猛一狠心，将手中的席子扔到屋外的树荫之下，而后又将韩非拉到巧儿的身边，将其手中的剑上蘸了一点儿血，又将一些血弄到了韩非的身上。

将这一切伪装作好之后，他才打开门，径向咸阳宫而去。跑了几步，忽又觉得不对劲，于是又回到屋中，抓住韩非的手，用其手中的长剑在自己的胳膊和大腿上各刺一剑，而后才又忍着疼痛，一任鲜血直淌，又向咸阳宫奔去。

咸阳宫中，就在李斯宴请韩非的同时，上卿姚贾也来到宫中见嬴政。

嬴政正在宫中冥想韩非对他的保韩取赵的建议的可行性，一见姚贾到来，不禁心中大喜。因为他知道姚贾不但心思缜密，能言善辩，而且对时局形势也有自己独到的见解。既然他来，正好可以听听他对这个问题的意见。

姚贾装作仔细聆听着嬴政的话，其实赵高早已把韩非对秦王嬴政说的话都告诉了他。即使嬴政不说，他心里也知道嬴政要问的是什么问题。听完嬴政的话后，姚贾故作深沉地思考了一会儿，而后开口对嬴政说道：

“不知大王对此事有何意见？”

“本王也觉得此计尚需考虑一下，虽然赵国之强为本王绝大心患，但韩国居吾国后，本王只怕去捉鸣蝉，身后却有黄雀之忧啊！”

“大王所虑和微臣所想不谋而合，不论大王是否独爱韩非之才，请恕微臣一片忠心，直言之罪。现在韩国于我大秦国，就像是腠理之疾。别看韩国表示愿为吾国的藩臣，但如果到了关键时刻，韩国不但会靠不住，而且还会成为吾国之心腹大患。韩国弱小，而且其君王无弘国之志愿，其臣属又无意辅弼君王成就大业，反而屡屡蛊惑其君王玩弄奸诈诡计。现在如果大王攻赵而让其苟活下去，韩国就会在各国之间耍奸使诈，从中渔利。楚、齐、燕、赵诸国都曾做过合纵之师的中坚力量，而韩国却在这些大国之前向吾国献媚邀地未为纯善。现在，韩非受韩王驱遣，来到大王面前，力劝大王采纳保韩而取赵之策，赵强而韩弱，则其目的就是为了削弱吾国的实力，延缓我们东并天下的步伐。反之，如果我们先取韩而后攻赵，则不但可以无后顾之忧，而且可以借韩地增强我们的力量。

"当然，赵国不是不能去攻取，而是要选择一个合适的时间，制定一个稳妥的策略。起码，微臣以为现在就不是进攻赵国的好时机。如果大王采纳了韩非的建议，不但因攻取赵国不下而遭诸侯取笑，而且还会让别人乘我们新败之际觊觎我们的国土，那么大王东并六国而取天下的宏伟蓝图什么时候才能实现啊？大王求贤若渴，天下英才亦起而影从，但微臣却怕大王只认其才而中了韩非的阴谋诡计，无法体察其险恶用心，那样就会使大业荒废，国力衰弱，望大王慎思之。韩非之策，粗看似为屈节而为臣，以求自保于大国之间，实际上却还是鼓动我们去以孤军攻赵，而交天下之兵，终至秦日衰而韩日盛。其居心叵测，望大王仔细体察。"

嬴政因对韩非的"法""势""术"之三位一体的学说以及中央集权国家的观点非常感兴趣，所以对姚贾的话还半信半疑，有些犹豫地问道：

"韩非乃一难得的辅政贤才，他作为韩使来求与我国议和，其情尚有可谅之处。现在本王招韩非至幕下，尊其高位而用其策，我想他一定会感念朕之知遇之恩，必当忠贞以报，辅佐本王完成统一大业。"

"大王，也许这只是您的一厢情愿而已，"姚贾给嬴政当头泼了一瓢冷水，"韩非此来，以其著述思想取悦于大王，因而得以近大王身侧，最后才提出其弱秦而壮韩的诡计，由此已可见他心思之奸诈。若非如此，其为韩使，一旦见到大王，必先言求和之事。当年水工郑国来我秦国，亦曾言之凿凿地说修渠将大有利于统一天下之大业，谁知其中竟包藏祸心，虽有渠在，其最终目的却仍旧是耗我资财，弱我国力，从而阻遏我东进大计。虽最后渠成且造万里沃野，恐怕也非其最初之愿。郑国与韩非同为韩人，其诡诈取巧的伎俩由来已久，我们能不对其慎重对待吗？"

"韩非不为其君所用，一腔宏愿不得伸展，而本王若将其擢而用之，他必能背叛其国，辅助于我，一扫心头之阴霾。何况，爱卿与李斯不也同为异国之人，可现在不也一样忠心耿耿地追随于本王左右吗？"嬴政对于韩非仍不死心。

"大王此言差矣！"姚贾赶紧说道，"臣与李长史虽为客卿，但我二人出身卑微，不用于本国君王，幸得大王垂怜，委我二人高位，我二人当然尽孝忠心于王前，以使大王得逞并天下之大志。而韩非就决然不同了，他是韩国的世族公子，与韩王安乃是宗兄弟之亲，纵使韩王安弃其不用，但他们二人仍是同宗，韩国既亡，则其宗庙祖宗亦毁。所以他才卑身西行，以其雄辩邀宠于大王，外忠实而内奸诈，一旦面临成败存亡之大关头，他势必会背叛大王！”

听了姚贾的一席话，嬴政真的无比的犹豫起来一想想韩非的话，觉得很有道理；再想想姚贾的话，也同样很有道理。一时之间，他也不知道该取谁舍谁了。

姚贾在下面偷偷察言观色，眼见嬴政已陷左右两难境地，知道自己已经把嬴政说得动了心，自己只需再趁热打一下铁，则事情就行了。于是他连忙又说道：

“大王，容臣再奏，臣于魏国大梁作门监之时曾因得罪权贵而遭人诬陷收受他人贿赂，微臣这才西趋入大王帐下，幸得大王垂爱，任臣为上卿，北行往赵，贿其宠臣郭开，终使其王迁不起用老将廉颇，所以我军一路得胜。虽然后来又出了一个李牧，实乃不意之事。这证明尉缭所谋、李长史所订而由微臣所行的离间之策是很有效果的。现在顿弱业已携金银财宝再次北上以贿郭开，设法离间赵王迁与李牧之间的关系，相信不日即可成功。大王若无法确定韩非之是否心向大王，可以邀之一叙，问及微臣之事以及我们的离间之策，他必然会对微臣大加诋毁，而且还会对离间之策多以攻诘。因为他的最终目的还是谋弱我大秦啊！”

嬴政听完姚贾的话之后，终于点了点头，却依旧有些不情愿地说道：

“本王也正有心试一试韩非是否真的心向于本王，你所提的这个方法正好可以用上一下，如果他真的决意辅佐本王以成大业，那么本王自会虚位以待；如果他对本王耍奸使诈，那么他也不用再回韩国去了！”

姚贾心中一阵得意，他明白嬴政所说的不用再回到韩国去了是什么意思。嬴政就是这种性格，如果他得不到的东西，他也不会让别人得到的。

正在这时，忽然门外跑进一名内侍，急急地对嬴政说道：“启禀大王，长史李斯在外面哭着说要见您。”

嬴政一听李斯哭了，不禁“扑哧”一下笑了起来，而且还边笑边对姚贾说道：

“当年本王诏发逐客之令也没听到李斯哭过，怎么这次却哭了起来了，真是有趣。”

说完之后，他连忙命那名内侍让李斯进来。姚贾也和嬴政一样嬉笑着，但他心里却更是笑得大开其怀：李斯，真难为你了，你装得还倒真像那么回事！

内侍出去不多久，门外果然传来了一阵哭声。紧接着便看见李斯两眼红肿，泪流满面地走了进来。见到嬴政，跪倒施礼，哭倒是不哭了，只是脸上泪痕依稀，悲伤依然。

“李斯，你今天这是怎么啦？哭哭啼啼的，成何体统？若是让别人看见，岂不会笑话我大秦无大国之尊严吗？”嬴政虽然见到李斯哭觉得很有趣，但他就是不喜欢会哭的男人，所以便出言呵斥道。

“大王，请大王宽恕微臣失仪之罪，微臣突遭大悲伤，无法忍耐，这才哭出声来。”

“你有什么大悲伤啊？”

“微臣不敢说。”

“你有什么不敢说的？”

“微臣怕大王失了一位贤良之臣。”

“哼，如果这位贤良只知一意为逆，那么，本王又要他何用？你快说！”

“是，大王，您可还记得巧儿吗？”

“巧儿？”嬴政猛听巧儿的名字，愣了一下，但随即就想了起来，“巧儿不就是本王赐你的妾吗？她原本是本王的侍女，聪明可爱，而且性情刚烈，不知她对你怎样？”

“大王，微臣感谢大王恩赐如此佳人于我，而且巧儿对微臣也可说是关怀备至，忠贞不贰，又为微臣诞下二子，若非如此，微臣又怎会为其一死而感到如此悲伤呢？”

“什么？巧儿死了！你快说，她是怎么死的？”虽然嬴政对于巧儿并没有太深的感情，但他却对当初巧儿将其少女贞洁奉献于自己而大为感动，而且巧儿还曾亲口说过她爱他。同时，巧儿奉他多年，所以他对巧儿较其他的宫女还是有着更多的关注的。

“是，大王，事情是这样的：今天，微臣在家中设下便宴，邀韩非过府一坐，饮酒为乐，再叙当年同窗之谊，为图清静雅致，微臣并未叫其他人，而是只叫了巧儿作陪，奉茶斟酒。谁知那韩非人面兽心，一去之时便对巧儿言语轻薄，伸手动脚，微臣念其与我同窗一场，并未责怪于他。谁想他竟变本加厉，酒至半酣之时，忽然搂住巧儿，强作亲吻，欲对巧儿强行玷污非礼，微臣上去阻拦，他竟拔出墙上长剑，刺伤微臣，而巧儿贞节刚烈，执意不从，他竟狠心刺死了巧儿，可怜巧儿一腔柔情蜜意伴我多年，却落得个如此下场，请大王为微臣做主啊！”

“那韩非现在何处？”嬴政刚才听了姚贾的话后已对韩非心生不满，如今又听闻韩非如此的行为不端，大为震怒，连忙向李斯问道。

“那恶贼杀了巧儿之后，并未再去杀微臣，而是又于桌前畅饮，微臣这才带伤逃了出来，或许那恶贼此刻还在微臣府中。”

嬴政这才注意到李斯臂上及腿上仍在流血的伤口，连忙叫御医上来为其包扎治伤，李斯却一把将御医推开，而后对嬴政言辞切切地说道：“大王，微臣之爱妾已被韩非那淫贼所杀，微臣只想抓住这贼人为巧儿报仇，些许小伤又算得了什么！”

他终究也是没让御医包扎。嬴政也为李斯对巧儿的一腔真心而大为感动，连忙带着李斯、姚贾赶奔李斯的府第。半路之上，正好碰上赵高，于是连同赵高也一同去。

转瞬间，众人已到李斯的书房之外，门口左右仍由那两名壮实的家人看守。

李斯走到门前，装模作样地听了听屋里的动静，而后猛地推开了屋门。

一股浓烈的酒气和血腥气顿时扑面而来。李斯、赵高和姚贾等三人护卫着嬴政进了屋。屋中一片狼藉，巧儿蜷卧在血泊之中，显然是早已死去多时了；韩非仗剑卧在她的尸体的附近，样子极为不雅。巧儿身上的衣服非常凌乱，有的地方甚至已经露出了雪白的体肤——这当然都是李斯加工的结果。

嬴政一见这情景大为恼火，命姚贾取来一瓢凉水兜头浇下，而姚贾却随后又躲到了屋外。韩非正酒醉沉睡，忽然被这凉水一激，猛地打了一个冷战，一下子坐了起来，他并没有看见自己身边的尸体，只看到了在他面前怒目肃立的嬴政，连忙跪倒磕头道：

"韩非一时酒后乱性，做出这等失礼之事，请大王原谅！"

"好，你既承认失礼就好！"嬴政咬牙切齿地说道："韩非，本王问你一个问题，如果回答得好，本王或许会饶过你的罪过。本王问你，你对本王之上卿姚贾以及他携带金银珠宝四处游说行间一事有何看法？"

韩非被临头浇了一瓢凉水，刚刚醒过来又面临嬴政这样的一个问题，根本就没有往其他的方面想，随口答道：

"启奏大王，姚贾品行不端，其在大梁为门监之时曾收受别人的贿赂，既而东窗事发，他便又跑到赵国，却故态复萌，又遭驱逐。及至于贵国，他才见用于大王，不过此人喜追蝇逐利，贪赃枉法，恐怕难为辅政治国之良臣。至于让其携金游说诸侯，以行离间，他必然也会因私而忘公，假公济私，将其手中财宝谋利于个人，中饱私囊，导致全盘计划落空。窃以为任用姚贾以及让姚贾携资财以游说诸侯的策略都是不合适的。"嬴政一听，韩非所说的与姚贾所说完全一致，前有姚贾之言先入为主，嬴政自然便认定韩非一意不让秦国强盛壮大起来。其实他哪里知道，韩非生性忠诚笃厚，说话不喜欢掩掩藏藏，拐弯抹角，而他又不喜欢姚贾的品行，遂据实以告，谁知却恰好跌入了姚贾预先设好的圈套之中。

嬴政一见如此良才非但不愿为己所用，而且还想方设法地谋弱秦国，其心头恶念顿起，大手一挥，对赵高吩咐道：

"将此居心叵测、品行不端的贼人韩非押入云阳监狱，听候本王发落！"

韩非一听自己要被无缘无故地收入监囚之中，心中大为惶急，竟跃起身来要对嬴政申辩，却不知手中还攥着一柄长剑，正好像是要刺杀嬴政一般。

"鼠辈怎敢如此无礼！"

嬴政脚步后错之中，赵高和姚贾已大喝一声，猱身而上，先将韩非打翻在地，而后绑了起来。嬴政又恨恨地看了看地上的韩非，愤愤然拂袖而去。

三个奸人相视一笑，其得意之色溢于言表，连忙遣人将韩非送入云阳监狱，严加看管。

数日之后，三人唯恐嬴政又动了爱才之心，饶恕韩非的罪过，让其再伴身边，那么不但前功尽弃，自己还有可能被牵连进去。所以买通狱卒，矫嬴政之命赐毒药予韩非，令其自尽。在此之前，三人已命狱卒对韩非百般虐待侮辱，使其身心俱已疲累，而今他又见最赏识自己的人又赐药让自己自尽，不禁悲从心来，天下之大竟无一人肯让自己才尽而死，不如了此残生，以脱世间囹圄，只借著述传喻警诫后人。热泪涟涟之中，韩非百般怨愁地服药自尽。孤灯为伴，长夜难眠。其身死之时，身侧尚有翻阅未完的先代著述以及他未竟的文章。这位法家学说之集大成者，这位以文思敏捷、文字恣肆、立论精深的文坛巨匠，终竟英年早逝于云阳监狱之中。

韩非死后，狱卒将消息报告李斯，李斯便上呈嬴政，说韩非畏罪而死，又将一份事先请人模仿韩非笔迹的伪造罪已悔过的竹简交给嬴政，嬴政展之阅读，见上面写的就是衔命谋弱强秦之诈以及酒后杀巧儿之罪，另外还有他出使于魏，以求韩、魏联合而抗秦的经过。嬴政看后将其扔在一边，不觉感叹道：

“韩非满腹才学，足可堪治国辅政大任，奈何竟又如此冥顽不化，一意向于弱韩，不愿为我所用，此乃天意不让我拥有韩非之才！也罢，死就死了吧，命人将其厚葬，将其一干著述都拿来交与本王翻阅。”

李斯连忙遵令而行，怡然而去。

其后，嬴政命内史腾以韩王安派韩非入咸阳以弱秦之罪责兴兵攻韩，韩王安大为恐慌，求救于魏楚又得不到两国的救兵，为了能够再当几天的安乐君王，连忙将南阳等将近自己国土半数的地方献给秦国，而且自请为藩臣，向秦国俯首。嬴政见不费一兵一卒的力气就能夺得韩国几近半数的土地，好不高兴，知道韩王安再也不会闹出什么意外来，不如让他在那小片土地上再苟活几年，便下令不再用兵攻韩，而令内史腾暂代南阳假守，负责东向对魏、楚的防守。也是在这一年，嬴政决定为自己营造一个恢弘壮大、富丽豪华的陵墓，最后定骊山及此山周围数里为骊邑，开始选址并集全国的能工巧匠为自己修建陵墓。当然，他的主要目标却还是身边的强敌——赵国。

赵国的国都邯郸。

李牧的出现及其英武才智无疑是赵国人的福音。在遭受了一连串的面对秦军的惨败之后，赵军终于在李牧的率领下击溃秦军，杀其卒20万，就连其大将桓齮后来也丧命于赵军之手。赵军获得了久违的胜利，成功地把已经逼近其都城邯郸的秦军击溃了。胜利的喜悦使得人心惶惶的邯郸城又恢复了其繁荣的旧貌。不但赵王迁可以继续在其宫廷之中宴舞玩乐，通宵达旦，而且其臣民们也又可以自由地买卖经营，而不用担心明天的出路在何处了。

然而，就在他们正喜乐无忧地过着自己悠然自得的生活的同时，邯郸城南的一所空置的大宅子被人以高价购置了。而且，转眼之间，这个破旧的宅子便被粉饰一新，成群的僮仆出出进进，热闹非凡。不少人都在猜测着这家主人的身份，都对这家主人充满了神秘感。但不久，这种神秘感便消失了，原来这家的主人是一个商人，一个家资殷富的商人。他所做买卖都不是蝇头小利，而是大量的购入再批发。产自于各国的宝物或奇珍都能从他那里以很低的价格批发过来，而后再销售渔利。很短的时间之内，人们便都知道了邯郸城来了这么一个能带给人财富的人，而且知道了他的名字叫顿弱。除了商人之外，许多赵国的达官显贵也都知道了顿弱的名字，因为无论他们需要什么，只要告诉顿弱，顿弱一定会给他们一个满意的交代，而且价钱还低得惊人。

邯郸城西郭开的府第。

郭开是赵王迁身前的宠臣，有说一不二的权威，而且此人又极善于得财取利，结党营私，收受贿赂，因此他的府第也修建得极为豪华。不但占地极广，而且雕梁画栋，亭榭阁台，极尽奢华。这一天，他正坐在府中喝茶，忽然有一名家人来报说城南商人顿弱求见。郭开听后一阵疑惑，自言自语道：

"顿弱，我怎么没有听说过这个名字啊，他来见我有什么事？"

"哎呀，老爷，您这几天是没有出去过，您要是出去转上一圈，您就肯定会听见有多少人谈论顿弱了。顿弱是个大商人，最近在城内声名鹊起，连许多王孙贵族都请他给自己买东西，不但难不住他，而且价格还非常低。"家人自作聪明地说道。

听了家人的话之后，郭开心里不禁一动。他正好有个宝贝女儿要出嫁，这几天正哭闹纠缠着跟她要嫁妆呢，而且她要求自己的嫁妆不但要昂贵，还要世上罕有，要把所有女人的嫁妆都比下去。这可难为了郭开。钱他有的是，花多少都不会心疼，但世上罕有的这个要求却着实把他给难住了。虽然官员们贿赂给他的东西之中不乏稀奇珍贵的东西，但却又都不适合做嫁妆。在赵国，除了赵王迁，就是宠臣郭开，从来没有哪一个大臣敢得罪郭开，但他对自己的这个女儿却束手无策。

既然这顿弱有如此神通，何不让他来为自己排忧解难呢？

家人去不多时，便把顿弱给领了进来。郭开一见对方生得也是其貌不扬，中等个头，不过眼光精亮，透出一股聪明劲。顿弱知道郭开的胃口不小，连忙从袖中将自己这次带来的礼物的礼单呈给郭开，小声地说道：

"小商顿弱，初次拜见相国大人，无以为敬，小小礼物请大人笑纳。"

郭开展开礼单一看，不禁也暗地里吸了一口凉气：虽然自己家资数万，而且也收受别人的礼物无数，但看到像顿弱送的这一份礼物一样贵重的却还是平生第一次。礼单上所列东西不但大多是奇珍异宝，而且件件价值连城。普通人根本连想都不敢想。将礼单看完之后，郭开并没有收起来。他虽然爱财，但他也知道财宝务要取之有名。顿弱和自己素昧平生，今天却好像一下子从地底下钻出来似的来到自己的府中，而且一下子就要送给自己这么多的金银财宝，岂不是有些奇怪吗？

他淡淡地笑了一下，将礼单放在他与顿弱之间的桌子上，沉吟片刻之后说道：

"俗话说无功不受禄，我与先生初次相识，这份大礼实在不敢接受。"

"大人，又有一句俗话叫无事不登三宝殿，今日小人奉礼物而来，目的就是想向大人表达在下殷勤结交之意。"

“郭某乃一文弱书生，手无缚鸡之力，又无累世之财，为何先生要与我结交呢？”

“大人，小商世代经营，求的是财源广进，今初到邯郸，人生地不熟，只想找个庇护之所，也省得被阴险小人及市井流民欺诈。大人权重朝中，而且性情豪爽，小商这才冒昧前来，请大人收纳小商为门生，求得大人一丝阴凉以避骄阳，他日若得富贵，定不忘大人栽培庇护之功，些许小礼，不成敬意，权当小商拜师之资。”

郭开见顿弱所需不过如此，这才放心笑着将礼单收入怀中。顿弱见自己的初步目的已经达到，当下也不再深谈。二人又坐了一会儿，郭开便将自己目前所急尽数告诉了顿弱，央求顿弱代为筹办。顿弱正愁没有机会再与郭开深交，忙一口答应下来，并且连忙回去办理郭开所交给他的事情。

其实这些事情也无需他去办理。邯郸城中早已密布了秦朝的细作眼线，有的甚至在邯郸城里也混得有了一些模样。顿弱将所要买的东西及要求告诉这些人，自己就回到府中耐心地等待去了。

10 天之后，夕阳西下。

在人们的惊诧之中，无数奇异珍贵的东西运进了郭开的府中。顿弱已经按郭开的要求将其女的嫁妆购买完毕。郭开偷偷地叫其宝贝女儿将这些东西一一过目，其女立即喜得欢呼雀跃，笑得合不拢嘴。因为这些嫁妆不但符合了她的昂贵的要求，而且大都是赵国罕有的东西。有宛地的宝簪玉石，西蜀的画饰，东阿的绸绢和衣服以及江水南北的金、锡制品，甚至还有南越产的东西。

一见宝贝女儿如此高兴满足，郭开心中一块石头落地，自然也大为高兴，当下留功臣顿弱在府中坐宴。顿弱绝口不提嫁妆所花费的钱财，郭开虽然也拿出钱来欲交顿弱，但顿弱却执意拒绝，说这些东西权当送给郭开之女出嫁的礼物。郭开将那些东西粗略估计了一下，所花费的财用比 30 日顿弱送给自己的东西差逊不了多少。郭开心知肚明，知道对方如此煞费苦心无非是看中了自己在朝中的权势，也不点破，心中却也十分认可其诚意与出手的豪爽，席间竟让自己那个将要出嫁的女儿出来为顿弱斟酒。顿弱极善言辞，牙尖舌利，而且出语幽默诙谐，妙语连珠，直把郭开这个娇蛮成性的宝贝女儿逗得花枝乱颤，美笑嫣然。这一下子更把郭开给捧得开怀大笑。

酒席散后，郭开退去一干下人，坐下来与顿弱闲聊。顿弱瞅准机会问郭开道：

“大人，请恕学生直言，敢问相国大人近况如何？”

“啊，近日吾国武安君连克秦虏，收复失地无数，外患基本已经平定，朝野之内也一片安宁祥和气象，大王心情舒泰，整日笑容满面，我也就清闲下来了，要不然还得上安大王心绪，下选良将御敌，实在是太累了，现在终于可以歇一会儿了。”郭开心情非常舒畅地说道。“大人，学生却并非这么认为，学生以为大人清闲消歇之日，也必是祸患隐伏之日。”顿弱脸色郑重地说道。“此话怎讲？”郭开听后虽觉突然,却仍然非常紧张地问道。“请问大人因何得以有今日之势?”“承蒙大王垂爱,让我伴于大王左右,居高位,享富贵,历经二十余年,这才有今日之势。”郭开老老实实,却也有些洋洋自得地说道。

“大人,正因为如此,学生才说大人清闲之日,也就是大人祸患隐伏之日。”顿弱双眼直视着郭开,而后紧接着又说道:“昔日赵国外无忧患,歌舞升平,大人能和赵王同享富贵,实在是大人的努力之功。但是,现在已不是往昔,秦兵临境,赵军一路惨败,幸而李牧率军外御,连战连捷,而今国内又是一片歌舞升平,但赵王却未必会再将恩宠施于大人之身。大人身居相国数年,虽日日陪伴赵王左右,但在对抗秦军犯境的事情上却一直束手无策,没有什么军功;反观李牧,原只为戍守北疆的一员偏将,一朝调至军前,军功至伟而被赵王封为武安君,可以说是一步登天。现在不但赵王对其宠信有加,倚其为国家之栋梁柱石,而且举国以内的人民都对他歌功颂德,希望他能长久为赵国缔造边境平安。大人数十年之心血反倒不及一个赳赳武夫的数日之功,大人难道没有意识到自己的危险吗?”

郭开听后不禁脸一红,他本来就是靠邀宠媚上、察言观色才取得赵王迁宠信的。若说他有半点治世经略、辅弼君主的能力,那都是抬举了他。顿弱的话让他有些汗颜,但却也老老实实地说道:

“当今各路诸侯纷争不断,正是武将们上阵杀敌,建功立业的大好机会,我乃一手无缚鸡之力的文臣,只懂得帮助君王治书理政,自然无法跟他们相比,只求能保此高位,荣享一世富贵我也就心满意足了。”

“学生只怕这仅仅是大人的一厢情愿啊!当今局势,秦势强而六国弱,秦欲东并六国以统一天下,六国国君希望御强敌于境外而自保,所以七国诸侯需要的都是文武兼具的全才,文能治国安邦,武能上阵却敌。现在赵国虽然取得暂时的平安,但强秦之敌仍然陈兵境外,虎视眈眈,所以赵王所需者仍在勇武者,昔年的管仲、乐毅以及当今的廉颇、王翦都是通过智谋勇毅进身朝堂,继而取得显赫的地位的。而今,李牧运用其智慧与勇力连克强秦之兵,成为公认的赵国的中流砥柱,已然位封武安君,相信不久即可再得高位。相国,辅弼国政之才也。而今大人外无军功,内无宠信,只怕这相国的位置已是朝不保夕,转眼就会落入李牧的手里啊!”

“那……那依你之见,我该怎么办?”郭开被顿弱的话吓出了一身冷汗,战战兢兢地问道。

“杀掉李牧!”顿弱斩钉截铁地说道。

“什么,杀掉李牧?”郭开被吓得瞪大了眼睛,一下子站了起来,愣愣地说道,“你不是在说笑话吧,李牧刚刚战胜了秦兵,军功显著,大王如今倚他为国家柱石,就差去前敌亲自慰问他一番了,何况他又是文武全才,我又怎么杀得了他?”

“大人,如今形势已然这样,你不杀他,他却会势压于你,孰轻孰重,大人应该心知肚明吧!”顿弱冷冷地看着郭开,心里却在窃笑对方的软弱胆怯。

“如果我真的让赵王杀了李牧，那么赵国再无一良将能够抵御秦军的进攻，赵国举境国土必将迅速沦丧于秦虏之手。到时我纵然重得大王宠幸，然而却已身为亡国之臣，那还有什么用呢？”

“大人，学生听闻赵国大将赵葱与颜聚亦颇有将才，不知大人与他们私交如何？”其实对于赵葱和颜聚与郭开的关系，顿弱早就已经摸得一清二楚，所以才这样问郭开。

“不瞒你说，赵葱和颜聚有今日之地位，多半都是我提拔擢用，算起来他们也是我的门生呢！”

“大人有此两位得意门生，却又为何发愁李牧死后没有御秦的大将可用呢？”顿弱在极力为郭开出谋划策。

“那我如何才能杀得了那个李牧啊？总不能我亲自操刀上前线去杀掉李牧吧？”郭开此时早已是晕头转向了。

“大人，杀鸡焉用屠牛之刀，欲成大事者，必能因人之力，大人既想长保富贵荣华而杀掉李牧这个人，那为什么不去借助能够赐予大人荣华富贵的人呢？”

“你是说借助大王的力量把李牧除掉吗？这不太可能吧！李牧现在可是当今大王常享安乐君王之位的重要保证啊！”

“当然会啦！功高而震主，大人一定听到过这句话吧。如今李牧高功，风头已盖过名将廉颇，何况他又远在前线，赵王又一心想当自己的安乐君王，他自会惧怕别人篡夺自己的位子，而最有可能，也最有能篡其位的人就是武安君李牧。大人日日伴于大王左右，众口铄金，积毁而销骨，大人应该能做到的。到时大人永享大王的宠信与荣华，可别忘了学生啊！”“你放心吧，我若除掉李牧，永享荣华，一定不会忘记你的！”

第十二章　李牧被除去　血洗邯郸城

在顿弱的授意与指导下，郭开为了一己私利，为了能够解除掉李牧这个强大的政治对手，从而使自己永保高位，他便时不时地在赵王的耳边说一些李牧的坏话，而且说的都是关于功高震主之类的话。他又数次援引历史上武将功高而占去君王之位的例子，于是赵王也渐渐地对李牧产生了一些怀疑，但却仍旧不肯撤掉李牧的帅位，因为他也知道现在李牧的存在对于他的作用。虽然郭开也经常有意无意地提到赵葱和颜聚的名字，但却有不少大臣反对赵葱和颜聚，而且赵王迁也知道，相比于李牧，赵葱和颜聚还差得多。

不过也就在这个时候，一场突如其来的大变故帮了郭开一个大忙，或者也可以说是帮了秦国一个大忙。

秦王政十七年（公元前230年），赵国发生了地震，都城邯郸及其方圆百里的地方受灾最重，不少的房屋都倒塌了，就连赵王迁所住的王宫也被震塌了不少的房子，而被毁得最厉害的房子正好是赵王迁的母亲——赵太后所居住的安春宫。赵王迁虽无什么雄心大志，而且生性怯懦，但却对他的母亲格外孝顺。地震过后，他立即决定为自己的母亲重修安春宫，而且要修得比以前的更豪华，更高大雄壮。

郭开一见便知有机可乘，连忙从赵国国内召集了无数的能工巧匠，而且对赵王迁说自己能找到建筑宫殿的上佳木材。赵王迁听后非常高兴，忙拨给他大笔重款去购买木材。其实郭开又能去哪里买这些木材呢？得到赵王的命令及钱财之后，郭开连忙去找顿弱。顿弱一听便知道了他的来意，作势想了想才说道：

“大人，学生听说楚国境内有一种杉木，不但树木长得绝高，而且树干笔直，木质极为坚实，是修建宫殿绝佳材料，不知大人意下如何？”

“既有如此木材，那可是再好不过了，但是楚国地处偏远，而且其国君又很少与北地诸侯交往，只怕这杉木买不到啊！”

“大人放心，学生只是一介商人，从不过问天下之事，只要有钱可赚，什么买卖我都做，大人只管把木材按时交给大王就行了。”

郭开听后顿时眉开眼笑，把赵王交给他买木材的钱交给顿弱，顿弱却只取了其中的一少部分，剩下的都给了郭开，郭开眼见自己凭空又赚了这么多钱，更是高兴得忘乎所以，而后回府静等顿弱的好消息。

廿余天之后，顿弱未等仆人通报便直冲入郭开的府中。郭开正在院中品茗赏花，眼见顿弱一路疾奔而来，还以为木材已经买到，连忙起身相问。

“大人，坏了，坏了，木材来不了啦！”顿弱一脸的惶急，看见郭开，远远地便大叫起来。

郭开一听此言，心里面“咯噔”一下子凉了半截，却又不死心地问顿弱道：

“你快说说是怎么回事，咱们看看是不是还有补救的措施，大王这两天也一直催问我木材的事呢！”

“大人，不可能了，一点补救的办法都没有了，但有办法，也不会难住我的，我实在是无能为力了，因为我根本无法和军队对抗。”

“什么，和军队对抗？和谁的军队对抗？”

“李牧率领的赵军！”

“李牧的赵军？这不可能，他怎么敢阻拦大王要的木材呢？”

“我要是没有亲身经历，我也不相信，但他确实是阻拦了，而且不但拦了，还将那些木材都给用了。”

“什么？都给用了！你快告诉我，这是怎么回事！”郭开真的有些急了，因为他早已在赵王面前夸下了海口。

“大人，学生这次出去购买木材可以说是功亏于一篑。学生在楚地买好木材，雇好人工之后，连连打通楚、魏、秦的三道关卡，虽然是费了九牛二虎之力，但总算将木材运进了赵国境内，可谁想到木材在赵境之内被李牧及其所率的军队给拦住了。开始他说学生雇的那些人都是楚国的奸细，把那些人都赶跑了，而后便说军前修筑城墙急需木材，便强行将那些木材拉走，锯断劈开，作了修墙筑城之用。我与那李牧争执半天，竟被他给抓了起来，我是瞅了个空子才跑回来的。”

“李牧这个恶贼，坏了我的好事，难道你没有对他说这些木材是给太后修建安春宫的吗？”

“说了，我怎么会不说呢，但那李牧听后不但不以为意，反而还颇为蛮横地说如今秦兵犯境，边关吃紧，无数将士流血沙场，而城防工事又不坚固，赵王却还有心思大兴土木，实在是太不懂为人君之道了。而且，据学生所知，李牧现在在军中收买人心，培植自己的亲信力量，并且与秦将王翦、杨端和密谋，由秦军助他杀回邯郸，废掉赵王，推他为赵国君王，事成之后，他奉赵国的半壁江山于秦。”

“这个贼子，赵王对他不薄，没想到他却野心昭彰，竟要弑君以自立，而且还要引狼入室，割土以安。无耻！卑鄙！我这就赶奔宫中，禀奏赵王，杀他九族！”

“大人且莫着急，再听学生几句，那李牧现在虽然还未与秦军密谋妥帖，但他却掌握着大量军队，大人入宫面陈赵王，赵王如一怒之下派人去杀他，岂不是逼得他拥兵而反，到时不但杀不了他，反而会引起大乱。”

“那该怎么办啊？”

“大人自去宫中对大王尽陈详情，大王也必怒而欲遣人赐死李牧，到时大人就可以告诉大王要按策略行事，以防李牧拥兵而反，便说北疆再遭匈奴进犯，赵人已被杀戮无数，令李牧将军权交给赵葱和颜聚，前去北境抗击匈奴的进犯，一俟其离开军前，便立即将其诛杀，则大人的后患也就被除掉了。”

“好计，好计！”

郭开连连赞道，而后急急赶往王宫去见赵王迁。见到赵王迁之后，郭开添油加醋地将顿弱讲的话对赵王又说了一遍，赵王听后顿时便怒火中烧，呵斥李牧以怨报德，竟欲作乱臣贼子，即刻按照郭开的建议派遣数名宫中侍卫前往军前传旨并伺机杀掉李牧。

其实，顿弱说的完全是子虚乌有，他虽然真的从楚国买来了上佳的杉木，而且在进入赵境之后也确实被李牧率人拦住，但顿弱却只说这些木材是给郭开修建别墅准备的，而且说如果谁敢阻拦，郭开定会让其得不到安宁的。李牧本来就看不惯郭开那套趋炎附势，仰人鼻息的小人伎俩，而今又见其不顾战事紧急和人民死活而大兴土木，心中更是反感，当场便将那些木材扣下留作修筑城防之用。但他绝对没有想到，这会为自己招来杀身之祸。

当赵王迁派遣的宫中侍卫到达前线之时，李牧正在率领兵士修筑城防以防备秦军新的进攻。在侍者传令之后，他虽然感到很意外，因为他在北境之时已经打得匈奴人溃败狂逃近百里，不太可能这么快又卷土重来的，但他知道匈奴兵凶悍好战，一般人根本对付不了，无奈只得把军权交给了只知空谈军事，毫无实际作战能力的赵葱和颜聚，只率几名亲随赶往北境抗击匈奴。谁知刚离军前不远，那数名宫中侍卫突然发难，将李牧以及他的几名亲随都杀死了。可怜这一代名帅，还没有更好地施展自己的抱负就死在了自己人的手中。李牧一死，赵国也就再无良将了。

远在邯郸的郭开听到李牧被杀的消息以后，感到万分高兴，自觉从此以后再也没有人会和自己争夺赵王的宠信，威胁到他的相国地位了。他连忙去找顿弱，想把这个好消息告诉顿弱。而且，他也知道，如果没有顿弱，他是意识不到自己的地位已经处在了别人的威胁之中的，他也更不可能如此轻易地杀掉李牧。同时，他觉得自己应该让顿弱放弃他的生意，专门到自己的府中做宾客。

但是，当他赶到城南顿弱的住所的时候，顿弱早已经人去房空，询问其邻人，也没有一个人知道。问及曾被雇用在其府中做仆人的人，也都不知其所终。顿弱就这么神秘地来到邯郸又极其神秘地在邯郸消失了。

几乎与此同时，驻守在南阳的内史腾在嬴政授意之下，以韩国曾派兵与魏、赵攻打过秦国为由，率兵向龟缩在仅存的一点土地上的韩王安进攻，一举攻战了韩国全境，将韩王安掳至咸阳，把韩国的领土置为颍川郡，东向魏，而南向楚。

身在咸阳的嬴政得知赵王迁已经怒杀李牧，不禁仰天大笑。因为他也知道，赵国能抗强秦的将领也就只有一个李牧。有李牧在，赵军还可算强大，可以一时抵挡秦军的进攻；李牧一死，赵军便再不足惧，秦军也就可以长驱直入了。

当下，嬴政重赏了迂回归来的顿弱，而后便命令在赵国边境驻扎的秦军展开对赵军的全面进攻，他已经等不及了。但丞相王绾却谏言阻止，他对嬴政说道：

“大王，微臣乃一文官，素不懂军事，若有失言之处，请大王恕罪。臣窃以为现在还不宜展开对赵国的全面进攻，原因有三：其一，内史腾刚刚兴兵尽取韩地为颍川郡，但其地仍为不安定因素，当慢慢消纳吸收，以之为巩固的后防；其二，李牧虽然新亡，然其治军颇严，而且深得将士拥戴，李牧亡死，其将士定然有大悲哀，两军交战，哀兵必胜；其三，赵国刚遭地动之灾，我国河东诸地也被殃及，民有灾苦，而且此地正好是我国与赵国相交之地，应对灾民善加抚慰，如果贸然兴兵伐赵，说不定会搞得人心浮动的。请大王三思。”嬴政听了王绾的话后沉思良久，也觉得颇有道理，而尉缭和冯去疾及李斯等人也建议暂缓攻赵，嬴政才有些惋惜地收回了全面进攻赵国的命令，而后命王绾与冯去疾二人去河东地区抚慰地动灾民。

其余大臣都告辞退出之后，嬴政开始想自己的愿望终于要达成了，韩国现在已经被自己所灭，下一个目标就该是赵国了。

他永远也不会忘记赵国的，因为赵国不但长期以来一直与大秦进行强硬的对抗，而且本王还在那里受到无数的屈辱和痛苦，嬴政发誓要加倍偿还赵国。

他的双眼之中充满了让人震慑的怒火，直直地注视着前方，他的双拳也紧紧地攥着，手背上的青筋暴起，好像一只发怒的狮子似的，准备随时将胆敢叛逆他的人撕咬个粉身碎骨。赵高一直站在他的旁边，他也不直接去面对嬴政发怒的表情，嬴政身上所具有的那种几乎是与生俱来的暴虐、残忍和乖戾常常会使他莫名其妙的心惊胆寒。也许，他也害怕不知哪一天，他自己会成为秦王嬴政暴虐和残忍的牺牲品。但是，他不会离开咸阳，离开秦王嬴政，他要待在嬴政的身边，而且会一直待下去，他喜欢待在嬴政身边的这种挑战的刺激，虽然稍有不慎就有可能死在嬴政的辣手之下，但他却喜欢感受嬴政的野心勃勃和唯我独尊的傲气。

“大王，我想您的愿望马上就要得到实现了。现在李牧已经被赵王迁给杀死了，赵国再也没有什么良将与我们对抗了，只要大王一声令下，赵军肯定会望风而逃的，到那个时候，您想怎么样就怎么样。”

“哼，到时候，本王一定要让他们尝尝欺侮本王的报应！”

说完，嬴政大踏步前行而去。赵高却迟疑了一下，还在琢磨着，如果真的哪一天攻破了邯郸，他该用什么方法去折磨那些嬴政痛恨的人，从而使嬴政开心。

甘泉宫。赵姬独居于此，虽然也有不少的宫女内侍服侍其身旁，但他们之间没有任何共同的语言，赵姬便像是被幽禁于此似的。虽然她被嬴政从雍城迎回甘泉宫，但对于她来说，这两个地方没有什么区别，只是一个在咸阳，一个在先秦旧都罢了。

嬴政很少来看她，虽然他们母子之间的感情曾经是那么的和谐，那么的真挚，但自从嫪毐为乱以及吕不韦被罢相之后，她就很难再看到自己儿子的身影了。嬴政不愿意见到她，而她更觉得没有什么兴趣去见嬴政。虽然她觉得自己与吕不韦和嫪毐私通影响了嬴政的尊严而且也伤了他的心，但嬴政的狠毒和残暴更使她这个做母亲的无法释怀，无法再心无芥蒂地完全原谅嬴政。只有在她生辰之时，嬴政才会装模作样地来到她这里且待上一段时间，但他们之间并没有多少话可说。即使待在一起，他们也都觉得十分尴尬。倒是她的那个可爱的王孙扶苏时常来看望她，给她以安慰和幸福。而且，她也不希望扶苏长大后成为嬴政那样的人。当然，从现在的扶苏身上，她看不到一丝嬴政的影子。扶苏善良、懂礼、柔弱，而且喜欢读儒学著作，喜好孔孟之道。扶苏现在的太傅是蒙毅，大将蒙武的次子，虽然年纪不大，但却饱读诗书，通晓经纶大义，于治政之道也颇有心得，所以嬴政才指他为扶苏的太傅。

赵姬已经很久没有见到嬴政，以至于宫女进来告诉她嬴政前来探望她的时候，她都几乎不相信自己的耳朵。她已经无法再下地去接受儿子的跪拜了，因为她已经卧病在床20多天了。当然，她患病的事情嬴政并不知道，因为他基本上不过问赵姬的情况。

当嬴政走进母后的卧室之中的时候，他不禁惊呆了：他几乎不敢相信床上躺着的老女人便是自己当初那个雍容华贵，神采奕奕的母亲。此时的赵姬不但头发白了大半部分，脸上也爬满皱纹，早无昔日的貌美如画，娇艳迷人了。而且由于病痛的折磨以及长期寂寞之苦的纠缠，她看起来形容枯槁，几乎就像死人一般。嬴政不觉心中一动，坐到母亲的床前，用一种久违了的怜爱与关切的目光看着躺在病榻上的母亲。他知道，母亲留在这个世界上的时间恐怕不是太多了。那么，母亲还有什么遗憾吗？

"母后，儿臣就要下令大军进攻赵国，相信不日就能攻下邯郸，当年我们在邯郸所受的屈辱和痛苦儿臣会加倍还给那些可恶的赵国人的！"嬴政咬牙切齿地说着。他以为赵姬的心中也一定会怀着和他一样的痛苦和仇恨，也想一雪当年所遭受的耻辱。赵姬眼看是不行了，他要代母亲完成这个愿望。他认为这也许是他在母亲的有生之年为母亲做的最后一件，也是让母亲最高兴的一件事情。但是，赵姬的回答却令他大失所望。

"政儿，当年我们在邯郸是受了不少的苦难，但赵人其实也有自己的苦处，谁会平白无故地去欺负别人呢？得饶人处且饶人，算了吧，你将来是要做统一天下的君王的。他们还会成为你的臣民呢！我都早已经忘了这些事了，你也把它忘了吧！"赵姬在病床上，睁着无神的眼睛，直直地看着床前的儿子，轻声地规劝着他。

"不！你会忘记那些仇恨，可儿臣我绝对不会忘记的！子都就是死在他们的手上的，我要让他们血债血偿，我要让那些可恶的邯郸人都知道，当年那个被他们任意宰割欺凌的赵政如今已经成了手握大秦王权的一国之君了，我要让他们为自己过去做的错事而忏悔，而且要让他们受到应有的惩罚！"嬴政对于赵姬的劝告非但听不进去，反而觉得母亲太过善良，太容易忘记自己心中的仇恨了。

赵姬有些无奈地看着自己的儿子。在他的身上，她依稀地看到了昔年吕不韦的影子，而且嬴政比吕不韦有过之而无不及。她也不知道为什么自己儿子心里会有那么强烈的仇恨，有那么强烈的复仇欲望。她以为事情过了这么多年，嬴政早已经将那些不愉快的事情忘记了。可现在看来，他非但没有忘记，反而越来越强烈了。

她想起了自己过去的一些荒唐事。与吕不韦在甘泉宫中偷偷摸摸地翻云覆雨，与嫪毐在这张大床上恣意淫乐，甚至和嫪毐如私奔一般跑到大郑宫去生孩子，她甚至允许嫪毐去夺自己儿子的王位。是啊，自己不也太荒唐了吗？自古以来，又有哪一个母仪天下的王后、太后会像自己这样放浪不羁呢？自己是一个旧规矩的叛逆者，自己的儿子为什么又不能成为传统的叛逆者呢？虽然她知道自己的儿子身上有着太强烈、太旺盛的怒火，但她也无法去劝慰疏导。

“政儿，为娘知道你心中的怒火，为娘也无法再劝你，你已经不是一个孩子了，做事也应该有自己的分寸了，天下之事你自己看着办吧。无论到什么时候，你都应该记住，自己是一个叱咤风云的君王，而不是一个只知道复仇的叛逆者！”

“母后，你就放心吧，无论怎么样，儿臣对自己做过的事都从来不会感到后悔的。”嬴政的回答一如既往的毅然决然。是的，没有人能够改变他的心目中已经确认的东西，除非让他死掉。但此时此刻，能够杀掉他或是有胆量杀他的人又有几个呢？

经过将近一年的休整和积极筹措准备，秦王政十八年，嬴政终于下达了全面进攻赵国的命令。王翦领兵从西线进攻赵国，杨端和屯兵黄河边，从南线进攻赵国，直逼其都城邯郸。代替李牧将兵的赵葱和颜聚根本就没有多少实战经验，一经交手，二人都战败身死。赵军一路溃败，而秦兵则一路挺进。仅仅一个多月的时间，王翦便攻取了大部分的赵国土地，而杨端和则领兵围困邯郸城。消息传到咸阳，嬴政立即携赵高前往邯郸，他要履践自己当初离开邯郸时发的毒誓。

很快的，老将王翦也攻占了赵国的其他地方，兵进邯郸，与杨端和一道围困邯郸城，使邯郸成了一座孤死之城。但是，强大的，一路势如破竹的秦军却在邯郸城下遭受了挫折。邯郸城中的兵将及百姓在公子嘉的率领下拼命抵抗。秦军的兵临城下非但没有使他们弃城而降，反而激起了他们誓死的决心。虽然王翦和杨端和为了在督阵的嬴政面前露脸，亲自率兵对邯郸城展开轮番进攻，但城头之上的赵人拼死以守，而且邯郸城墙及城门都牢不可破，秦军竟也一时无可奈何。不过嬴政这次并没有着急，他也没有去责怪王翦和杨端和将兵不利，而是每天都气定神闲地坐在后方观看秦军对邯郸城的进攻。他知道，邯郸城内的人已如瓮中之鳖，邯郸城肯定是自己的了。现在他反而倒爱看这种上下拼杀的惨烈的激战场面了。既然肯定是自己的了，他倒希望邯郸城内的赵国人再多坚持几天，他要慢慢地折磨城内的这些人，活活把他们都累死、饿死。他命令赵高告诉前方的王翦和杨端和，利用秦军兵力上的绝对优势，把秦军分为好几批，分批攻城，不分昼夜。他要让城头上敢于公开抵抗他的大军的赵国军民永远也得不到休息的机会。

就在秦、赵两军在城头之上激战的时候，赵国的一国之主赵王迁却躲在深宫之中唉声叹气，大叹末日即将到来。本来他怕李牧功高震主，威胁到自己的地位，所以下令诛杀了李牧，却实在没有想到，李牧一死，秦军竟然就如此轻易，如此快速地兵临邯郸城下，快得让他都无法决定自己去留何从。求救的书信早已发出去了，但却都如泥牛入海，没有一国肯派兵来援救他。平原君早死，赵国昔日那种振臂一呼，从者无数的威风早已经不复存在了。

赵王迁惶急如丧家之犬，不过他的身边却还有两个宠臣郭开和韩仓陪伴着他。韩仓在诛杀李牧的过程中也起到了不小的作用，因为他和郭开本来就是沆瀣一气，他也怕李牧得宠之后会使他失去赵王迁的宠信。此刻，并非他们决心一直忠于赵王迁，实在是因为他们不敢回到自己的府第。几乎全赵国的人们都知道是他们二人谗言害死李牧的，他们怕出这个王宫，怕出去就会被愤怒的邯郸人给撕碎。邯郸人乃至赵国人都恨死他们二人了，他们本来是希望杀掉李牧之后更好地得到和保持赵王迁给予他们的宠幸，但现在，能够给予他们宠幸的赵王迁被困孤城，快连自己的国家都保不住了，他们还要这宠幸有什么用。虽然他们待在赵王迁的身边，但他们却在飞快地思索着下一步的出路。

“都怪你们两个人，非得对本王进谏说李牧兵权甚重，终究会夺了本王的天下，让本王杀了李牧。现在可好，李牧一死，赵葱和颜聚那两个笨蛋转眼就让秦兵给杀死了，你们说，现在该怎么办?”赵王迁责备着两个人，言语之中，怨气甚重。

“大王，您可别忘了，不管怎么样，下令杀死李牧的可还是大王您啊!”韩仓正在思考着退路，听到赵王迁的埋怨，极不客气地冷冷地回敬过去。

“你……你，若是本王身边没有你这样一无是处，却又只知邀宠媚上，仰我鼻息的奸佞小人屡进谗言，本王又……又怎么会错手杀了李牧将军呢!”赵王迁的话语里气恨交加，锋头直指韩仓。也许正如他所说，如果他不杀掉李牧，他可能还会多作两年的赵王。但现在却悔之晚矣。

“哼，”韩仓听完赵王迁的话后冷哼一声，眼瞅着赵王迁说道：“大王，明君主下无谗臣，我韩仓如果是奸佞小人，那大王您就是一个昏聩无能的君王。”

“你，你敢出口不逊，忤逆本王，本王先杀了你再说，来人呐，将这个胆敢冲撞本王的奸佞小人推出去砍了。”赵王迁用手指着韩仓，气急败坏，暴跳如雷地大叫道。

然而，他的命令已经叫出去半天，却并无一名侍卫上前来将韩仓带下去。赵王迁四处看了看，不知什么时候，偌大的一个屋子中只剩下他们三个人了。宫里的人有的上了城头去抵御秦兵的进攻，有的则收拾东西给自己找出路了，哪里还会有人来听从赵王迁的命令呢？赵王迁眼见自己如今是众叛亲离，不禁恨恨地骂了一声，忽然又看到韩仓那张带着冷笑的、阴险不驯的脸，又一阵怒火中烧,便要自己亲力亲为。但他看了看韩仓那肥胖宽大的身子,又瞧了瞧自己瘦小枯干的身体,便是自己亲自上阵,恐怕也不是韩仓的对手。赵王迁思前想后,想不到自己这一国君王竟然沦落到如此凄惨的地步,不禁又长长地叹了口气,重重地坐回到王座之上。

"好了,好了,大王,韩大人,现在你们就不要再起争执了,如今秦军兵临城下,昼夜不停地攻城,如果你们再争下去,恐怕我们就命丧敌手了。"郭开见状连忙打圆场。

赵王迁一听此言,顿时便像泄了气的皮球似的,又疲软下去,而韩仓也重新陷入了敛眉沉思之中。

"大王,现在秦军兵临城下,邯郸城早晚是守不住了,您想怎么办啊?"郭开询问赵王迁道。

"嗯……嗯,本王又何尝不知道邯郸城肯定守不住呢,可本王又有什么办法啊!现在赵嘉正率人死守邯郸城,而本王却待在这深宫之中惶惶不可终日,这一国之君还有什么用啊!本王……本王决定将王位让与赵嘉,而后独坐后宫,赵国是存是亡就由赵嘉去拼吧!"赵王迁咬着牙说。看来他真的是万念俱灰了,否则又怎么会将自己曾死抓着不放的王位让给公子嘉呢?

"大王,万万不可,万万不可啊!"

郭开和韩仓一听赵王迁要把王位让给公子嘉,都惊得站了起来,几乎是异口同声地大叫道。

"为什么万万不可啊?其实这王位本来就是公子嘉的,只因先王宠爱我的母后,这才将时为太子的公子嘉废掉,改立我为太子,现在我把王位传给他也是天经地义的事情,这有什么不合适的呢?"

"大王,公子嘉被大王您夺去王位,所以对大王早就怀恨在心,现在虽然大王仁德高尚地将王位传给他,他却未必会以德报德,说不定还会一朝大权在握而杀了大王您啊!再者,邯郸已是孤城一座,赵嘉再能坚守,也只不过是再多坚持几天而已,于大王又有何益?到时城被攻破,秦军怒而进城,你我君臣恐怕都难逃其辱啊!"

郭开言辞激烈地对赵王迁说道。其实,他和韩仓所担心的并不是赵王迁的安危,而是自身的存亡。他们知道,公子嘉为人极有雄心抱负,而且生性刚直,平日他就对郭开及韩仓的人品和行径极为鄙视厌恶,如果赵王迁真的把王位让给公子嘉,那么公子嘉做的第一件事情恐怕就是把他们这两个总是在赵王迁身边进献谗言、陷害忠良的人杀掉。所以他们才竭力地阻止赵王迁让王位于公子嘉,而且还冠冕堂皇地把赵王迁也拉在里面。

"那你们说该怎么办吧?"赵王迁早已方寸大乱。他之所以要把王位让给公子嘉,就是想赶快从这个烂摊子里抽身出来。

"开门出城,投降秦国。"韩仓忽然开口说道。

"什么,让我投降秦国,你这不是明摆着要置本王于死地吗?"赵王迁被惊得一下子跳了起来，厉声质问韩仓。

“如果现在不投降秦国，等到城破之后我们不还是要为虏于秦吗？与其狼狈地被他们俘虏，还不如现在风风光光地出门献城而降。”韩仓并不理会赵王迁的暴怒，而是继续按照自己的思路想下去，说下去。

“是啊，大王，韩大人说得一点儿不错，现在献城以降不失为一个好主意。现在赵嘉率人奋死抵抗秦军的进攻，秦军必然因损失惨重而心中愠怒，城破之日，说不定他们会挟怨怒而大开杀戒。如果那时候大王再被他们俘虏，很可能也会沦为其刀下冤魂。再说，卫国早就献城池而降于秦国，现在不是很好吗？形势危急，请大王早做决定。”郭开也在旁边力劝赵王迁开城投降。

面对两个极善言辞机辩的大臣的轮番规劝，早已没有了主意的赵王迁犹豫了半天，终于点头同意。而后，三个人什么也不要了，他们径直出了王宫，找到三匹马，上马直奔西门而去。走到半路，三个人正好碰上一小队宫中侍卫要去西城增援，赵王迁骗他们说要出城与秦军议和，于是带着他们直奔西门，开门而去。快到秦军营中时，赵王迁忽然大为惭愧，觉得实在无脸去面见赵国的先祖们，遂单骑匹马落荒而逃，却还是在平阳被秦军抓住，作了秦国俘虏。

郭开和韩仓本以为自己投降之后会得到秦王嬴政的宽恕甚至是任用，谁知秦王嬴政早已从顿弱嘴里得知了二人的品行，而且嬴政对于他们这种败国以利己的行为极为厌恶，因此二人一到营中，嬴政便命人将他二人捆绑起来，而后杀了。至于那个形同傀儡的赵王迁，嬴政也极不喜欢他，又不便将其杀掉，便把他流放到西蜀房陵去了。

公子嘉正在城头之上率军民奋勇抵抗秦军一波一波的进攻，却听有人来报说赵王迁已率谗臣郭开与韩仓开西门投降了秦军，而大批秦军也源源不断地从西门冲进了邯郸城。公子嘉愤恨不已，知道邯郸城已经保不住了，便领着自己的数百名门客勇士，又返回后宫，将以妩媚迷惑悼襄王的王妃，赵王迁的母亲悼襄王后乱剑刺死，以泄对她误国之恨，这才又带着自己的门客勇士，杀出重重秦兵的包围，北逃代郡，在那里自立为代王，并派人联合燕王喜，共同对抗秦军。公子嘉一走，再无人能抵抗秦军，邯郸四门大开，秦军蜂拥进城，将城内残存的反抗力量一一剿灭干净，这才恭请嬴政入城。嬴政并未去赵王迁的后宫之中去搜寻美女珍宝，而是径直轻车熟路地来到了23年前他与母后赵姬以及弟弟子都住的那条街道上。经过战火的洗礼，经过了时间的推移，这条街道早已更加破败不堪，道路都坑坑洼洼，到处是乱七八糟的杂物。他信步走在这条大街上，看着道路两边依然还存记于他心中的东西。虽然不时地有人从道路两旁的窗子或门缝中偷偷地看着他，但已经没有人认识他了。

他一抬头，忽然看见了那座临街的高层小屋，随即痛苦地想起了当年子都的惨死，想起了子都临死之前看着他的那种依依不舍的眼神。若非这些赵国人，子都又怎么会死？他们一家三口又怎么会受到那么多无缘无故的殴打和欺侮呢？现在该是我嬴政拜还你们的恩赐的时候了！

打定主意之后，嬴政命令王翦和杨端和及赵高率人将这条大街两旁的所有的人都驱赶到一处。三个人都不知道嬴政这样做的目的是什么，但依旧依令而行。就在他们三人率领兵士们去驱赶那些邯郸人的时候，嬴政又叫过许多兵士，命令他们在街道尽头的空地上挖一个绝大的深坑出来。这些兵士自然不敢怠慢，一个个争先恐后地找寻工具在那空地处挖了起来。

转眼之间，大坑已经挖好了，不但很大，而且很深，被挖出来的土堆在外面，好像一座小山似的。那些在坑中挖土的兵士自己都出不了坑，只能由上面的兵士把他们拉出去。嬴政看了之后非常满意，这正是他预想之中的那个大坑。

这时，王翦与杨端和及赵高也已将嬴政昔日的邻居们都驱赶到了嬴政的面前。嬴政看了看站在自己面前的这些人，发觉里面尽是些老弱妇孺，几乎没有壮年男子。由于连年的战事，绝大多数的壮年男子都已被征召进了军队，或是战死沙场，或是成为秦军的俘虏了。当年欺辱殴打嬴政的那些人如今都已没有多少了，但这丝毫没能打消嬴政心中报复的欲望。而且，他从几个上了年纪的妇人的脸上，依稀看到了当年那些悍妇们的面目。那些人一个个用极其惊恐的眼神看着眼前的这些不速之客。

“哈哈，你们没有想到吧，你们也不知道我为什么要把你们聚集到这里吧，告诉你们，我就是当年被你们百般欺侮打骂的那个秦国人的杂种，我那时叫赵政！”嬴政大声地吼叫着，他的脸因为怒火几乎都变了形，那几名上了年纪的妇人好像若有所悟地惊声尖叫起来，却听嬴政又继续说道：“当年我们母子也像你们今日一样孤苦无依，可你们不但不同情怜惜我们，还百般的虐待侮辱谩骂。我当年就发过毒誓，有朝一日，我会加倍地偿还你们所赐给我的恩情的，现在这一天已经来临了！”

他站在那些惊恐的人面前，一个劲儿地怒气难平地叫喊着。几名妇人双手颤抖着把自己的孩子搂在怀中，也不知道等待自己的将是什么样的惩罚。

终于，嬴政说完了。他的面色通红，眼睛之中也是怒火四射。他的眼光忽然转到刚刚挖好的那个大坑上。他猛地一挥手，大声叫道：“把这些恶人全都扔到这个坑里活埋！”

人群顿时便乱了，他们都惊恐地尖叫着四散奔逃起来。他们实在没有料到眼前的嬴政会用如此狠毒的方法来报复他们。虽然那几名妇人也知道自己将要受到面前这位君王的惩罚，但却没想到等待她们的竟是被活活埋掉。跑吧，如果跑不掉就要被埋掉啦。

不但她们不相信，就连王翦和杨端和都难以置信。他们以为嬴政挖这个坑只不过是吓唬这些人一下，然而却真的成了事实。但他们知道嬴政的脾气，他决定要做的事情谁也无法阻拦，而且办事不利的人也会受到责备甚至株连。所以，虽然他们觉得嬴政这样做多少有些残忍，但仍然指挥着手下的兵士去驱赶围堵那些四散奔逃的赵人。而且，他们还让手下的兵士不要动用手中的兵刃，要让那些赵人活着被拥进或被逼进那个大坑之中。

无数的秦兵围成一圈向那些尖叫着甚至啼哭着四散奔逃的赵国人围过去，将他们不断地往那个大坑中逼，有少数意图反抗的人也被秦兵七手八脚地抓住扔进了大坑之中。那些赵人眼见逃跑无望，一个个都哀嚎甚至咒骂起来。哀嚎是那些妇人们的专利，但哀嚎过后，她们还开始咒骂起来。粗俗的、狠毒的、痛快的、响亮的咒骂声乱纷纷地传入到嬴政的耳朵里，但他丝毫不为之所动。此刻，他的心中只有几乎要爆炸的怒火。

转眼之间，那些赵人被驱赶进那个大坑之中。他们依旧不停地咒骂着，有的想再重新爬上来，有的跪下来给嬴政磕头求饶。对于这种低三下四地求饶嬴政视而不见，也许此刻这种让他们尊颜尽失的乞求饶恕还不如痛痛快快地骂上一场。那些意欲爬上来的人也绝望了，不再去耗费那份精力了，因为那个大坑实在太深了。再说，坑的周围站满了秦兵，即使他们真的爬上去，那些秦兵也会再把他们扔下来的。

王翦和杨端和领着许多兵士站在坑边，他们并没有让兵士往下扔土。他们俩都在等待着，等待嬴政回心转意，放这些赵人一马，他们大都是些老弱妇孺，这样做实在是太残忍了，他们下不了手。嬴政看着坑中的那些人，听着他们的咒骂声、啼哭声和叹息声。他满是怒火的脸上忽然浮现出一丝让人不易觉察的冷笑。没错，这就是他想看到的景象，他就是要让这些人好好地看着他，认识他。只要有人曾经侮谩过他，他就一定要加倍地偿还回去。

"往坑里面扔土，把他们都给我活埋了！"

看够了，听够了，嬴政这才大叫着命令道。

一片尘雾在大坑之中飞扬开来，底下传来一阵阵惊恐的尖叫声。王翦和杨端和一愣，往尘土飞扬的方向望去，只见赵高正执锹得意洋洋地站在坑边，刚才的那一锹土就是他率先扔进坑里的。从他的脸上，杨端和与王翦看不出一丝一毫的怜悯、痛苦或者惭愧。

"你们还愣着干什么，没有听见大王的命令吗？快点动手，把这些人都给我活埋了！谁敢得罪大王就是这样的下场！"

说着，他又执锹铲了一大锹土狠狠地扔到了坑中。也许是由于用力过猛，扔完那一锹土之后，忽然脚下一滑，一声惨叫之中，赵高一下子滑跌入了大坑之中，那锹却被抛在了上面。

底下被他的两锹土浇得尖叫不止，四散奔逃的人一见他跌了下来，顿时都呼喝着向他冲了过来，拳打脚踢手抓，一阵阵杀猪般的叫声顿时从坑底传了上来。王翦、杨端和以及那些兵士们实在没有想到刚才还颐指气使，气焰嚣张的赵高瞬息之间竟成了坑底的苦命人，一笑之际竟忘了下坑去救人。

"你们还不下去救赵高！"

嬴政大声地命令道。

立即有不少的秦国兵士跳到坑下，先驱散那些赵国人，而后七拉八拽地把赵高弄到大坑上面。

再看赵高可真的太惨了，就这么一会儿的工夫，他已经被人打得鼻青脸肿，脖子被人掐出了一圈青紫的淤痕，脸上更被抓得一个血道挨着一个血道。而且上坑之后，他仍旧站立不起来，只是用手捂着大腿根嚎叫不止，原来坑底有人踢中了他的命根子了。

嬴政一见他的狼狈样，也禁不住差点儿笑出声来，但转而他又听到了从坑底传上来的声音，他的心肠顿时又硬了起来。

“扔土，扔土，快点儿扔土，把他们都活埋！”

那些兵士再也不敢怠慢，手中工具上下翻飞，坑边的土便不停地被他们扔入到坑中。坑底的土越来越多，已经没去了那些人的脚脖子了。

开始的时候，他们的咒骂声和哭嚎声还能从坑底传上来，但慢慢地就微弱下来，细小下来，因为黄土已经渐渐地把他们埋住了。虽然他们不停地挣扎着，闪避着，但黄土还是渐渐地盖过了他们的膝盖，腰部，胸部，最终把他们的头也埋在了黄土之中。

黄土重新恢复成空地的模样，谁也看不出这底下埋着无数的毫无抵抗能力的赵国人了。只因为他们中的有些人当初曾经辱骂或殴打过赵姬母子三人，甚至是失手杀死了赵政的弟弟子都，所以他们便遭受了今日的噩运。

将这些人全部坑杀之后，嬴政这才长出了胸中积存的一大口怨气，但是他仍然感到有些不满足，因为所有的被活埋的这些人都是老弱妇孺，没有一个壮年的赵国男子。虽然他知道可能大部分的赵国壮年男子都战死沙场了，但他仍觉得这是一个遗憾。

他永远也不会忘记自己当初在邯郸时所见到的那些无耻的男人们对他的母亲赵姬的轻薄无礼和猥亵，有两名恶徒甚至差一点侮辱了赵姬。虽然他现在已经对赵姬没有了多少感情，但那些男人们的罪恶他却永远也不会忘掉，他一定要让他们为自己的过错付出代价。

处理完这些事之后，嬴政准备取道太原，体察民情。

第十三章　太原识李信 荆轲刺秦王

来到太原之后，嬴政往车外一看，竟然没有见到自己想象中无比繁华的情景，取而代之的是一片荒芜的场景。嬴政从来没有看到过这样凋零的场景，他总以为自己统治之下所到之处，必然一片繁华。

众人正要到太原城里去转上一圈，而后再出城来找船南下。忽然一名兵士颇为惊慌地尖叫一声，随即用手指着北方不远之处。嬴政顺着他手指的方向向北看去，只见不远处一片尘土飞扬，尘土仿佛被突如其来的暴风卷起来似的，一直向他们这边滚过来。

“大王，恐怕不妙，可能是那些匈奴兵来了。”刚才尖叫的那名兵士猜测着，他的脸色已经煞白了。

“大王，快看太原城那个方向，他们都怎么了？”

又有一名兵士指着太原城大声地叫了起来。嬴政回首一望，只见刚才还在太原城外活动的那群人都在撒腿往城里跑。等到人都跑进城中，连那城门也关闭了。

赵高一见，大为惊惶，连忙对嬴政说道：

“大王，说不定那些人真的是匈奴兵，咱们还是先避一避吧。”

“不，要避你去避吧，本王正想见识一下这些僻野蛮夷之人的本事呢，否则本王又怎能完成统一天下的大业！将士们，亮开阵势，迎击敌军！”嬴政本来就勇武好战，而且他又没有经历过战斗失败的教训，所以这次一见匈奴兵前来，便要摩拳擦掌，与对方争斗一番。同行的兵士一见自己的主子都如此的无所畏惧，也不便再示怯，而且自己又担护驾之任，因此都取下兵器严阵以待。不过，这些兵士中有的曾在北境抵御过匈奴兵，知道匈奴兵悍勇无比，而且尤其是马上作战，更是无法与之争衡，所以依旧心中胆怯。但转而一想，死就死吧，还能落个护驾有功的美名。

迟疑之间，那阵阵黄沙已经铺天盖地地向他们卷过来。黄尘散开，果然是无数的骠骑野汉，一个个宛如凶神恶煞一般呐喊着向嬴政他们所在的这个方向冲来。那些匈奴人卷起的黄沙，一路逶迤咆哮，让人见之便生恐慌。

“哎呀，大王，这些蛮夷看上去绝对不下两千人，而我们却只有几百人，好汉不吃眼前亏，咱们还是到太原城中避上一避吧！我们这些人受些损失甚至丢掉性命都无所谓，您要是有什么闪失，小的们就是去作刀下之鬼也无法心安啊，统一天下的大业还要由您去完成呢！”赵高连忙又对嬴政进行劝谏。

其实嬴政心里又何尝不是有点心惊胆寒呢。刚才在远处看不真切，他还以为对手只不过是小股流民，正想借机炫耀自己的勇武。谁想近处一看，对方阵势煊赫，气焰嚣张，显然是有目的的奔袭掳掠，才知道根本无法与对方对抗。但是，自己刚才已经夸下了海口，如今又临阵退缩，岂不是大失颜面。于是他便在马上犹豫观望起来。赵高一见，心知嬴政也无意与胡人争交，忙斗胆纵马来到嬴政马前，一带嬴政的马缰，直奔太原城而去。后面的那些兵士们见状也慌忙跟随。

不多久，众人便跑到了太原城下。城门紧闭，城头之上的军兵们也严阵以待，显然他们也早已领略过这些胡人的厉害。

“呔，城上的军兵听着：赶紧把城门打开，放我们进城！”赵高高声地冲着城头喊着，口气极为蛮横。

然而赵高喊过之后并没有人理会他，城头上的兵士依旧一脸平静的执戈而立，而那城门也是紧闭不开。

这一下子把赵高给惹火了，他常伴嬴政的身边，虽然官职不高，但因其颇受嬴政宠幸，所以诸多大臣也都不敢开罪他，他何曾受到过这样的怠慢。他的声音陡然提高了几分，仍旧非常蛮横地向城头叫道：

“你们都聋了吗？本官让你们打开城门，你们听见了没有，再不开城，我将你们这些无礼的死人们全都砍了！”

赵高本以为这次叫喊能够奏效，喊完了后有些得意地瞅着那黑漆漆的城门，单等那城门一开，自己就先拉上嬴政往里跑。后面的那群匈奴人越追越近，他觉得自己几乎已经能闻到胡马践踏起的尘土味了。

然而，令他颇为惊诧的是，他的话音刚落，却听“嗖”的一声，只见一只雕翎箭已经深深的插入了他马前的地上，箭尾犹自兀兀颤动不止，而他胯下的那匹战马也不禁暴叫着向后退了几步。

赵高顿时火冒三丈，谁敢如此大胆，竟连自己都不放在眼里。

他抬头向城头之上望去，只见一名将官正探头向外看着，手中拿着一张弓。还没等他开口，那将官已经冲着他高声地叫喊起来。

“呔，你们这群奸细，不用在这里装腔作势演戏了，你们的鬼伎俩早就被我们识破了，赶紧快滚，若是再在这里饶舌，这箭可就不是往地上射了，快滚，你们这些和胡人狼狈为奸的奸细！”

“什么？你敢说我们是奸细。你长了几颗脑袋，胆敢如此出口不逊，你知道我身边的这个人是谁吗？”说着，他指了指自己身边的嬴政，又撇着嘴冲着城头上的将官说道：“告诉你吧，他就是我们当今主上，还不赶紧开门，让我主进去休养。”

城头上的人听后一阵大笑，笑完之后才对赵高说道：“若是你编个其他人名，我也许会相信，可你却偏偏用吾主来欺骗我，吾主此时正在邯郸灭赵，又怎么会移尊驾于这僻野小城呢？”

“你……你叫什么名字？”赵高眼见自己怎么说对方都不相信，气急之下，开口向城头之上问道。“在下秦将李信，如果见到你们的单于，代我们大秦国向他问好，等到吾主统一六国之后定向他宣战，将你们胡人驯服于君王威仪之下，好了，你们的同伙来了，你们也该现出原形了吧！”

那名叫李信的将官说着，目光直往远处看去。赵高和嬴政等人回头一望，只见无数的胡人兵马铺天盖地而来，已经越来越近，甚至他们眉眼都能看清了。伴随着一阵阵的马蹄奔腾声而来的便是那些胡人怒叱的呼喝声。

“大王，我们该怎么办啊？”赵高心惊肉跳地问道。

嬴政一见敌势如此之大，也不敢再提迎敌之事。眼看太原城又进不去，连忙一带马缰，绕城向西疾逃而去。赵高和那些护驾的秦军也纵马直追，后面那些匈奴人则紧追不舍。

胡人能骑善射，而且马匹也都是良驹，嬴政等人虽然奋力打马狂奔，但还是被那些胡人越追越近。那些胡人一边放马叱喝着追赶，一边张弓搭箭，一路疾射。转眼之间，许多秦军已被他们射落马下，余下的人仍旧誓死守在嬴政左右，只是随着奔逃不断有人惨叫着跌翻于尘埃之中。

众人狼狈狂奔之中，猛一抬头，差一点儿没从马上栽下来。只见面前一线河水，水波荡漾，流淌不止，河面上却连一只小船也没有。稀里糊涂的，他们竟跑到了汾水边上来了。而此时后面的匈奴人已经追了上来。嬴政看了看自己的左右，只有赵高及10多个秦兵守在自己的身旁，不禁惨然一笑，难道天意注定要自己亡命于这群胡虏之手吗？

正在这时，那群匈奴兵马的阵中忽然起了一阵骚乱，继而那群胡人都掉转马头往他们的来路而去，而且还不时地传来一阵呐喊声。嬴政和赵高等人都不禁长出了一口气，坐在马上极目而望，只见一大群人马正在与那些胡人交手，为首一人正是刚才城头之上的那名将官。只见此人在敌阵之中往来冲杀，胡人挡之则亡，阻之则伤，而且越战越勇，身上虽然早已溅满鲜血，但却毫不在意。匈奴人历来民风凶悍好战，然而在这员猛将面前却尽失威风。嬴政见状，也不由得在马上连连点头赞许此人的勇猛剽悍，大喝一声，率领赵高及残存的10余名秦兵也加入了战团。

那将官奋勇争先，力拼胡虏，其手下兵士也都个个精神抖擞，与胡人拼死争斗，顿时将那些匈奴人的气焰给压了下来。胡人不断地惨叫着从马上跌落下来，转而即被杂沓的战马踩成了一团肉泥，就连匈奴人为首的将官也无法与那将官争斗。胡人见势不妙，猛地打一呼哨，幸存的胡人立即奔出战场，又卷起一路尘烟，转眼间便又呼啸而去。那将官并不率兵去追赶，而是拨马来到嬴政的马前，小心翼翼地问道：“敢问足下可是吾主？”嬴政端坐马上，面带威严，并不理会对方的问话，而是目光灼灼地注视着他，但见此人面皮白净，眉清目朗，隐隐有一股逼人英气，看上去极为年轻。一边的赵高早高声叫道：“既知大王身份，还不赶紧下马跪拜？”

那名将官听后连忙翻身下马，跪拜在嬴政的面前，而他后面的那些兵士也都一个个跳下马来，呼啦啦跪倒了一大片。那将官低头拜伏于地，恭恭敬敬地说道：

“末将李信，不知真的是大王御驾亲临，刚才在城头之上多有侮慢失礼，请大王责罚！”

“好啦，好啦，刚才赵高已经说了是本王亲临，你却为何还要拒不开门呢？”嬴政虽然恼于李信刚才的闭门拒纳，但他却又率兵杀退了匈奴兵马解救了自己，而且又见此人骁勇善战，勇武过人，心中对他也甚是喜爱，早将其侮慢之罪抛到了一边。

“不瞒大王，自太原往北一线常常遭到匈奴骑兵的侵扰，因为这群人骁勇好战，能骑善射，而且其坐骑又都是难得良驹，所以进退如风，末将等人也奈何他们不得，只能固城据守，适时给予打击。而且北域之民因受其淫威逼迫，常委身其下为细作，借机混淆视听，刚才末将还以为大王您也是他们派来的细作，所以才拒门不纳大王。末将有眼无珠，请大王降罪。”

“算了，算了，本王不怪罪你就是了，不过你的消息未免来得也太晚了吧，本王督阵攻克邯郸城已经有好几天了，你却还在这里说本王仍在进攻邯郸城，你这打探消息的人也该换换了。”

“是，是，末将回去就把他们都撤掉，不知道大王现在欲往何处？”

“本王本打算由汾水乘船下咸阳，而且还可以体察沿途民情，没想到刚到太原便身遭胡虏袭击，而且这水上又无一只渡船，若非你率兵来救，本王恐怕就要丧命于胡人之手了。”

“大王洪福齐天，威仪震天下，些许胡虏又怎会难住大王呢？不过近日汾水水流颇急，而且又多暗礁曲流，依末将之见，您还是走陆路的好，而且沿途若再有变故，也可随机应变，不知大王意下如何？”

嬴政知道李信驻守此处，对周围情况一定是颇为熟悉，既然他建议自己不要坐船，当然还是走陆路的好。李信又从自己的部属中挑选出 200 名精壮兵士沿途护卫嬴政。嬴政便要打马南行，却又忽然将李信叫住，问道：

“李信，本王且问你，你可愿意为本王建功立业？”

“末将启奏大王，李信自幼便熟读兵书，苦练武艺，目的就是有朝一日能为国出力，为大王尽忠，只是苦于太原城内兵力不足，而且那些匈奴兵又来去迅猛，末将纵然倾尽全力，也难有斩获。如今大王挥师东并六国，其势何等壮烈，可末将也只能困守这一方小城，为大王尽绵薄之力了。”

“哈，你的口气倒是不小，既然你有如此雄心壮志，那本王就成全你，不过你要是只有嘴上功夫，本王也就爱莫能助了。现在本王已经攻下赵国全境，意欲再北进雄兵扫灭燕国，现已命王翦将军领兵屯于中山，你若有心为本王建功立业，就将太原职守交与副将，去前敌投奔王翦去吧。”

“多谢大王提拔垂爱，李信定当奋勇杀敌，报效大王的知遇之恩。”

说完，李信兴冲冲带兵回太原去交卸责任，而嬴政则也直奔咸阳。一路之上，嬴政倒也体察了不少民情。虽然觉得有些地方苦了一些，但老百姓还都安定，并看不出什么连年征战的衰败气象。

不日抵达咸阳，嬴政接到了一坏一好两个消息。坏消息是他的母后赵姬在甘泉宫中溘然长逝，她终究也没能听到嬴政为她讲述邯郸复仇的快乐。她这一生可谓尽遭坎坷，出身青楼歌馆，既而从良于吕不韦，已而又带着身孕被吕不韦送给了异人作妻，而后在邯郸尽遭苦难，终于回到咸阳之后，却又不足五年便遇异人染疴而亡。春闺寂寥，长梦无人，她又偷偷地先后与吕不韦和嫪毐共效鱼水之欢。虽然她想通过自己的权势来把握住身边的男人，但身边的男人还是先后离他远去。她一生育过四子，但却仅存一子，而且几乎和她反目相向，对她也无多少感情。在这个男性主宰权柄的世界里，她注定只能是个牺牲品。

嬴政惊闻噩耗，心中也是极为难过，而且自己连母后的最后一面都没能见到。虽然他对自己的这个母亲已经没有了太深的感情，但母亲毕竟于己有一番养育之恩，而且还对自己登基为帝起过一定的作用。虽然她行为不检，先后与吕不韦和嫪毐纵乱宫闱，令自己颜面扫地，但其人已死，什么罪责都应该就此而去了。他按照国母之葬仪，将赵姬与子楚合葬一处，举国致哀。

至于那个好消息，也让他在丧母的哀痛与失落中体味到了一阵兴奋，重又振作起来。南略魏地的杨端和率兵连克魏国的垣、蒲阳以及衍氏，迫使魏王假臣服于秦国。

听到这个好消息之后，咸阳的君臣都十分高兴，商议半天，决定暂缓进军速度，让将士们好好休整一下，而后再决定是先灭掉魏，还是先灭掉燕。同时，经过四年多的登统工作，秦国境内男子的年龄统计工作基本结束，韩、赵旧地也正在抓紧时间进行此项工作。在嬴政的总体规划中，他要让全国的男子都要为一个统一富强的天下尽献一份力量。他要让自己的宏伟志愿能够尽快得以实现，当然也喜欢自己每一天的日子都过得有趣且难忘。

一个月之后，嬴政看到李斯在宫门口来回走着就问道："怎么，李斯，你有事吗？"

"大王，有事，有事，臣有急事禀奏。"

"那好，先进来再说吧。"

说着，嬴政先进了屋中，李斯次之，而赵高最后走了进来。嬴政抢步坐下，长出一口气，折腾了半天，他也觉得有些累了，

"李爱卿，你不是说有要事奏于本王吗，赶紧说吧。"

"启禀大王，微臣刚刚接到消息，说燕王喜意欲与大王议和，现在已派出使者，不曰即可抵达咸阳。"

"什么，燕王喜要与本王议和。"嬴政猛地一拍桌子，大声地叫道，好像议和之事大大激怒了他，"他凭什么与本王议和。燕国早已国势衰微，苟延残喘，而他燕王喜又胆小怕事，昏庸无能，本王40万大军已兵屯中山，只要本王一下令，立即就可以将燕国踏为齑粉，他有什么资格来跟本王谈判。"

李斯一句话也不敢说，一直等嬴政咆哮完毕，这才说道：

“大王，燕王还派人先行送来一封书函，您要不要看一下，也许这封书信会和议和有什么关系呢？”

“拿来我看看。”

李斯连忙从袖中拿出一封书信，紧走几步，交到嬴政手中，嬴政将帛书展开阅读，只见上面清清楚楚地写道：

书呈大秦君王阁下：

小王确实拜服于大王的威仪英武之下，绝不敢举兵与大王为敌，愿举国内附为大王藩民，位列诸侯，纳贡输粮，从而能够守住小王之先人宗庙。小王胆怯，未敢自陈于大王面前，谨斩下樊於期头颅，并具督亢地区防卫图，遣使拜于内庭之上，唯望其能致献小王殷勤之意，愿大王斟酌之。

“好，李斯，你去准备迎接诸侯使节的礼仪，本王答应和燕王喜谈判。”看完了燕王喜的书信之后，嬴政立即又改变了主意。

“大王，您怎么又同意他们议和的请求了呢，干脆一下子把他们灭掉不就得了吗？”赵高有些惶急地问嬴政。他很少能在朝政上插嘴，这次好不容易能说上一句，自然是不肯放过的。

“两国交戈，即使我们取胜，也势必会损失一部分兵马，何况我们还要面对齐、楚两国的抵抗，而且，督亢地区乃入燕境之咽喉，军事战略地位极其重要，但现在燕王却要把这里的防卫图交给本王，我想他再也无心与本王对抗了。失去屏障之后，取燕易如反掌，本王何乐而不为呢？传本王命令，燕使既来，则宣之进殿，本王要以朝服九宾之礼迎接他们，显示显示我大国的威严。”

其实，他之所以阅信后立即改变主意与燕国议和，督亢地区的防卫图只是一方面原因，樊於期的人头才是更为重要的原因。他根本不惧怕流血杀戮，又怎会体恤部下征伐燕国而被杀戮于沙场呢？他要的就是樊於期的人头。

在他的记忆中，自从13岁登基为秦王之后，就再也没有人忤逆或触怒过他。即使有，也都随即作了刀下之鬼，成为地府游魂了。唯有这樊於期是个例外。他不但敢于公开对抗自己的权威，而且还鼓励自己的王弟成蟜与自己对抗，更甚至将自己的母后赵姬与男人私通，纵乱宫闱的事尽数告诉了东方六国，使得这件事几乎天下尽人皆知，让自己大丢颜面，而事败之后，成蟜自刎而死，樊於期却乘机逃脱，而且还被燕国收留，成了太子丹的座上宾。他感到自己的权威和尊严在樊於期那里受到了极大的侮辱和挑衅。他发誓要把樊於期千刀万剐，而且曾发谕六国，敢有收留樊於期的定发兵击之，但樊於期却还是在燕国很好地活了下来。如今燕王喜自动呈上樊於期的人头，他怎么能不欣欣然呢？

但是，他绝对没有想到，与使者同时而来的是一个专门针对他的阴谋，一个欲置他于死地的计划。5天之后，礼宾禀报说燕国使者于次日上殿面圣，亲手呈交樊於期的人头和督亢地区的防卫图。嬴政连忙命李斯和赵高下去准备接见使者的仪式,不但要正式严肃,而且还要体现出大国的威仪阵势。

次日辰时,百官齐集于朝,礼宾侍站于殿前高声喊道:

“宣燕国使者荆轲、秦舞阳进殿面圣。”

余音袅袅,回荡不绝。殿外的广场之上是无数林立的盔甲鲜明的秦军兵士,执戈肃立,精神抖擞。阳光普照,盔甲与戈矛上都闪动着耀眼的光芒,显出一种摄人心魄的力量。

嬴政穿着只有盛礼时才肯穿的服装,端坐于王位之上,透过敞开的大殿门口,他远远地看见两个人正穿行于排列整齐的秦军行阵之中,宛如在惊涛骇浪之中颠簸穿行的小船,随时都有倾覆灭顶之灾。他非常满意地点点头,他要的就是这种效果。忽然,那些秦军勇士齐声呐喊来,那汇集起来的整齐的呐喊声,仿佛一波一波汹涌的潮水一般,在偌大的一个广场上来来回回地激荡回旋着,声势极为壮观。嬴政侧耳听了听那呐喊声,只听那声音在他的耳边汩汩地鸣响着:

“秦王勇毅,威服四方;秦王勇毅,威服四方!”

笑容在他的脸上荡漾开来,李斯和赵高的安排让他很满意。

不多时,那两名使者已经来到了大殿的门口外。典礼官的声音又响了起来:

“燕国使者荆轲、秦舞阳拜见大秦国王。”

随后,那两个人便一前一后迈步走进了大殿之中。走在前面的人长得身材挺拔,手中捧着一个匣子;走在后面的人长得身材稍瘦小一些,手中捧着一卷绢帛。二人笔直向嬴政走来。赵高悄悄地对嬴政说道:

“大王,走在前面的人叫荆轲,他手中捧的盒子里装着樊於期的人头;走在后边的人叫秦舞阳,他手中捧着的是督亢地区的防卫图。”

嬴政听到秦舞阳的名字之后,不觉心中一动,侧着头小声对赵高说道:

“本王曾经听说燕国有一个名叫秦舞阳的人,年 13 即能杀人,自此别人都不敢正眼看他,不知道是不是这个人?”

“大王,这个人究竟是不是那个秦舞阳,小人也不知道。”

“如果真的是那个秦舞阳,不知燕王喜为什么要派这样的人作使者。”

“也许燕王喜从国内找不出几个像样的胆大的人,只能用这样的野蛮武夫来充当使者了,否则他一见大王的威仪便瘫软不前,那该如何完成自己的使命啊?”

“嗯,你说得倒也不错,只是不知道这个 13 岁即能杀人的野蛮人胆量怎么样。”

说话间,荆轲和秦舞阳已经走到了中殿,再拾级而上,二人就可以进入正殿之中,与嬴政直接对面了。忽然,秦舞阳变得脸色惨白,浑身颤抖,连他那双捧着地图的手也剧烈地抖动起来。肃立于他们两边的文武大臣不禁轻声议论起来，就连高坐的嬴政都看到了秦舞阳的这种失态之处，心里不由得起了点怀疑。

与秦舞阳结伴而来的荆轲也注意到了秦舞阳这种怯懦的表现，眼光中闪出一丝让人难以觉察的焦急和气愤，但他随即对嬴政说道：

“尊敬的大王陛下，小人这名助手乃是久居蛮夷之地没有见过什么大世面的人，从未见过圣王威仪，所以害怕得全身都颤抖起来。希望大王能够允许我代替他拿着地图谒见大王，完成我们的使命。”

“好吧，你把秦舞阳手中的地图拿过来，和匣子一并交给本王。”

嬴政答应了荆轲的请求，却又小声对身边的赵高说道：

“哼，这个秦舞阳 13 岁就敢杀人，燕人自以为他神武过人，其实也不过尔尔，见了本王都浑身颤抖，连路也走不了，真是让人可发一笑，而那太子丹竟然还要统领这些胆小如厕鼠的蛮夷之民与本王争夺天下，真是以卵击石，不自量力！”

“大王神威震怖天下，四境之民哪一个不是闻风而丧胆啊！太子丹只不过是区区一井底之蛙，大王又何必将他放在心上呢！”

荆轲取得了嬴政的认可之后从秦舞阳的手上接过了督亢地区的防卫图，而秦舞阳则一下子瘫软在地上。许多文武大臣都不觉窃笑起来。荆轲则一点也不慌乱地迈步来到大殿之中，从容不迫地拜倒施礼，口中说道：

“燕国使者荆轲拜见大秦国王陛下，恭祝陛下龙体康泰，四境平安。”

“好了，贵使请起，不知贵使那匣中装的可是樊於期的人头？”

“启禀大王，匣中正是贵国叛将樊於期的人头，吾主当初收其入国中，常觉心中忐忑，此次荆轲前来出使贵国，吾主当即赐死樊於期，令我将其头颅带给大王御览，同时表达吾主对大王悔愧之意。”

“烦贵使将那匣子打开，本王在这里看一下就行了。”

荆轲闻言将匣子打开，将匣中之物面对嬴政，里面赫然是一颗人头，由于用石灰垫放，所以眉眼依旧能辨认清楚，分明便是樊於期。嬴政的心中总算舒坦了一些，这个敢于忤逆对抗自己的人已经死了，只剩下一颗毫无知觉的头颅。敢于对抗他的人，只能是自取灭亡。就是因为这个樊於期，他不但失去了王弟成蟜，而且还在其余六国的君主面前丢尽了颜面，因为是他将自己并非嬴氏正统的消息传了出去。虽然现在樊於期已经死了，但他仍然有些许遗憾，遗憾自己不能亲手杀了这个叛贼。

“来人啊，将这个叛贼的头颅悬于咸阳宫门之外，以后谁敢忤逆本王，敢于和本王对抗，下场就和这樊於期一样！”

嬴政恶狠狠地命令道。殿头官连忙过来将荆轲手中的匣子接过去，而后向殿外走去。嬴政的脸色这才稍微平静了一些，他的眼光又停留在荆轲手中的地图上。

“大王，小人手中拿的便是督亢地区的防卫图。督亢乃吾国之军事要塞，扼南北之要冲，有了此图，这片地区的防御情况即可尽收大王眼底，吾王特以此图昭示议和之诚心，请大王阅之。”

“好啊，你将地图拿上来吧！”

荆轲闻言迈步就要上台阶，赵高却出言挡住了他。而后赵高与嬴政耳语了几句，赵高即向下而来，却听嬴政又说道：

“请贵使把地图交给本王的侍卫，由他拿上来交与本王就行了。”

听了嬴政的话之后，荆轲迟疑了一下，却随即回答道：

“大王，您有所不知，此图内容烦琐，深奥难读，小人来的时候边关守将为我讲了半天我才明白，大王英明神武，当然不似小人般驽钝愚笨，不过由小人为大王讲解一下，相信大王更能将其了然于胸中。”

赵高听后回头看了一眼嬴政，嬴政却极为随便地冲他一挥手，赵高只得又退回了嬴政的身边。荆轲这才拾级而上，渐渐离嬴政越来越近，嬴政目光灼灼地注视着对方，这是一个与自己年龄相仿的而且颇有成熟魅力与风度的男人。长相俊美，棱角分明，只是脸色略显苍白，有一种病态的粗犷风范。更让嬴政叹服的是他的这份沉着冷静以及目光之中透露出来的执著。在李斯和赵高安排的如此盛大而且颇有针对性的礼仪声势中，他仍能保持着自己的风范，脚步坚定，目光笔直，比之那个13岁能够杀人的粗野的秦舞阳不知要强上多少倍。嬴政的心中不禁暗生欣羡之意：如此勇士，如能为自己所用，那岂不是天遂人愿吗？或者，待议和之事完毕，就把他留在咸阳，把那个秦舞阳赶回燕国就得了。

在他的思忖之中，荆轲已经奉图走到了他的面前，他目光直视着荆轲，荆轲双目微垂，不去直接与嬴政的目光接触，跪倒于嬴政的面前说道：“大王，小臣已经将地图奉至大王御前，恭请大王阅览。”

“好，你把地图展开，讲解给本王听听。”

荆轲闻言起身走到嬴政的面前，解去系着地图的丝绳，嬴政亲自拿着地图的一端，而荆轲则慢慢地将地图展开。嬴政目光注视着地图，果然是无比烦琐复杂，看不明白。他便静等着荆轲展图完毕后讲解给自己听。眼见地图已经到头，他忽然发现在地图的末端藏匿着一把匕首，锋芒直射他的双目，他不禁迟疑了一下：这地图之中怎么会有匕首呢？就在这一迟疑之中，荆轲已经把匕首握在手中，以迅雷不及掩耳之势将匕首抵于嬴政的胸前。嬴政的心中不禁一片惊惶，匕首上闪着幽蓝而瘆人的光芒，分明是已经淬了剧毒。而荆轲的目光这时直直地注视着嬴政，那目光之中满是复仇的怒火。一旁的赵高眼见嬴政身处险地，猛地一咬牙，奋不顾身地向荆轲扑过来，却被荆轲一脚踢翻在地。

“谁也别动，谁要动我就刺死他！”

事起仓促，谁也没有一点儿准备，大殿之上顿时一片混乱。按照秦国宫廷的规矩，上朝之时除了君王能够携带武器，其他人一律不准执兵器而入，所以都无法上前抵御荆轲。而执兵侍卫们又都远在大殿之外，根本来不及召其进来救驾。

“你为什么要这样对待本王？”嬴政极力稳住自己的心神，声音平静地问荆轲道。他知道,自己现在最需要的就是沉着冷静。既然对方并未对自己直接刺上一刀,那么或许他对自己还别有所求。

荆轲的匕首一直抵在嬴政的胸前,听到他的问话,不禁言语激昂地数落起嬴政来:

"你这个暴君,既行不仁、不义、不忠、不孝之举在前,而后又自诩为天下之王,狼子野心,急欲并吞天下而逞一己之私利,置百姓于水深火热之中,今日我荆轲受命于太子丹殿下,特来取你这独夫的性命,以解天下百姓倒悬……"

嬴政一直注视着荆轲的目光,他觉得自己的目光之中应该含有了此刻应该具有的恐慌和惊悸。他要用这种假象来迷惑荆轲,使其放松对自己的警觉。他隐隐地发觉荆轲的手在轻轻地颤抖。他知道,那绝对不是恐惧,因为他从荆轲的眼神里看不到一丝一毫的恐慌。他的这份镇定、沉者与勇敢着实让嬴政赞叹不已。但不幸的是他们现在却互为对手,而且是有生命之虞的生死对手。也许,荆轲太激动了,或者是太愤怒了,因为他听说太子丹讲述的他在咸阳时嬴政对他的种种恶行,而荆轲这一路行来,也亲眼见到了战争给人民造成的灾难,而这一切的罪魁祸首都是嬴政。但是他忘了,他现在身在咸阳宫的大殿之中,而他面前又是最不喜欢别人冒犯自己尊严的嬴政,是一个一心要并吞天下,开创一份前无古人后无来者的业绩的嬴政。嬴政也是个野心家,而不只是个暴君。

嬴政敏感地觉到了荆轲的匕首距离自己的胸前远了一点儿,这给了他一丝可乘之机。他的目光仍旧集于荆轲的脸上,让对方觉得自己已经完全被其勇气所惊骇。荆轲并没有意识到自己的匕首已经放松下来,因为他只顾愤怒地斥责对方了。

忽然,嬴政的身体猛地向后移去,他被匕首威逼的胸口立即便远离了危险。原来他趁荆轲不注意,猛然将身体向后仰去,将他自己的座位竟给靠倒了。他的人一下子向后翻过去,并且借此摆脱了荆轲匕首的挟持。荆轲猛觉有变,悚然一惊,而后挥动匕首刺了过去,却只割掉了嬴政的一只袖子。嬴政从他的手底逃脱了。

"匹夫,哪里跑!"

荆轲厉声大叫,手攥匕首,一下子跳过倾覆在地的桌案,径直向嬴政追了过去。

嬴政一下子翻倒在地,随即连忙打了个滚,从地上爬起来。抬眼看见荆轲又向自己扑过来,急忙拔脚猛跑起来。

此刻,他也知道,殿外的持兵侍卫们根本就来不及上殿来保卫自己,自己只能多多拖延时间,以求那些侍卫们能够尽快赶过来护驾。他又不敢沿着直线跑,怕荆轲用匕首投击自己的后背。他看到了匕首之上闪现的幽蓝的光芒,那肯定是见血封喉的剧毒。于是,嬴政便绕着殿中的大圆柱子跑,而荆轲也绕着大圆柱紧追不舍。

文武百官们一个个都急得手足无措。虽然有人下去呼叫侍卫上殿来抵御荆轲，但是远水解不了近渴；有人本想上去帮嬴政对付荆轲，但又心中惧怕嬴政的暴躁，既帮不上忙，又因而使嬴政身处险境或是使自己身遭不测。

嬴政在前边猛跑，而荆轲则从后面紧追，两个人像游戏一般绕着柱子转起圈来。嬴政已经被荆轲刚才的举动吓住了，虽然他通过自己的镇定而使自己暂时免于匕首临胸的危险境地，但他终究还是被荆轲的英勇无畏给惊吓震撼住了，以至于他的脚步也比平常虚弱踉跄，明显没有往日的矫健洒脱。眼看着荆轲越追越近。

“大王，拔出您的长剑，去杀死荆轲。”尉缭大声地冲着嬴政叫道。

这一声叫喊不但提醒了那些手足无措的文武大臣们，更提醒了如在梦寐之中的嬴政。他一下子清醒过来：是啊，自己可是这殿中唯一佩带兵器的人啊，而且自己这把宝剑是专门请大梁冶炼名家铸的，锋利无比。他连忙伸手去腰间拔剑，而荆轲的身形也不由得为他的这个拔剑的动作而一滞。因为他看到了嬴政腰中悬佩的是一柄五尺长剑，这比自己手中的短匕首更适合攻击敌人。如果自己追得太近了，说不定会伤于其长剑之下。

但是，嬴政的长剑实在是太长了，他一拔之下竟未能完全将剑身拔到剑鞘之外，而只是拔出了四尺余的剑身。平时，他一直以自己佩带如此长剑而自傲不已，认为这柄长剑增加了自己的王者风范，有一种震慑人心魄的力量。但现在，当自己的性命悬于人手、危在旦夕的时候，他却不能及时地拔出长剑与敌人对抗。一试失败之后，他又连忙拔了第二次，结果仍然是失败。他偷偷地向后边看了一眼，只见身形刚才有一个短暂的滞缓的荆轲又手持匕首向自己猛扑过来，吓得他又急忙跑了起来。算了，不去拔剑和荆轲对抗了，能拖延一会儿是一会儿吧，只要能挨到那些侍卫们来救驾自己就死不了啦。但是，让他愤怒不止的是那些侍卫们却迟迟不来，他的鼻边鬓角已经开始渗出微微的细汗。唉，都是这宽大的朝服和靴子弄的，要不然自己的动作又怎么会如此笨拙呢？荆轲离他又是越来越近，他几乎已经能听到荆轲迫近的脚步声了。

“大王，从背后拔剑，把剑推到背后去拔。”

不知是哪个大臣看出了嬴政长剑的尴尬，大声地冲着嬴政叫喊着。但是，嬴政一心只顾逃命，慌乱奔走之中，根本没有听清楚他说的话。其余大臣们一听也顿时猛然惊醒，顿时一齐放开喉咙大声地叫喊起来：

“大王，赶快从背后拔剑，大王，把剑推到背后去拔！”

嬴政这才听见了自己臣下的呼喊声，也顿时知道了该怎么样一下子将剑拔出来。他以前从来没有试过从背后拔剑，因为他认为只有从前面拔剑才能更好地体现出佩剑者的气势和威仪。从背后拔剑，那只是寻常武者侠客自作聪明的伎俩。但现在，为了保命，他也只能自作聪明一回了。

他笨拙地将长剑向背部上方推去，而后伸出右手到背后去拔剑。他这一拔剑，奔跑的速度明显便慢了下来。荆轲见状，不觉心中大喜。那些大臣们的叫喊声他也清清楚楚地听到了，他知道如此长剑从背后拔是最简便有效的方式，而现在嬴政也已经这样做了。如果到时嬴政长剑在手，那么被动的就将不是一直不停奔跑的嬴政，而是他荆轲了。所以绝对不会放过这个极有可能稍纵即逝的机会，这对他来说恐怕就是性命攸关的重要时刻。此时，嬴政的右手正紧紧地握着长长的剑柄。荆轲猛地一咬牙，紧紧攥住了手中的匕首，急赶几步，对着嬴政的后背刺了过去。他没有刻意去找寻嬴政的要害部位，因为他手中的匕首上涂的是见血封喉的剧毒，只要刺破嬴政的一点点皮，便是大罗神仙也是无药可救。而嬴政的背部现在就正对着荆轲的匕首，根本没有一丝逃避的欲望。

“恶徒，休伤吾主。”

眼见荆轲的匕首距离嬴政的后背只有咫尺之遥，忽然殿上传来一声暴喝，紧接着便有一个黑乎乎的东西径直向荆轲的面门飞过去。荆轲挥舞着手中的匕首猛地一削，那个黑乎乎的东西顿时被削为两半，但里面却有无数的粉末细屑洒落出来，恰好洒在了荆轲的头上，而且粉末还迷住了他的眼。原来那个黑乎乎的东西是一个大药箱，乃是御医夏无且随身之物，里面装着的是一些药剂。他眼见荆轲的匕首就要刺中嬴政，情急之中，便伸手将自己随身携带的药箱向荆轲扔了过去。未料其手法竟是无比的准确，虽然没能砸到荆轲，但药箱中的药粉却迷住了荆轲的眼睛，不但使荆轲变得身形滞涩，更重要的是为嬴政争取了宝贵的时间。

荆轲有些手忙脚乱地擦拭掉沾在自己的头发、眼眉以及睫毛上的药末，又挥动匕首向嬴政扑去。若非夏无且的这一药箱袭击，恐怕嬴政已经成为荆轲的刀下之鬼了。不过此时，嬴政已经拔出了长剑。他向前跳了一小步，而后挥剑向后砍去。而荆轲正猱身要进攻嬴政，恍惚之中，他看到一道寒光挟着一股冷风，极是凌厉强劲地直奔自己的面门而来，他也不敢直接锋芒，连忙收身向后退去，但是，嬴政佩带的是五尺长剑，而且下劈的气势又是如此的强悍凶狠，他虽然勉强地收回了上半身，却不可能全身退后，左大腿被长剑扫中，鲜血顿时从伤处狂涌而出。荆轲顿时觉得那条腿如同被重锤击中一般，根本无法挪动脚步。虽然嬴政就在他的面前，但他却不能够再前奔刺敌。

嬴政眼看荆轲被自己长剑击中，鲜血狂涌而出，心中得意至极，本想上前再刺荆轲几剑，却又不敢贸然行动。一寸短，一分险，更何况荆轲的匕首又淬了剧毒。嬴政仗剑于胸前，有些紧张地望着面前的荆轲。

突然，他看见荆轲的右臂忽然一动，嬴政心一惊，却见荆轲将手中的匕首奋力向自己掷来。因为双方距离太近，而荆轲掷得又出奇得急，所以嬴政费了很大力气而且极其狼狈地避开了那支疾飞的匕首。匕首擦着嬴政的耳边飞了过去，正好刺进嬴政身后的立柱之中，其尾部犹自嗡嗡震颤不已，可见荆轲出手力气之大。

匕首一击未中，荆轲的脸上不由地现出极其失望的神情。嬴政也知道了自己的优势：自己的手中握有五尺长剑，而对方的手中却没有任何武器，而且，更为重要的是对方那种毅然决然的勇气开始在他的脸上慢慢散去。嬴政执剑前奔,照着荆轲挥剑猛砍。荆轲虽然竭尽全力躲避,无奈拖着一条几乎不能动弹的伤腿,根本无法躲开嬴政的攻击。转眼之间,嬴政已经在他的身上又划出了大大小小七八道伤口,荆轲已如同一个血人。

荆轲退到了殿内大柱旁边,背靠在柱子上,脸色苍白,呼吸急促,已经没有力气再去闪避嬴政的攻击了。嬴政自然不肯放过这个机会,挥剑狠狠地冲着荆轲的胸前刺去。没想到荆轲竟然用手一把攥住了嬴政的长剑,嬴政的长剑停在了荆轲的胸前。嬴政又用力向前刺了一下,还是没有刺进去,鲜血开始顺着荆轲的手指缝流淌下来。

荆轲握住长剑的剑刃,心知自己必死无疑,忽然一阵放声大笑,目光直视着嬴政,那种仇恨的火焰又重新在这一刻燃烧起来,嬴政不禁心中一凛,却听荆轲厉声喝道:

"恶贼,暴君,今日我荆轲丧命于你这独夫之手,实在可叹,只恨我最初的时候没有一刀结果了你的性命,竟到了这种下场。若非我只想生擒于你,逼你退回掠得的燕国土地而且签议和罢战之约,你这个暴君恐怕早就成了我荆轲的刀下之鬼了!哈哈哈,命该如此,我纵然反悔,也是于事无补。太子殿下,荆轲未能完成你的重托,实在有负你的厚望,你对荆轲的知遇提拔之恩,荆轲只有来生再报了!"

荆轲怒斥嬴政,声音凄厉尖锐.其表情也让人震惊不已。话一说完,他猛地松开了手,嬴政长剑攻势未绝,猛地刺入荆轲的胸膛,荆轲顿时无力地委顿于巨柱旁边的地上。

这时,殿外的执戈侍卫也已经冲了进来,一部分围住瘫软在地上的秦舞阳猛刺猛砍,转眼间,秦舞阳就成了一堆肉酱;而另一部分人则拼命奔到殿上去救嬴政。

"给我剁了他,给我剁了他。"

嬴政手指着靠在柱边奄奄一息的荆轲,恶狠狠地命令着。

那些侍卫听到命令之后,立即冲到荆轲面前,挥刀一阵猛砍,荆轲立即变得血肉模糊,气绝而亡。嬴政依旧不解气,又大声地喝令着:"把他给我拖下去,五马分尸,而后将他的首级与樊於期的人头挂在一起。"

"大王,荆轲已经死了。"一名侍卫怯生生地对嬴政说道。

听到荆轲已死,嬴政眼中依然一片凶光,让站在一旁的侍卫吓得不再言语。片刻之间,嬴政就拿着手中的长剑,将那名侍卫刺死。一边刺一边厉声骂道:"狗奴才,连你也敢与本王作对,本王想干什么还用你来教吗。"剩下的侍卫顿时被他给吓坏了,随后赶紧把荆轲的尸体架起来往外走。等到殿内归于平静之后,秦始皇马上吩咐赵高快速传令下去,让在中山驻扎的王翦、李信二将带兵出征燕国。随后又封赏了在紧急时刻救自己的夏无且。

第十四章 王翦欲请辞 水淹大梁城

很快，让王翦和李信带兵攻打燕国的命令就传达到了中山，两位将领随即立刻带着自己的部下包围了燕王喜所在的蓟城。代王嘉和燕王喜一起联合企图抵抗住秦军的攻势，但是大军却在易水河边大败。眼看太子丹就要败下阵来，只好与燕王喜东渡辽水，想要占据辽东的偏僻之地争取再次东山再起。

随后，王翦的儿子王贲率兵攻下燕都蓟城，而李信则从自己部下口中得知嬴政对太子丹的无比仇怨，亲率精锐骑兵猛追逃跑的燕王喜父子二人。

燕王喜自登基以来就养尊处优，从来没有过什么作为，如今狼狈东逃，本来就被折腾得身心俱乏，烦闷不已，而李信所将秦兵又紧追不舍，燕王喜便埋怨起自己的儿子太子丹来，说他不该自作聪明地派荆轲刺杀嬴政，结果才搞得自己有国不能回，像个丧家犬似的到处乱跑。太子丹无奈，只得领着自己的门客和燕兵回军抵御李信。李信虽然只带了几千兵马，但士气正盛，而太子丹的部卒都早失斗志。双方一战，太子丹又引兵而退，跑到衍水藏匿起来，李信则继续率兵追击。

燕王喜在东逃路上得知太子丹被李信打得大败而逃，心中又是怨恨交加，而此时的代王嘉恐怕战火波及自身，又给燕王喜写来一封信，信中对燕王喜说道："秦军之所以对大王紧追不舍，完全是因为太子丹在大王身边的缘故，因为他曾得罪过秦王，所以秦王一定要报这个仇。如果大王杀太子丹而献其首级，秦兵必然会解兵而去。"

燕王喜本来就怨恨儿子搅坏了自己安乐舒适的国王生活，而今又接到代王嘉的信，他便当即派人到衍水赐太子丹自刎。太子丹接到自己父王的命令后仰天长叹，数声之后，拔剑自刎而死。他本想等燕王喜百年之后自己登基为帝，再励精图治，重振国威，和嬴政对抗。但眼见其父已不能见容于他，其余地方或为秦军占据，或者也不敢收留他，他也只能选择自杀了。其妻樊莲惜得知太子丹已死，也当即自刎而死以随其夫。太子丹一死，其所率门客及燕兵也都逃逸而去，并不与燕王喜会合。

燕王喜所派的人眼见太子丹自刎而死，连忙将其首级装于匣中亲奉秦将李信，李信又命人急送咸阳。嬴政见到太子丹的人头之后，心头这股怨愤之气这才得到稍稍的平息，又命王翦和李信加紧进攻，尽快占领燕国全境。

王翦和李信收到命令后加大攻势，很快攻占燕国全境，将胸无大志的燕王喜赶到了辽东偏僻狭小之地为王。而后，嬴政下令王、李二人撤回大部分兵马，留下一部分人马驻防燕国旧地，同时搜捕太子丹的门客以及荆轲的相识。嬴政暂时还不打算对燕王喜和代王嘉赶尽杀绝,因为他们所处的地方本就属蛮夷之地,不但地方狭小,而且北近强悍好战的匈奴,即使不去理会他们,他们也不会再有什么作为了。而且,在嬴政的心中又有了一个理想的进攻目标——魏国。

魏国也是当初三家分晋中的一员,在多数诸侯国还没有求强图变的念头的时候,魏国率先任用李悝实行变法,因而最先在诸侯国中强大起来。但是,其后的魏国诸辈国君并没有能够将祖先创造出来的富强国力继续弘扬发展下去,反而苟且偷安,不求进取,使魏国一步一步地颓败衰落下去。不要说秦国,就连南面的楚国也经常派兵袭扰。等到齐、魏马陵之战,魏国又惨败于孙膑指挥的齐军,自此越发一蹶不振。而且,魏国正好是南方大国楚国的天然屏障,嬴政要想统一天下,就得必须在进攻楚国之前拿下魏国。于是,他连忙召王翦、李信等人回到咸阳,共商讨魏大计。而齐国那一方面,姚贾和顿弱早已携巨资前往其境,贿赂游说其权臣,谋弱齐国。

王翦和李信一赶回咸阳,未得休息,便收到了嬴政的召见之令。当他们领命赶到咸阳宫的时候,一干重臣与嬴政都早已在此守候。

一见面,嬴政先对王翦以及李信战胜归来表示了鼓励和嘉许,而后又询问了一下李信于军前的表现。王翦对李信赞不绝口,说李信不但勇敢无畏,而且也长于谋划智略。李信听后非常高兴,而嬴政却更高兴,因为是他慧眼选中李信的。

“大王,末将听说大王意欲发兵攻打魏国,不知是否属实。”坐好之后,王翦率先开口问嬴政道。“是的,老将军说得一点儿也不错,本王正有此意。”嬴政点头说道。“请恕末将直言,我大军兵占燕国全境之后,为什么不将燕王喜和代王嘉全部捕获,从而解除我们的后顾之忧呢?”李信先开口急急地问嬴政。

“哼,那两个孤寡之人,困守一方蛮夷之地,就是本王放他们10年,他们也一样会无所作为的。他们根本不足为虑。”嬴政极为不屑地评价着燕王喜和代王嘉,而后又继续说,“如今北境基本已经平定,只剩南部魏、楚两国,本王打算先行攻魏,不知你们有什么攻取魏国的建议?”

“大王,魏国自齐、魏马陵之战后就一直衰颓不前,其王假又极其孤僻自负,不善用人,相信我王一旦用兵,必能长驱直入,无往不利,微臣唯一担心的是他们龟缩人大梁城中,据高峻的大梁城防而固守,那样的话恐怕就有些麻烦了。”尉缭对嬴政说道。

“大人不必过分担忧此事,据城而守只能是死守,我们只需围而不攻,数月之后,大梁城自然会不攻而破的。”李信少年轻狂,踌躇满志地对尉缭说道。

听了李信的话之后,嬴政颇为赞许地点点头,李信的这份少年英雄气概颇合他的胃口。眼见嬴政点头,其他人也不再说什么,当即就决定择日发兵攻打魏国,但王翦却依旧不屈不挠地提出了自己的见解。他对嬴政说道:

“大王,魏国虽然国势已远不如以往,但其现在的作战能力并不比赵国差多少,我们引军而去,只怕取胜也不太容易。更何况劳军袭远,敌人又能以逸待劳，早做准备，于我军极为不利啊，请大王三思。”

“那依老将军的意见，难道我们就不去攻打魏国，从此歇兵罢战了吗？”嬴政有些气呼呼地反问王翦。

“大王，末将绝无此意，如今大王神武英明，我军赖大王之力已经连克韩、赵、燕三国，其余诸侯势必早已丧胆，然而我军连战之下，难免出现骄纵情势，到那时如攻魏不下，反而有可能为楚、齐两国所乘，那么我们的损失可就大了。”

“那依你说该怎么办？”

王翦正要回答，一名内侍匆匆跑了进来，对嬴政急急说道：

“启奏大王，大事不好啦。”

“什么事啊，慌里慌张的，成何体统。”嬴政没好气地训斥内侍。

“大王，杨端和将军从前方发来加急文报，说韩、赵两国遗孽在新郑聚众造反，如今已经攻占新郑及其城外的几座小县城，请大王下令弹压。同时密切注意其他燕、赵、韩旧地的动向和情绪，以防止同样的事情发生。”

嬴政一听顿时火冒三丈，猛地一拍桌子站了起来，大声叫嚷道：

“这群乱党刁民，本王雄师所指之处，他们乖得像条绵羊似的。本王的军队一走，他们就又死灰复燃，兴兵作乱，当初真应该把他们一个一个全部斩尽杀绝，永绝后患。你们说，现在应该怎么办啊？”

“恭喜大王，此乃天降恩赐于我大秦啊。”还没等别人说话，王翦却率先极其高兴地对嬴政说道。嬴政的脸上立即现出了愤忿和诧异的神情，他不懂王翦此话何意，却听王翦继续说道：“大王，师出无名，其势必衰，如果我们贸然兴兵攻魏，魏国自会早做防范，我军必会陷入步步攻坚的困境之中，而今新郑的赵、韩余孽聚众叛乱，可以说正好可以给我们一个出兵略魏的好机会。大王只需假借派兵镇压新郑叛乱之名，迅速出击新郑以南的魏国防区，攻其一个措手不及，则魏国自然就唾手而得。至于新郑的叛乱，肯定是那些贼心不死的韩、赵旧属所为，末将以为只需几千人就能够将他们彻底镇压，而后大王再将这些叛党迁进咸阳城中，料想他们再也不会兴兵为乱了。”

嬴政听完王翦的话之后这才脸露笑容，而其他人也都不由得为王翦的巧妙计划而折服。嬴政颇多歉意地对王翦说道：

“王将军年迈而卓有远见，叛乱远在千里之外，将军却能运筹帷幄，思虑缜密，实乃本王之擎天大柱，本王适才话语多有开罪将军之处，请将军见谅，领兵进攻魏国的大任还是由老将军担任，不知老将军意下如何？”

其实，在嬴政的心目中，最合适的人选原本是更为年轻气盛的李信，但王翦的这一番精妙恰当的分析却在瞬间改变了他的想法。为了稳妥起见，更为了王翦胸中装有天下之事，他还是选择了王翦。但是，出乎他意料的是，王翦并没有接受他的任命。

“大王，请先饶恕末将罪过，末将早已年迈体衰，不胜长年征战在外之苦，近日常常觉得体力不支，头晕目眩，臣乞大王恩准回家休养，如果大王同意，老臣可向大王推荐一名可以担当攻魏之任的将官。”

“噢,不知是哪位将官如此得老将军的青睐啊?”嬴政有些不太高兴地问道。但他转眼便又心中轻松起来,王翦推荐的人必定会是李信无疑,而李信恰好是他心中初定的人选。

“不瞒大王,末将拟定推荐的人选正是我之犬子王贲。”

王翦的回答大大出乎了嬴政的估计,而坐在王翦身边的李信脸上也随即有一丝让人不易觉察的失望和恼怒一闪而过。其他文武大臣的感觉其实也和嬴政差不多,对老将王翦的回答也都非常吃惊。但这种吃惊不久便烟消云散,他们都十分认同王翦的推荐。

他们之所以同意王翦的推荐,一是因为王翦的作风向来沉稳持重,从未有过轻浮虚夸的时候;二则是完全看重了王贲,王贲虽为王翦之子,但却从来没有依仗过其父的声名为自己谋利,而是完全靠自己的努力打拼出了今日的地位。而且,王贲的性格与其父王翦一样,都非常沉稳冷静,从不在战场上轻率行事。与李信的年少轻狂、口无遮拦相比,王贲更多了一分踏实。

“俗话说将门出虎子,而难得王老将军又是举贤不避亲,本王相信他定能迅速领兵攻克魏国,奏凯而还。赵高,速去传本王御令,擢王贲将军择日率十万兵马攻打魏国,对外则称是前往镇压新郑之乱。”

“是,小人马上就去派人告诉王少将军。”

赵高答应一声,转身就要往外走,却被李斯叫住。李斯转而向嬴政说道:

“大王,微臣还有一事,以为可以让王少将军在扫除魏国之后办理,请大王思考一下。”

“好啊,你说吧,如果确实必要,本王自会让王贲去办的。”

“大王,新郑之乱,当然主要是由于韩、赵旧属贼心不死,但微臣以为还有城防可据之原因,如果新郑并无城防可据守,料想他们也不敢犯上作乱,所以臣建议平定新郑叛乱及扫除魏国之后,将其城墙防御设施悉数拆毁,以绝后患。”

“嗯,这个建议很不错。刚才王老将军建议将新郑之乱的余党都迁入咸阳城中使其困居一隅,再加上你这个毁掉城墙的好办法,料想他们再也无法兴兵作乱了。赵高,传令之时将这两项工作一并交给王少将军。”

赵高点头答应,又瞅了一眼李斯,这才转身而去。

嬴政又与剩下的文武群臣商议了一下当前的形势以及应该执行的策略。而后,这些大臣才一个个离去。嬴政极为舒心惬意地靠在坐榻之上,脸上露出了得意甚至猖狂的笑容,仿佛整个世界已经尽在他的掌握之中。

王贲率领十万大军以讨伐新郑之韩、赵叛军为名浩浩荡荡地向魏国方向前进。事情和王翦所料的一模一样,新郑的叛军只是少数韩、赵王室成员不甘心于被秦国统治,因而纠集了一部分人起兵为乱,但由于其人数很少,王贲大军一到,叛乱立即被平定下去,而后王贲命人将其叛首捕捉,押往咸阳城,一场兵乱也就这么迅速地结束了。而魏国方面却只以为大批的秦军从咸阳赶来是专为剿灭镇压叛乱,因而并没有提起应有的戒备,就是消灭叛乱之后的秦军并未返回咸阳,而是原地驻扎下来,魏国人也偏执地认为他们这只是在平定战后的不安定因素,谁也没有想到危机正在一步一步地向他们迫近。

王贲率军平定叛乱之后并没有立即挥师南进,灭掉魏国,而是就地驻扎下来,令手下兵士将新郑诸城的城墙悉数毁掉. 以防止别人再据城防为乱。当然,他做这些事的目的主要还是要给魏国人一个假象,他们这十万大军只是为平定新郑叛乱而来的。

王贲在新郑驻扎下自己的军队之后,不断地暗派细作前往魏境刺探军情,从而得到了关于魏军动向的准确战报。此刻,魏军大部分都聚集于大梁城西门的防城上。这道防城是魏国专门为了防御秦军的进攻而布置的,所以只修了西北方向的防城,但韩、赵的相继灭亡已经使他们置于秦军的三面包围之下,魏国人也感到了前所未有的恐慌。但是,他们现在仍然只守于西北方的防城之上,说明他们根本就没有在意王贲及其十万大军在新郑的出现。

其实,如果魏国拥有一个头脑聪敏的将官,他们自然会对王贲的出现加强戒备,以应对策。实际上,魏国现在已经没有一名能够熟读兵书,胸中满是文韬武略的将官了。那些能够上阵统兵杀敌的将官几乎都已经作了魏王假的刀下亡魂了。

原来魏王假的母亲应瑕太后也和赵姬一样是中年丧夫,也是难耐寂寞,不守妇道,致使与他人有了野合交欢之情。但是,她又不像赵姬一样心中有真爱,所爱者只有吕不韦和嫪毐。她的目标只在于猎取男人,以饱自己的春闺淫欲,以至于朝中大臣几乎有半数以上都曾经和她有过枕席之欢,男女之爱。这些文武同僚们对此事都心照不宣,但得王后召见,他们便都是竭尽男人之能力,哄得应瑕太后高兴,但对其时情况却都讳莫如深。然而,这些纵乱宫闱的丑事并没能逃脱于年少而登基的魏王假的耳目。等他真正的掌权之后,他邀请所有曾与其母有染的文武大臣入宫赴宴,暗派侍卫们将这些人一网打尽,全部杀死。如此一来,虽然他的母后在后宫从此安宁,可是有能力的文武大臣也几乎丧失殆尽。而且,魏王假这个人也是孤僻自傲,用人完全取决于个人好恶,所以弄得堂堂一个魏国竟连一个像样的大将都没有。

秦军在新郑驻扎了20余天,天降暴雪,而且探马说魏国雪量更大,最多的地方雪有二尺多厚,不但温度骤低,甚至连行路都极困难。王贲得知这个消息之后不忧反喜,因为他知道大雪会让魏军更加麻痹大意起来,不但会放松巡行警戒,更会认为如此糟糕的道路,也不会有人去攻打他们的。

待雪势稍停. 王贲立即命令所率秦军多穿寒衣,而且尽量减少所携之物,以最快的速度奔袭魏国。

新郑和魏都大梁几乎近在咫尺。当10万秦军踏着齐膝深的大雪突然出现在魏国边境的时候,那些一个个望着莽莽大雪神情悠闲的魏军顿时吓得目瞪口呆,还没有清醒过来就已经作了秦军的刀下之鬼。大梁城内的魏王假随后得知此报，商议半天，但自忖先机已失，与秦军对抗也是徒劳无益，于是便下令将所有的守军撤回大梁城，同时增加大梁城的补给，据城死守，等到秦军连攻未果，锐气尽失之时再杀出大梁城，击退秦军。命令一下，其他各地的守军能撤回大梁的都撤回了大梁，就连西北防城上的守军也都撤回了大梁城。

所以，王贲率领自己的10万部属没有费多大力气就迅速占领了魏国其它地区，兵围大梁城。然而他却在大梁城吃到了苦头。他率军队连攻大梁城三个月，虽然也杀死了不少魏军，他秦军却付出了更大的代价。而且，最关键的是大梁城头仍然飘扬着魏国的旗号。

又一次攻城未果之后，王贲领着几名亲随登上大梁城外的一座高高的山丘，向城内观望。大梁城正处在一片低洼地中，虽然其城墙颇高，但比之城外的一些小土丘都要矮上三分。只不过那些土丘距离大梁城太远，否则就可以借助土丘的高度攻进大梁城了。此时，大梁城里一片狼藉，而且也显得极为破落，这些都是战争的结果。

看了一会儿，他的目光忽然又转移到了大梁城的北面。那里是一处和王贲所在的山丘高度相仿的河道，河水汤汤，静静地向东流去。

“那里是什么河啊?”王贲手指北方问自己身边的随从。

“啊，元帅您问那条河啊，那条河名叫济水，其源来自于河水(今黄河)，因而水量也很充足。”

那随从说完，王贲又看了看北边的济水，忽然心中一动，但旋即却又摇摇头，否定了自己刚才的设想：不行，那样杀戮太多，而且将会有无数无辜的人为此而死，虽然这是一场战争，但战争的目的是统一天下，安定四方，而不是饿殍满地，灾乱横行，死者无数。

他微微地叹了口气，转身对自己的随从说道：“你速去咸阳请示大王，就说我军现在被阻大梁城外，魏王假据城死守不降，如何继续，请大王定夺。”

消息传到咸阳，嬴政也是有些恼火。他本以为秦军一到，魏军自会全线溃退，魏王假也会举城而降，没想到只剩一个大梁城，竟使己方军队攻击数月无克奏之功。他连忙派人召集自己的几名辅政重臣，以期能找到一个迅速攻破大梁城的办法。

众人聚齐之后，嬴政对他们说了一下秦军现在的处境，大家立即七嘴八舌地说了起来。有的主张再派兵增援，有的则主张围而不攻，困死城内魏军，有的则说去派人招降魏王假。但嬴政都不太满意，增援的兵马他是不想派了，十万人对付区区一个魏国，他觉得已经足够了，不用再多派兵马了；至于围而不攻的策略，他也不想接受，因为他现在极度渴望能尽快统一天下，不想因魏王假的抵抗而耽误自己统一天下的步伐；而且，魏王假的负隅顽抗早已激怒了嬴政，现在他只想让魏王假死，而非投降保命。

赵高早就知道嬴政对这些建议是不会采纳的，因而也在一边冥思苦想，但他水平实在有限，想了半天，也想不出一个头绪来。

“大王，微臣倒有一个方法，只是不知大王之意如何。”李斯忽然开口对嬴政说道。在获得了嬴政的首肯之后，他又接着说：“大王，微臣远来咸阳前曾经到过大梁，大梁城地势低洼，其先君惠王主政之时曾使人修通鸿沟，沟通了河水与淮水，而且引水入圃田之园，又从城北引园中之水以灌溉航运。赵国惠文王伐魏之时，就曾经决济水之堤，引其河水漫灌大梁城，因而才大破魏军。此刻王少将军被拒大梁城外，微臣以为不如效仿古人遗法，决济水、鸿沟之堤漫灌大梁城，相信不日即可奏功。”

冯去疾、王绾以及蒙毅、王翦等人其实都早已想到了水漫而进之法，但他们并未向嬴政提出建议。因为他们知道，如果真的采用大水漫灌之法，虽然也能攻下大梁城，但却势必会造成严重的后果，肯定会有大批的灾民流离失所，更会有无数的人死于这场灾难之中。他们的目的是帮助嬴政建设一个富强繁荣的统一国家，而不是去毁灭这个世界，所以他们才没有说出来。现在，听了李斯的建议，他们都不禁暗暗皱眉不已，心里埋怨李斯的多嘴。因为他们都知道，依照嬴政的脾气，无论是什么样的建议和策略，只要能够于统一有利，他都会点头认同的。

“哎呀，对呀，这么好的方法，本王怎么没有想到呢。既能迅速地攻下大梁城，又能将我军将士的伤亡降低到最少限度。好计，好计。赵高，你赶紧去把那名军前的传令兵叫过来，告诉他水攻之策，本王在咸阳等候他们的好消息。”

嬴政果然点头同意了李斯的建议。他根本没有去设想一下这个建议的负面影响，此时他的心中只有一个念头，那就是无论如何都要攻下大梁城。李斯一见自己的建议为嬴政所采纳，自然是万分高兴。他现在仍然只是个长史，他想要求得更高的官职，而不是一直只作尉缭的助手，否则他也不会千辛万苦地从楚国跑到咸阳来了。虽然他也知道以大水灌城会造成很严重的灾难，但为了自己的官运亨通，为了自己的长享荣华，他还是说出来了，而嬴政的反应也让他欣喜异常，洋洋自得。

赵高有些嫉妒地偷眼看了一下面露喜色的李斯，这才转身而去。王绾等人本想建议不要采用水攻之法，但却又想不出什么更好的进攻策略，只能默不作声，不过心中都颇多忧虑。

尉缭与身边的王翦商议了一下，开口打破了暂时的宁静。

“大王，微臣还有一事请大王裁定。”

“噢，什么事，尽管说出来，正好本王与诸位爱卿可以互相商量一下。”

“大王，如果真的采用大水漫灌之法，那么相信不出三个月，王少将军必能奏凯而还，不过，微臣担心南边的楚国或许会影响我们的攻魏计划。”

“本王愿闻其详。”嬴政一脸轻松。

“大王，楚、魏两国边境毗邻，二国可谓唇齿相依，唇亡则齿寒，如果我们顺利地灭掉魏国，那么楚国的边境就会尽数显露于我大军的锋芒之下，其败亡之日也不会太久了，所以微臣以为他们肯定不会坐以待毙，而会派兵袭击王少将军后路，以挽救魏国的败亡。这样一来，王少将军的十万大军恐怕就无法支撑了。”

“那依爱卿的意见该怎么办呢？”嬴政一听此言也有些着急了。他只顾着派兵去攻打魏国，倒真的忘了魏国的南边还有个强大的楚国不想作俎上之肉。在他的心目中，齐国已经不足为虑，只有楚国还勉强拥有与秦军对抗的能力。如果楚国真的派兵去援助魏王假，那么王贲还真的有可能支撑不下去。

“启禀大王，微臣刚才与王将军商议了一下，为了防止楚军突袭大梁，援救魏国，我们认为应再发兵攻楚，一方面南制楚国的力量，另一方面也可以加快大王统一天下的步伐，不知大王意下如何？”

听了尉缭的话之后，嬴政低头沉思了一会儿，而后连连点头赞同，认为此计非常可行。楚国地域广大，而且人口众多，同时其民风又有点儿类似于北部匈奴，骁勇好战，能骑善射，历代楚王都曾派兵侵扰过近邻的齐、魏、韩等国。若非怀王、襄王二辈听信谗言，不通治国之道而且又心无远志，说不定楚国的力量会更为强大。不过，饶是如此，嬴政仍然把楚国作为自己现在统一天下的最大敌人。所以，尉缭一有相关提议，他立即点头应允。但是，在派谁领兵出征，带领多少人马出征的问题上，他还是决定要先向这些武将们求问。

“王老将军，你认为本王派多少人马出征楚国才能有所克奏啊？”

王翦听到嬴政发问，先是低头沉思一会儿，而后才抬起头来向嬴政说道：

“大王，依本将算来，南攻楚地，如要想有攻城略地继而掳其君王的愿望，那么非60万兵马不可，少于此数，则末将恐怕事将有不成。”

其实，王翦之所以至为稳妥地说非60万兵马而不克奏之功，完全是他自己估算良久的结果。楚国并非弱国，而其君王负刍又是弑君自立，其心智勇武可窥见一斑，另外其手下大将项燕也是身经百战，以勇毅智谋闻于诸侯，所以即使是真的出兵攻楚，也绝对不会像攻韩、赵一样旋即奏凯。攻韩迅速是因韩国实在太弱小，根本毫无力量与秦国对抗；攻赵容易是因为邯郸城中有郭开、韩仓二位佞臣一个劲儿地在赵王迁身边进献谗言，中伤李牧，终致李牧被赵王迁赐死，军心也从而涣散。但是楚国却不同，其国一非韩国之羸弱，二来也没有郭开、韩仓那样的谗媚佞臣于朝中蛊惑君王。甚至，那个年轻有为的楚王负刍还想在项燕的辅佐下重振当年楚庄王称霸时的雄威，他又怎么会拱手将自己的天下让给区区20万秦军呢？所以他才对嬴政说非60万不可。

只是，虽然他建议出兵60万是出于自己多年征战沙场的积累和对于楚国当前实际的估算，但嬴政并未将其言语听入自己的心中。听到王翦建议发兵60万去攻打楚国，嬴政心中不觉一阵好笑：哼，这未免也太抬举楚国了吧，本王连灭韩、赵、燕三国，所用兵马也没有超过40万，单是这一个楚国，就要让本王派出60万兵马，实在是太高估对方了。他轻轻看了看一脸严肃的王翦，而后便将目光转到了李信这一边。

“李信，你认为本王若要去征伐楚国，应该派遣多少兵马前去最为合宜？”

对于李信，嬴政的心中总是怀有一种异样的感情，不是因为他曾在太原城外救过自己的性命，实在是因为他觉得李信在许多方面都与自己有相似之处。他要统一天下，当然也想要自己这样的人都能够有所作为。所以，他要有意地提拔栽培李信。王翦已经老了，颔下长髯飘洒，满脸的风霜沧桑。或者岁月的折磨历练早已使他失去了昔日的锐气和勇武，剩下的只有谨小慎微和踌躇不前了。也该让年轻人施展一下自己的作为，而不是一直生活在老一辈人光荣辉煌的影子里了。

而李信也正在摩拳擦掌地等待着嬴政的询问。王翦的60万兵马出征伐楚的建议他也已经听到了，但他的心中却只有冷笑和不屑。不就是~个日渐衰微的荆楚蛮夷之国吗，还用得着60万的兵马吗？实在是太过长他人的锐气，灭自己的威风了。听到嬴政问他，他"腾"的一下子站起来，意气风发地说道：

"大王，荆楚蛮夷之地，早已非复当年之强悍，大王如让末将挂帅出征，末将以为只需20万人马，定可使楚国之全境臣服，虏其王负刍于大王驾前。"

嬴政看着踌躇满志且一脸慷慨的李信，不禁极其兴奋且赞许地点了点头，而坐在王翦身边的蒙武却偷偷地皱了下眉。在此之前，李信虽然在王翦帐中听令，但却只有过一次率千余骑逐得太子丹之首级的英勇无畏或者也可以说是匹夫鲁莽的壮举，还从来没有担任过一方统帅，更不用说统领几十万的大军了。可以说其勇武猛力尚可，然而智谋攻略却比王翦与蒙武二人差得远，所以蒙武听了他的话之后偷偷皱眉。不过，李信一心想博得嬴政的青睐，而且他又没有统领一方大军攻城略地的经验，所以才贸然说只要20万大军即可，而嬴政此刻也正犯了轻敌冒进的错误，听了李信的狂言之后倒大为受用，眼光中只有李信的少年英武，又怎么会虑及其年少轻狂呢？

王翦一见嬴政对李信的狂言点头赞许，心中甚为焦急。王翦生性耿直，而且更与手下兵士亲如手足，常与普通将士们同饮食，共战斗。他知道，如果真的让李信带领20万兵马前去征伐楚国，那么如无意外幸运的话，李信必败无疑，那20万将士也必定会受到牵连，或死或伤。20万人啊，这可绝对不是一个小数字！

"大王，老臣认为李将军所言有点太过夸张，20万兵马去讨伐楚国绝对是不可能的，请大王三思啊！"

王翦此言一出，王绾及蒙武等人都不禁替他捏了一把冷汗：大王早已对李信的话点头表示赞同，而那李信又自动请缨挂帅出战，你又何必非要出言反对而自讨无趣呢。果然，王翦的话不仅得罪了李信，也惹得嬴政不高兴起来。他本想叱责王翦，但一想王翦到底也为自己征战无数，立下赫赫战功，便没有叱责王翦，不过心中却仍旧想让王翦知难而退，便开口说道：

"王老将军，本王知道你已年老体弱，已经没有了当初的雄心锐气，而作战靠的却正是一股舍我其谁的勇气，依本王之见，此次出征荆楚就完全由李将军做主了。"

"大王，万万不……"王翦听到嬴政语气坚决且冷淡，急得一下子站了起来，然而刚张了张嘴，却又痛苦地一闭眼睛，身体也摇晃了几下，几欲倾倒。旁边的蒙武眼疾手快，一把扶住他又坐在椅子上。王翦坐在椅子上喘了半天粗气，这才慢慢地睁开双眼，仿佛这一下子便老了许多似的。他有气无力地对嬴政说："大王，末将近日身感头晕目眩之症状越来越重，常觉体力不支，浑身疲累，臣乞大王能恩准老臣告老还乡，颐养天年，何况如今大王手下猛将无数，也用不着老臣再为大王上阵征杀了。"

嬴政一见王翦有意告老还乡，心中倒也乐得个干脆，省得对方在自己身边倚老卖老，何况自己身边也真的是猛将无数，用不着他这个老朽再上阵厮杀了，当下便笑着对王翦说：

"老将军一生为本王征战沙场，戎马倥偬，立下赫赫战功，如今告病而归，本王焉敢强留，再难为将军老不得休。好，本王答应你的请求，准你告老还乡。"

王翦听到嬴政如此痛快地答应了自己告老还乡的请求，并不作丝毫的挽留，顿时失望之极，神情木然地从椅子上站起来，轰然跪于嬴政的面前，憔悴无力地说道：

"老臣王翦多谢大王体恤之恩，老臣明日即回频阳老家，请大王保重龙体。"说完，王翦拜伏于地上，规规矩矩地给嬴政磕了一个响头。他如此一做，弄得嬴政心里也满不是滋味，连忙对他说道：

"本王虽准了老将军告老还乡的请求，但也不用这么着急嘛，明日本王在宫中为老将军举行一个盛大的酒宴，邀集朝中文武，一起同老将军您共叙别离之情。"

"老臣多谢大王关爱，别离之宴就不必了，些许老友老臣自会亲自上府中拜别的，请大王多保重，老臣就此别过。"

说着，王翦站起身来，看了一眼蒙武与尉缭，而后转身径直往门外走去。尉缭张了张嘴，想把王翦叫住，但最终还是没有叫出声来。王翦的背影转眼之间便消失在众人的视线之外。

"好了，本王现在就任命李信为主帅，蒙恬为副帅，统领二十万兵马，择日选兵出征，为本王扫平楚国。"

"是，大王，末将定当不辱使命。"

李信自信的回答更灿烂了嬴政的笑容：是啊，也该让年轻一辈的人挑大梁了，蒙恬今天根本就不在场，但他仍然欲点蒙恬为副帅，其目的就是想让蒙恬也随李信一起锻炼，从而得到丰富和提高。

决济水与鸿沟之河堤，以河水漫灌大梁城的命令迅速地送到了王贲的手中，王贲听后不觉一阵心乱如麻。其实，他早就看出了大梁城的地势低洼，可用水攻之策，但那样做实在有些太残忍了。河水泛滥成灾，一年的收成都没有了希望，肯定会有无数的无辜平民死于水灾。但是，他也没有办法，他之所以向咸阳求救，就是想要寻找一个更好的方法，没想到到头来仍然是水灌大梁城。

虽然他心有善念，不想这么做，但他也无能为力。嬴政的希望就是尽快完成统一大业，任何问题都得服从于这个美好的希望。他根本不敢违抗。

无奈之中，王贲下令手下兵士决开济水与鸿沟的堤防，滔滔大水立即便如下山猛虎一般冲过决口，向着低洼之处的大梁城冲去。王贲一脸愧疚地站于堤防之上，眼望奔腾咆哮的大水，心中在不停地祷告祈求，希望这场人为的水灾能够少作杀戮。

水往低处走。短短的两天时间，曾为富庶繁荣之地的大梁城以及其周围的大片土地房屋都成了水乡泽国。

水灾困扰大梁城足足三月有余。魏军的粮草全被冲毁或浸泡腐烂，城中军士断粮，平民百姓们更是有不少人因饥饿而死，就连坚固高峻的大梁城城墙也被大水冲塌。粮草匮乏，军心涣散，毫无斗志，而城外的秦军却始终严阵以待，毫无撤退的迹象。魏王假无奈，只得献城投降。

王贲率自己的部下踏着道路上的泥泞接受了魏王假的投降，而后命人将其解往咸阳城，自己则留下一部分人马驻守魏国旧地，整顿灾区秩序，防止发生动乱。

第十五章 老将灭齐国 秦统一天下

在咸阳城中的嬴政很快就知道秦国得胜的消息，知道消息的嬴政自是非常高兴，这个消息的传来，意味着自己统一的步伐又迈进了一步。但是就在嬴政高兴之时，又传来了一个坏消息，率领20万大军攻打楚国的李信，大败于楚将项燕之手，在这场败局中，秦国一下子就损失了10万多人，有七名大将丧于敌手。

嬴政听后极为恼怒，立即将李信革去军中之职，回家反省，而他则亲自带领赵高等数名随从骑马赶奔王翦的老家——频阳。现在他才知道，老而弥坚的王翦恐怕要比少年轻狂的李信实用得多。

其实，李信在进攻楚国的这几个月中也并非毫无斩获。开始的时候，他与蒙恬分兵两路，他自己去进攻平阳，而令蒙恬率军去进攻寝，都大破楚军。而后，李信又连攻鄢、郢，蒙恬也连攻连捷，杀得楚王负刍一直跑到了寿春。但是，他却不知道自己早已中了楚国名将项燕的诱敌深入的策略。项燕有意让李信连获几个胜利，从而使其产生骄躁轻敌的情绪，而李信更以为自己已经彻底摧垮了楚军的斗志，因而攻占郢城之后，他便志得意满地率兵西进，想和蒙恬率领的兵马在城父会合，而后再向东推进。哪知道他一从郢城出发，项燕立即率领大批楚军从后紧紧追赶，一连追了三天三夜也不停歇，弄得秦军人困马乏，结果被项燕打得大败。七名将领战死沙场，李信所领的10万兵马也被对方杀得不足3万。项燕又乘胜收复了楚国全境，秦军只能极其狼狈地溃逃回咸阳。

嬴政他们几个人快马疾驰，不多久便到了频阳，向人打听到王翦的府邸所在之后，直接纵马来到其府门前。嬴政一见其府邸规模，不觉有些欷歔感慨起来。王翦虽然为他杀敌无数，屡立战功，但其宅院却非常的寒酸破旧。放眼望去，整条街道之上胜过他的宅院倒有好几处。从外面来看，绝对不会有人想到在这里住的就是曾经叱咤风云，所向披靡的秦国名将王翦。

"王老将军功高爵显，一年的俸禄也有不少，却又为何如此的苛求苦待自己呢，难道他想让人永远铭记他的德行不成？"赵高站在嬴政的身边低声嘟囔着，但嬴政还是将其话清清楚楚地听入到自己的耳朵中来。他也不禁心中一动，是啊，王翦何苦要这样苦待自己呢。他既然身为人臣，而且又是一员武将，只要能够上阵为君王杀敌，攻城略地并且获得君王的青睐和宠信也就足够了，他还想再要什么呢？

在嬴政的思考之中，赵高已经大咧咧地走到了王翦的府门前。门前有两名家人分站于门口两边。二人一见赵高走上台阶，伸手拦住了他，赵高却极为蛮横地说道：

“赶快让你们家老爷出来。”

“你是谁呀，敢让我们家老爷出来。”一名家人见他的态度如此无礼，随即出言反问道。

赵高一见对方并不买自己的账，不禁心头火起，扬起手来，往前疾奔，便要殴打那名家人，而那名颇为粗壮的家人见状也攥起了拳头准备还击。

“赵高，不得无礼！”

传自赵高身后的喝令声使赵高立即停止了自己的野蛮行径。嬴政一步一步走上台阶，对那两名家人说道：

“劳烦两位家人进去通报一声，就说咸阳来客想见你们家老爷。”

“对不起了，我们家老爷卧病在床已经很长时间，什么客人他也不见。”

“你们家老爷患的是什么病啊？”嬴政有些担心地问道。

“我们家老爷自三个月前从咸阳回来就一直头晕目眩不已，近日更是日渐加重，延请数名名医诊治也总不见效，现在虽然头脑清醒，但一活动就会病情加重，所以只能卧床静养。他已经告诉我们两个了，凡有客人此时前来，都让其稍候再来，如果那时他仍旧健在，那么一定亲谢怠慢之罪。”

嬴政听了家人的话之后不禁叹了口气，他实在没有想到王翦竟会病得如此厉害，本想立即上马回咸阳，但一想到李信的惨败和王翦当初的至诚之言，便又打消了即刻回去的念头：既然来了一趟，好歹也要见到王翦再说，问候问候病情也不错啊。想到这里，他伸手从腰间拽下自己一直随身佩带的玉玦，递到那名家人的手中说道：

“你拿着这块玉玦去见你们家老爷，到时他自然会见我们的。”

那名家人半信半疑地接过嬴政递过来的玉玦，端详了几眼，虽没有发现什么特别之处，但却依言转身向府里而去。

不一会儿，他便快步跑了出来，忙不迭地带着嬴政等人进府，府中院落不多，装修筑物也和外观一样朴素平实甚至略显破旧。

那家人径直将众人领到一处房子门前，撑开门帘，让嬴政和赵高进去，其他人则在外边守候。屋中光线很差，嬴政待了半天才适应过来，却见自己面前的床上躺着一个人。因是盛夏，所以此人穿的衣服也不多。再仔细一看，此人果然是王翦，而且脸正对着嬴政，不过却面如死灰，仿佛枯灯残烛将尽一般，看见嬴政进来，王翦还要挣扎着起床给嬴政行礼，但费了半天劲却也没能从床上坐起来。嬴政连忙走到床边，把王翦扶起来，心中担心着王翦的身体。王翦既已如此模样，看来是无法再领兵出战了。

“大王，您御驾亲临老朽寒舍，一定是来告诉我李信兵败于荆楚蛮夷之地的消息，不知老朽猜得对不对？”王翦眼瞅着嬴政，小声地说道。

“大王，老朽的第一个条件还是征伐楚国的兵马数量问题，非60万老朽是不会领兵出征的。”

“好，老将军，虽然60万差点就占尽了本王的全部兵马，本王还是要答应你的第一个条件。”

“谢谢大王,老朽的第二个条件就是60万兵马的粮草给养问题。征伐楚国绝非一日之功,如果大王真的是诚心诚意地用老朽为帅,那么就不要过问前方战局如何,也不要问粮草给养如何,大王必须给我充足的时间,不要认为老朽老而无用,不知这个条件大王能不能答应下来?”

听到了王翦的第二个条件,嬴政倒真的颇为踌躇起来。统一天下是他现在最迫切的希望,他已经没有足够的耐心再等下去了,当然他也不想在楚国的征伐问题上浪费太多的时间,但现在王翦提出的第二个条件却恰恰是针对战局进展的。唉,算了,就按王翦所说的,60万大军由他全权处置,只问其结果,其他的问题一概不闻不问。但是,60万大军可的确不是一个小数目,如果王翦真的拥兵作乱怎么办?

嬴政的心里在飞快地盘算着这些让他揪心的问题,所以他才非常地犹豫起来。但最终他还是下定了决心,这么多大风大浪自己都已经闯过来了,还怕什么呢?就当是再经历一次磨炼吧!

“好,这第二个条件本王也答应你,老将军接着说,还有什么条件。”

“大王,老朽的第三个条件是请大王赐老朽以沃土良田及美池庄园无数,老朽兵罢归来,也能在大王的恩赐之地上安享晚年,而且后世子孙也不至于忍饥挨饿。”

“老将军即将领兵南征,战胜归来,必有奖赏,难道你还怕自己会穷吗?”嬴政不由得笑着问道。

“大王,切莫嘲弄老朽之鄙俗,为大王之将,无论战功有多么大,却始终不得封侯,后世子孙也不能坐享遗荫,现在大王肯答应老朽的出战条件,老朽便斗胆向大王自请沃土美宅无数,老朽即使战死沙场,后世子孙也能有个安身立命的地方。”

“好,老将军为大秦立下赫赫战功,实乃本王之辅政良臣,而今却忧虑后世子孙无安身立命之所,此乃本王过错,本王答应你的第三个条件。”

“大王既答应了老朽的第三个条件,那么第四个条件也可能没有什么问题了,大王虽赐我良田沃土,但老朽及诸辈子孙都无力耕作,所以还要恳请大王赐老朽善于耕田者数家以使老朽之田地能有收获。”

“嗯,这个条件更简单了,本王答应你就是了,将军现在是否能为本王领兵出征了?”嬴政开始还真担心王翦会像赵高及他自己所想的那样拥兵而反或者别有他图,但听到王翦的后两个条件,他的这些疑虑便立刻被打消了。一个只知道索要良田美地善耕者以荫后世子孙的人又怎么会胸怀天下呢?

听到嬴政将自己的四个条件都一一答应下来,王翦极为高兴,刚才在床上的病颓之态顿时一扫而光,笑着对嬴政说道:

“话为开心良药,没想到大王一到,寥寥数语,竟比老朽所服用的汤剂更为有效,老朽现在觉得头脑清醒,体力充沛,当可立即领兵伐楚,不过蜗居窄小,难容大王安歇，请御驾返回咸阳，老朽收拾停当，也当立即赶回咸阳衔王命出战。”

嬴政听后点点头。王翦说得一点儿也不错，他的家实在有些破旧窄小了，自己这么多人真的要住上一两天，恐怕还找不到空闲屋子。于是他当下便告辞而去，领着赵高等人上马直奔咸阳。

王翦送走了嬴政，又回到卧室之中，其结发之妻王氏老夫人从屏风之后转了出来，不无担心地对他说道：

“夫君，你也真够大胆的，大王亲自骑马来找你回咸阳挂帅出征，已经是给足了你面子，你却一张嘴就提了四个条件，我真担心你会惹得大王发起脾气来，你不是跟我说过他性格暴躁易怒吗？还有后两个条件，你何苦要那么多的良田美池呢？”

“嘿，妇人之见，你又怎么知道老夫的用意呢？秦王寡恩情而多虎狼心，忧愁乱难之时才会宠信手下大臣以为其平乱，现在我要领着全国的半数兵马南行伐楚，又非数日即可奏功，我不为自己多要一点儿良田美池以自表心迹，难道要让秦王去怀疑我拥兵作乱吗？”

王氏一听，欣然一笑，用手杵了一下王翦的额头，自去给王翦收拾东西。

两天之后，嬴政亲率文武大臣们为王翦及60万壮士送行。一直出城送到霸上，嬴政才停住脚步，令王翦上马登程。王翦与嬴政及一干文武同僚一一拜别，而后正要翻身上马，却又转身过来，走到嬴政的面前说道：

“大王，老臣此次出征，说不定就会捐躯沙场，不能再回来为大王效命了，但老臣一定会攻下楚国，虏其王负刍以谢大王厚爱的，不过大王答应老臣的条件，也恳请大王不要忘记，否则如果老臣战死沙场，那么后世子孙便无以安身立命了。”

“好了，好了，本王明天就让李斯去为你办理赐田之事，而且本王还会给你盖一个大宅院等着你胜利凯旋。”

“老臣多谢大王，大王如此厚爱，老臣焉能不回来享受一番呢！”说着，王翦对嬴政又深施一礼，而后翻身上马，无比威风地振臂一挥，率领着60万大军浩浩荡荡地向南挺进了。

王翦领着大军一路挺进，不几日便进入了楚国的国境。远在淮水岸边的楚王负刍连忙发动全国的兵马，集于项燕麾下，命项燕西进抗击秦军。他希望这次项燕能够像上次击败李信一样再次击败王翦。

当项燕率领兵马赶到的时候，王翦刚刚率领人马攻下了陈、平舆等几座城池而且选择了有利地形安营扎寨，据防而守。

项燕知道自己的军队刚刚打了一个大胜仗，而且战胜的对手又是强大的秦军，士气正旺盛，就想一鼓作气，再一战而胜王翦，于是命令士兵到秦军营寨之下讨敌骂阵。但是，王翦却坚守不出，无论楚军怎样挑衅辱骂羞臊秦军，王翦就是按兵不动，拒不出战，而且还将两个妄言出战的将官给训斥了一番。

他唯一没有松懈的工作就是后方的粮草给养问题。他命令军兵死守运输粮草的路线，而嬴政也依王翦的要求想尽一切办法将粮草源源不断地输送到前方来。军粮供给无须担心，王翦自然也无比的高兴，只是绝对不允许自己的兵士出寨迎敌。因为他知道，李信上次之所以用兵失败，一方面是兵力过少，另一方面，也是绝大部分的原因是他太轻敌冒进了。王翦可不想重蹈覆辙。

楚将项燕见骂阵无效，只得率军强攻营寨，却都被严阵以待的秦军击败。又进行几次分散的偷袭，也未能奏效。无奈之下，他也只能安营扎寨，与秦军对峙起来。

对峙期间，王翦日日供给自己的兵士们美食佳肴，而且让他们日日跳高、跳远或投石以为乐，让他们放松心神，养精蓄锐。渐渐地，秦兵也都习惯了这种状态，日日比赛跳高、跳远或者投石。虽然没有参加战斗，也没有训练但他们的身体却仍然在这些游戏中得到了锻炼。

与秦军相反，对峙的楚军的斗志却日渐消沉，一个个整天都委靡不振。而且，更为关键的问题是后方的军粮供给不足，根本就不够大军消耗。为了活命，楚军内部甚至分门别派，哄抢军粮。项燕一见如此情况，知道如果再发展下去，自己这60万军队就是不被秦军战败，也会因内耗而乱。不得已他只好下令举兵东撤。

王翦得知楚军后撤，立即与蒙武、杨端和率兵猛追。由于接连数月的养精蓄锐，所以一有战事，秦军个个奋勇争先，一鼓作气将先行逃走的楚军给赶到了蕲县，并且团团包围起来。

蕲县小城，不但供给不足，而且城墙低矮，不易防御，楚军被围此地，不仅要忍饥挨饿，还有无数兵士日日殒命于蕲县城头，而且王翦命令大军围城一圈，昼夜不停攻城，不要给对方一点儿喘息休养的时间。

被围城内的项燕情知自己已经陷入了绝境，困守下去只有死路一条，便率领手下冲出城去，拼死搏杀，终于杀出一条血路，率领一部分楚军向东狼狈溃逃而去，剩下的城内的楚军，或者作了刀下之鬼，或者成了秦军的俘虏。

王翦挥兵至郢，没有费多大的力气便俘虏了在此督战的楚王负刍。而后他又听到了项燕在寿春拥立昌平君为王的消息，便命人将负刍押回咸阳，他自己则又率大军东征寿春。

虽然项燕在寿春拥立昌平君登基为王，但楚国之势早已衰颓，根本无法在短时间内再复苏起来，而楚军也有许多人都丧失了斗志，因此虽然项燕竭力组织属下去抵御秦军，但却没有什么作用，王翦所率领的大军很快便兵临寿春城下，形成了对寿春的包围之势。

项燕眼见又成蕲县困守之势，知道死守无益，便自动向昌平君请缨道：

“微臣打算出城与敌军死拼，或胜或败皆在此一举，请大王多多小心。”

“将军此去一定要审时度势，切莫意气用事，本王在城头之上为你观敌了阵，擂鼓助威，盼将军得胜回来，你我再君臣共贺。”

昌平君握住项燕的手，颇为动情地对项燕说道。项燕大为感动，一股豪气冲天而起，他跪伏在地，给昌平君磕了一个响头，而后起身大踏步而去。

一阵战鼓声惊天动地般响过之后，项燕率领着无数楚军呐喊着冲出了寿春城，回头遥望城头之上，果然看见昌平君正站在城头上，亲执鼓槌，为自己擂鼓助威。项燕便觉心中一热，振臂高呼一声，率楚军径向秦军营阵冲去。

王翦估计项燕会孤注一掷，因为他知道依项燕的脾气，是绝对不肯投降的，所以城内战鼓轰鸣之后，他便连忙做好了准备，严阵以待。

眼见两军就要相接，秦军营阵之中忽然战旗一闪，露出无数的弓弩手。一声锣响，无数箭矢如漫天骤雨般飞向楚军，顿时便有无数的楚军毙命于箭雨之下。项燕知道自己已经没有了撤退的机会，撤退回城也只有死路一条，便又振臂高呼一声，重新奋不顾身地向秦军冲击。他所带领的兵士大都随他多年，个个骁勇善战，如今一见主帅抱定了必死的决心而奋勇杀敌，这些兵士也都起而效法，奋不顾身地向秦军阵地扑过去。

王翦所率领的兵士一击得手，立即向后撤退，好像已经被楚军的攻势给吓住了似的。楚军自然不肯罢手，也一路紧追。

忽然其两翼传来一阵战鼓擂动之声，项燕猛然一惊，向两边一看，只见无数秦军正气势汹汹地向自己压过来。见此情景，项燕不禁面色大变，仰天长叹道：

“完了，完了，今日我项燕中了那老匹夫王翦的诡计了。”

眨眼之间，无数的秦军已经把项燕所率领的楚军围在了圈中。楚国兵士虽然个个抱定了必死的决心，但秦军的合围之势却更为宏大，顿时骇住了不少楚军的心志，便再也没有了初一出城的旺盛斗志。

项燕还要指挥自己的手下与秦军作拼死厮杀，却见一员老将驰马径直奔到自己的面前。此人正是秦军统帅王翦。王翦大笑一番，对项燕说道：

“项将军，你纵有绝世才学，功比孙武子，但遇主不淑，又有何用？你且回头看看，你究竟还在为谁而战啊？”

项燕闻听此言，连忙回头向寿春城望去，不禁大惊失色，只见寿春城上的楚军旗帜不知何时已经没有了，代之而起的是秦军的大旗。

“怎么会这样，怎么会这样的？”项燕坐在马上，一脸的惊惶失意，不知昌平君到了什么地方。

“项燕，你如今既已无主，又要苦撑苦挨为谁呢？如果你现在弃械而降，老夫会在我主面前替你美言几句，说不定我主会饶恕你的性命，还会重用你的。”王翦对已经方寸大乱的项燕说道。

项燕听了王翦的话之后又顾自喃喃几句，而后又仰天大笑一番，笑罢之后才极为凄楚失落地大声叫道：

“项燕既受吾国恩赐，位享荣华，自当忠贞以效，又怎能当这个卖国的叛贼，久闻王将军大名，始终不能相见，今日有幸，老夫还要向你讨教几招，一死以报吾主之恩。”

说着，项燕挥舞着手中大刀，纵马向王翦冲过来。他手下的那些兵士一见主将如此无畏,也都放手与秦军拼战起来。

一场大战便在寿春城外开始了。楚军抱定了必死的决心,而秦军也都志在必得,所以战斗进行得极为惨烈。一时之间,死尸遍地,血流成河。四野无言,好像都在为眼前的血腥厮杀而哀叹忧伤。

大战终于结束了。项燕因伤不幸被俘,其子项梁率领一小部分楚军杀出一条血路而逃,其余楚军则大部分阵亡,只有一小部分作了秦军的俘虏。

王翦亲手为项燕松了绑绳,高声叫道:

“杨将军,请将那降君押过来吧。”

项燕吃惊地扭头一看,只见一将押着一名五花大绑的人走了上来。那名将官正是杨端和。原来王翦率军于寿春城外迎击项燕之时,早已经作下了周密的部署,他亲自领军诱项燕入自己的埋伏而且远离寿春城,而令杨端和率领一部分兵马从侧面迂回到寿春城下,攻打寿春城。没想到还未攻打,那昌平君早已献城而降了。

此时项燕也已经认出被绑的人正是自己拥立为王的昌平君。项燕正要询问昌平君为何做了俘虏,那昌平君却对他怒目相向,恶言恶语地说道:

“项燕,我可被你害死了,若非你,我早已内附咸阳,又怎么会成为今日被系之囚。”

项燕被昌平君骂得一头雾水,旁边的王翦却对他说道:

“项将军,你所拥立的新主颇知时务,我们大军一临城下,他便主动开城投降了。”

“大王,你口口声声说要为末将擂鼓助威,而且要与末将共贺胜利,却又为何自食其言,开城而降呢?难道大王不想保留楚国一脉吗?”项燕一听昌平君未经交手便纳城而降,便开口问昌平君。

“哼,项燕,你以为你是什么人,你以为我想当这个君王吗?你想一心维护楚国的正统血脉,你一心想要名垂青史,那么你就自己去做吧,为什么还要把我给牵连进来呢?”昌平君冲着项燕大声地叫嚷着。本来项燕在楚王负刍被俘之后拥立他为楚国新君,昌平君还很高兴,以为可以过上几天酒色无度的腐靡生活,却没有想到秦军这么快就打了过来,而且项燕也无法抵抗,他便连忙开城投降。杨端和鄙视他软弱无能且又昏庸无道,捆绑时不但用力,还对其踢打责骂,因此昌平君心中早就憋了一肚子的怨气,如今见了项燕,自然便将这无处可发的满腹怨气悉数发在了项燕身上。

项燕听完了昌平君的指责,禁不住怒气冲冲地反问道:

“你如此轻易地举城而降,难道你就心甘情愿地忍受亡国之辱吗?”

“项燕,你不用如此的慷慨激昂,忍受亡国之辱总比作你的挡箭牌而白白丧命好吧。”

“你……”项燕手指昌平君,气得一时之间竟说不出话来。他实在没有想到这昌平君竟是如此的昏聩无能,如此的胸无大志,又是如此的不可理喻。他望了望围在自己周围的无边无际的秦军，忽然仰天一阵大笑，笑罢之后极为凄惨黯淡地说道："我项燕果真是遇主不淑，命运多舛，你愿意做你的亡国之君，而我项燕却不愿做亡国之臣，哈哈哈，这都是天意，天意注定这天下终将落入强秦之手，我项燕区区之力又有何用，难道我能扭转天意吗？"

说着，项燕猛地抽出旁边一名秦军将军腰下佩戴的宝剑，自刎身亡。王翦等人也对其颇为敬佩，命人妥善安葬。而后将昌平君押往咸阳，但嬴政随即便命人将其斩首。王翦领兵乘胜出击，一举占领了楚国全境。此时是秦王政二十四年，即公元前223年。

次年，嬴政又命令王翦之子王贲同在伐楚行动中蒙受巨大挫折的李信共同出兵北进，征讨远远地龟缩在辽东僻地的燕王喜和代国一隅的代王嘉，而王翦则继续向南征伐楚国以南的百越之地。

到这个时候，统一已是大势所趋，无可逆转，北征和南讨的步伐都相当稳健且顺利。王贲一路没有费多大的力气便攻破辽东和代国，将燕王喜和代王嘉生擒活捉，送往咸阳，而王翦在对百越的战争中也取得了初步的胜利。

两方胜利的消息传到咸阳，秦始皇非常兴奋，因为统一大业眼看就要在他的手中实现了。秦国历代帝王，不管贤愚不肖，不管其政绩如何，还没有一个人能够达到他这样的功业，他当然有理由兴奋。五月，嬴政下令天下大庆，让自己统治下的百姓与自己同享即将统一的喜悦。至于齐国，他已经用不着担心了。

先行前往齐国的顿弱和姚贾有效地利用了齐王建的宠臣——齐相后胜的能力。从他们一入齐国，他们就想方设法地结交后胜，利用金银财宝收买贿赂后胜，而后对后胜危言耸听地分析秦必灭六国而统一天下的大趋势，并许后胜以安乐富足的生活，但条件是必须在齐王建面前多多施展一下他的功力。后胜本来就知道齐国难保全于秦军攻势之下，正为自己找出路，如今姚贾和顿弱给他送上门来一个好机会，他自然不会错过的。

在后胜的百般谗言蛊惑下，齐王建将自己国内的兵马几乎全集中在都城西线的长城上，用以抵拒秦军的攻势，而且还把楚、韩、魏、赵等国四处流亡而不肯屈服于秦国威势之下的志士仁人都拒绝在国门之外。而后，后胜依旧陪着齐王建高枕无忧地在宫中宴乐饮酒，乐而忘忧。齐王建根本就没有想到自己的北方正面临着秦军的威胁，或者他也意识到了，只不过不想去管了。

在齐国上下一片安宁祥和之中，王贲和李信早已经悄悄率兵隐伏于齐国的北部边境。

秦王政二十六年（公元前221年），嬴政以齐王建屯兵于西南，有意挑衅秦国为由，命驻防齐国北境的王贲起兵攻齐。王贲没有受到齐军什么像样的抵抗和防御，便顺利地挥师齐都临淄城下，齐王建立即开门投降。

嬴政极其厌恶齐王建的昏庸无能，令手下兵士将其徙往共地，困其于松柏林中，将其活活饿死，而那个屡进谗言于齐王建的齐相后胜也被嬴政给杀了。

自此，秦王政穷10年之功发起的东并六国，统一天下的行动终于齐国的彻底归服。但是，作为一个开创了中国历史上第一个统一王朝的帝王，他的工作还远远没有完成。

咸阳城整个笼罩在一片喜悦的气氛之中。全城的居民，无论是长幼尊卑，都高兴得忘乎所以。天下统一了，战争也终于结束了。平民高兴，是因为他们可以不再忍受兵役之苦及战乱的折磨；商人们高兴，是因为他们可以自由地四处行商，而不用担心被人当做奸细给抓起来了。不过，最为高兴的却还是那些并没有在战争中起到多少作用的王室公子们。因为按照先朝的惯例，每有天下统一之事，便将四方之土分封于王室公子及诸多重臣，以为封邑，特许其在封邑内享有很多特权。但是，为他们所热盼的分封活动却始终没有消息。有些王孙宗室开始向宫中打探动静，但结果令他们很失望，因为还没有开始议论这个问题。谁也不知道此刻的秦王政心中在想着什么。

这些天来，嬴政的长子扶苏过得并不太痛快。他不痛快是因为没有人来关心他。由于母亲怀雪夫人早死，所以他对自己的母亲一点印象也没有。寥寥一些情况，他也是从其他宫女内侍口中得知的。在他的印象中，父王嬴政的记忆是最深刻的。但是，父王在他的脑海之中的形象却是严肃冷峻，不苟言笑的，所以他对自己的父王嬴政总是充满了敬畏。

他所居之地距离咸阳宫不远，名为长翠宫，宫中栽有无数的垂柳，每逢夏初，垂柳之絮随风飘扬，倒也蔚为壮观。大部分时间里，他都自己在长翠宫中闲坐读书，除了太傅蒙毅每天来给他讲授治国之道，他和宫女内侍也基本上无话可说。有时候他也想骑上马出城去打猎，试一试自己的勇武之力，但大多时候都一点儿兴趣也提不起来，他不喜欢那些东西。

这一天，他正在自己的屋中闲坐，极其无聊地翻看着桌上的竹简，但却一个字儿也看不下去。正想站起来出去走走，忽然一名内侍跑进来，对他说道：

“王子殿下，五大夫隗林求见。”

“好啊，那就快让他进来吧。”

隗林生于北部戎狄之地，现在和扶苏的关系非常好。扶苏生性柔弱刚正，而隗林也是心细如发，所以两个人也倒也颇为投缘。而且，嬴政近日也有意让隗林多多接触扶苏，虽然蒙毅仍是太傅，但隗林也经常与扶苏议论国事。

其实，按周室正礼，北部戎狄羌蛮之人是没有经过圣人礼乐教化的粗野之人，在七国之中颇受冷落与歧视，一般是不能或是不可能入朝为官的。但在嬴政这里，隗林是一个特例，他不仅获得了官职，而且爵封五大夫，是大夫之中的最高爵位，而且嬴政还嘱他多与长子扶苏多多接触，而长子一般是继承王室大统的最佳人选。

若按隗林的个人治政辅佐之功，他绝对不会官居如此高位的。其实，这都是嬴政的别有用心。他之所以会如此做，是因为虽然他并吞了六国而统一了天下，但秦国的北部却还有一个强大的敌人，而且他自己也曾身受其苦，这个敌人就是北方的游牧民族——匈奴。虽然他统一天下，其威仪神勇令六国之人闻而丧胆,但匈奴人并不买他的账,照样骑马掳掠,在其边境无恶不作。北方的守将不断派兵来报告匈奴人的凶悍骁勇,他们根本无力抵御。

嬴政也知道自己现在还不是与匈奴对决的时候。他虽然统一了天下,但还有许多事情要做,朝内朝外还有许多的不安定因素存在。不过,任用隗林为官就是他日后要与匈奴决战的一个表现。

隗林是戎狄之人,对于匈奴的情况相当了解。通过隗林他就可以知道匈奴的情况,而且隗林的在朝为官也有可能吸引一部分北境戎狄匈奴放弃与他的对立,甘愿纳入他的治域之内。至于扶苏,虽然嬴政到现在还没有立他为太子,但其王储之位几乎是确定了,所以,嬴政要让扶苏多与隗林在一起,从隗林的言行中了解戎狄之人的习性。六国既灭,大敌已除,他们父子二人以后最大的敌人也就是在自己国境北部神出鬼没的匈奴了。

外面传来一阵脚步声,声音甚为急迫,扶苏便知道是隗林来了,连忙迎到门边。

果然,过不多久,隗林便迈大步走了进来。隗林生得高大威猛,一脸的络腮胡子,而且精于骑射,但其行事却甚是谨小慎微。因为他知道,自己在朝中毫无根基,不像王绾、李斯、王翦之辈根基甚广,所以他说话做事总是不与人争,给自己留有三分余地。不过,他与扶苏倒是甚是相投,说话也没有太多的遮遮掩掩。扶苏等隗林坐好,而后连忙开口问道:“隗大人,不知朝中近日情况如何?”“怎么,殿下,难道你一点儿也不知道吗?”“这几日我也没有去拜见父王,所以什么情况也不知道,不知道分封之事是否有了眉目?”

“分封之事丞相王绾早就和大王提起过,不过大王好像对此并不太关注,而他今天早朝之时却又突然决定将丞相之职分为两个,而且还亲定了左右相的人选。”

“噢,不知这左右相之职由何人担任?”

“殿下不妨猜上一猜。”

“嗯,若论朝中诸多文臣,比及权势威望以及受父王的宠信程度,恐怕没有人能够超过李斯和现任丞相王绾了。”

“哈,殿下果然聪明睿智,不过你却只猜对了一半,王绾为相没错,可大王却又命我为右相。”

“如此说来,那扶苏还要恭喜大人位居丞相之职了呢!”

“好了,好了,殿下你就别取笑我了,我刚刚入朝不久,并未对大王统一天下大业尽多少力,但大王现在却让我位居李斯之上,这不是故意要让我与李斯树敌吗?一个大夫之职已经让我尽才而用,若要再让我身为右相,那不是虚占其位吗?殿下能不能替我在大王那里说上一句,把我这个相位给罢免了吧。”

扶苏对于自己的父王命隗林为相也甚为吃惊,因为按他的设想,左右相的位置非李斯和王绾莫属。但随即他便明白过来,因为近来他也开始研读韩非的著作,体会其中关于法、势、术三者合而为一的思想。虽然他觉得其中有些言论过于偏激暴戾，但为了和自己的父王取得共同的语言和观点，他只能将其一一读下去。而这其中就有关于统御臣下的策略，即分权之法。

王绾和李斯都是辅政重臣，在朝中是权重势显，若是再让他们占据左右相的位置，那么朝中的权力便会过分地集于他们两个人的身上，这可就非常不利于王权的统一。将隗林提拔上来，压制权欲十足的李斯，这绝对是一个非常好的主意。

“隗大人不用担心，以大人之才，并不下于王绾和李斯，而且大人又独独对匈奴人颇有了解，而这也正是父王所需的，所以父王才弃李斯而用大人。匈奴的问题是我们早晚需要面对的，既然父王任用大人为右相，就是对大人能力的一种认可，大人又何必推辞呢？只要大人能够辅佐父王解除匈奴之患，别人自然也就不会再有不敬之辞了，以后扶苏还要请大人多多指教呢。”

隗林对自己在朝中的情况十分了解，自己的势力远不及李斯与王绾。现在自己要找到自己的靠山才好。目前自己已经成功博得嬴政的信任，自己现在最要争取的就是扶苏公子的支持，因此听见扶苏要支持自己，自是非常高兴。于是马上向扶苏保证一定会辅佐嬴政北定匈奴。

第十六章 扶苏救婢女 嬴政定国策

将隗林送走之后，扶苏忽然觉得自己已经好几天没有见过父皇了，于是想要去拜见一下，随后就整理了一下自己的妆容，向咸阳宫走去。没想到刚走到半路就碰到了自己的太傅蒙毅，一阵寒暄过后才得知蒙毅也去拜见嬴政，于是二人结伴同行。

由于二人都不喜欢热闹，所以便选了一条偏僻荫凉的小径向咸阳宫走去。将要到达咸阳宫，忽见前面一名年轻女子正慌里慌张地冲着二人跑过来，后边则有一名男子一边紧追不舍，一边咒骂不止。

两个人不由一愣，是谁啊，竟敢在咸阳宫附近撒野，这不是吃了熊心豹子胆了吗？二人迟疑之中，那年轻女子已经跑到了他们跟前，收脚不住，一下子扑倒在扶苏的怀中，花容失色，声音凄楚地哀求扶苏道：

“公子，求求你，救救奴婢的性命，救救奴婢的性命啊！”

扶苏只觉一阵女人身上特有的幽香扑入鼻中，再看怀中之人，生得小巧玲珑，眉眼含情，脸若艳李春桃，再加上一脸的惊恐，更是楚楚可怜。扶苏甚至能感到她的娇躯在自己的怀抱之中颤抖着。

“贱婢，你跑吧，你跑到哪里也跑不出大爷我的手掌心的，你就等死吧！”

一阵粗鲁的咒骂声传自少女身后的绿荫丛中。紧接着便有一人冲了出来，嘴里还骂骂咧咧的，那个人一见扶苏与蒙毅和那个女孩在一起，顿时便愣住了，而扶苏和蒙毅也几乎同时看见了对方。

那个人竟是赵高。

“殿下、蒙大人，你们怎么会在这里啊？”

“赵大人，你怎么也会来这里啊？”扶苏冷冷地反问赵高。

“啊，殿下，我在追一名偷了东西的奴婢，不知不觉就跑到这里了。”

“噢，那你找到你要追的那个人了吗？”扶苏对赵高没有丝毫的好感。虽然他生性柔弱，但在政务御臣上却有自己独到的见解，于朝政纲纪无益的人他绝对不会重用。比如赵高，他就极为厌恶，他不知道父皇为什么对赵高如此青睐。

“不瞒殿下，小人追的人就在殿下的怀里。”赵高指了指扶苏怀中的少女。

“不，公子，我没有偷东西，我没有偷东西，我不跟他走，我不跟他走，公子救我！”那名少女极为惊恐且凄楚地叫着，哀求着。

“你说她偷了东西，可有什么证据吗？”

“殿下，这些奴婢天天都在欺瞒自己的主人，他们嘴里怎么会有实话呢？你把人交给我，她自然会老实交代的。”

“不，公子，他在撒谎，只要你把我交给他，那么我肯定会死无葬身之地的。”那少女眼中泪光晶莹，对赵高的口气很是强硬。

“你究竟犯了什么错，为什么你说赵大人一定会置你于死地呢?”蒙毅在一边问那少女道。

“奴婢什么过错也没有犯，只不过是看到了不该看到的事情。”

“你看到了什么不该看到的事情啊?”扶苏极为关切地问道。

“贱婢，你可不要胡言乱语啊，说错了话可是会出人命的!”赵高的脸上闪出一丝让人不易觉察的恐慌和惊惧，仍旧横眉立目地对着那少女大声地叫嚷着。

“赵高，你也太放肆了，有我在这里你却依旧如此的猖狂，可见你平日是多么的飞扬跋扈，回头我禀报父王，让他消消你的锐气，省得你恃宠骄横，如此的目中无人，不懂礼数。”

扶苏冲着赵高大声地说道，而赵高一听扶苏提及嬴政之名，也顿时被吓得神情委靡，不像刚才那样气焰嚣张，但眼睛却紧紧地盯着扶苏怀中的那名少女。

那名少女此刻也渐渐地冷静下来，略有些羞赧地离开了扶苏的怀抱，而后给扶苏及蒙毅飘飘下拜，再起身时，她的脸色已经变得无比刚强坚定起来。她毅然决然地对扶苏说道：

“公子，奴婢名叫夏雪，这件事我不说恐怕是死，我说了恐怕还是死，但我如果不说，就会有人得意，所以夏雪拼死也要把这件事说出来，省得我死得不明不白。”说着，她便要继续说下去，赵高却一下子抢到了扶苏的面前，“扑通”一下跪倒在地，脸色苍白，满脸惊恐地对扶苏说道：

“殿下，小人只是一时糊涂，这才犯下弥天大错，请殿下恕罪，请殿下恕罪。”说完，他竟像一只驯良的狗一般，伏在扶苏的脚下，抓住扶苏的裤腿，不住地磕头讨饶。扶苏不觉心里一阵恶心，他不喜欢的就恰恰是赵高的这副小人模样。得志之时什么人都不放在眼里，等到失意之时却又不择手段地想博得别人的同情和怜悯。

“赵大人，你不必求我，无论你犯了什么弥天大错，生杀予夺的大权都在父王那里，我根本就无权干涉，既然你必要置夏雪于死地，那我们不如到父王那里说个明白。”

说完，扶苏率先领着夏雪与太傅蒙毅一起到咸阳宫中去见嬴政。而赵高则跪在地上待了一会儿，脸上满是绝望的神色，但终究还是从地上爬了起来，灰溜溜如丧家犬一般，远远地跟在扶苏三人的后面。

咸阳宫中，嬴政正在思考着近日的政事安排。没有统一六国的时候，他热切地渴望着一统天下。现在真的统一天下了，他却发觉要做的工作其实比统一天下更多也更难。创业难，其实守业更难。由于要做的工作非常多，一时之间，千头万绪，他竟不知道从哪里先着手好。

闻听自己的长子扶苏前来，嬴政心中非常高兴，他已经有好几天没有见到自己的儿子了。虽然他到现在仍然没有立太子，但扶苏已经是他心目中的理想人选了。在其他子嗣中,他还没有发现才能超过扶苏的。虽然他觉得扶苏有时候有些优柔寡断,性格纤弱,但其对于政事法度的见解却还是颇有新意的。既然今日扶苏前来,正好可以让他和自己一起商议一下今后的工作。

不过,扶苏与蒙毅、赵高还有一名面有泪痕的宫女一同进来倒让嬴政甚为吃惊。四个人一齐跪倒于地,拜见了嬴政。嬴政命几人起身,但是宫女却长跪于他的面前,神情凄惶地对嬴政说道:“奴婢请大王做主。”

“你有什么事啊,赶紧说吧。”

“启禀大王,奴婢乃后宫王娘娘的侍女,今日奉娘娘之命去请姬瑶夫人过去闲谈,谁知到了姬瑶夫人的寝室之中,却发现夫人和……和一个男人赤身裸体地躺在床上,奴婢有罪,请皇上惩罚。”

“什么?”嬴政“腾”的一下子站了起来,“你说的可都是真的?”

“奴婢所言句句是实情。”

“那个男人是谁?”

“是赵高!”夏雪回头瞅着赵高,大声地叫出了赵高的名字。

赵高吓得一哆嗦,一下子脸色又变得苍白,双膝一软,跪倒在地上,立即跪爬到嬴政脚下,痛哭流涕地说道:

“大王,奴才一时糊涂,犯下了滔天大罪,请大王恕罪啊!”

“赵高,本王只问你,这名宫女说得可是实情?”嬴政的脸都被气白了。

赵高早已吓得魂不附体,哪里再敢隐瞒,连忙点点头。

“你这个畜生,竟敢如此大胆!”嬴政冲着赵高极为恼火地骂了一声,而后一脚把赵高踹翻在地,转眼看见了蒙毅,便开口问蒙毅道:“蒙毅,本王且问你,朝中宠臣与后宫嫔妃勾搭成奸,纵乱宫闱,你说该当何罪?”

“启禀大王。”蒙毅瞅了一眼仆倒在地上的赵高,避开其哀求乞怜的目光,而后说:“先朝律法之中并无明确规定,不过朝中大臣恃宠而纵乱宫闱,微臣以为是犯了欺君罔上之罪,应当将为乱者斩决之。”嬴政听后点了点头,又对蒙毅说道:“斩决之,嗯,本王也同意你的意见,你就去为本王办理此事吧。赵高这个畜生斩立决,至于那个姬瑶夫人,反正本王也没有碰过她,赐她一匹白绫自尽吧!”赵高一听嬴政要将自己斩立决,顿时吓得面如死灰,随即四肢着地地爬到了嬴政的面前,泪流满面地哀求道:

“大王,奴才自知罪孽深重,罪该万死,奴才就是被千刀万剐也难解大王心头之恨,但奴才斗胆恳求大王,请大王看在奴才多年鞍前马后的劳碌分上,饶恕奴才的一条狗命吧!”

嬴政听到赵高的乞求,心里面也是一阵踌躇:的确,赵高在自己的身边真的是起到了很大的作用。虽然他没有什么真正的本领,但却能够把握自己的细微心思,明白自己的心中所想。如果真的没有了赵高,也许自己就少了一种身为君王的快乐了。反正那个姬瑶自己也不喜欢,想到这里,嬴政的目光顿时便软下来,但仍旧瞅着蒙毅说道:

“蒙爱卿，本王慈悲为怀，何况赵高服侍本王也是尽心尽力，就暂且饶了他的性命吧。不过死罪可免，活罪难饶，你说应该怎么办？”

“大王，赵高颇知先朝法度，然而却又以法乱禁，纵乱宫闱，其罪甚大，大王既以慈悲为本，饶其性命，但他又常出入于禁宫之中，祸乱难免，依微臣之见，不如让其受腐刑之罚，既可保其性命，又能再为大王效忠。”

“好，这个方法好，本王十分同意。”嬴政非常赞同蒙毅的建议，而后才对赵高说道：“赵高，本王就让你受腐刑之罚，铭记此训，受刑之后，你亲自去赐那恶妇姬瑶白绫自尽。”

“奴才多谢大王不杀之恩。”赵高说着，又跪在嬴政的面前磕了几个响头，心中却对蒙毅充满了怨恨。

嬴政命内宫总管为赵高行腐刑，阉去其阳具，使其永远不能再行男女之事，而后他又命人传令于王绾和李斯共议帝号，以彰显统一天下的与众不同。

一切吩咐完毕，嬴政又把扶苏叫到了跟前，询问了最近的一些情况，这才父子分别。扶苏要出门之际，忽然看见了夏雪正用一双妙目楚楚可怜地看着自己，不禁心中一动，又折身回到嬴政面前，伏拜在地，乞求嬴政道：

“父王在上，孩儿有一请求，还请父王成全。”

“你想求什么，你就说吧！”

“父王，孩儿想求父王将宫女夏雪赐给孩儿吧！”

站在门边的夏雪一听扶苏要收自己为侍女，心中不禁荡起一阵涟漪，偷偷地看了一眼扶苏略显瘦弱的背影。虽然她只不过刚刚和这位大秦国的长公子待了短短的半个时辰，但她却已经对扶苏有了十分的好感。虽然她也知道自己的身份根本不可能获得扶苏的垂青和爱怜，但只要能和这个略显瘦削苍白的公子多待上一会儿，她也就心满意足了。如果能成为他的侍女，她的这个愿望不就完成了吗？

嬴政听了扶苏的请求之后不自觉地哼了一声，有些生气地看了看跪在面前的扶苏，又看了看稍远一点儿的夏雪，心里不觉有些失望。他希望自己的儿子扶苏能够一心专于学习体会，将来有一天能够继承自己的衣钵，更好地把自己创下来的这份基业发扬光大下去。但现在，扶苏竟然跟自己提出要收一名宫女为侍女。是的，他也觉得那名侍女娇俏可人，惹人生怜，但因为这样一个地位低贱的女人就拜地求人，这样的儿子还会有大作为吗？他的脸色不由得阴沉下来。

“大王，微臣倒有一言，请大王斟酌。夏雪虽然只是一名地位低下的婢女，但却不畏权势生死，勇于将后宫之乱揭发出来，因而才能使大王清除身边佞人，也算是保存了大王的清誉，所以夏雪于此事确有大功。虽然大王心存善念，饶恕了赵高的性命，但他必定会对夏雪怀恨于心，若仍让夏雪回到后宫之中，说不定终有一日会遭人迫害，到时别人还会以为大王不纳忠贞之士的谏言，不顾忠贞之士的生死安危呢！再者，殿下身边到现在也没有一个合意的侍女，让夏雪过去，一方面可以更好地照顾殿下，另一方面也好让殿下保护夏雪的安危。大王，这不是两全其美吗？”

蒙毅也走到嬴政的面前，对嬴政说道。蒙毅是扶苏的太傅，而扶苏是王位的继承人，扶苏将来登基为王，他这个当太傅的自然也不会受到排挤的。扶苏有治理国家的这个能力，他当然不希望扶苏与嬴政之间产生什么矛盾。而且，他的这番话也明显地打动了嬴政，嬴政可不想让自己背上一个不纳忠贞之言、不恤忠贞之士的恶名。他的目标是作一个大有作为的旷世明君。他又看了一眼夏雪，而后说道：“你是不是愿意作扶苏殿下的侍女啊？”“奴婢愿意侍候扶苏公子。”夏雪跪倒在地上，痛痛快快地回答着，心中充满了无限喜悦。

“那好，以后扶苏公子的饮食起居就全都交给你了，你可千万不能有一点儿闪失啊！”嬴政不觉又多看了夏雪一眼，虽然身材娇小玲珑，但却发育得饱满结实，低眉敛首之中，也有无限风情。扶苏已经不小了，让一个漂亮的女孩伺候他也许会更好一些吧。

五天以后，嬴政精神抖擞地坐于朝堂龙椅之上，极其惬意地看着阶下肃立两厢的文武大臣。他十分兴奋，因为他今天要宣布一些事情，而这些事情的宣布将标志着一个旧时代的结束和一个新时代的开始。赵高脸色苍白地站在他的身边，看上去非常虚弱。两腿之间隐隐而来的阵痛使他的嘴角不自觉地抽搐着。他刚刚受了腐刑，丢了阳物。想到回家面对着那么多昔日于自己的身体下莺声燕语，欢叫不停的美貌如花的妻妾，他却不能享用，他的心中便充满了难以抑制的怨愤和仇恨。他恨夏雪，他恨扶苏，他恨蒙毅，但是他却不敢恨嬴政。没有嬴政，便没有他赵高。

嬴政极其骄傲地向下扫视了一眼，仿佛面前就是他打下来的一片美好江山。他沉声说道：“昔日六国并存之日，各含机诈之心，以图谋大秦之天下。韩王纳地奉玺，愿为本王之臣，然而不久就悍然自毁约定，与赵、魏两国合纵背叛秦国，所以本王才派兵征讨，掳其王安。本王以为从此就可以息兵休战，民自安乐了。接着赵王便派遣使者来我朝致谢殷勤之意，因此本王遣其质子归国以享安乐，谁知赵王即刻翻脸，击我太原，所以本王派兵进攻赵国，抓到其王迁，使其流于西蜀。其余孽赵嘉北逃自立为代，意欲苟延残喘，本王兴兵灭之。魏王开始时要入我朝为臣，然而转脸却与韩、赵勾结而攻秦，如此反复小人，本王自然不会再让其留存世上，故而诛之。荆王先献青阳以西诸地为我朝所有，原来也是包藏祸心，已而背叛我国，遂发兵平定，虏其王，定江南诸地。燕王喜昏聩无能，一心享乐，其子丹又心性暴虐，遣恶徒荆轲以为刺客，终丧命于本王之手，平定燕境。齐王建老而无用，兴兵西陈，不纳外使，欲自为乱，寡人也派兵伐之，虏王削地。本王以一渺渺之身，举兵除平乱世，依仗先世祖庙之遗荫，一统天下。现在名号如果依然不变，根本就不能与统一大业相匹配并且传于后世，不知诸位爱卿有什么意见？”

嬴政的话音刚落，李斯立即从文臣之列中走了出来。他可不想在这个时候落在别人的后边，虽然他知道嬴政有意任用隗林为右相，但现在却还没有钦封，自己还有机会。他走出来便连忙开口说道：

“大王，微臣欣闻大王欲更帝号，以旌功绩伟业，便一直在思考这个问题。昔年五帝统治地方不过千里，其属下诸侯和外部异族是否入其朝而尊其位，虽五帝而无可奈何。现在大王兴举义兵，扫平乱贼，一统天下而为郡县，诸令皆由大王一人所出，如此丰功伟绩自上古而今从来没有过，便是五帝之功业也不能与大王相媲美啊！微臣与王大人等人及一班儒生学者就此事议论，古有三皇，即天皇、地皇和泰皇，其中泰皇最为尊贵。微臣冒昧献‘泰皇”之号于大王，王为‘泰皇’，命为‘制’，令为‘诏’，王自称为‘朕’。”

嬴政听了李斯的建议之后，略一沉吟，觉得泰皇之号叫得有些拗口，而且也体现不出自己的威严和气势，便开口说道：

“泰皇一词似有不妥，而且也大落于窠臼，依本王之见，去‘泰’而留‘皇’，另加上右之‘帝’号，名曰‘皇帝’。其他的就按你们说的办吧！”

赵高一听嬴政给自己取号为皇帝，心中一动，连忙小声说道：

“大王，您这个名号起得可真是太好了，皇帝，皇帝，取功盖三皇，业过五帝之意，简直是再恰当不过了。依奴才之意，典籍文册中可以称您为大秦国皇帝，至于奴仆臣下日常尊称似乎仍嫌拗口，不如称您为‘皇上’，上者，至高无上之人也，不知大王您意下如何？”

嬴政听了赵高的建议连连点头：“嗯，不错，皇帝，皇上，果然都大气无比，诸位爱卿，你们以后就可以称朕为皇上了，就不要再叫大王了。另外，本王仰仗宗庙之力，又赖诸位爱卿之功，这才得以灭六国而一统天下，有功者赏，有罪者罚，本王当然也不会忘记你们的贡献的，所以本王决定重封官位，各司其职，为本王之天下富强昌盛而努力。”

阶下众人一听嬴政要分封官职，立即都静了下来。谁不想做到更高的官职呢，起码这也是对自己的能力的一种检验体现吧。

“朕决定将全国最高政务分为三部分，各由其最高官属负责，丞相分左右二相，负责帮助朕处理全国政务，御史大夫负责督察百官廉洁奉公，勤于政务，太尉负责军事方面。左丞相王绾，右丞相隗林，御史大夫冯劫，太尉李斯，其他官职他时再行诏封。”

听完了嬴政的话，阶下文武百官都是一片讶然，讶然于隗林和冯劫的扶摇直上。他们二人跟随嬴政的时间并不长，但却不知为何如此得到君王的青睐和宠信。其实，嬴政这完全是有目的的封官定职的，王绾为左相乃取其德高望重，而隗林为右相则是因为他熟悉匈奴的情况，至于冯劫，能力也颇佳，而且没有私心，不像李斯那样权势欲望十足，所以嬴政要让冯劫为御史大夫，位在李斯之上。李斯翘首以盼，只得了个太尉，心中自然失望之极，却又不敢表现在脸上，只得与王绾等人磕头谢恩。

“另外，朕还有两个想法要说与诸位爱卿听。第一，朕自名为皇帝，自然是为了表示一统之大业与以往不同，周代八百载而衰，朕却希望大秦之基业可以传至千秋万代，所以朕便自命为始皇帝，后世子孙推而计数，从而无穷；第二，朕闻太古帝王有号而无谥，中古有号，百年之后以其行而为谥，按照这个规矩，也就允许子议父，臣议君，这可不符合世间准则，而且白费唇舌，朕以为一无所用，所以本王决定以后废除谥号。”

众人听完了嬴政的这一番话，更是震惊无比。他们震惊的不是嬴政自命为始皇帝，而是他废除谥号的决定。一个人生前是没有谥号的，待其死后，后人依据其言语行为之合礼俗与否为其确定谥号，这些成为约束生者的一个无形的规矩。因为如果一个人生前品行不端，暴戾残忍，那么他的谥号也不会好。而今，嬴政却宣布要废除谥法，有号而无谥，这也就明显地表现出他不想受人约束拘限的愿望。他本来就有些性情偏激，乐于杀戮，如果再无后人谥法约束，那不是会造成更大灾难吗？

尉缭抬头看了看嬴政，嬴政的面色非常平静，丝毫没有觉出自己脱于常规。尉缭知道，嬴政的性格就是专断独行，很少听人劝谏，只要他认为对的，认为有必要做的事情，别人根本就无法改变他的意愿。当然，这里面也有韩非的影响。虽然韩非早就死了，但他的著作却还留传于世，而且嬴政也都阅读了。韩非不但主张严刑苛法与权术威势，同样也极力鼓吹一切自创，而不去因袭古人。嬴政之所以会如何肆无忌惮地提出废除谥法的主张，或许就是受了韩非这种过于偏激的独树一帜的思想的影响。

嬴政并没有意识到自己在注视他。尉缭想了想，就要出班进谏，但随即又打消了这个念头。嬴政既然把自己的决定毅然决然地告诉了大家，这也就表明他已经不准备改变了，自己就是说了又有什么用呢？邯郸坑杀无数的妇孺老弱的事情他早就听说了，赵高为取悦于主上专门修建销魂宫和森罗殿他也有所耳闻，而这个国家却才刚刚正式确立起来，以后会发生什么事情谁也无法预料。

他不禁有些不寒而栗了。残暴、专断、噬杀、贪淫好色，为什么这个君王的身上会集聚着这么多的缺点，而他却又拥有无比强烈的拥有天下的雄心和欲望呢。

他不由得又想起了为劝谏责怪嬴政迁其母于故都雍城并亲手杀死自己弟弟的不孝不义之举，因而身遭屠戮的 27 名忠贞耿介的义士。其实，他们都没有错，他们更不应该被杀戮，他们只不过尽了一个人臣的责任而已。整整死了 27 个人，只为这迁母于雍的一件事，就有 27 个人身首异处。只有茅焦没有死，但他是个特例，因为他抓住了嬴政意欲统一天下的强烈愿望。可是，现在天下已经统一了，进谏忠言的人再拿什么理由来引起嬴政的兴趣呢？

他已经不敢再想下去了，他也不敢再出去劝谏皇上收回自己的诏令了。其他的人也没有走出来进谏的。

大殿之上出现了短时间的沉默，所有的文武大臣在此事上都取得了默契。

“诸位爱卿，难道你们没有别的话要对朕说吗？”嬴政颇为轻松地问道。

听到嬴政将话题转到别处，大家顿时觉得没有什么话题可说了。丞相王绾却走了出来对嬴政说道："皇上，如今天下初并，原先六国所辖境内之民心绪不稳，常常聚众为乱，又加其地僻远，王命难以抵达，臣请分封诸侯，一为彰显皇上之威恩御赐，二来也能够使诸侯统驭各地，以保天下平安。"

王绾的这一番话早已在家中琢磨了半天，便是嬴政不问，他自己也会说出来。他本以为自己这番话一但说出，秦皇嬴政必定会欣然点头认可。因为周代武王初立，便行分封大礼，从而才有周代之八百年基业，自己的皇上既欲万世享大秦之福，那么必定会师古而行分封之策。然而，出乎他意料的是，当他说完这番话，偷眼往上看的时候，却不禁大吃一惊：只见嬴政刚才还轻松惬意的脸上忽然浮上了一层焦躁忧烦的脸色，眼睛里也充满着怒气。

紧接着，王叔子康、子德等几位王室大臣和几名老臣也都进言力劝嬴政实行分封制。这里面数子康王叔的嗓门最大，力主分封的愿望也最强，但他却没有去注意一下嬴政的反应。嬴政非但没有同意他们的进谏，脸上的焦躁忧虑和怒气反而越来越浓重起来。

嬴政的目光大部分都投注在了王叔子康的身上。哼，分封，分封，你寸功未立，可分封却能分封到你的头上，你当然会极力赞成分封了。你知道打天下是怎么一回事吗？当初不就是因为你和几个老顽固抓住郑国修渠一事不肯放手，竭力怂恿本王将所有的客卿逐出秦国，朕才头脑一热而颁布了逐客之令的吗？若不是李斯冒死上谏一封《谏逐客书》，朕几乎失去天下贤才了，又怎么会取得今天的统一大业呢？你们只知道贪图享乐，却一点儿也不为朕的江山社稷想一想。

王绾及子康等人劝谏嬴政实行分封制的时候，李斯一句话也没有说。他一直在偷偷地察言观色，在观看嬴政的反应。虽然他没有得到丞相的官职，但他并不死心，他也有耐心等下去。在这些文臣当中，有谁比他更有贡献于大秦国呢？他有这个骄傲的资本。从他的观察来看，李斯知道自己的君王并不赞同分封制，否则他就不会一直对王绾等人"阴云密布"了。皇上喜欢法家的理论，自己也是法家学派的传人。法家学派主张天下为君王一人之天下，君王掌握着全国的最高权柄，通过统驭自己的臣下而获得对于全国大小政务的把握，而不是让自己的亲族和功臣去建立一个个相对独立的王国。也许君王设想的就是这样的形式，只不过没有人提出来罢了。想到这里，他连忙禀奏道：

"启禀皇上，臣李斯不同意分封制，臣认为郡县制更适合我国。"

李斯此言一出，王绾和子康等人颇多怨愤的目光便刷地一下子都投到李斯的身上，那样子仿佛恨不得立即把李斯给轰出去似的。李斯坦然受之，这些人无论有什么样的反应他都会欣然接受的。因为他看到了嬴政脸上的阴云正在逐渐变淡。

"皇上，臣以为如果仍旧采用中古之时所用的分封赏国之制，将会不利于统一大国的发展。周代文王与武王封了许多同姓宗族子弟为诸侯，以示恩赐，然而其后代却越渐疏远，相互之间征伐诛戮宛如仇敌一般，而周王也无力禁止。现在，四海之地一统皇上神威之下，则天下皆为皇上治下郡县，至于宗族子弟以及开国功臣，皇上可以用郡县之赋税重赏之，使其生活富足，则不但功臣子弟可以安乐饱足，而且整个社稷都会执于皇上一人之手。整个天下志向归一，不相对立，则安宁必定可以唾手而得，但如果分封诸侯可就很难求得安宁了。”

“嗯，李爱卿说得一点儿也没错，周朝先王倡导分封，初时还能依赖血缘关系而治，两代之后便即疏远，因而纷争不断，朕初并天下，只应求得安定，若是再行分封，那不就是再分兵马以树敌吗？这样的情况下还去求安宁，那不也太难了一点儿吗？好啦，分封之事大家都不要再提了，朕决定实行郡县制。”嬴政语气坚决地说道。

“皇上，李大人所建议的郡县制虽然也不错，但比如燕、齐、楚之僻远之地，如果仍实行郡县制，那要是其长官拥兵自重，犯上作乱，或者居官乱法，鱼肉乡民，那该怎么办啊？”王绾不无担忧地说道。其实他所担心的也很有道理，就是近处地区的官员如果居官作乱，那么照样也不利于国家的安宁。

“丞相所忧虑的事情也非常有道理，不过下官早就想出对策来了。”李斯洋洋自得地说道，“各地郡县官员居官日久，做出一些违法乱纪的事情当然很正常，不过如果措施得当，相信应该能够避免的。”

“李大人，你说得倒简单，天高皇帝远，怎么避免？皇上难道天天盯着他们不成！”王绾冷笑着说道。

“这个简单的问题当然不用皇上去费心劳神了，只要能够让郡县官长之间权力互制，同时将其屡屡调遣，避免他们勾结成一股势力不就全都解决

“是啊，这样不就把官吏渎职之弊解决了吗，此外朕每年再派遣巡行御史督察各地官员的政绩，同时暗访其是否有渎职之罪，如此一来，问题就能得到很好地解决了。怎么样，我的丞相大人，现在你还有什么担心的吗？”

嬴政略有点儿挑衅意味地盯着王绾问道，王绾当下也哑口无言。当然，他也知道嬴政已经有心行使郡县制，自然不敢再坚持。其余持观望态度的大臣一见自己的主上赞成郡县制，便都连忙进言实行郡县制。

随后，文武群臣和嬴政一起进行了分配郡县的工作。他们将全国的疆土共分为三十六郡。这三十六郡的名字分别是：

长沙郡（治今湖南）、黔中郡（治今湖南）、蜀郡（治今四川）、巴郡（治今四川）、代郡（治今山西）、上郡（治今山西）、汉中郡（治今陕西）、北地郡（治今甘肃）、陇西郡（治今陕西）、雁门郡（治今山西）、九原郡（治今山西）、云中郡（治今内蒙古）、太原郡（治今山西）、邯郸郡（治今河北）、巨鹿郡（治今河北）、辽东郡（治今辽宁）、辽西郡（治今辽宁）、右北平郡（治今河北）、三川郡（治今河南）、河东郡（治今山西）、南阳郡（治今河南）、南郡（治今湖北）、九江郡（治今安徽）、鄣郡（治今河南）、会稽郡（治今浙江）、颍川郡（治今河南）、砀郡（治今河南）、泗水郡（治今江苏）、薛郡（治今山东）、东郡（治今河南）、齐郡（治今山东）、琅琊郡

(治今山东)、上谷郡(治今河北)、渔阳郡(治今河北)。

这些郡总共是三十五郡,还有一个京官,负责管理咸阳及其周围地区,本应为"咸阳郡"。但如用"咸阳"之名,恐怕会与作为都城治所的咸阳相冲突,因此便用一个官名"内史"来执掌咸阳及其周围地区,即可称为内史郡。

郡中设三个官职,即郡守、郡尉和监御史。郡守负责打理一郡的政务。郡尉是郡守的助理,负责掌管一郡的军队。监御史负责督察郡中的大小官吏。郡中之官的任免、调迁权力都决于皇上。

郡下设县、乡、亭、里。

县内有令、长,是一县的最高行政长官。万户以上的县官为令,万户以下的县官为长。县令、县长之下有县丞、县尉。县丞是县令、县长的助理。县尉负责一县之内的军队,县内各官的任免、调迁也都决于皇上。

乡有三老,管教化;啬夫,管司法和征税;游徼,负责巡逻和追捕盗贼。

亭内有亭长和求盗。里内有里正和监门。

亭里以下还有乡村的最基层组织,即"什"和"伍"。10 家为什,有什长;5 家为伍,有伍长。通过这些看起来很烦琐的工作,嬴政便把地方的特权完全抓入到自己的手中。

郡县制完善之后,又有一人从文臣之列走了出来。嬴政一看,原来是博士淳于越,他是一个齐国人。却听淳于越说道:

"皇上,微臣以为皇上英明神武,终并天下,然先祖乃是周朝先王所封,终至为我大秦,所以应行周德,尊周为宗,方为华夏正统,不知皇上意下如何?"

嬴政一听,差一点儿被淳于越气炸了肺,不禁冷哼一声,对淳于越说道:

"淳于越,先祖虽为周王所封,然周朝正室逐渐衰败,其王更是日渐荒淫无道,难为诸侯敬服,所以才引起不断的纷争,如果朕一统天下之后仍旧尊周为正宗,那岂不是自招天下人的白眼和嗤笑吗?"

"皇上,臣惶恐,臣罪该万死,请皇上恕罪。"淳于越吓得连忙跪地求饶。

"皇上,微臣不同意尊周为宗。"嬴政听后这才觉得无比畅快。循声望去,却是博士仆射周青臣。只听周青臣继续说道:"皇上,五行学说之鼻祖邹衍曾有五德始终之说。每个朝代占一德,其德衰则为其后德代替,则其国亦亡。五德相克,循环往多,并没有哪一个肯定是正宗的说法。尧舜时主土德,夏时主木德,殷商主金德,而姬周则主火德。虞、夏、殷、周交替更亡,就是火、金、木、土相克的结果,此四个时代都可作为正统。而今四德已过,只余水德,则皇上所建之大一统国家便代水德。昔年吾大秦文王狩猎之时曾捕获一条黑龙,恐怕已为水德的祥兆了。"

"嗯,爱卿说得甚好。朕以水德代替火德,以盛而代衰,所以才能攻无不克,无往而不利,终致天下,此乃上天赐朕统一之大业,现在也就是水德的开始了!"

而后,嬴政就下发了诏令,将河水的名字改为德水,以为水德之始。因为水具北方、冬天及黑色诸多特征,所以他下令衣服旄旌节旗都崇尚黑色。法律也尊北方、冬天之严酷寒冷为特征，讲究刚毅暴戾、急法严刑，务去仁恩和义，罪即无赦。同时宣布新的正朔，以每年的十月初一为一年的开始，以示新国家的确立。还以六数为正统数字，车宽是六尺，一步是六尺，六匹马为一乘。

随后，他又命令王翦等武将把原来六国的豪强遗族都设法迁到咸阳居住，削弱他们的势力，使他们不再聚党为乱。

宣布完此令之后，群臣再也没有什么进谏的了，嬴政便说声散朝。群臣也随即散去。

第十七章　扶苏遭痛斥　高渐离击筑

在那次具有划时代意义的早朝之后不久，嬴政又作出了一系列举措：

（一）命民为“黔首”。以后以黔首称呼普通百姓。

（二）统一全国的货币。废除原先各诸侯国通行的货币，将全国的货币统一为上、下两种，上币为黄金，以镒（20 两）为单位；下币为圆形方孔钱，即半两钱。

（三）统一度量衡。使统一的国家在大小、长短、轻重上都能有个一致的标准。度为寸、尺、丈、引；量为桶、斗、升、合、龠；衡为铢、两、斤、钧、石。

（四）统一全国的文字，一律使用以秦国篆书为基础的小篆。为了方便全国参考使用，他又命李斯作《爰历篇》、胡毋敬作《博爱篇》、赵高作《仓颉篇》，总共3000 多字，都是小篆字体，作为范本推行全国。

（五）确立土地私有制，黔首自己呈报田亩数量，按田亩数量缴纳赋税。同时他还采纳李斯的建议，限制商人发展，鼓励以农业为根本。

（六）聚收天下的兵器到成阳，熔化之后浇铸为铁人、铜人。

诏令发布之后，嬴政巡行陇西、北地，出鸡头山。巡行回归之后，他下令让人在渭南修建信宫，与上林苑连为一体。信宫落成之后，他为其名之曰“极庙”，象征赐人以权柄的天极。随后又从极庙修建甬道，道路两旁筑有高墙，直通骊山。

而且，由于这一路巡行饱受路途颠簸，他下令在全国范围内修筑驰道，以咸阳为中心，放射状通向全国，路宽五十步，路旁每隔三丈种植青松一株。这些驰道平时有利于驿站传送信息和人民往来，打仗的时候也有利于调兵并运送军资。

当然，以嬴政的急脾气，他是不能等一项工作完成之后再去完成另一项工作的。只要他想开始哪一项工程，就要立即征调民工开始修建。

成阳宫中，嬴政品尝着江南加急送来的贡果，一脸兴奋地问身边侍立的赵高：

“赵高，朕让你修建的六国宫殿怎么样了？”

“皇上，奴才正在令人加紧修建，现在已开始封顶，不日即可竣工，到时奴才自会将那些六国后宫美女充入其中，以悦皇上圣听。”

“嗯，不错，朕相信你的能力。对了，骊山那边的情况怎么样了？”骊山即他的陵墓所在地，在咸阳东南方向。自从他行冠礼而掌握权柄之后就开始在骊山修建自己的陵寝。但是，他非常避讳死这个问题，所以谈及陵墓的修建问题，他只谈骊山,却不涉及陵墓。

“回皇上,这件事现在是由姚贾大人负责的,奴才也不知道其进度如何,不过奴才这里倒有一幅工程草图,您要不要看一下啊?”

“好啊!”嬴政非常爽快地回答着,他倒还真不知道工匠们对于陵墓的设计是什么样子呢。

赵高闻言从腰间拿出一卷绢帛,展开之后,却见绢帛之上勾画复杂,让人看不明白。赵高用手指着绢帛,开始为嬴政讲解:“皇上,此室凿骊山北麓而成,面向天极,以邀天帝之赐。室高50丈,周围700步,掘地穿三泉,而后浇注铜汁,以使其坚固。室中建有宫殿楼宇,设有百官座位,室顶有日月星辰之相,底部作四渎、百川、五岳、九州之势,以水银为江河湖海之水,运用器械使其永流不止,以鱼膏为灯油,长明不灭。室内再陈奇珍异宝,以示大国之威。另外,为防盗贼,室内还将设立机关,一有触动,便有强弓硬弩发矢如雨,管教贼人当场毙命。”

听完了赵高的描述,嬴政的脸上并没有露出太明显的兴奋表情,而是又盯着那幅墓室设计图看了一会儿,而后才说道:

“总体来说,这样的规划还颇合朕意,不过朕觉得还有两点不是。”

“皇上您说,奴才一定会令人增补。”

“其一,朕一生豪气壮烈,并六国而有天下,声势是何等浩大,若是百年之后却只有孤灯死水为伴,那岂不是太过寂寞;其二,室中陈有无数的奇珍异宝,他人自然会蠢蠢其心,纵有无数消息机关,外人不得进入,但若是那些修筑宫室的匠人们入室盗宝怎么办?”

“皇上果然是圣人慧眼,一下子便看出了其中的问题,奴才虽然已经看了不下几十遍,却不如皇上您这一眼。”

“你要是也像朕这样,那还用跟随于朕的左右吗?”

“哎哟,皇上,奴才天生就是跟随皇上的命,只要皇上高兴,那就是奴才的福分,你说的这两个问题,其实也很好解决,就是奴才们太过大意了。”

“那你说该怎么解决啊?”

“皇上,奴才以为可以这样办,室外命工匠塑兵马之像无数,拱卫骊山,以示皇上您统驭百万雄师,并吞六国的壮烈气势;室中则陪以后宫之诸多美女,以解皇上寂寞。至于那些工匠,工成之时,将他们全部封入室中长眠,也就可以阻止他们入室盗宝了。皇上您觉得怎么样啊?”

“嗯,如此一来,也就颇合朕意了。”嬴政点点头,忽然又想起来什么事情似的,冷不丁问赵高道:“赵高,朕交给你去办的高渐离那件事怎么样了?”

“啊,请皇上恕罪,奴才一时慌乱,竟把这件事给忘了,您且屈驾随奴才一起看一下,看看奴才的安排是否合您的意,要是不行的话,奴才再去处理。”

“嗯……好吧,朕正好感觉有点儿手脚酸麻,且随你走上一圈儿,放松放松精神。”

说着，嬴政站起身，和赵高一起走出门去。门外云遮雾绕，天空是灰蒙蒙的，一点儿也不明朗。两个人一直走到大殿之前的平场之上，嬴政陡然惊叫了一声，赵高也吃惊地瞪大了眼睛。只见平场之上，不知何时已经树立起十二尊铜人像，都是高大威猛，颇具气势。嬴政绕着十二尊铜人来回走着，不停地抚摸着铜人光滑清凉的表层。

“皇上，这铜人像如此之高，每个少说也得重千石以上吧！”赵高望着比自己高大粗壮太多的人像，啧啧称赞道。

“朕命令他们抓紧时间去督办此事，没想他们的动作如此之快，实在是有些出乎朕之预料，朕也没有想到民间竟然私藏有这么多的兵器，若非及早发现，岂不铸成大乱。”

“皇上神仪威势，天下人都对皇上敬畏若神灵，若非皇上您这样的雄心伟略，天下又能有哪一个人能得如此十二铜人拱卫朝廷社稷呢？”

一番话又把嬴政说得极为得意地放声大笑起来。

两个人看完了十二尊铜人像，又向南走去，来到偏殿一间屋子的窗外，借着窗子的空隙，赵高让嬴政向屋中观看。屋中只有一个人坐在地上，却看不见此人的小腿，其面前的桌上摆着一筑，而他的眼睛也极其无神地睁着，好像已经瞎了。“赵高，这个人就是高渐离？”“启禀皇上，这个人正是高渐离，只不过现在他只能击筑，目不能视，腿不能行，而且亦不能犯男女之禁。”

“到底是怎么回事啊？”

“皇上，高渐离在燕国时有‘仙筑’之雅称，皇上喜慕他的技艺也不足为奇，不过此人与荆轲交情最善，所以奴才不得不对其加以处置以后才带入宫，以防发生意外。他的眼睛已经被我用一种烟熏瞎，他的小腿已被截去，而且他也已经受了宫刑，无法再行男女之事了。”

“嗯，好，这下子他就再也无法伤及朕的一根汗毛了，朕这就回宫，你命人把高渐离带入宫中给朕演奏一曲。”

说完，嬴政转身回宫。不久，赵高果然令人带着高渐离来到了宫中。高渐离的裤管下半截空空荡荡的，他的眼睛也变得一团漆黑，他的脸上更是毫无表情，仿佛是木雕泥塑一般。如果不是亲身经历，他根本就不敢相信这种事情会在自己的身上发生。腿残了，眼瞎了，又受了宫刑，最初的时候，他想到了死，但他又挣扎着打消了这个念头。如果自己自尽而死，那么所有的努力也就都白费了。他忍住了，他将这种屈辱百倍地投入到对嬴政的仇恨之中。

他知道，嬴政喜欢自己击筑的技艺，终将会把自己召到他的身边。他本来想一俟召见便下手刺杀嬴政，但现在却不得不后延了，他得等适应了眼瞎腿残的状态之后再说。

“高渐离，你与恶徒荆轲交善，按大秦律法，本该枭首示众，不过当今圣上看你是个人才，放你一条生路，以后你要好好地伺候皇上，要不然有你好看的。”赵高恶狠狠地恐吓着高渐离。

高渐离闻言神情木然地欠了欠身，摇晃着脑袋说道：

“皇上，请恕罪民腿部有疾，不能行大礼之怠慢罪过，罪民只会击筑，其他别无所长。”

“高渐离，本王欣赏的就是你这击筑的技艺，否则你早就已经魂归九泉了，好了，朕今天兴致颇高，你为朕奏上一曲吧！”

“罪民遵命。”

赵高击了一下掌，无数身着轻纱的妙龄少女鱼贯而出，一个个巧笑嫣然地站在嬴政的面前。高渐离轻挥竹尺，筑声飘扬而起，那些少女便在嬴政面前的地上翩跹起舞，婀娜多姿，而且随着高渐离的筑声展颜而唱：

关关雎鸠，在河之洲。窈窕淑女，君子好逑。

参差荇菜，左右流之。窈窕淑女，寤寐求之。求之不得，寤寐思服。悠哉悠哉，辗转反侧。

参差荇菜，左右采之。窈窕淑女，琴瑟友之。参差荇菜，左右芼之。窈窕淑女，钟鼓乐之。

这是《诗经·周南》中的《关雎》篇。乐曲还未奏完，高渐离猛地掷掉手中竹尺，筑声铮然而停，高渐离脸上满是困惑和凄惶，他颇为愧疚地对嬴政说道：

“皇上，蒙您恩赐，饶恕罪民不赦之罪，并且有幸得于龙颜之前击筑以扶雅兴，罪民便是死力也要以娱圣听，奈何此筑中音不足，高亢者不能激越奔放，低回者不能委婉柔软，罪民虽竭力调和，却仍晦涩呆板，请陛下恕罪。”

“嗯，朕听来也有同感，总觉心中如积块垒一般，甚为郁闷。怎么，难道你所击的筑不是那日在独钓酒楼上的那只筑吗？”

“啊，皇上，那日罪民击筑，您也在酒楼上吗？”高渐离极其兴奋地说道。其实，他早就知道那个下手狠毒的人就是嬴政。

“是，当日朕亲自聆听几曲，几乎疑为仙乐，怎的今日就少了那种味道了呢？”

“皇上抬爱，罪民实不敢当，不过所击之筑并未曾更换，只不过造筑之时，选材不精，所以才致使出现这么大的差异，我当初在燕国之时曾有一筑，其音色非其他筑可比，但却不幸遗失了。”

“那可怎么办啊，难道朕就再也听不到那动听悦耳的仙乐了吗？”

“大王，请给罪民一些时间，定造出音色清新优美的筑来。”

“不知你有何良方，这么肯定地说自己能造出好筑。”

“皇上，寻常匠人在作筑选材之时，把握不好材质的干湿与纹理，所以在筑刚做好的时候，其音质尚可，然而时间一长就全然不行了，而且，好的筑内还应加入一些铅。”“什么，加入铅，那样不是会破坏筑音回旋激荡的效果吗？”

“皇上，如果充铅不当，自然会影响筑声之音色，但如果加铅合适，则其音高可激越峭拔，低可回转委婉，无论何种音乐都能于弦间任意击拨。”

“既然如此，那就快快为朕做出此筑来吧！赵高，你赶紧去找太乐前来，让他一切听从高渐离的调遣。”

“罪民高渐离谢皇上恩赐，罪民一定尽快做成此筑，以悦圣听，以衬升平。”

嬴政笑着点点头，原来这高渐离也只不过是一个贪图富贵享乐，善于阿谀奉承的凡夫俗子罢了。以悦圣听，以衬升平。哈，这种词儿恐怕连赵高都得费点儿心思想出来，没想到他脱口即出。

但是，他却不知道，高渐离此刻所想的完全和他不一样。其实，筑本身注不注铅并不影响筑的音质音色，关键在于注了铅之后其重量会增加许多。那样，高渐离才能把自己心爱的筑变成杀人的利器。因为他知道，虽然自己现在的身体已经完全残废了，只有两只手能活动，但出入宫中照样会被侍卫们盘查搜身，自己照样不可能将任何武器带在身边，带入宫中。他已经打定主意要为荆轲报仇了，他也已经见识过嬴政的残暴了。他决心要杀死嬴政，不但为了荆轲，也为了天下芸芸苍生不再受这个动辄杀人的暴君的残酷统治。

他现在已经不是那个意气飞扬的击筑名手了，他的心已被嬴政给封杀了，他的念头里只有如何杀死嬴政。

嬴政耐心地等待了 5 天之后，新的筑果然在高渐离的授意下做好了，里面也按照他的意思注入了铅。高渐离也并没有一味地注铅，因为那样会影响筑的音色的。他把铅都集中注在了筑的一头，而且又把这一头故意做得很尖利，以示与其他筑不同。嬴政还以为这是高渐离的创意之处，但却不知道这是高渐离便于攻击伤人的，而被攻击的目标就是他这个听筑的人。虽然宫中太乐对他进言说自己从来也没有听过注铅能够有助于改善筑的音质和音色，但嬴政却一点儿也听不进去。

新筑做好，一试之下，果然不同凡响，音质音色上佳，高可激越清扬，低可回荡婉转，让人听后或荡气回肠，或黯然神伤。

嬴政自然是大喜过望，每每召高渐离入宫奉曲，舞女伴歌，得到了极大的快乐和满足，对高渐离也渐渐地毫无戒心。一个瞎子又是腿残，他能对自己有什么不利之举呢？但是，与此同时，高渐离却在努力地锻炼着自己的听力，通过声音来辨别说话者的方向和距离。他已经大概知道了嬴政每次召自己入宫奉曲时的方向和距离了。但是那距离太长了，他身肢已残，无法借助太多的外力，只能靠自己的双臂一掷之力。那样的话，必须得等一个嬴政距离自己特别近的机会，然后才能一击致命。他必须耐心地等下去。而且，更让高渐离狂喜不已的是他那双被赵高用毒烟燎瞎的眼睛竟然有了一些光感。虽然只是极其模糊的一点儿，但他却兴奋无比。毕竟这是由完全黑暗到微弱光明的一大步，有时他甚至已经能够感觉到嬴政走动的身影了。

几天之后，嬴政决定去泰山封禅祭天，临走之前，想要再听高渐离击筑之声，于是就吩咐赵高把高渐离带到宫里来。

赵高答应着转身去办嬴政交给他的任务。走到门口，正好碰上扶苏要进门，他连忙恭恭敬敬地退了几步，叫了一声殿下，让扶苏先进门。扶苏也不客气，迈步进屋，并不理会他。赵高暗地里一咬牙，依旧走出门去。

扶苏进了屋，回头看了一眼赵高略带佝偻的背影，恨恨地骂了一声：哼，整天就知道像只哈巴狗似的围在父王的身边阿谀奉承，进献谗言，排挤忠臣贤才，弄得自己的背都变成罗锅儿了，真不知道父王一世英名，颇有作为，为什么要宠信这样无耻贪婪且奸诈阴险的小人。假如我扶苏有朝一日登基为帝，一定先判你赵高一个斩立决！

想着想着，他已经走到了嬴政的面前，连忙跪倒在地叩头道：

"父王在上，孩儿扶苏给您问安。"

嬴政眼光温柔地看了看扶苏，连忙让他起身。扶苏是他的长子，而且也很有出息，只不过有时候他觉得扶苏有点儿过于温慈软弱。如果儿子的性格能够再刚强一些，更偏爱于严刑苛法，那么他将是自己帝位最好的继承者。不过，饶是如此，他仍然把扶苏当做了自己的后继之人。遗憾就遗憾吧，世上哪里有十全十美的事情啊！

"扶苏，你近日可曾学习过韩非所著的文章？"

"启禀父王，儿臣刚刚读了一篇韩非的文章，认为他的'不期修古，不法常可，论世之事，因为之备'的主张还是有些道理的，因为他赞赏不盲目因袭古人、因时而异的策略。"

"嗯，不错，读了之后有心得，也不枉为父让你在他的著作上多下一些功夫。"嬴政笑了笑点头说。

"不过，儿臣私下以为他的某些言论过于偏激，不太适合治政之用。"

"噢，是哪一方面啊？"

"父王，儿臣以为人生而有善恶之分，并非一味都是恶人，所以儿臣觉得儒家之仁政学说并非一无是处，而韩非却极力推崇君主不养恩爱之心，而增威严之势，儿臣以为这就有些苛刻了。他说家规严厉就没有凶悍的奴仆，慈爱的母亲往往有败家的儿子，威势可以禁止暴虐，而德厚不足以制止乱事。可他却不知道，温慈可以求得善心，而一味地施暴或许会激起乱事，治理国家应该靠仁义与刑罚相辅相成，而不是只靠……"

"够了，够了，父王让你去细心领会韩非作品中的精髓所在，没想到你没有学到什么东西，反而挑出了这么多的毛病，你这是在指责父王不懂得治理国家啦？"

"父王息怒，儿臣对父王之英明神武仰慕倾心不已，又怎么会指摘父王当政之误呢，儿臣只是就事论事而已。"

扶苏一见父王发怒，连忙又跪倒在地上。

"呵，你翅膀硬了，敢给父王我挑毛病了，什么以事论事，我还用不着你教我怎么去治理天下！你说，我有哪里做得不利于天下的安定统一？"

“父王请息雷霆之怒，儿臣不敢，儿臣不敢！”

“你说，你给我痛痛快快地说，否则朕就不让你走了！”

扶苏没有想到自己说的这些话会惹得父王如此大发雷霆，一时之间也被吓呆了，不知道该怎么办才好。其实，他哪里知道，嬴政一贯便是如此的刚愎自用，骄纵成性。你可以去建议他去实行一条策略，却绝不能出言去谏止他已经认定或已实行的策略，否则就会为自己招来祸患。扶苏跪在地上等了一会儿，眼见父王对自己一直怒目而视，知道今天是不能不说了，否则自己也觉得憋闷得慌，便又恭恭敬敬地给嬴政磕了一个头，开口说道：

“父王，孩儿年少轻狂，开口无忌，如果言语有不敬或不当之处，万乞父王恕罪。”

嬴政冷哼一声，算是回答，他正憋着一肚子的火呢。

“父王，您统御雄师，东并六国而一统天下，功业壮烈，迄今不过一载有余，天下黔首刚刚从战火纷乱之中解脱出来，急需休养生息，而非苦力使役，使其疲于奔命，不得力耕于田。然而父王却听信奸佞之言，连年大兴土木，筑极庙，建六国之宫室，而今又役使无数人力修筑驰道，父王您可莫忘了北边之境上还有匈奴人在眈眈虎视，伺机对我大国烧杀掳掠。修筑驰道与挺军北境、平定蛮夷，孰轻孰重，父王一定比儿臣更清楚。再者，收聚天下兵刃集于咸阳，熔为金人十二，既防暴乱，又显大国之威，本是一件好事，但也不应一概而论，只要是铜、铁之利器便一并收缴，而且还把能够炼制兵刃器具的匠人一律迁到咸阳居住，这似乎有些不妥。庖厨没了菜刀，屠夫没有了屠刀，让他们用什么来为人做事啊？”

“住嘴，朕不用听你的教训，不管朕做得怎么样，都用不着你随意评判，走，朕不想见到你，走！”

“父王，儿臣说的全是一直以来憋在孩儿心中的肺腑之言，绝不是一时的偏激之词，请父王三思。”

“走，你赶紧从朕的面前消失，朕不想再见到你！”嬴政手指着扶苏，怒不可遏地大叫道。

扶苏一见父王怒气冲天，知道再说下去他也不会听从自己的意见，只得起身退了出去。

嬴政怒气冲冲地看着扶苏走出房去，一下子站起身来，在屋子里来来回回地走了几圈，又回去坐下。扶苏刚才说过的话还一句句地回荡在他的耳边，他也一句句地思索着。认真思索之下，他也慢慢地体会出扶苏的话里面的道理来。是啊，现在虽然国家统一了，但黔首却刚刚从战火混乱中脱身出来，不但男丁战死无数，而且家中所藏也一定无比匮乏，应该让他们安心于农耕，增加粮食储备，而不是把他们纠集起来去修筑驰道和宫殿。再者，北方的匈奴也始终觊觎着中原的富庶，他们终会是自己最大的敌人。既然自己想要大秦国成为一个强盛繁荣的万世不败的帝国，就必须要解决北边匈奴的问题。也许扶苏是对的，但他为什么不能像赵高那样讲究一下说话的方式和语气呢？

正当他在思考之中的时候，赵高悄无声息地走了进来。他一眼便看见了嬴政脸上残存的怒气，心中不禁一愣，但随即又高兴起来。刚才只有扶苏来过，那么肯定是他惹皇上生气的了。他那么招自己讨厌，正好可以趁机整他一顿，让皇上疏远与他的关系。但他转而又打消了这个念头，现在还不是机会，弄不好还会引火上身的。他知道嬴政已经不再年轻了，禅让江山只是迟早的问题，如果继任者是扶苏的话，那么他的日子也就不好过了。他必须先为自己找一个靠山或者说可以听自己的话的人，而后再把扶苏从皇上的身边弄开。

他小心翼翼地走到嬴政的身边说道：

"皇上，奴才已经吩咐过了，高渐离明天晚上来为您奉上几曲，曲目随您自己点。"

嬴政听后点了点头，并没有说话。他仍然在想着扶苏说过的话。

一天的时间很快就过去了，夜色降临咸阳宫，虽然宫中一片灯火辉煌，天幕却阴晦黯淡，看不见一丝星光，也找不到月亮的踪影。但这并没有影响嬴政听筑的兴致。

高渐离正襟端坐，面前放着那只特制的筑，只见他俯首对嬴政说道：

"罪民奏启陛下，昨日欣闻赵大人说陛下欲东行封禅于泰山，罪民听后也是兴奋不已。陛下神武睿智，洪福齐天，正好可以趁此东行之机让万民得以仰瞻龙颜之威，铭记大王恩泽。今天罪民将为皇上多多奉上几曲，祝皇上一路平安。"

嬴政听后极为高兴，连点数首曲目，而高渐离也连奏数首，无数舞女齐展歌喉，随筑音袅袅而唱，更有一种让人说不清楚的愉悦和欢乐。唱到尽兴之处，嬴政甚至放下手中的酒杯，击掌和上一两句，越发给乐声增添了几丝豪气。

夜越发的深了起来，虽然嬴政兴致颇高，丝毫不见困意，但高渐离却不自觉地打了一个哈欠。嬴政看后一笑，竟也产生了一丝怜悯之心，开口对高渐离说道：

"好啦，时间已经不早了，你再为朕奉上一曲就回去吧。"

"只要皇上高兴，便是再让罪民奉上十曲八曲也无大碍，但不知皇上想听什么曲子。"

"朕闻俞伯牙是先代乐手名家，一阕《高山流水》更是让无数人听后为之拍案叫绝，不知你可否能为朕演奏此曲？"

"皇上果然好雅兴，《高山流水》之曲罪民曾有幸听得一位前辈乐师演奏过，自觉听后荡气回肠，宛若置身梦中。罪民所学甚浅，如果击筑之中亵渎了此乐之神韵，还请皇上恕罪。"说完，高渐离眼睑低垂，手执竹尺，默想良久，而后才轻挥竹尺，于弦上轻击慢打，极其投入地演奏起来。高音清越激昂，低音低回婉转。嬴政半瞑端坐，只觉已经置身于一片峰峦流水之中，时而奇峰怪石林立，时而小潭溪水叮咚，间有鸟语嘤咛清悦，又似有一阵花香扑鼻而来。若非是高渐离确实存在，他绝对不会以为自己乃是在筑音之中。

筑声铮然而绝，余音袅袅，仿佛是那水声正慢慢幽咽而失。高渐离收起竹尺，依旧正襟而坐。

“好乐，好乐，听此一曲，果然如闻高山之流水，潺潺清脆，幽咽婉转。俞伯牙的好曲，你的好筑，都让朕感觉欣幸不已。好，朕敬你一杯。”

说着，嬴政亲手拿起酒壶为高渐离斟了一杯酒。赵高伸手要端给高渐离，却被嬴政拦住。嬴政端着酒杯，站起来，绕过桌案，走到高渐离的面前，朗声说道：

“朕闻信陵君爱才如命，曾亲自为一守门老者执马驱车。朕也十分爱惜贤才，今日奉酒于贤乐师面前，以示朕礼贤之意，请贤乐师饮了此杯御酒，终为朕所用。”

高渐离清楚地听到了嬴政的声音。他知道，此时嬴政就站在自己的面前，这可是他做梦都想得到的机会啊。现在，这已经成为现实了，自己想要杀的人就站在自己的面前。荆卿，我高渐离忍辱负重这么多天，终于可以为你报杀身之仇了，你若是泉下有知，就保佑我一举杀死这个暴君吧！

他的双手不自觉地颤抖起来，伸手去摸面前桌案上的筑。

“贤乐师，你怎么啦，朕吓着你了吗？”嬴政也敏感地注意到了高渐离的反常举动，有些诧异地问道。

“啊，不，皇上，罪民这是心绪波动所致，皇上乃万乘之尊，真命之体，罪民乃一戴罪之身，低贱卑微，怎敢劳烦皇上为罪臣奉酒呢？罪臣激动且惶恐，这手竟也不争气地抖了起来，请皇上恕罪。”

“好了，朕求贤若渴，若真为贤才，就可与朕相抗礼，与朕争左右，你的击筑技艺天下无双，朕便是亲自奉酒又有何妨？”

“罪民谢陛下恩赐。”说着，高渐离坐着深深俯首，算是给嬴政行了一个大礼。他的手又触到了桌案上的筑，但他随即便抽了回来。现在还不是时候，因为嬴政正面对着自己，而自己却看不见任何东西，只能趁他不备的时候偷袭。

嬴政将酒杯递到高渐离的手中，高渐离强忍颤抖，将酒杯接过来，把里面的酒一饮而尽。而后，他恭恭敬敬地，慢慢地把酒杯交还给嬴政。他感觉有一个高大的身影在自己昏暗模糊的视线中晃动着，嬴政接过酒杯，转身而去。

高渐离猛地俯下身，抓起桌上的筑，使尽全身的力气，将其锐利的那一边筑身猛然向嬴政掷去。

嬴政端着酒杯往回正走，忽然感到一阵猛烈的头晕目眩，竟失手将酒杯扔在了地上，而他也不由自主地低下头去。这一次的头晕目眩，比以往任何一次都要厉害。但这一次，虽然令他再一次皱眉，但却救了他的性命。

他刚刚低下头，那只筑便极为迅速地飞了过来。一阵劲风掠过他的头顶，冲掉了他头上的珠玉束带，那筑冲势未绝，正好撞在一名舞女的胸膛之上。舞女惨叫一声，胸口溢血，当即倒地而死。

骤临此变，赵高一惊，他随即便意识到了眼前的危险：高渐离要刺杀皇上！他不顾一切地冲到嬴政身边，而此时高渐离也知道了自己这致命一击并未奏效，一下子抽出腰间竹尺，用手爬着冲向嬴政。他不知道为什么嬴政竟能安然无恙地躲过自己这全力一掷，但他知道自己只有这次机会了。但可惜的是，他是一个残废，他只能凭着自己的感觉挥舞着竹尺冲向嬴政在的方向。已经赶到的赵高恶狠狠地一脚踹在了高渐离的胸口之上，他也一下子栽倒在地。

"来人啊，将高渐离这个恶徒给我绑起来，快来人啊！"

赵高的叫声刚落，几名侍卫已经冲了进来，将还要挣扎的高渐离按在了地上。不需捆绑，高渐离本来就显瘦弱，如今更没了小腿，两名侍卫一左一右，一人抓住他的一只胳膊，便已把他像抓小鸡似的抓了起来。

嬴政头晕目眩的症状逐渐缓解，他抬起头来，由于束发的玉带被高渐离扔出来的筑挂断，他的头发全都盖在了眼前，看上去极为狼狈。他看了一眼倒在地上气绝身亡的舞女，筑尖利的一端沾满了她的鲜血。他这时才明白高渐离为什么要往筑里注铅，而且还要把筑的一头弄得极为尖利。太乐说得一点儿也没错，注铅根本就无助于改善筑的音质音色，这完全是高渐离为自己的阴谋诡计找的借口，其实他早就处心积虑地要杀死自己。他怒不可遏地冲到高渐离的眼前，赵高也赶紧跟了过去。"高渐离，朕对你不薄，你为什么要恩将仇报，要用筑谋害朕？""哈哈哈，恩将仇报？对我不薄？暴君，你也太不会说话了吧！用毒烟燎瞎我的双眼，斫去我的双腿，又对我施以宫刑，难道这就是你对我的恩赐吗，这就是你对我不薄吗？还有，你要知道，是你杀死了我的好友荆轲，我要杀了你为荆轲报仇！"高渐离毫不屈服地高昂着头，瞪大了一双已不能视物的眼睛，脸色煞白，样子极为恐怖。

"难道你就不怕死吗？"

"哼，怕死？死又能怎么样，人早晚不都要经历一死吗？我若是怕死，又怎么会让你这暴君的笨蛋爪牙发现！只恨没能亲手杀了你这恶贼，为吾友荆轲报仇，为天下百姓除害。"

说完，高渐离又是放声大笑，笑得嬴政和赵高心里有些毛骨悚然起来。

"把他拉出去，拉出去，五马分尸，五马分尸！"嬴政气急败坏地大声叫着。

那两名抓住高渐离的侍卫刚要把高渐离拖出去，高渐离却又大声对嬴政叫道：

"你这暴君，高渐离不需你动手的，你如此的暴戾残忍，天下人迟早会把你赶下台的。"

说着，高渐离忽然一用力，一股殷红的鲜血从他的嘴里流出来，而他那高昂的头也随即低垂下去。名噪一时的击筑名家高渐离咬舌自尽了。

那两名侍卫一见也呆住了，不知道该如何面对眼前的情形。

"把他先拖出去，鞭尸三百，而后车裂，将首级示众十日！"

嬴政眼见高渐离自己咬舌而死，心头的一股怨愤之气无处发泄，余怒难消地喝令着那两名侍卫。而后他又来回地在屋子里面焦躁地走起来，先是狠狠地把高渐离的筑踩了个稀巴烂，而后又一脚把摆放着美酒佳肴的桌案踢了个底朝天。那些舞女们被吓得惊声尖叫，四散奔逃，而赵高则一直灰溜溜地跟在嬴政的背后。他现在也不敢说话招惹嬴政，他知道嬴政正在气头上。

第十八章　秦始皇封禅兴建琅琊台

公元前219年春末夏初，经过一番准备之后，嬴政终于开始了自己东行封禅祭天之行。

出行当日，咸阳城的民众纷纷前来围观这一少见的出行仪仗。这些年来，他们很少能够看到如此盛大的出行仪仗，上次有如此大的仪仗还是嬴政西行雍城行冠礼之时。而且与上次相比这次的规模与声势更加隆重。

李斯等人在这次东行的仪仗上可以说是大费心思，当然也少不了铺张浪费。不过这些都是值得的，因为这次东行一为封禅祭天，二来也是为了显示一下嬴政的威严。从嬴政的角度来考虑，恐怕第二方面比第一方面还要偏重一些。当然，这些准备工作也少不了赵高的参与筹划。而且，他做的工作大部分是锦上添花式的，多数都是摆在嬴政面前的。

仪仗准备好了之后，嬴政先命李斯在咸阳宫中小规模地演示了一番，嬴政看后非常满意，责令太卜占卦择吉日出城东去。

这是嬴政统一天下以来第一次大规模的出行，至于上次游陇西诸郡县只是随兴而至，不同于这次，所以这次所用的也是最华丽、最高贵也最完备的礼仪车马。

数日之后，嬴政东行到达了邹峄山下。但见山上奇峰峭拔，怪石嶙峋，初生的翠绿与山石的清冷交织出一幅独特的色彩图。嬴政兴致大起，遂领着文武众臣上山游玩了一圈，作为封禅泰山的前奏。临于山顶，极目四望，只见群山连绵，云雾缭绕，恰似飞云仙境。而且碰巧山顶上有一处峭壁，其平如镜，嬴政命文武百官撰文命辞，刻于石上，以记今日之盛事。众人思考半天，李斯第一个完成了构思，连忙取出绢帛，刷刷点点，不一会儿便龙飞凤舞地写完呈给嬴政。嬴政展开一看，字迹虽然有一点乱，但还能看清楚，只见上面写的是：

皇帝立国，维初在昔，嗣世称王。
讨伐乱逆，威动四极，武义直方。
戎臣奉诏，经时不久，灭六暴强。
廿有六年，上荐高号，孝道显明。
既献泰成，乃降专惠，亲巡远方。
登于绎山，群臣从者，咸思攸长。
追念乱世，分土建邦，以开争理。
功战日作，流血于野，自泰古始。

世无万数，陀及五帝，莫能禁止。
乃今皇帝，一家天下，兵不复起。
灾害灭除，黔首康定，利泽长久。
群臣诵略，刻此乐石，以著经纪。

嬴政看完了李斯的撰文，其内容虽然距离他的刻石以记今日君臣共上邹峄山之盛事的要求相差甚远，但却是对他歌功颂德，赞扬他灭除六国，一统天下，给人民带来安定局面的功绩的。他当下便点头认可，正好可以利用这个石刻的内容来很好地显示一下自己的声威业绩，也好让这些齐国的顽固派们以及其余五国的遗孽适时收手。

随后，他命地方官寻找石匠刻撰文内容于峭壁之上，自己则率领浩浩大队前往泰山。

泰山所在的齐郡郡守早已接到了皇上要来泰山封禅的消息，不但准备好了驿站供大队休息，而且还搜罗了70名当地最饱学知礼的儒生候驾，供嬴政询问相关事宜。

但是，这些儒生们虽然在儒家子集著作之中皓首穷经，一肚子诗书，但当他们得知皇上要就泰山封禅一事询问有关的礼仪章则的时候，他们却又都一个个挠头不已。虽然他们所崇的儒家思想最重礼仪道德，而封禅泰山是天下之至高无上的礼仪，同时他们又都世代居于泰山脚下，但封禅之礼却真的是将他们难住了。

自周平王东迁洛邑之后，历代帝王没有一个行过泰山封禅之礼，其失传于世间至少已经500多年了。由于连年的割据战乱，各方诸侯都只注重于开疆辟土，也没有心思去封禅祭天了。儒家学派之祖师孔丘倒是曾经研习古代典籍文册，欲复行此礼于世，然而古代典籍文册所记也甚为混乱且简单，再加上也没有人向孔丘请教这一方面的内容，他也只得作罢。所以，到嬴政封禅之时，已经没有相关的史料记载了。

但是，这些儒生们却不想就此放弃。如果错过了这次机会，也许他们以后就很难再有机会见到当今的皇上了。虽然他们知道当今的主上尚法而轻儒，但却仍旧都怀着一丝憧憬，想着通过这个机会获得进身朝中的机会，也为久被压制的儒家人争一口气。

最后，这70个儒生参照先祖之经典籍册，又援引各种礼仪制度，根据儒家仁义孝悌之根本，归纳成了一套庄重肃穆的封禅礼仪，等着呈献给嬴政。

嬴政到达之后，也不去驿馆歇息，径直在泰山脚下找了一处地方沐浴净身，等待行封禅之礼。在他的意识中，人的身体是最能藏污纳垢的，既要祭天，就要干净一点，圣洁一点。

龙颜面世，齐郡郡守及一干官员率领70名儒生呼啦啦跪倒一大片，三呼万岁，而后才一个个爬起来。齐郡郡守向后瞅了一眼，一名为首的老儒生便连忙颤巍巍地走到嬴政面前，咳嗽了几声，这才说道：

“皇上，老朽听闻皇上要行泰山封禅之大礼，自感欣幸不已，大礼一毕，天下苍生必能仰承皇上之恩泽，务于桑梓。至于封禅之礼仪，老朽与其余69名同窗苦议良久并参阅先人典籍，终于拟出细则，敬请陛下龙目御览。”

说着，那老儒生伸手从袖出掏出早已书写好礼仪细则的绢帛，交给内侍并转给嬴政，嬴政展开一看，字也不多，写的是：古者圣贤帝王封禅于此，以仁义为先，为蒲车，恶伤山之土石草木，扫地而祭，席用葅秸，其易遵也。

看完之后，嬴政不由得冷哼一声，问那老儒生道：“诸位先生苦议良久，又纳先人之典籍所载，难道就修饰出如此礼仪细则吗？倘若如此，这封禅之礼也忒简单了吧？”

“陛下言之过矣。此礼看起来虽然简单，但真正遵照实行起来却未为容易。陛下要轻车简从，以蒲草包裹车轮，而且不要伤及山上的花草树木。”老儒生早已老迈昏花，须发皆已斑白，而且牙齿脱落，两腮深陷，说话便吞吐漏风，听起来极为模糊不清。

嬴政听后心中一阵冷笑，腐儒，腐儒，果真是迂腐无用得不可救药！如此让人可发一笑，滑天下之大稽的礼仪，也真难为他竟然能够这样神态自若地说出来，而他后面的那一群儒生们却也跟着连连点头表示赞同。他瞅了瞅面前的这群儒生，而后开口问道：

“嗯，朕也认为你们所拟的礼仪看似简单，实施起来却殊为不易。依你们的意见，主要是要让朕以仁为念，不伤及山上的花草树木，不毁及生灵，是不是？”

“对，我等所想的正是这样。”老儒生高兴地笑了起来。若非是皇上当面，他真可能会说出孺子可教也。

“纯属无稽之谈！”在那老儒的笑容里，嬴政忽然猛喊了一嗓子，吓得那老儒一哆嗦，脸上的笑容也顿时荡然无存，嬴政劈头盖脸地对他叫道：“你说不伤及山上生灵，难道蒲草就不算生灵吗？蒲草包车，朕有这么多的车辆，到哪儿去找这么多的蒲草？再者，朕就是率领群臣徒步爬山也难免不伤及山上的花草树木啊？朕无法执行你们所拟的礼仪，你们给朕指一条明路吧！”

这些酸腐得可爱的儒生们这才知道自己所拟的礼仪细则根本就不合眼前这位皇上的胃口。是啊，这皇上弄了这么豪华气派的车队来行封禅之礼，目的就是想耀武扬威，炫耀显摆一番，但现在却给他出了一个这么大的难题，这不明摆着要给自己找麻烦吗？惶恐之中，这些儒生一下子又呼啦啦跪倒一大片。坚持吧，一怕触怒龙颜，二来自己也没有一个好主意；不坚持吧，又不符合自己所学的儒家的仪礼规范。本来他们是想讨好一下嬴政，没想到却因为自己的繁文缛节而触了一个大霉头。

齐郡郡守及属下官员一见自己精心挑选的这些饱读诗书的儒生们刚见面便惹恼了嬴政，自己心里也吓得直哆嗦。嬴政不想再听这帮老儒生的啰嗦，便对齐郡郡守命令道：

“这些儒生你从哪里找来的再把他们送到哪里去，以后不允许他们中的任何人求取功名，朕再也不想见到他们！”

郡守眼见嬴政并没有怪罪自己，如蒙大赦，连忙令自己的手下遣送这群儒生们回家。那些儒生们为了封禅之事忙活了数日，本想借此机会飞黄腾达，没想到不但吃了一顿责骂，而且以后永远都不能再求取功名，心里都不停地咒骂嬴政暴戾粗鲁，不遵礼仪。

嬴政眼见儒生们一个个散去，抬头仰望，只见一柱苍峰直耸入云，其顶巅隐于漫天云彩之中，偶现一下，即又隐没不见了。山上奇峰怪石兀立嶙峋，绿树山花相映成趣。看了半晌，嬴政胸中一片开朗，刚才的那股闷气也烟消云散。人们都说泰山乃五岳之首，今日一见，果然有万山仰其恩泽，天下尽在其眼中的气势。如果只是远观，而不登顶一览，岂不引为人生大憾。

既无旧礼俗仪之规，嬴政便按照自己的设想大胆为之。反正自己是来封禅的，只要能于山巅之上拜祭天帝，感谢上天恩赐不就行了。

主意已定，他立即命王贲、王离父子二人率领随行军士开辟山上之羊肠小径，以供大车上山。王贲、王离父子二人连忙领命去修整山路。

人多力量大，王贲、王离父子率兵士奋力整修，原来的羊肠小径迅速地变为既宽且平的道路向山上延伸而去。嬴政便指挥庞大的仪仗队伍径直向上。

由于队伍车辆众多，而且山路又陡峭难行，所以众人走得非常慢。那些被嬴政斥退的儒生此时并未走远，一见嬴政如此大动干戈，毁坏山上的草木生灵，一个个都摇头叹息呼号不已，都暗骂嬴政坏礼失德，难以承继古代圣贤帝王的衣钵。

天上的云层逐渐厚了起来，刚才还能模模糊糊的看见影子的太阳也躲得无影无踪了。一阵凉风不知从什么地方一下子冒了出来，吹得一个儒生猛然打了一个激灵。

“不好，快下雨了。”

他猛地喊了一声，这些儒生们便连忙都挤进了路边的一间生意清淡的茶棚，抬头仰望着正行进上山的嬴政的车队。

嬴政并没有感觉到那阵风的存在，因为他坐在车中，而且他早已为泰山之壮丽隽美的景色所吸引了。车窗上的轻纱轻轻地飘了起来，但他并没有注意到。他的眼光全都停留在满目的苍翠和绵延起伏的峰峦上了。

忽然之间，那阵风便猛地大了起来，吹得山上的树枝摇曳作响，吹得那些绿草都俯首低头，吹得驾车骏马也鬃毛竖起，咴咴暴叫。一阵大风灌进了嬴政的车，他也不由得打了一个寒战，眼见漫山大风狂呼，头上乌云四合，心内猛然一惊：难道真的因为自己不遵封禅祭天的礼仪而强行上泰山，惹得天帝发怒，来惩戒警示自己了？

暴风狂走，顿时便吹得人仰马翻，不少骑马的侍卫郎中被大风吹得从马上栽下来，滚入路边的深崖之下，粉身碎骨，也有不少马匹因为风沙眯眼而误坠崖下，亦粉身碎骨。所有的人见状都连忙从马上下来，牵马前行，而赵高唯恐嬴政在车中危险，连忙从车内将嬴政搀扶起来，一起步行。嬴政下车后顿觉疾风扑面，硬如刀割，自己身上的皇袍被吹得呼呼作响，头上的皇冠也摇摇欲坠。一时之间，他真想率领众人打道返回咸阳，不再提封禅之事，但转眼却又改变了主意。这股暴风激起了他的心中戾气，他下定决心无论怎么样都要上山顶封禅。

狂风吹过，风势稍小了一点儿，但头顶山巅却乌云四合，转眼之间便极其浓厚黑重起来。天色也陡然暗下来，仿佛已是夕阳已下，夜色低垂一般。整个厚重的云层如同一块黑布，矮矮地，猖狂地压在众人头顶，让众人心头压抑非常。

忽然间那云层似乎动了一下，也轻淡了一下，继而豆大的雨点噼里啪啦地砸落下来。雨点白亮亮的，大得惊人。赵高心内一阵惊慌，这雨要是淋着自己的主子那可就麻烦了。他连忙急惶惶地用手中的一块绢帛遮住嬴政的头。一抬头，猛然看见前面的山路边耸立一棵巨松，树干粗大而枝木四张。

"陛下，依奴才的意思，咱们不如先到那树下避一避雨，等雨住之后再上山封禅，您看怎么样?"

嬴政连忙点点头，赵高便扶着他往树下奔去。二人刚跑到树下，天色似乎又暗了一下，接着便是一阵瓢泼大雨，雨水甚至在山路上迅速地流淌起来。树下也不时地有雨点滴落，赵高连忙招来几名黄门，以伞盖遮在嬴政头顶，便一滴雨点也没有了，而且能坐享雨声和轻凉，倒也舒适。

那些大臣和侍从们可就惨了，一个个遮头掩面，在雨中来回奔走着，但是到处都是雨，哪里也躲不开。虽然车上能避雨，但下雨路滑，山势陡峭，一侧又是万丈深崖，稍有不慎，就会连人带车都滚落山下，性命难保。淋雨滋味虽苦，但总算还能保命。他们虽然也看到了那棵冠盖如伞的巨松，但嬴政身在其下，未得召传，又有谁敢前去避雨呢!

嬴政坐在巨松之下，看着雨水洗刷着山上的一草一木，也有些似乎是幸灾乐祸地看着在雨中奔逃辗转甚至偶尔倾覆于地的文武大臣们。想着他们平日在自己面前中规中矩，颇有仪礼规范，而今却在雨中提衣遮面，一身泥水地狼狈奔走，心中竟然觉得十分有趣。过了一会儿，他才对赵高说道：

"赵高，你去把那些文武大臣们都叫过来避雨吧!"

其实何需用叫，已经有不少的人逡巡于巨松附近，单等皇上的首肯了。赵高只叫了一声，这些人立即都冲入了树荫之下，也顾不得什么礼仪行止，谦谦君子之风了。树下倒是不错，不会再有雨水淋浇之苦，但是他们已遭雨淋，即使身到树荫之下，但身上水渍流淌，衣服也紧紧地贴在了身上，让人十分难受，一阵冷风掠过，众人更是哆嗦颤抖不停。

山下的那些儒生们在茶坊之中静坐品茶，聆听雨声，自是惬意无比。目光穿过重重雨幕，只见上山的仪仗乱七八糟，嬴政的手下在雨中东颠西逃，狼奔豕突，狼狈至极。这些人不由得相视而笑，自己虽然失去了富贵功名之前途，但见到坏礼者遭到如此天惩，一个个心内自然快意无比。

被嬴政当众训斥的那名老儒生捋了捋颌下稀疏的胡须，又呷了一口茶，得意地笑着看着外面的大雨，幸灾乐祸地说道：

“诸位同窗，此君率性而为，毫无怜惜地恣意践踏圣地草木生灵，毁坏山石，违背古训且坏先人仪礼，所以天帝要狠狠地惩戒他一下，子曰‘天厌之，天谴之’，说的恐怕就是此人吧！”听了老儒生的话之后，众儒生都哄堂大笑起来，而茶店的老板却早已躲了起来。这些话要是让官府的人听到了，他这个店老板也会跟着倒大霉的。却听另一个儒生又说道：

“孔夫子曰‘非礼勿视，非礼勿听，非礼勿言’，此人以坏礼之举而防民之口，实在是昏聩糊涂透顶，上天也不会庇佑他的江山社稷长久的。”

山上，丞相王绾与隗林率领文武官员拜谢了皇上的恩赐避雨，但眼见自己仿佛落汤鸡一般，而嬴政身边的赵高却衣服干爽，神态悠闲，心里都觉得不是滋味。拜谢之后，他们一个个都站在一边，谁也不愿意多说话。众人同为一殿大臣，为什么赵高有权免受雨淋之苦呢！

赵高眼望漫天暴雨，山上一片水汽蒙蒙，而巨松之下却是难得的干爽，便连忙对嬴政说：

“陛下，此树以冠盖荫翳为陛下及臣等提供避雨之所，实在是居功至伟，其虽为顽树，却也是天地间的生灵，您也该封赏封赏它。”

“是啊，此树为朕遮风挡雨，使朕免受风雨侵袭之苦，其功甚大。”嬴政听到了赵高的建议，也忙笑着点头认可：“其功既大，朕自应对其进行封赏。不过，封赏什么才好呢？金银财宝它又用不了。嗯……还是封它官职比较好一些，对，朕就封它为五大夫，以旌其护驾之功。”

赵高听后连连抚掌称妙，忙让黄门拿出一条长长的镶金绶带，系在树身上，算是正式委授其爵位。其余众臣听完却都不禁面面相觑，李斯更是心里愤愤不平——自己鞍前马后地奔波服侍了嬴政将近20年，也只官居太尉，而这棵却只一次遮雨之功，便被赐封大夫之中的最尊贵一级的五大夫，真是太不公平了。看着赵高那一份小人得志的猖狂劲儿，他的心里更感到愤愤不平，哼，于国无丝毫裨益，全仗仰人鼻息，阿谀奉承过活，却照样位得高官，而且很得皇上的宠幸。但他转而便又心平气和了，管别人有什么用，还是种好自己的一亩三分地再说吧！

不一会儿，暴雨停歇，山上的花草树木苍翠欲滴，就连那些本来毫无生气的裸露的岩石也显得湿润而溢彩。嬴政连忙辞别了五大夫树，继续向山上进发。

空气清爽，景色宜人，众人的脚步也轻快了许多，不多时便直抵泰山之巅，但见艳阳悬空，四面群山仰止卑服，身边流云雾霭轻轻飞掠，一股馨香之气也在人的鼻翼久久涤荡不去。嬴政傲立于山巅之上，振臂高呼，继而聆听群山的回环呼应，仿佛是在领受万民的尊服敬赞一般。

欣赏够了泰山顶上的雄伟风光，嬴政才命太祝主持仪式，以在故都雍城祭拜天帝的仪礼为规范，捧土而封，算是行封禅之礼。

礼毕之后，他也命兵士立石于泰山之巅，又将李斯早已为他写好的歌功颂德的文章刻于石上，以表其功业并为后人所铭记。其文曰：

皇帝临位，制作明法，臣下修饬。
廿有六年，初并天下，罔不宾服。
亲巡远黎，登兹泰山，周览东极。
从臣思迹，本原事业，祗诵功德。
治道运行，诸产得宜，皆有法式。
大义休明，垂于后世，顺承勿革。
皇帝躬圣，既平天下，不懈于治。
夙兴夜寐，建设长利，专隆教诲。
训经宣达，远近毕理，咸承圣志。
贵贱分明，男女礼顺，慎遵职事。
昭隔内外，靡不清净，施于后嗣。
化及无穷，遵奉遗诏，永承重戒。

嬴政一直站着看刻词在石匠们的一片叮叮当当声中出现在他的眼前，这才由泰山的北面下山而去，而南面山下的那些儒生们也趁雨过天晴各回自己的家去了。不过，因为受到了嬴政的训斥，而嬴政又为封禅之事而在泰山乱毁山石草木，因而这些儒生们对嬴政颇有怨言，回到家中之后便四处传言说嬴政是个暴戾无常的昏聩之君，而且苛刻少恩，心无仁义温厚。

下了泰山，嬴政又带领大队人马前往泰山北部的梁父小丘，又进行了加土封禅之礼，这才算有始有终地完成了整个泰山封禅的大礼。但是，封禅泰山完毕的嬴政并不想打道回咸阳，他还想继续再巡行下去。齐鲁诸地是儒学兴盛之地，他不喜儒术，所以他知道有许多儒生会对自己心怀不满，而且齐国是自己最后收服的国家，又没有大动干戈，所以还有不少反对自己的力量隐匿于齐国境内，他要让这些人见识一下自己的威严和气势，震慑他们，使他们彻底放弃对自己的敌意和对抗，成为顺民。再者，他平生第一次登游泰山，便深深地为这里的风光所吸引，在赵高的怂恿下，他决定再去海边去看一下，体会一下海浪击打海滩和礁石的雄壮与激烈。他觉得这种雄壮和激烈是专为自己而存在的。

封禅泰山之后，始皇嬴政继续东行，他先是到了齐国旧都临淄，在齐王建所住过的宫殿中盘桓了几天，而后又经过黄、垂两地，翻过成山，而后到达了芝罘。芝罘是一个滨海之城，站在高高的城墙之上就可以远望一顷碧波，潮起潮落。站在海边，嬴政更是极好地感受了一次无边的海浪抨击海岸的雄壮气势，体会了一种震撼人心的伟大力量。是的，这才是真正的伟大。站在海边，他甚至产生了一种难以抑制的遗憾,要是自己的都城咸阳也能峙海而立那多好啊,那样的话,自己就能每日从海水的澎湃咆哮之中汲取连绵不绝的力量了。

海的雄阔和伟大让他感受到了一种有生以来从没有过的狂放和壮美。自己已经统治了整个天下,七国现在尽为自己所有,自己就是要有大海的这种无所羁绊、毫无拘囿的气势和个性,而不应该再缩手缩脚了。而且,住完齐王建旧居的宫殿之后,他也心有感触,连齐王建所住的地方都是如此的奢华阔气,而自己虽为天下之主,但所居之地还不如一个昏聩无能,偏居一隅的齐王建。与齐王建的宫殿相比,自己的咸阳宫可以说是太窄小,也太寒酸了。他决心回到咸阳之后要建一座更大的宫殿,与自己今日的地位相匹配,当下跟赵高一说,赵高自然是全力支持。

当然,他也并非一心游乐而醉不知归,他也没有忘记自己是大秦国的执政皇帝,游玩途中,他还是做了一些事情的。

自从进入齐境以来,他发现有些城市的城墙防御设施依然存在,并未按照自己的意思尽数拆除,而且有的地方甚至据河为塞,阻碍了河水的流动和农田的灌溉。他便诏令地方官员立即拆毁堤防城墙以利各地之间的交流沟通。

此外,始皇每到一处,便会招来地方官员详细询问当地的物产、民情以及政令事务的开展,嘱咐他们一定要把秦朝律法好好宣传一下,而且要严格执行,如果发现有人图谋不轨,立即严惩不赦。

同时,一路之上,赵高也做了不少的工作。当然,他的工作只有两个目的,一个是讨好取悦于始皇,另外一个就是在地方拉拢自己的势力,收受贿赂中饱私囊。那些地方官员都知道赵高是始皇面前的宠臣,红得发紫,所以也都愿意结交,或归于其门下,或纳钱以悦。而且,赵高早就看出来始皇已经对临行前从咸阳带来的那些妃嫔腻烦了。为了饱足始皇的色欲之需,赵高先是选择了几名颇有姿色的宫女进献于始皇,眼见犹不解渴,遂暗让各府官员搜选美女以供嬴政淫乐。此招果然奏效,嬴政皱了几天眉之后便一直笑意盈盈,一边饱览齐地的风光,一边尽情享用当地的美女,竟然夜夜不空床,宵宵有春光,虽然也因此而弄得疲惫不堪,但他仍然不肯罢手。

离开芝罘,他又率人来到了琅琊郡。琅琊郡位于黄海之滨,原是东夷与淮夷人的居地,因郡内有琅琊山而得名。五霸称雄中原之前,这里一直是蛮夷荒野之地,并不为人所知,一直到越王勾践灭吴并北上称霸,将其都城迁到此处以后,琅琊这个地方才渐渐地有了些名气。

越王勾践在此地尊周为宗,号召其他诸侯抵御外族的侵扰。而且,为了更好地向群豪发布命令,显示自己的威严,他在琅琊山上造了一座琅琊台,经常在台上祈祷天神或者向各路诸侯发号施令。

但如今,风云俱去,当秦始皇兴冲冲地登上琅琊台的时候,琅琊台早已远非昔日的风光荣华。不但琅琊台无比的残败破旧,风雨之痕清晰可见,就连琅琊台周围也无人家居住,只有萋萋荒草、茂密丛林与远处澎湃咆哮的海水与之为伴。

始皇嬴政大为感慨,决心要以一统天下的英明君主的身份再复琅琊台昔日的荣光繁华,下令从薛、齐、邯郸、颍川四郡各迁黔首7500户到琅琊山下居住,免除他们20年的赋税,以期他们能更快地适应新环境。随后,他决定在旧琅琊台的旁边再造一座新的琅琊台,而且要更雄伟更高大,选料和设计都要比旧琅琊台都要更精细、更完美,以更好地体现他这个立意造台的人的与众不同。因为勾践只不过是一个统治一隅蛮夷之地的一方诸侯,而他却是一统天下群雄的霸主。

修建新的琅琊台的命令一下,可就忙坏了李斯、王绾以及隗林等众位大臣。众人忙着造台的一切事宜,而始皇嬴政则在赵高的陪伴下游览琅琊山一带的风景。

琅琊山虽然没有泰山那样称首五岳,俯视群山的雄伟气魄,但却也有一种别样的风光。山势连绵起伏,或缓坡,或峭壁,都被一团苍翠笼于其中,而且还有不少的飞瀑小溪,水光清澈晶莹,水中还常有游鱼嬉戏,观之让人心旷神怡,流连忘返。而且还可以立于山巅之上远眺海上一顷碧波,顿觉豪气满怀。

自此,始皇嬴政每日在赵高的陪同下遍游琅琊风光,回去之后审阅奏折呈报,听李斯、王绾等人汇报修造琅琊台的情况。

由于始皇对于琅琊台的要求极高,再加上他也愿意在琅琊多盘桓几日,所以一座耗时耗工耗材无数的琅琊台,历经三个月方才造成。竣工之日的头天晚上,赵高为嬴政带来一个非常奇怪的人。

乍见此人,连嬴政都吃了一惊,因为此人满头银发,但脸色红润白皙,其发如老朽之人,而其脸色却宛若顽童。在始皇嬴政的惊异之中,来人恭恭敬敬地跪倒于地,叩头说道:

“黔首徐福给圣主陛下问安,恭祝陛下洪福齐天,永享尊位。”

“徐福,你来见朕有什么事吗?”

始皇忍住心中惊奇,问徐福。

“启奏陛下,黔首乃齐郡梁丘人氏,自幼随业师修习求仙寻异之术,年前偶见东海冥深之处隐隐有三座峰峦,当为古书中所载蓬莱、方丈、瀛洲三座神山,黔首当即欣喜无比,遂斗胆乘舟前往,谁知误打误撞,竟然真的窥见了神山之门径。”

“什么,你找到了通往神山的门径,那后来怎么样了?”嬴政其实本来不信神仙鬼异之说,但如今见徐福相貌如此怪异,而且又活灵活现地说自己曾窥得前往神山的门径,不由得也有些动了心。

“陛下,黔首虽有幸窥得神山门径,但却在门外为神使所阻,他说我福微祉浅,根本不能进入神山,否则必将命丧于斯。而且,他还赠我仙丹数粒,嘱我秘藏,以待承天命以泽被恩赐众庶民的圣主,交其服用,而后我才能为其前驱,重新入海寻得仙山所在,为此天命圣主求得长生不老之术,而黔首也可受圣主之拖带，以享数百年的寿命。”

“那你可曾找到承天命以泽被恩赐天下苍生的圣主了吗？”嬴政急切地问道。这世间，除了自己能够配得上圣主这一尊号，还有谁能承天命以泽被苍生呢？

“启奏陛下，小人在此奉神使之命苦守一载有余，日前才从占星之术中获悉此圣主已经熙临琅琊，原来小人所等候的人就是陛下您啊！”

“什么，你要找的人是朕？”嬴政一听对方要找的人果真是自己，心里非常高兴，却又强压内心的兴奋问徐福。不过，从他微微颤抖的声音之中便可以听出他的激动了。

“陛下神威所至，六国臣服，终成一统之盛世，试问这世间又有谁比陛下您更承天意而御黎庶呢？”徐福倒是很懂得阿谀奉承。

“刚才你说可求得长生不老之术，不知如何去求？”

“当日神使对小人说了，一旦承天命之英主出现，就让其服用固本益气之灵药，以驱人间污浊污秽之气，而后再由小人率人东行人海至仙山之神迹，从而求得长生不老之术，小人也可以仰接恩泽而成就百年之寿。如蒙陛下恩准，小人愿为陛下涉海东行以求长生不老之术，则天下万民都能永远享受陛下的溥隆圣恩，而我大秦江山也能在陛下的英明统御下成就万世不衰之基业！小人恭祝陛下永享尊位！”说着，徐福跪在地上，又给嬴政磕了三个响头。

“那神药现在何处？”始皇身体前倾，非常急切地问道。

“小人已经带在身边。”说着，徐福伸手从怀中掏出一只锦囊，站起来，颇为恭敬地站起身来交到始皇的手上：“陛下，此锦囊之中装的便是神使赐予小人的灵药，每日服用一粒，便可驱除陛下身上的世间污秽之气，早点儿成就不死之躯。”

那锦囊入手温润轻滑，比之最上等的绢丝还要强上数倍。打开药囊，只觉一阵异香扑鼻，让人闻之心神舒泰，如入仙境之中。始皇倾斜药囊，从里面倒出一粒浑圆赤红的小药丸，当下也不思索，一下子便将其吞入了肚腹之中。徐福偷偷一笑，又对始皇说道：

“陛下，当日神使曾对小人说，旷世英主乃世间之神，让小人一定要尽心侍奉．绝不能有丝毫懈怠，否则不但小人会遭受上天惩戒，天下苍生也会身受悲苦。”

“那你何时才能为朕东行入海求取长生不老之术啊？”

“回陛下，小人知道陛下欲造琅琊台以复当年越王勾践之时的盛景，为万民祈福，明日工程可竣，到时小人随同陛下一齐上台东望，如果神山现踪，那么必定是神灵已经知道圣主驾临琅琊，因而以现真踪，那时，小人就可以东行入海以求长生不老之术了。”

“那好，那你先下去休息，明日便随朕同登琅琊台，如果你真的能为朕寻得长生不老之术，那朕便许你与朕同享富贵。”

“小人谢陛下隆恩。”

徐福跪在地下谢恩之后，才转身离去，他的脸上带着一种不易察觉的诡异笑容。嬴政目送徐福远去，只觉得心中包含希望，自己变得无比兴奋，他想着徐福给的药果然有神效，自己才刚刚服下，现在就有了功效，他不自觉地往自己的寝室跑去。

第十九章　痴迷长生药 尉缭急出走

第二日，秦始皇带领着文武百官及徐福登上了竣工的琅琊台，众人来到琅琊台之后，很快就被琅琊台雄伟的建筑以及周边的景色所吸引。不管是从选材还是从设计还有施工，琅琊台都呈现出了一种皇家独有的大气，这个琅琊台建在了琅琊山伸入海中的一脉之上，三面环海，站在琅琊台之上，要看一望无际的海面，聆听澎湃鼓荡的潮声，也会产生一种豪情万丈的情怀。

秦始皇对于这三个月的成果非常满意，不住地点头赞许，李斯以及王绾等亲手操办过此事的人自然是万分高兴。毕竟能够获得始皇的赞许也是一件很不容易的事情。而在君臣赏景品评新琅琊台的时候，一直跟随在他们身后的徐福则极为紧张地时不时地向东方的海上看去。

忽然，他猛地向前抢了几步，而后极为激动也极为虔诚地面向东方跪拜于琅琊台上，大声地说道：

“陛下，神山圣殿已经现身于海上，这是众神们知道陛下驾临此地，特以此来降以福祉，恭祝我大秦江山永驻，祝大王长享尊位！”

始皇闻听心中大喜，连忙向东望去，只见远处海空缥缈之地，果然有隐隐的起伏连绵的峰峦，而峰峦之上则虚承一座金碧辉煌的宫殿，宫殿旁有祥云飞升围护。

“哎呀，那是神仙的居所啊，陛下洪福齐天，天帝显灵了！”

不知是谁高声地叫喊着，而后文武众臣呼啦啦跪倒一大片，叩头不止。连嬴政也跪倒在地，感谢上天的恩赐。神山圣宫既现，那么徐福就可以东涉海水为自己求取长生不老之术了！

其实，嬴政君臣完全被徐福给蒙骗了。因为他们并未到过海边，所以对此神奇景色极为诧异，只信这便是神山仙宫。实际上，这只不过是一种在晴朗的海空之上经常出现的自然现象。如在盛夏时节，这种情形更会经常出现，当地的人已经大多对此见怪不怪了。徐福又装模作样地跪拜半天，口里念念有词，但眼光却在不停地偷窥着嬴政。又过了一会儿，眼见嬴政及文武大臣都纷纷起身，他才走过去，跪倒在始皇的面前，极其兴奋地对始皇嬴政说道：

“恭喜陛下，陛下洪福齐天，初临此台，众神便显露仙踪，昭引陛下入九天化境，如果陛下恩准，小人即刻便能乘舟东渡，为陛下寻取仙术。”

“好，朕即刻便为你准备渡船以及金银珠宝，前往神山之上谒见众仙，为朕求取长生之术！”

“陛下，渡船是小人所需的，金银财宝就不用了。”

“那是为什么,世间之人可都极为喜爱此物啊?”

“陛下,您真是疏忽了,小人此次涉海东渡乃是前往神山之上谒见众仙,这些凡间俗物他们又怎么会喜欢呢?”

“是啊,是啊,朕真是糊涂了!”始皇嬴政有些不好意思地说道,却又接着问徐福:“那你要携带什么东西去谒见众仙呢?”

“启奏陛下,具体所需之物,那神使早已告诉小人了,他对小人说,世间之人都爱黄白之物,此为仙俗之罪,所以欲成仙必先去俗欲邪气,圣主若想求长生不老之术,金银器物不可取,但需童男500名,童女500名,百工齐具,合载世间谷物,则仙术可得。”

“好,好,这些都好说,朕马上就为你去准备。”

随后,嬴政连忙命人去按徐福所说的东西去备齐。皇帝急需,地方官员自然是倾尽全力配合以讨好自己的主子。短短两日,徐福所说的500童男,500童女,百工以及稻黍等谷物便都准备整齐,分装于五艘大船之上,只等东行涉海。为了防止意外,嬴政又为五艘船分派了500名兵士以保安全。

一切准备就绪以后,徐福选择一个风平浪静的天气沐浴斋戒,而后拜别了秦始皇,信誓旦旦地东行入海去求取所谓的长生不老之术了。而秦始皇则怀着殷殷渴盼之情,站于琅琊台上,目送船帆远去,一直消失于海天迷茫缥缈之处,这才转身要回驿馆。也就在此时,他才发现了自己的一个大遗漏,琅琊台虽然已经造好了,可是还没有在上面立石刻文以记叙功绩,旌表大秦之功德,都怪自己只顾着徐福东行求仙术的事情了。

想到这里,他叫过李斯,让李斯赶紧起草撰写一篇文章以记重造琅琊台之盛事,从而让琅琊之地的人都能铭记大秦的功业。谁知他刚刚命令完毕,李斯便开口说道:

“陛下,微臣其实早已拟好此稿,敬请陛下审阅。”

“什么,你写完了?可……可朕还没有命你去写啊?”

“陛下,您御驾一路东行,祭礼峄山,封禅泰山之时都曾立石刻文以颂我大秦及陛下的功德,现在陛下重筑琅琊台,东观碧海,西望中陲,臣民宾服,又怎么能不刻石而纪功呢?”

说着,李斯伸手从袖中掏出早就写好的文章交给始皇。始皇接过来,展之阅读,看完之后,始皇非常满意,因为李斯的这篇记文不但很清楚的记叙了自己自统一天下以来实行的各项有利于国家统一安定的政策方略,而且文字简单明了,立于此处琅琊台上,正好让当地人游历此台时日观夜省,更好地铭记自己的功德。当下他便命人寻找石匠将此文刻于巨石之上。

而后,始皇又依依不舍地望了望海之尽头虚幻缥缈的地方,这才率群臣回到驿馆之中等待徐福为自己求得长生不老之术回来。但是,他哪里知道,徐福是不会回来了,他的长生不老之术当然也就不会由徐福带回来了。原来这徐福身为齐人,虽然其国已被秦始皇兴兵灭掉,齐王建也被饿死在共地松柏林中,但他的心却仍旧怀念已经不存在的齐国，而不愿接受秦王朝的统治。

这一次，借求仙术出海，而且又带上了童男、童女各500人，百工以及杂粮五谷，他就已经不想再回来了。经过长时间观测天象以及昼夜的交替，徐福推测在海中应有其他的净土存在，他出海的目的就是要寻找这片不被秦王朝统治的土地，将所率之人在那里繁衍生息延续出另外一支齐国的血脉，而不是向秦始皇俯首称臣。

至于秦始皇，徐福只不过是利用了他急于成仙的心理来让他为自己准备东行出海的东西罢了。什么长生不老之术，根本就是无稽之谈。虽然他身为占星卜卦之人，但他却从来不相信这世上有什么长生不老之术。功夫不负有心人，据说徐福后来真的乘船找到了一处小岛，在岛上扎根下来，终于成功地延续了齐国遗民的血脉。而且，他还写了不少的绢帛，命人将其装入竹筒之中，投入大海。人们惊问其故，他却不肯说明。

嬴政等了徐福几日也没有消息，就率领众臣来到了泗水。就在准备出发之时却收到了琅琊郡守派人送来的加急书信，书信装在一只竹筒里的，据信使称乃是守候在琅琊台边等待徐福消息的人从海边所得。

嬴政一听，这才有了些喜悦，也许是徐福为自己求得长生不老之术，这就要回来了。他连忙敲碎了竹筒，从里面拿出一张绢帛，只见上面清清楚楚地写着几行字：

尊敬的吾皇陛下：

黔首徐福衔王命东行海上，历尽艰辛，终至神山仙境，为陛下求得长生不老之药，但神使却说我慧根已至，遂让我服用了长生不老之药，成就了仙人之体，那千名童男、童女也一并收纳为我的小厮，至于皇上的不死之药，只能等待以后的机缘了，不过也许你永远没有这个机会了。

黔首徐福顿首拜上

嬴政看完那封信，顿时气得七窍生烟，浑身乱颤。自己在琅琊郡为徐福费尽心力地准备大船，童男及童女和所有徐福所开列的东西，谁想到头来却是为他人作嫁衣裳，让徐福这个贱民服了长生之药，成就了不死之身，而且不但居于神山之中，还有无数的童男童女供其差使支唤。嬴政一时气急再加上与女子整日行春闺之事，居然病重昏迷。后经道士指点，来到湘山祠悔过。至于为什么要到湘山祠悔过，这里面也有一个故事。始皇继续南行之时因为湘山挡住了自己的视线，竟然下令烧杀。而这山上的湘山祠也被烧得十分凄惨。于是人们认为秦始皇冒犯了神仙才会有如此报应。

说来也真怪，这一路的颠簸奔波，一直在车内的嬴政都是昏迷不醒，可到了山下不一会儿，他自己就悠然醒转过来，而且神志颇为清醒。

赵高将事情简明扼要地向嬴政说了一遍，语气尽量柔和一些。嬴政听完之后沉默良久,脸上看不出一丝的表情,也不知道他的心里在想些什么。

其实,不但他不知道嬴政在想些什么,就连嬴政自己也不知道自己该想些什么。对于方士的话,他有点儿半信半疑,但事实上自己却又是真的突然之间昏倒了,虽然表面上是头痛之症复发,但这期间发生的事他却什么也记不起来,以前头痛症发作的时候可不是这个样子的。他知道,自己做事向来是由着自己的性子做的,从来不去计较什么后果。但这次突染沉疴却让他开始检讨自己的错误了,但他却又不愿去检讨自己的错误。

他开口问赵高道:"你找的那两个方士呢?"

"就在车外边等候着呢。"

嬴政撩开车窗向赵高所指的方向看去,只见正有两个人虔诚地向着湘山祠的方向跪拜祈祷,也不顾膝下的石头会硌伤他们的膝盖。

"哼,还真像那么回事,他们叫什么名字?"

"回皇上,他们二人一个叫韩终,一个叫侯公。"

"把他们都叫过来。"

"是,皇上。"

不一会儿,韩终和侯公来到了嬴政的车前。二人一见嬴政业已醒来,而且又精神颇好,心中也十分高兴,连忙跪倒给嬴政行礼。

"听说你们一个叫韩终,一个叫侯公,怎么样区分呢?"

"启禀皇上,我叫韩终,他叫侯公,我长得黑一点儿,而他长得比较白。"其中那个皮肤微黑的人说道。后来,听二人说要治好皇上的病必须要重新修缮湘山祠。

随后,嬴政命李斯等人找地方官去布置重新在湘山之上栽树培绿而且修缮湘山祠的事情,他自己则在赵高、韩终以及侯公的陪同下上山到湘山祠中去祭拜湘山二君。

不管怎样,韩终和侯公的话倒也真是灵验得很。嬴政上山入祠之后,跪拜于二神君的像前行礼祭拜,而后念念有词,祈求二神君的谅解。等到他再起身向外走之时,他的病真的是完全好了。上山的时候他还要由赵高和韩终搀扶着才能行走,到了下山的时候,不但步履矫健,而且精神极好。心中一高兴,他便想起了为自己治愈病症的那两名方士,虽然他们既没有给自己诊脉,又没给自己开药。

"韩终,侯公,你们过来。"

"皇上,您还有什么吩咐?"

"你们以后怎么打算的啊?"

"怎么打算的?回皇上,小的两个人还没想过呢。"他们的心中已经隐隐猜出了嬴政话里的意思,但他们并不去点破,他们要让嬴政自己亲口说出来。

"你们可曾听说过长生不老之药啊?"嬴政忽然开口问道。

"启禀皇上,像我们这样的道人,谁没有听说过长生不老之药呢。不过此药可难得一见，虽然也曾有人自行炼制过，但并未炼成。我们二人都是命中福薄之人，根本不敢强求，只求一生能为人分忧解难也就是了。”

“那什么样的人才能有幸得到长生不老之药呢？”

“当然是福醇德厚，为上天瞩目的人才能有幸得此仙药了。”侯公故作轻松地说道。

“那么世间是否有如你所说的福醇德厚，为上天所瞩目的人呢？”

“仙药既难求，这样的人当然也不好找了，不过依小人看来，我们倒还曾遇到一个。”韩终眼睛瞥着嬴政说道。

“噢，那人是谁？”嬴政一听韩终的口气，好像此人并不是自己，不禁有些垂头丧气，但却仍旧极为关切地问道。哼，在朕的统治之下竟然还有人福祉超过朕，若让朕知道了是谁，先将其杀掉，看看他还怎么成为长生不老的人。“皇上，此人远在天边，近在眼前。”说着，韩终与侯公一起跪在嬴政的面前，恭恭敬敬地磕了三个头，侯公则正色说道：

“皇上，请恕小人冒犯之罪。皇上您挥神军而并六国，解天下黔首倒悬之苦，四方宾服而感念皇上的恩泽沐浴，若说这世上只有一个人能成就长生不老之身，那么除了皇上您，谁还有这个资格呢？小的二人修行虽浅，但却曾参悟炼制不老之药的方法，只是苦于找不到一个福祉醇厚之人佑助炼制丹药的工作，今日得见皇上威仪，自觉已寻到此人了。”

“嗯，这么说，你们会炼制长生不老之药了？”

“但得有皇上的神龙之气相助，小的二人自可试上一试，以让天下黔首永世仰承皇上您的恩泽。”

“好，好，那你们以后就跟着朕，专门为朕炼制此药吧，但得有什么需要的，你们就去找赵高要就行了。”

“多谢大王，我二人定当为皇上成就不老之身而尽效犬马之劳。”

说着，二人瞅了瞅赵高，而赵高也似乎若有所思地冲着二人点了点头。

随后，四个人下了山，嬴政心情轻松地登上车，命令大队人马再转头赶回咸阳。

久违了的咸阳城并未有太大的变化，一如既往的繁华热闹。百姓们听说出行的皇上回来了，又都像始皇出发时一样，围聚到大路的两边看热闹。

看热闹的人没变，始皇的车队也没有太大的变化。如果围观者够细心的话，他们会发现驾属车的数量比出行时增多了。里面坐的都是年轻貌美的女子.她们都是始皇出行时，赵高专门为其从民间搜罗来的供其淫乐泄欲的女子.虽然她们也跟着大队来到了咸阳，但等待她们的只能是冷清寂寞的后宫，她们很难再等到始皇的第二次临幸了。

咸阳宫也是井井有条，并不显任何凌乱，嬴政看了之后感到很高兴，看来自己将朝中留守大任交给扶苏一点儿也没有错。如果自己能获得长生不老之药，那么到时一定给扶苏服上一粒，让他也能成就长生不老之身，好好辅佐自己统治天下。

回到咸阳宫之后，其余大臣先回家中休息，而嬴政让赵高先为侯公与韩终安排住处，他自己则回到了御书房中。出行数月，虽然他也不断地考察地方官员的政绩，而且不断地批阅各郡县送上来的奏章，但奏章却还是堆积了不少。要赶紧把它们都批阅完，他可不想让自己的天下一团糟。

刚刚批阅了几份奏章，扶苏和蒙毅就前来求见。嬴政也正想好好了解一下自己走后咸阳的情况，连忙宣二人入内觐见。

两个人进了御书房之后行礼，但脸色却异常压抑而不得舒展，好像有什么烦心事似的。嬴政眼看形势不对，便知道肯定发生了什么事情，连忙追问二人。扶苏和蒙毅两个人你看看我，我看看你，谁也不说话。嬴政气得大怒，猛地一拍桌案，把扶苏和蒙毅二人吓了一大跳。蒙毅这才战战兢兢地对嬴政说道："皇上，我们今天来就是有事上禀的，具体的事情，您一看桌上的那份书简就全知道了，是微臣无能，请皇上恕罪。"

嬴政听他说桌上有书简，这才连忙翻找查看。刚才他只顾风风火火地翻阅奏章，并没有注意到桌案之上有什么其他的东西。如今刻意一找，果然在桌案的边缘发现一份书简。拿过来一看，只见书简上写着："大秦始皇帝敬启。"

嬴政仔细一辨认，却是尉缭的笔迹，心里颇为奇怪，不知道尉缭搞的是什么名堂，但从扶苏和蒙毅的表情来看，应该不是什么好事。他连忙将书简拆开，展开阅读，只见上面潦潦草草地写着：陛下临位数载，法术任行，谋弱六国，终致东并诸侯而有天下，微臣缭忝居功臣之列，亦觉欣喜不已，然而陛下一旦统一，并不以天下苍生为念，亦不行群臣之谏言，任性乱行，仅凭个人之好恶，因而黔首受苦累，而百官群臣也违心妄言，屈志以谗媚陛下，如此状况实在有违微臣当初追随陛下左右之愿，微臣既想忠贞以直言，又惧触龙颜而性命难保，鉴于两难，与其违心列于诸臣之列，还不如远走遁世以明吾志，修吾心。临别一言，但请陛下收纳，陛下之天下来之不易，望修心性而以仁德驭天下，行法度而有节，则天下可保，否则天下必将不久即毁于他人之手。

嬴政强忍着一腔怒气看完尉缭的这封信，而后用尽全身的力气将信摔到地下，又"啪"的猛拍了一下桌子，一下子站了起来，大声地叫道：

"他这是算什么，他这是算什么？他就这样弃朕而去吗？难道朕真的一无是处，真的不值得他辅佐了吗？哼，想借一走逞一逞口舌之利，羞辱羞辱朕，算他瞎了眼。他别忘了，这天下还是朕的天下，无论他跑到哪里，都跑不出朕的手掌心去。蒙毅，这匹夫是什么时候走的？""启禀皇上，这封信是微臣三天前从一个陌生人那里得到的，那人说是一个人托他转交给我的。听他描述，托他转信的人应该是尉缭大人的长子。""哼！三天，他怎么不再早走几天呢，那样的话，朕追起来还要多费一些功夫。他才走了三天，而且又拖家带口，一定跑不太远的。赵高，赵高，你死到哪儿去了！"

门外传来赵高急急忙忙的应答声，即而他便跑进屋来，已经累得气喘吁吁的了。

“你死到哪儿去了,难道你也想离朕出走吗?”嬴政怒气冲冲地问道。

赵高被嬴政的这句话问得愣了半天,也不知道是什么事惹得自己的主子发这么大的火,但看样子并不是扶苏和蒙毅,不过他心里倒希望是蒙毅呢!他小心翼翼地冲嬴政说道:

“皇上,奴才我哪里也没去,这不是刚刚奉您的命令给那两个方士安排住处去了吗。谁知离老远就听见您唤奴才,奴才连忙答应着就跑过来了。”

嬴政一听,这才回过味来:是啊,还是自己命他去为韩终和侯公两个人找住处的呢,可因为这一生气就全都忘了。

“皇上,您找奴才有什么吩咐吗?”

“赵高,尉缭与朕不辞而别,而且还忤逆于朕,你火速派人出城往东,前往大梁一线,只要见到尉缭及其眷属,立斩不赦,朕可不想让他这样的乱臣逆子再烦朕的心神了!”

赵高一听说尉缭不辞而别,又骂了始皇一顿,而始皇则决心将其追而诛之,心里面也是一阵幸灾乐祸,在满朝的文武百官之中,尉缭是极少数不买他的账的人,而且尉缭与扶苏的关系也极为融洽。现在尉缭走了,也算是去掉自己的一个敌人,除掉扶苏的一个左膀右臂。如果再把他杀了,那就更好了,他暗下决心要把这件事做好。

“皇上,您为什么要让奴才带着人往东追呢?”

“如果朕记得不错的话,尉缭这个逆臣应该是大梁人,他既异想天开的要安享晚年,难道他会不回大梁去吗?”

“皇上所言或许不错,不过奴才记得偶然有一次他曾与别人说过,如果有生之年还有机会,他想携家人一起到西蜀去好好地感受一下那里的青山绿水和淳朴风情,依奴才看,或许他还会和其眷属一起往西蜀而去呢,皇上您说呢?”

“哼,他倒是挺有情调的,不管怎么样,朕只是不想再听到有关他的消息,你就去看着办吧!记住,朕只要死的,不要活的!”

“是,奴才遵命,皇上您就放心吧,奴才一定不辱使命。”赵高极为高兴地答应着就往外走。“慢着!”只听一声大喊,赵高只觉一个黑影猛的挡在了自己的面前,吓得他连忙收住脚,却见公子扶苏正横眉立目地站在自己的面前,像是恨不得要打他似的,吓得他不由得倒退了几步,急忙回头向嬴政求救。赵高知道现在自己不能与扶苏争斗,何况自己还有始皇这把保护伞。其实,对于尉缭的弃官而走,扶苏已经略有耳闻,但他并没有去阻拦。尉缭对皇上心有不满和失望的情绪也很正常,就连他这个做儿子的也觉得父皇的有些举动不太妥当,但自己身为长子,他不能逃避,只能尽自己所能去弥补,去挽救。反正现在天下已经一统,尉缭再留下来也没有多少用武之地了,走就走吧。而且,他也隐约知道,尉缭就是携眷属向西方而去了,看样子是去遂自己一生所愿了。西蜀之地偏僻,民风淳厚,而且风景优美,他到那里正好可以安享晚年。本来,父皇只命赵高派人去往大梁方向去追还让他感到挺高兴，高兴于尉缭可以保住一条性命以安享晚年。谁知赵高却又突然冒了出来，而且他说的方向正好是尉缭所走的方向。这个奸贼，不但一无是处，而且还要总想着让父皇玩物丧志，进献谗言邀宠媚上，还要借机迫害忠良。要不是顾着自己的尊严，要不是父皇在场，他真想狠狠地将赵高打一顿。

“扶苏，你要干什么？”嬴政对于扶苏的举动感到很吃惊，大声喝问着。

“父皇，难道您真的决定要诛杀尉缭大人及其全家吗？”扶苏推开自己眼前的赵高，神情急切地问道。

“君无戏言，你以为朕刚才说的是一时气话吗？尉缭不尽人臣之力，而且还出言忤逆于朕，难道朕还要姑息养奸吗？赵高，你还不赶紧快去率兵诛杀那个逆贼！”

赵高极为得意地答应一声，飞快地绕过扶苏，一路跑了出去。扶苏知道，他这是故意不让自己拦住他。不行，自己得为尉缭求情，如果现在求下这个情来，时间就还来得及。他用眼睛偷偷看了一眼蒙毅，蒙毅稍稍犹豫了一下，但随即便点了点头。

两个人一齐跪倒在嬴政的面前，嬴政正怒气冲冲地瞅着他们。

“怎么，你们两个人是不是要为尉缭那个逆臣求情啊？”

“父皇，儿臣不单是为了尉缭大人求情，也是为了父皇的社稷，为了父皇的天下求情啊！父皇，若非尉缭自魏来我大秦，便没有远交近攻策略的继续，也没有收买暗杀策略的实施，父皇您也就不可能如此顺利地统一天下，所以尉缭可以称作是开国之重臣，而父皇您现在却要下令诛杀功臣及其全家，这不是要让功臣寒心，自乱天下，自毁社稷吗？儿臣恳请父皇三思啊！”

“孽障，你竟然敢说朕不会治理天下，是也不是？朕若是任由大臣子民们随意攻击耻笑，那朕还做什么一国之君啊？如果朕诏命颁下却又无一人尊行，那么朕的地位又何在啊？朕意已决，你就不必再多说了，要怪只能怪尉缭这个逆臣自作聪明，目无君王。”

说着，嬴政气呼呼地一把抓起信，扔到扶苏的面前，而后起来急行而去，任扶苏怎么呼唤也不回头。

赵高所想的一点儿也不错，往西蜀方向追去的兵士们果然追到了意欲告老西走以游山玩水的尉缭，刀斩其全家，没有留下一个活口，而且还把尉缭的首级带回了咸阳。可怜尉缭，为嬴政统一天下倾尽了力量，谁知最终却落了一个尸横郊野，头颅无存而且一家老小都被嬴政杀戮的悲惨结局。如果当初他一来见嬴政时就立即全身而退，那么今日也就不会遭此横祸了。

扶苏没有能为尉缭求下情来，知道尉缭必死无疑，心中感到极其懊丧，而且也感到非常气愤，懊丧于自己的无能为力，气愤于赵高的卑鄙阴险。

他颇有些失落地回到自己府中，夏雪一见他的脸色便知道他一定是遇到了什么不顺心的事情，连忙给他端来一杯茶。扶苏取茶在手，刚想喝上一口，忽然一阵热血上涌，气得他恶狠狠地把茶杯摔在地上。只听“啪”的一声，茶杯被摔了个粉碎，连茶水带杯子的碎末，溅了一大片。

“我早晚要把这个奸诈无耻的小人给杀了！”扶苏依旧不解气地大叫着。

“殿下，你要杀谁啊？”扶苏生得文雅纤弱，待人接物也是温和多礼，从来没有发过这么大的脾气。今日偶然为之，也真把夏雪吓了一跳。愣了片刻，夏雪才小心翼翼地开口问扶苏道：“殿下，谁惹你发这么大脾气啊，奴婢可还从没听说过你要砍啊杀啊的呢？”

听了夏雪的问话，扶苏抬头看了她一眼，便看到了夏雪那美丽的、妙不可言的笑靥，他心头的怒火顿时也消散了不少，小声地回答道：“哼，还能有谁，不就是那个可恨的赵高吗？”

当下，扶苏把整件事的经过向夏雪说了一遍，夏雪听完之后，并没有说什么，而是先把地上的残渣碎屑收拾干净，而后才又走到扶苏的身边，一脸真诚地说道：

“殿下，奴婢有一句话，不知道殿下想不想听？”

“你怎么又奴婢奴婢的了，我不是告诉过你了吗，都多少次了，你怎么还改不了啊，以后你不许再这样自称了，否则我就把你再送回后宫之中去！”

“好，好，殿下，夏雪遵命就是了。”夏雪苦笑了一下，而后又接着说道：“殿下，你听夏雪的话，暂时不要跟赵高斗了，能跟他讲和就讲和，等你继承了皇帝之位，成为执掌权柄的君王，那你就可以任意处置赵高了，现在还不是时候。”

夏雪长期待在后宫之中，对于赵高的劣迹和品性知道的当然要比扶苏多。她知道，赵高在整个后宫之中，地位也就仅次于始皇帝，他可以对任何人随意打骂侮辱，即使是一些嫔妃也不例外。而且，她也知道，有不少的宫女曾经被赵高霸占，失身于赵高，但没有人敢说，因为赵高已经取得了始皇的绝对宠信，他根本不舍得杀赵高。就连与后宫嫔妃纵乱宫闱的大逆不道的举动，死的都是嫔妃，而不是作乱的赵高，皇上还会有什么理由要杀他呢？而且，赵高也是一个善于伪装但却又极其残暴的人，如果得罪他的人或是阻挡了他取得利益的人位势比较强大，不好反击，他就会很好地把自己掩藏起来，慢慢地再吞掉打垮对手。扶苏虽然身为皇长子，但朝中没有根基，不见得就能斗得过赵高。对于这一点儿，她比扶苏清楚得多，所以才建议扶苏暂时不要和赵高作正面冲突。

“夏雪，这是为什么啊？他只是一个小小的中车府令，而且又只知谗媚邀宠，一无是处，难道我身为皇长子就眼睁睁地看着他在父皇的左右任意胡为，谗害忠良吗？你就放心吧，我们不用怕他的。”

“殿下……”

夏雪幽幽地叫了一声，眼瞅着扶苏，那眼光之中满是哀婉、幽怨，担忧和乞求，便是铁石心肠的人看了也不由为之心动的。

“好了，好了，我答应你，暂时就先不与赵高计较了。君子报仇，十年未晚嘛。”

听到扶苏这样一说，夏雪才含笑点头，而且又有些娇羞地低垂螓首。扶苏看了一眼竟然看呆了。就在扶苏准备今晚要了夏雪时，没想到夏雪让自己回到王妃那里。这王妃是嬴政为自己挑选的，扶苏本人并不十分喜欢。但是无奈之下，只能来到了王妃的住处。

思索了一会儿，正要推门，门却开了，两名侍女笑盈盈地伏身跪拜。屋中，王妃一脸笑容地坐在桌边，桌上摆放着美酒佳肴，一阵阵香味扑鼻而来。

一见扶苏出现在门口，王妃立即站起身，跑到门边，拉住扶苏的胳膊，极为兴奋地说道：

"殿下，臣妾命人准备了一桌美酒佳肴，正想派人去找你呢，没想到你就来了，今天臣妾陪你喝上几杯。"

说着，她向后摆了摆手，那两名侍女连忙退了出去。而后，她靠在扶苏的身边，陪同扶苏一起走到了桌旁。扶苏心中虽然依旧没有什么激情和涟漪，但却记着刚才夏雪对自己说过的话，当下极为老实地坐在了桌边。桌上的菜肴确实很丰富，而且色香味俱全，让人看了就忍不住流口水。扶苏这才感到了腹中的饥饿，也不管旁边的王妃，拿起筷子便狼吞虎咽起来，仿佛是饿了三天的饿鬼似的。

王妃"扑哧"一笑，紧紧地坐在扶苏的身边，拿起酒壶，倒了两杯酒，自己一杯，又递给扶苏一杯。既有佳肴，当然得有美酒，扶苏也不推辞，接过酒来，与王妃碰了一下，而后一饮而尽，王妃也举杯喝干了杯中之酒。

二人推杯换盏，频斟频酌，一会儿的时间，桌上的两壶酒已经被二人喝干了，菜也吃得差不多了。王妃娇滴滴地伏在扶苏的身边，声音发嗲地说道：

"殿下，我们上床安歇去吧？"

扶苏机械地点了点头，站起身来，而王妃则紧紧地腻在他的身边，一同向床边走去。扶苏一屁股坐到床边，王妃竟极为听话地弯腰替他脱去了鞋子，而后把他推到了床上。然后她自己也开始脱鞋子。不过，等到她爬上床来的时候，扶苏惊奇地发现不知道什么时候，她已经把自己剥得干干净净，一丝不挂了。

在扶苏的一阵讶异之中，王妃全身赤裸着爬上了床，喷着满嘴的酒气，凑在扶苏的耳边，极为浮浪地说道：

"殿下，你用我吧，你用我吧。""行了，今天算了吧，我感觉有点儿累，明天还有事呢，以后再说吧。"

他冷冷地说着，侧过了身子，不再理会王妃的挑逗。王妃被拒绝了一次，但她并不死心，而且脸上还露出了一丝令人颇为惊惧的冷笑。她愣愣地看了背对着自己的扶苏两眼，而后又一下子扑在扶苏的身上。这一下子可把扶苏惹怒了，他猛地翻过身来，把她推到一边，怒气冲冲地瞪着她。瞪了半天，这才又躺下侧身而睡。

望着扶苏那冷漠黯然的背影，王妃并没有流泪，而是冷冷地无声地笑着，一种意欲复仇的恶念在她的胸中开始膨胀。

夜色越来越深沉，扶苏真的就侧着身睡着了，他并没有在意身边的王妃。他不知道，王妃一直就没有睡着，而是一直在侧耳倾听着他的声音。直到他传出了均匀平静的鼾声，王妃又轻轻地叫了两声，扶苏仍旧一点反应也没有之后，一丝狠毒暴戾的冷笑又浮现在王妃的唇边。

她蹑手蹑脚地下了地，随手披上一件衣服，系好扣子，而后走到桌边，取出一块绵帛，拿起笔，在上面飞快地写了几个字，卷好装入一个竹筒之中并封好。飞快地做完这一切之后，她将那个竹筒藏到一处角落里，这才又回到床上，美滋滋地睡起觉来。

第二十章 建馆舍炼丹 胡亥献手指

日子一天一天地在飞快地流逝着，徐福给嬴政的那些丹药已经吃光了，嬴政立即便感到自己再行云雨之时就不像以前那样生龙活虎了。他不知道自己服用的一直是壮阳之药，还以为自己已经老了。他可不想让自己老，虽然他的年纪确实已经不小了。

琅琊那边一直没有消息。虽然他已诛杀了徐福的全家，但却一直没有能抓到徐福。他命令赵高立即为韩终和侯公建立馆舍和丹炉，尽其所需，赶紧让他们开始炼制长生不老之药。如果他们炼制不出长生不老之药，那么自己还可以继续东行，前去方丈、瀛洲、蓬莱三座仙山那里去求取长生不老之术。他徐福这么卑贱低微的人都能位居仙山，自己这个奉天命以统御百姓的帝王当然也有这个资格了！

其实，赵高早就在着手为韩终和侯公修建馆舍丹炉了，接到嬴政的催促之后，他当然更加快了建设的速度。

不久以后，馆舍建成，嬴政亲自为其题名为“太虚仙境”。韩终和侯公二人也立即开始进行炼制丹药的工作。所需资财原料都由赵高一人经手，赵高则乘机大赚其利，因此他对炼制丹药的活动极为支持，去嬴政那里溜须拍马的次数反倒少了起来。

这一天，他刚刚在太虚仙境里忙活了一番之后回到自己的府中，一名侍从立即跑到他的面前交给他一只小竹管。他把这只竹管拿到自己的书房，打开竹管，从里面拿出一卷绢帛，展开一看，绢帛上的内容让他大吃一惊。只见那绢帛上写道：

小心公子扶苏和他的侍女夏雪，他们要对付你！

绢帛上的字迹小巧纤丽，柔弱隽秀，应该是出自女子之手。赵高不由心中一阵冷笑，哼，还想来对付我，我还正想对付你呢，没想到你倒先打起我的主意来了！你公子扶苏若是不被皇上疏远，那我这中车府令的荣华富贵不就要泡汤了吗？

他叫过刚才给自己竹管的那名侍卫，开口向他问道：“这只竹简是谁交给你的？”

“大人，是一个年轻女人交给我的，不过小的也不认识她。”

“那你为什么不拦着她问个究竟啊？”

“大人，当时小人身在闹市之中，行人众多，而且那女人交给我之后抽身便走，小人也不敢造次，不过看其打扮应该是大户人家的小姐夫人。”

“行了,行了,你下去吧。”

等那名侍从走后,赵高站起身,走到一个大柜旁,打开锁,从里面拿出一卷竹简,细细地翻看起来。那个大柜子里面是满满当当的一柜子竹简。

那些竹简上写的是后宫之中宫女嫔妃以及内侍的原籍地址。这是赵高自己偷偷复制的,按规定他的家里根本就不能保留这样的竹简,他之所以要费这么大的力气把这些竹简放在家中,是因为他觉得早晚会派上用场的。

他一连翻看了十余卷竹简,终于,他的脸上露出了得意的微笑。在这卷竹简的末端,清清楚楚地写着夏雪的原籍地址。他的眼前依稀现出夏雪的模样,丰满、健康、倔强,而且也长得标致可人,是一个让人颇为动心的美人胚子。不过,也就是因为她,因为扶苏,也因为蒙毅,自己才失去了男人赖以炫耀身体的雄壮与勇猛的宝贝东西,否则自己仍旧可以和皇上一样时时流连于脂粉群阵之中,尽情地体味男女交合的快乐。但现在,自己已经完全失去了这种能力了。这都是因为这个夏雪。他的目光恶毒地投注在夏雪的名字上。哼,你害了我赵高,让我无法再体味作男人的快乐,而今还要帮助可恶的扶苏来对付我。你们把我赵高当成什么样的人,难道要任由你们宰割欺凌吗?我赵高若是不反戈一击,你们也不知道我赵高有多么厉害!

“赵海,你进来。”

赵高向门口叫道。外面有人答应一声,立即便有一人走了进来。此人虽然长得不高,但看上去筋骨壮实,肌肉发达,而且目光阴鸷,面容冷峻。他叫赵海,是赵高自己豢养的间兵的一个头目,也很得赵高的宠信。

“赵海,你带着几名间兵按我所给你的地址跑上一趟,把这一家人都请到我这里来,记住两点,一要对他们好一点儿,不要伤害任何人;二要保密,不能让任何人知道,否则麻烦可就大了。我说的你都清楚吗?”

“大人,您就放心吧,小人一定会把这件事办得妥妥帖帖的。”

“那好吧,事不宜迟,你就赶紧去吧,记住,一定要给我办好这件事,否则你们几个就不用回来了!”

说着,赵高将写有夏雪的名字及其原籍地址的简牌拽下来,递给了赵海,赵海看了一眼,而后又把那简牌交还给了赵高。

“大人,小人若是带着它,万一丢了可能会引人怀疑的,反正小人已经把地址记住了,一定会把这一家人一个不落地护送到大人跟前的。”

“嗯,不错,你也学会考虑问题了,也不枉我栽培你这么多年,好了,你去吧。”

那赵海告退之后,转身开门而去。赵高把那卷竹简放入柜中,而后又坐下,陷入了沉思之中:扶苏是肯定要对付的,但要慢慢来,而且还得有一个长远的打算。毕竟皇上不可能保全自己的一生一世,对付了扶苏,还要为自己寻求一个保护伞,而且还要能听从自己的号令。他清楚地知道,现在自己只是一个皇上身边的宠臣,而非一个权臣,他还要想方设法地去增强自己的权力。

第二天，赵高没有去太虚仙境看丹药的炼制情况，而是径直去了咸阳宫，他已经有好几天没见到皇上的面了。现在，要是对付扶苏，他只能借助皇上的力量，所以皇上这根救命的稻草一定要紧紧抓住。

当他到咸阳宫的时候，嬴政正在御书房中批阅奏折。虽然各方郡守县令所递交上来的奏折都是一片歌舞升平、赞颂功德之声，但他却提不起一点儿精神来。因为他现在总是有太多的遗憾和恐惧。刚刚结束的这次游历使他清楚地体会到了天下风景的妖娆壮丽，引人入胜，他决心要游遍天下胜景，体会遍游天下的乐趣。但每念及于此，他的遗憾也就越发强烈起来。

没有了徐福的灵药，他觉得自己的体力一泻千丈，一日不如一日。也许自己真的是老了。但他又尽量地，极力地去回避这个问题，他现在还不想老，或者永远也不想去谈“老”这个问题。因为一想到老，他便想到了死。他不想死，否则他也不会对长生不老如此热心了。这个天下是他一手创建下来的，他不想这么快就失去统治这个天下的权力，甚至他想永远地统治自己所创建的这个天下。权力、女人和天下的美景，只要他不死，只要他还是高高在上的皇帝，他就可以尽情地享受这些东西。他还没有享受够呢，起码现在还没有享受够。

他相信世间真的有长生不老之药的存在，而且在湘山之下的怪病更让他相信了神灵的力量。他是禀承天意来统治这个世界、这个天下的，所以他觉得自己一定会获得神灵仙人的惠顾的。所以，他才重用徐福，收纳韩终和侯公。他的目的只有一个，成就长生不老之身，尽情地享受统治天下的权柄、美妙的女人和壮丽的风景。

“赵高，韩终和侯公的长生不老之药炼得怎么样了？”一见赵高，嬴政劈头盖脸地急急问道。几天没有见赵高，嬴政感觉自己就像个被封闭的人似的，什么也不知道。当然，他也明白，赵高一定是在为自己奔走忙碌炼制丹药的事情。

“启奏皇上，炼丹之事已经小有成就，不过据他二人说现在炼出来的只不过是墨丹，只能使人增强精神与体力，疏活人的筋络血脉，固本还原，还不具备长生不老之功。”赵高信口胡诌道。其实，韩终和侯公的丹药炼到了什么程度他也不知道。但是他知道自己的主子是一个急脾气，如果炼丹的工作一点儿也没有进展，皇上一定会责备自己办事不力的。

“行啊，行啊，朕先不要这长生不老之药了，你先把他们炼制的能够增强人的精神和体力的墨丹拿些来让朕尝尝吧，朕先看看他们是不是真具有炼丹求灵之能，至于长生不老之药，你也要督促他们加紧进行。”

“是，是，奴才一定叮嘱他们昼夜奋战，加紧工作，以使皇上您早日成就长生不老之身. 那奴才先去为皇上去取墨丹了。”

“行了，这种小事就不用你再去跑了，朕打发个内侍去就得了，你在这里陪朕多待上一会儿。”

“哎呀，皇上，此事不能让别人去，还得让奴才去拿。”赵高心里一急，竟然失声大叫起来。

“为什么，让别人去不也是一样的吗？”嬴政有些迷惑不解地问道。

赵高迟疑了一下，眼珠儿一转，立即开口对嬴政说道：

“皇上，若说取个奏折，递个信函什么的，其他的宫中内侍当然和奴才没有什么两样，可前往太虚仙境去取墨丹就完全不同了。韩终与侯公二位道长曾对奴才说过，炼丹重在四字，即材、气、心、运。材指炼丹所需的材料，气为丹炉周围流动的气息，心指炼丹人的诚心与否，而运则是人的运势造化。奴才虽然也是肉体凡胎，但这几日一直待在太虚仙境之中，气息也已与之相通，若是随便遣一内侍进入太虚仙境之中，或许会将世间污浊阴秽之气带到里面去，那样的话可就麻烦了。”

嬴政一听赵高将问题说得如此严重，他当然不敢再冒险，因而搞乱了自己炼丹的计划，只好同意赵高前往太虚仙境。

赵高喜滋滋地告别嬴政出来，心中正在盘算着如何才能取得自己所说的墨丹，忽然听见前面传来一阵哭闹尖叫之声，也不知道发生了什么事，他连忙紧走几步，去看个究竟。

一排排参天大树，围绕着一大片草坪，草坪之上，几名内侍正俯首躬腰地围着一个年纪十四五岁的少年，那少年一个劲儿地斥骂吵闹着，而那几名内侍则一个劲儿地安抚求饶。赵高又走近了一些，听了一会儿，这才听出那少年发怒的原因是为了一只风筝。赵高四处瞧了瞧，没有看见什么，又瞅了一会儿，这才发现一棵树的顶端正挂着一只风筝。一阵风吹过，那风筝还来回地晃动几下呢。

赵高不禁多看了那少年几眼，他仍旧在使着脾气，呵斥咒骂那几名内侍，他内心不由地涌上来一股愤愤不平且气恼的感觉——都这么大的年纪了，却为了一只风筝而要乖戾脾气，乱施淫威，看样子也是一个胸无大志的懦弱无能之辈，只能靠先辈的遗荫来在这个世界上庸庸碌碌地苟活下去。为什么他就有资格这样而被训斥的只能是那些下人。

他真想过去劈头盖脸地把那个不成器的臭小子给训一顿，但这也只是一时的冲动，他立即便把这种冲动给克服了。因为他知道，在咸阳宫及整个的皇家统治区内，自己的地位比那些被训斥的内侍们强不了多少，自己充其量也只不过是一个高级奴才。但他也知道，自己的天下不在这里，而是在咸阳之外，甚至是在将来。他需要一段长时间的难熬的等待和忍耐。

正在这时，一名内侍恰好从他的旁边经过，冲着他行了一个礼，赵高连忙叫住他，向他打听那个发怒的少年是谁，那名内侍极为诧异地问赵高道：

“大人，您久居宫中，怎么会不认识他呢？”

“啊，我虽久居宫中，可大多数的时间都陪在皇上身边，有些宫中之人反倒不认识了。”

“是，是，大人总是帮皇上分忧解难，有时当然也无暇他顾了，不过您所问之人您还是要记住的，此人乃是皇上的幼子，名叫胡亥。”

“胡亥……”赵高听了这名字之后沉吟了一下，努力地从自己的记忆中搜寻关于这个名字的消息。随即他便想了起来，但他并没有露出声色，只是淡淡一笑，对那名内侍说道：“有劳你提醒了，我记住了。原来他是小王子啊，多亏你提醒，要不然以后冲撞得罪了主子，我可能还不知道呢，多谢，多谢。”

“赵大人您太客气了，以后还要麻烦赵大人多多提携呢，赵大人，我先走了。”

赵高目送着那名内侍走远，极其得意地一笑，继续向前走去，但他并不是去太虚仙境，而是径直往后宫而去。

后宫的路径虽乱，可对于赵高来说，却是轻车熟路，这不但是因为他常常随嬴政来这里，而且他自己也时常会光顾这里。一方面，有些嫔妃知道他在嬴政的身边非常得意，所以常常给他金银财宝，让他在皇上的面前替自己多多美言几句，以使自己获得皇上的宠幸；另一方面，赵高也会自己在后宫之中寻找自己喜爱的女子，入其春闺之中以慰其寂寞长夜。当然，这后一种情况在他受宫刑之后就没有再发生过。不过，对于自己曾经非常熟悉的后宫的路径，他是不会忘记的。

他在后宫之中左左右右地转了半天，终于来到了一处房子面前，还有个圆月形的小门。他长出了一口气，他相信自己的记忆力，应该是不会错的。

圆月形的小门上，横排写着三个字，“芷兰斋”，看笔体便知道是嬴政写的。赵高站在门前笑了笑，他还清清楚楚地记得皇上当时为此斋题取斋名的情景呢。那个时候，此斋的主人于姬还颇受皇上的恩宠。但现在，这里却冷落凄清，早已不复当年的风光。没错，就是这处房子，就是于姬为皇上生的最后一个儿子，皇上亲自为其起名胡亥，那是因为此儿出生时候浓眉大眼，形如胡人之威武，没想到长到现在却成了一个如此胸无大志的纨绔子弟。不过也好，他要是和扶苏一样勤奋好学，力求上进，自己又去哪里找靠山呢？他慢步走进小门，站在院子里，轻轻地咳嗽了两声。“谁啊？”一声女人的询问从屋中传了出来，紧接着便有一名宫女推开门，从屋中走了出来。赵高并不认识她。“您找谁？”

“我找于娘娘。”

“好，您请进吧。”

屋中有一个30余岁的女人正坐在桌边翻看竹简书策，她并没怎么化妆，而且头发和衣服看上去也十分凌乱，不过从她的眉眼辨认，昔日她也应当是一个姿色绝非平庸的美人。她就是胡亥的母亲于姬。其实，她的年纪也并不老，而且打扮起来也可以算是风韵不减当年，但她却无法再得到嬴政的宠幸了，因为嬴政喜欢的是更年轻更美丽的少女，而且还要没有性爱经验的处女。她们这班老女人们已经不能再引起嬴政的兴趣了。可以说，于姬如今是完全清闲下来了，她也只能靠读书聊天来打发百无聊赖的日子了。

见进来的人是赵高，她不禁吓了一跳，尖叫一声，立即跳起来，飞快地跑到屏风后边，而后大声地叫道：

“青儿,赶紧进来帮我梳梳头。”

那名宫女连忙答应着跑到屏风后面去了。赵高心中暗自一阵好笑,他知道于姬会错了意了,她还以为自己前来是预示着皇上的召幸呢。这些人唯一盼望的就是能够频繁获得君王的临幸,这就是她们一生的幸福。所以,一见到自己,她才会如此慌张地赶紧去把自己梳洗打扮一下,为的是留给他赵高一个好印象,也等于是留给皇上一个好印象。如果皇上不来,那么她便连梳洗打扮的心情都没有了。但是,整个后宫的大片宫殿房舍之中,至少有嫔妃贵人千余名,而且还有后源不断补充,皇上就是一夜一个轮着来,都得需要好几年的时间,他又怎么会频繁光顾一处呢?赵高找了个地方坐下,虽然于姬身为娘娘,但这里照样有他坐的地方。对于这一点儿,他还有相当的自信的。屋子里的摆设也显得有些凌乱。他耐心坐等了好长的时间,于姬才终于袅袅婷婷地走出屏风来。

果真有一种焕然一新的感觉。如果不是仔细地审视再加上记忆中以前的印象,赵高简直就无法拿眼前的美貌少妇与刚才那个失魂落魄的怨女相提并论。于姬化了妆之后就跟完全换了个人似的,秀发高耸而分云鬓,脸上也极淡地施了一层粉,就连身上的衣服也换了一身崭新的,而且好像从来没穿过。也许这件衣服早就做好了,只不过一直没有机会穿出来。

她慢慢地坐到赵高的对面,又有意无意地摸了摸鬓边的长发,而后才笑着对赵高说道:

“赵……赵大人,你今天来我这芷兰斋有什么事吗?”

“娘娘,您就还像以前一样,叫我赵高就行了,我今天来是……”

“是不是皇上今天晚上要来我这里啊?”于姬极其兴奋地,也是迫不及待地问道。

赵高看了看于姬脸上强烈的渴望和企盼,他知道,于姬是多么希望能得到肯定答复啊,但他还是摇了摇头。于姬顿时便沮丧至极,一下子将头上的一根的一根长簪拽下来,她刚弄好的头发也顿时又凌乱地垂了下来。看她的表情,她几乎要完全崩溃了。

赵高瞅了一眼旁边的那名宫女,那宫女瞅了一眼于姬,而后默不作声地走了出去,而且还回首把房门关上。

“娘娘,这次我来见娘娘虽然不是告诉您皇上要来,却也关于娘娘后半生的幸福,不知娘娘您想听不想听?”

“唉,如果皇上从此以后再也不来我这里,那我后半生永远都不会幸福的。”

“娘娘,我知道您想让皇上依旧像以前一样常来芷兰斋相陪,但现在单靠您的力量恐怕不行了,如果您想听一下我的意见,或许可以让皇上再来芷兰斋。”

“啊,真的?你快说,只要能让皇上再想起我来,让我怎么做都行!”于姬一下子又来了精神。

“娘娘,依我的意见,您不妨可以利用小王子来重新争取皇上的宠幸。”

“嗨,甭提了,别人生的王子好歹一个个都还勤奋好学,喜读诗书,我这个不成器的胡亥却是榆木脑袋，不求上进，整天就知道玩，整个一个泼皮混子。唉，靠他来争取皇上的宠幸，这辈子恐怕是没希望了！"

"娘娘此言差矣。依我看，小王子这恰恰是生性淳厚朴实的表现，玉不琢不成器，如果您放弃了这种希望和努力，当然也就无法通过小王子来获得皇上的青睐了。"

"就是皇上喜欢他又怎么样啊？他的大哥扶苏聪明好学，勤于政务，现在就几乎已经能独当一面，皇上一定还是喜欢他多一点了。"

"非也。娘娘，您总是待在芷兰斋里面，所以对外边的情况也不了解。现在公子扶苏总是拂逆皇上之意行事，而且屡屡出言触怒皇上，所以皇上对他也极为反感。"

"是吗？如果真的是那样的话，这倒是亥儿去争宠的一个机会。不过……不过亥儿年纪尚小，而且又口拙，不善言辞，胸无城府，只怕难以讨皇上的欢心。"

"如果言辞之上无法达到目的，那么就从行动上来表现对皇上的忠心和关怀嘛？"

"那……那怎么表现啊，你是不是已经有主意了？"

"有倒是有了，只怕娘娘不肯下这个狠心去做。"

"到底是做什么事情啊，怎么还要下狠心啊？难道还要让我去帮亥儿杀人不成？"

"哈哈，娘娘说笑了，我不会要娘娘去杀人的。现在皇上带回来两名方士，专门为皇上炼制长生不老之药，万事俱备，只欠一样东西还没有得到，所以我特地来告诉娘娘，其他人都还不知道呢！"

"那还缺什么啊？"

"缺一只皇上子嗣的手指头。"

"什么，缺一只手指头？等等，你……你的意思不会是让亥儿贡献一指以为皇上炼制长生不老之药吧？"

"娘娘说得一点儿不错，我正有此意。由于炼制此药需要后辈之骨肉与血为引，所以手指头是上上之选。"

"不，不行，我可舍不得让亥儿丢掉一个手指头，他今年才 14 岁啊，留着手指头，以后可以帮他做很多事呢。"

"那娘娘您甘愿从此孤苦寂寞的终老于这芷兰斋中？您就真的甘愿让小王子无法受皇上恩赐而遭冷落？忍心让他的兄长们欺侮排挤他？"

"我……"

"娘娘，您可能会说我事不关己，我当然不心疼，可您别忘了，舍不着孩子打不着狼，舍不掉手指便得不到皇上的恩宠。更何况，我赵高也曾为了博得皇上的宠信而甘愿承受断指之痛。"说着，赵高将自己缺了一只手指的手放到桌上，手指的断茬齐刷刷的，显得与其他的几根手指头极不谐调。于姬吃惊地瞪大了眼睛，而赵高却淡淡地对她说道：“这是很久以前的事情了。皇上为了试一试我对他的忠心，说想要我的一只手指头，我当即就拿出刀来，将手指切下来交给了皇上，皇上对我自然也就更加宠信了。今日的情形与当日不同，皇上并没有诚心要试娘娘您以及小王子对他的忠心与关怀，我是提前给您通个消息。做与不做，全在娘娘您的一念之间。不过，这件事很快就会让别人知道的，到那个时候，也许您再想表忠心恐怕都来不及了。”听完赵高的话，于姬陷入了艰难的思虑之中。的确，她也迫切地想要改变自己面前的处境。那样的话，不但自己可以重得安乐，就连自己的儿子胡亥也能够有所依托了。赵高的建议不失为一个好方法，但若真的让她将自己亲生儿子的手指贡献出去一只，她还真有点儿舍不得。

赵高耐心地等待着，而且还故意将自己手指切掉而生的疤痕放在于姬的面前。他知道，自己得给对方时间，而对方一定会同意自己的建议的。让一个女人完全地忘记以前备受宠爱青睐的日子，那几乎是不可能的。只要有一线希望，她就会去全力争取，重新获得往日的风光。

“好啦，我同意你的建议。”过了很长一段时间，于姬终于下定了决心，但听他的口气却好像大病初愈似的，不过她终究还是听取了赵高的方法。但是她又对赵高说道：“虽然我同意这么做，但是要让我从我的亲生儿子的手上切一只手指头，我实在无法下手，到时候就由你完成吧。”

“娘娘既然不忍下手，那我只有勉为其难了。他日小王子若能获得荣华富贵以及至高之位，他也一定会体谅娘娘今日的苦心的。”

于姬点点头，但脸上却没有一点儿欣喜欢悦之色。她冲着外边大声喊道：

“青儿，你进来。”

刚才的那名宫女应声走了进来，于姬连忙吩咐她道：“你快去把亥儿找回来，就说我有急事。”

那宫女答应着转身而去。赵高偷偷地望着对面的女人，其实她若是好好地打扮梳洗一下，仍旧算是个风韵犹存的美貌少妇，照样也能够让不少的男人为之怦然心动，急欲与其共效云雨之欢。如果自己不是已经被行腐刑，自己倒也可以将这个女人纳为己有，那样的话自己不但可以再次享受与皇上一样的乐趣，而且能成为胡亥的假父，辅佐胡亥继承大位，而后自己再临朝掌权。但是现在，这也只能是他的一种臆想了，而这全都是因为夏雪和扶苏，如非拜他们所赐，自己仍旧可以享受男人生活中的一大乐趣。

“赵大人，如果你真的帮助我们母子二人重获皇上的宠幸，那么本宫一定不会忘记你的恩情的。”于姬非常真诚地说道。脸上竟也出现了动人的光彩。

“好说，好说，能为娘娘分忧解难是我赵高的分内之事，娘娘切莫挂怀于心。”赵高连忙收起心头陡起的暴戾凶悍之气，极为本分地回答着。

于姬听完了赵高的话之后点了点头，站起身来，走到门前把门关上，而后又走了回来。但她并没有坐回到自己的位子上，而是径直一屁股坐在了赵高的腿上，伸出玉臂搂住了赵高的头。赵高也并非一个老实本分的人，一见对方主动地投怀送抱，心里自然是美得不行，连忙与于姬朱唇相对，无限陶醉地热吻起来。

忽然，外面传来了一阵急促沉重的脚步声，正在爱抚热吻之中的一对连忙分开，幸亏他们并没有解怀相对。两个人惊魂甫定，门就一下子被人从外面推开了，一个少年气冲冲地闯了进来，大声叫道："娘，您为什么现在就把孩儿叫回来啊，孩儿还没玩儿够呢？"

"整天就知道玩儿，你什么时候也给为娘我争一口气啊。如果你每天都这样庸庸碌碌的，你的父皇也不会喜欢你的。"于姬非常生气且无奈地对儿子说道。

胡亥一阵傻笑，而后又对于姬说道：

"娘，父皇喜欢不喜欢孩儿无所谓，只要娘您喜欢我就行了，那样孩儿我就会有饭吃而且没有人欺侮了。"

"唉，我的傻孩子，娘总不能一辈子都跟着你啊。"

"怎么，娘，你要离开孩儿吗？"

"不，不，娘不离开你。来，亥儿，你过来，过来拜见你的老师，以后你要听老师的话，多向他学习。"

说着，于姬把儿子胡亥领到了赵高面前。赵高心中暗觉好笑，这于姬倒真是刁钻奸猾，自己并未有什么学问，没想到她竟然让儿子认了自己作老师，真是可笑。不过，可笑归可笑，于姬真的领着儿子胡亥给赵高躬身施礼，赵高也只能收下这个学生。自己还得靠胡亥赢得一世的荣华富贵呢，当然也不能马虎。

"娘，孩儿已经拜完老师了，现在是不是能够出去玩啦？""等等，儿子，再等一会儿，你就可以去玩了。"说着，于姬将胡亥拉到了桌边，将他的左手放在桌子上，并将他的手指一一分着叉开。胡亥极为吃惊地看着自己的母亲，不知道她为什么要这样做。

他不知道，赵高却心知肚明。他冲着于姬会意地点了点头，而后"噌"的一下子拔出腰间的短匕，猛地拿住胡亥的小手指，迅速地切了下去。只听一声尖厉的惨叫，胡亥疼得一下子跌坐在地上，脸上冷汗直流，而赵高的手里则多了一只血淋淋的手指。他将手中的指头冲着于姬一扬，而后收刀入鞘，转身而去。他还要赶紧去为嬴政去找他自己编造出来的墨丹呢。

出了芷兰斋，他疾步直奔太虚仙境。半路之上，他把那只手指头抛到了一个偏僻的角落之中。女人就是好骗，要是一只手指头就能炼制出长生不老之药，那世间之人岂不都会长生不老了吗？不过，手指却仍然要切，因为这是他的计划的一部分。

太虚仙境之中，韩终和侯公正在加紧炼制长生不老之药。其实这药究竟能不能炼成，连他们自己也不知道。以前他们也只是听别人谈及过炼制长生不老之药的事情，但却从来也没听说有谁炼成过。但他们仍然决心炼下去，这不但是因为他们认为也许这次好运会光顾他们，让他们有幸炼制出长生不老之药，而且他们也乐于享受这种安乐富足的生活。无论需要什么，他们的要求都会得到满足，而这些东西是他们在外边想都不敢想的。

当赵高前来的时候，他们还以为赵高是来催问炼丹的事情，不禁心中有些惶急。但当赵高说明来意之后，二人顿时一口应承下来。虽然他们暂时还无法炼制出长生不老之药，但增强精神与体力的药却还难不倒他们。

两个人让赵高在一旁坐着等候，他们则七手八脚地忙活了半天，便把一大包还留着余温的丹药交到了赵高的手中。赵高打开一看，果然是黑如漆墨，光泽乌亮，正符合自己的要求，省却了自己再去涂染的工序。

随后，他从袖中掏出两大锭黄金，交与韩终和侯公，让他们加紧炼制丹药。二人一见黄金，顿时两眼放光，对赵高的话当然是俯首帖耳地听从。虽然他们刚刚来到咸阳不长的时间，但他们已知道了赵高的能量，虽然他的官职不高，但其能量却不可估测。

赵高一路小跑着回到咸阳宫，嬴政早已等得心焦了，见到赵高回来，连忙问其情况，赵高恭恭敬敬地把一包丹药呈献到嬴政的面前，嬴政便迫不及待地拾起一粒，也不用水，直接以口中之唾液将丹药咽了下去。

丹药入腹不久便产生了效力，嬴政只觉肚腹之内一阵火热，随之便觉身体舒泰，精神振奋，浑身都有劲，紧皱的眉头也随之舒展开来，而且丹田之中还涌流动荡着一股冲动的欲望。其实，韩终与侯公二人为嬴政炼制的丹药的成分与徐福的壮阳之丹差不了多少，只不过韩、侯二人的丹药性子温和一些，而且其中还加入了一些活血清脑的东西，对于身体的伤害也少一些。

赵高一见嬴政的神情舒展，知道丹药已经发生了效力，连忙说道：

“皇上，奴才要向皇上颂赞一人。”

“噢，不知此人是谁，竟能有幸得到你的嘉许。”

“皇上，奴才要赞颂的不是别人，而是皇上的少子胡亥。”

“呵，是他啊，你不是说错了名字了吧！据朕所知，这个胡亥可是生性愚钝，不好学习，只知玩乐嬉闹，不知道他有什么地方值得你嘉许的？”

“皇上，小王子尚幼，别人认为他生性愚钝，耽于玩乐，但奴才却认为这恰恰是小王子生性率直、淳厚朴质的表现，而且，他更有一颗对皇上您坚持不移的忠贞和关爱之心。”

“哈，你说得如此义正词严，不知他哪里表现出对朕坚持不移的忠贞与关爱来了？”

“皇上，日前韩终与侯公二位道人对奴才说炼制长生不老之药需要皇上的后辈骨肉投入炉中，可保证丹药品质醇正而且能够尽快炼成。奴才以为此法未免有些太过残忍而且皇上也不见得会忍心看到自己的孩子失掉骨肉，因此就没有对皇上说，谁知小王子听说之后便毫不犹豫地自断一个手指，交给了奴才，于娘娘更是一点儿也不吝惜地对奴才说，但能让皇上成就不老之身，就是让她母子二人粉身碎骨也在所不惜。皇上,您说这难道不能体现她母子二人的忠心爱意吗?”

嬴政听了赵高的话后也不禁为之动容。虽然他对残杀别人性命从来没有过怜惜体恤之情,但现在为他贡献手指的却是他的亲生儿子,这就真的让他有些感动了。他一共有20多个儿子,没想到一有事,最先挺身而出的倒是自己平常最看不上眼的小儿子胡亥。而且其母于姬对自己也是忠贞不贰。

“你说的都是真的吗?”

“皇上,奴才哪有欺骗皇上您的胆量啊?再者,若是没有的实情,奴才就是说破天也不会成为事实啊?究竟是否确有此事,皇上您去看一下就知道了。”

“如果此事属实,那朕还真的想去看个究竟。赵高,走,你跟朕去芷兰斋走上一圈,朕也已经有好长时间没有去那里了。”

“那奴才先去于妃娘娘那儿去支会一声儿?”

“行啊,你就对她说朕一会儿就到,可能今晚就留宿在她那里了。”

“好嘞,于娘娘听到之后肯定会特别高兴的,奴才先走啦。”

说着,赵高辞别了嬴政,赶紧到芷兰斋去见于姬,告诉她这个天大的好消息。

事情的发展完全与赵高的设想一致。胡亥的断指让嬴政感动不已,毕竟事到临头,肯义无反顾地为自己奉献一指的还是这个自己认为最不成器的小儿子。而且,经过一场精心的梳洗打扮的于姬也让嬴政惊诧不已,她身上的那种成熟、蕴藉或者是风骚的女人味道让嬴政春心大动,当晚真的就留在芷兰斋之中与于姬同床共枕,喜得于姬恨不得给赵高跪地叩头。因为她知道,没有赵高从中撮合,皇上绝对不会再光顾她这处清冷小院的。

这件事之后,嬴政对待于姬不再那般冷落,偶尔也会到芷兰斋走上一圈,即便不召她侍寝也会与她聊上一会儿,而于姬在初见成效之后对赵高的授意更加听从,尽力叫导自己那顽劣的儿子胡亥,让他能对自己的父皇多些讨好。因为赵高帮了自己不少忙,于姬将不少金银财宝都赏赐给了他。

第二十一章　害扶苏不成　准备再加害

嬴政自从服用了韩终与侯公炼制出来的丹药之后，每天都精神抖擞，身体也充满了精力，那些胸闷气短，体虚乏力的症状再也没有出现过。最近，西南蜀夷蛮荒之地为嬴政进献了10名美女，个个生得天姿国色，让嬴政难以忘怀。

这一天，他坐在御书房之中，刚刚批阅同意了继续派兵南征百越，而且命监禄在湘水与漓水凿灵渠以利运输军资粮饷的奏折，赵高从外面走了进来。奇怪的是，今天他不像以往似的在嬴政的耳边说上一些让嬴政感兴趣的事情，而是呆呆地站在嬴政的书案旁，沉默不语。

嬴政又看完了两份奏折，赵高仍旧缄口无言，嬴政更觉纳闷了，他将自己面前的奏折推到一边，开口问道：

"赵高，你今天是怎么回事啊，怎么像个闷葫芦似的，是不是有谁得罪你了？你告诉朕，朕给你出气。"

听了嬴政的话之后，赵高并没有立即开口说话，而是抬头看了一眼嬴政，叹了口气，这才有些踌躇地说道：

"皇上，奴才有些话是关于扶苏公子及蒙毅大人的，不知道是不是该说。"

"你什么时候也变得这么吞吞吐吐的了，行啦，你说吧，无论你说的是什么话，朕都不会怪罪你的。"

"皇上，扶苏公子身为皇室长子，将来极有可能会承继皇上您的衣钵而登基为帝，可以说，他的治政御世之策略或观点将会影响到我大秦日后的道路。但是身为太傅的蒙毅大人却乐于儒学，专好仁政恩义，不赞同严刑峻法，如果扶苏公子长期与其相处，受其浸染，弃法术而尚儒学，跟那些蒙昧无知且又始终包藏祸心的黔首们大讲仁政恩义，只怕皇上您费尽千辛万苦才打下来的大秦江山会毁于一旦啊，奴才请皇上三思。"

"好，赵高，朕没看错你，你现在整天忙里忙外，却仍旧替朕心忧着这个天下，真难为你了。不过，朕可没有说过一定要把帝位传给扶苏啊。对吗，朕没有说过这样的话吧？朕有20多个儿子，为什么一定要将帝位传给扶苏呢？难道就是因为他是长子，而且有史以来一直是立嫡以长吗？朕自登基以来也并不是没有过打破旧俗的先例，便是再破一次也无所谓啊。你说呢？"

赵高听了嬴政的这番话之后心中暗自得意，要是真的不把扶苏作为继位为帝的人选，那不正好遂了自己的心愿吗。不过，心中虽然高兴，但他仍旧对嬴政恭维道：

"皇上英明神武，究竟立谁为嗣一定会有您独到的见解，又怎是奴才这样愚钝无知的头脑所能想象到的呢?”

听了赵高的话之后,嬴政极为满足地点点头,显然赵高这番话正合了他的胃口。只听他又接着说道:

“不过,虽然如此,整日让蒙毅的儒学之说围绕在他的周围也总不是一件好事情。朕尚法术,而他却爱儒学,总不能我们父子相向吧,你说该怎么办呢?”

“此等大事,奴才地位低下,怎敢妄言,还是皇上您自己拿主意吧!”

“不,朕现在就想听听你的意见,你若是不说,朕便治你个抗旨之罪。”

“饶命,饶命,皇上您别治奴才的罪,奴才说就是了。”赵高虽然嘴里这样说着,但心里却在暗自得意:哈哈,我的好皇上,你就是不想让我说,我还想掺和掺和呢,现在既然要听我的意见,那我当然就更不能推辞了。虽然心里这样想着,但他却仍然装模作样地想了一会儿,这才开口说道:“皇上,依奴才的意思,既然蒙毅大人不能够使扶苏公子在法术之专和治政方略上有所提高和精进,不如就取消他的太傅之职,也能让扶苏公子按照皇上的意思成长下去。”

“嗯,你提的这个建议不错,扶苏数次与朕意见相左,蒙毅身为太傅,不但不对扶苏多加教导训诫,反而还屡次与扶苏一个鼻孔出气,他也真的不适合再作扶苏的太傅了,朕同意你的建议,从今日起免去蒙毅的太傅之职。另外,他既知本王独尚法术,而他却又单单爱学儒家,这不是偏偏与寡人作对吗?你去传朕诏令,不但免去他太傅之职,而且将其官职再降两级,以儆效尤!”

赵高听了嬴政的话之后虽然心中非常高兴,但并未动身前去蒙府传旨,而是面有难色地对嬴政说道:

“皇上,不少人都知道奴才与蒙毅大人不睦,如今奴才虽然问心无愧,但若前去传旨,肯定会有人背后非议奴才,说奴才公报私仇,暗地中伤蒙毅大人,以快一己之意,奴才虽然一心为了皇上以及大秦之社稷着想,但也不想身担此名,奴才恳请皇上体恤奴才的苦衷,委派他人去传旨于蒙大人。”

“哼,你心既是坦荡荡,谁敢说你公报私仇?惩戒蒙毅完全是朕的意思,跟你一点儿关系也没有,你自去传朕旨意,倘若真的有人背后非议你,你尽管来告诉朕,朕一定要让他知道知道多嘴多舌的后果。”

听完嬴政所说的话,赵高面带感激,一下子跪倒在嬴政的面前,恭恭敬敬地磕了一个头,哽咽着对嬴政说道:

“皇上,奴才赵高自知才识浅薄,无德无能,而今却得皇上如此错爱,对奴才宠信有加,奴才就是忍受再大的诟骂,就是肝脑涂地,亦死而无憾!”

说完,赵高又给嬴政磕了一个头,这才起身赶奔蒙毅府中传旨去了。

蒙家世代为忠臣良将,为国立功无数,而嬴政却不但免去蒙毅的太傅之职,而且还将其官位连降两级。这条消息迅速地传遍了整个朝野,许多文武大臣都知道了。虽然他们都对蒙毅的不幸遭遇感到同情,但却没有一个敢对此发表意见,因为他们都清楚嬴政的脾气。千万不能在背后对他的旨意任意评断审视,如果让他知道了,就只有死路一条。

当然，扶苏在随后知道了这条消息，他立即便推开夏雪的阻拦，赶往咸阳宫去见始皇，想向始皇问个究竟——为什么要撤去蒙毅的太傅之职而且还要降官两级。但是，在咸阳宫的门外，他却被赵高拦住了，赵高对他说始皇正在临幸嫔妃，任何人都不想见。自然，在面对扶苏的时候，赵高的脸上便是胜利者的骄傲和得意了，而不是面对嬴政时的一脸委屈。

赵高心情轻松地从咸阳宫赶到自己家中，想起在咸阳宫门，扶苏那副气急败坏甚至有点儿惊慌失措的样子，他便不由得露出了得意的笑容。是啊，他确实值得大笑一番了，一举击垮蒙毅，而且又让身为长王子的扶苏六神无主，他当然高兴了。

夏雪知道赵高一定会对扶苏不利，而且自己的家人在赵高手上，于是来找赵高。怎奈自己一个弱女子，很快就被赵高派来的赵海给耍了。之后夏雪又被赵高毒死，在临死之际，写下遗书告知扶苏真相。扶苏知道之后，急急忙忙来到太虚仙境去找赵高，想要将其杀之而后快。不想却将炼丹的仙炉打翻。

赵高一看自己计谋得逞，立刻来到宫中向皇上告状。

眼看到手的长生不老之药竟被扶苏毁于丹炉之内，嬴政早就怒火沸腾。即使赵高不为扶苏请罪，他也绝对饶不了扶苏的，没想到王绾和隗林二人竟然出言反对，他立即怒视二人，但并没有说话。

"皇上，公子此时并未在场，皇上不能只凭一面之词就判定公子有罪啊。公子素来生性柔弱，少与人争，今日情绪如此失控，或许其中还有原因，微臣恳请皇上明察。"王绾连忙开口说道。他的女儿王妲嫁给了扶苏，扶苏是他的乘龙快婿，他说话当然是要为扶苏着想了。

"三个人都说是他毁坏了丹炉，使朕的长生不老之药化为乌有，而且赵高身上的伤也是明证，这难道还假得了吗？这个逆子，他可不是像你所说的生性柔弱，他现在脾气大得很，连朕的话都不听了，什么事情他做不出来！朕要是这么任他由着性子胡闹下去，那后果可就不堪设想了。他既然不把朕这个做父皇的放在眼里，那么朕也不用再要这样的儿子了！"

"皇上，皇上，微臣还有话说。"

说话的人是隗林。他眼见嬴政竟对自己的长子扶苏心生杀机，连忙开口说道。他在朝廷之中毫无势力，扶苏是他极少的可以联合的目标之一，他可不想轻易让扶苏身死。

"你有什么话说，难道是为那逆子求情吗？"

"皇上，微臣不是想为公子求情，而是想让陛下长保天下。陛下，公子扶苏身为陛下长子，素来因性格敦厚，以宽待人而深得文武大臣的认可，而且他也一心为皇上的社稷着想，因而屡屡直谏而触怒皇上，皇上乃亘古圣明之君，所以并不以为意，现在公子失手毁了皇上的炼丹炉，其罪是事实，但如果皇上就因此而杀了他，只怕文武大臣和天下黔首都会在背后非议皇上，因而产生离乱之情绪啊！如今丹炉虽毁，然而二位道长仙术高明，定可很快再为皇上炼制丹药，皇上也只不过是多等数天而已。再者，如果皇上没有耐心等下去，何不再东往巡游一番，一来可以再审民情官治，二来也可以到琅琊郡看一看，看他们是否已经提回徐福，为陛下找到了长生不老之术。"

"那扶苏这逆子毁炉一事难道就这样过去了吗？"听到隗林的建议，嬴政也不由得为之心动。回到咸阳的时间已经不短了，他也早觉得有些憋闷了，只是不愿自己提出来再度出行，唯恐有些大臣会认为自己玩心过盛。现在既然丞相隗林提出了这个建议，他当然是万分高兴，不过他心中对于扶苏却还耿耿于怀。

"皇上乃至圣至明之主，一定会想出一个办法来惩而以戒之的。"隗林仍旧忘不了恭维嬴政几句。

嬴政听后低头沉思一会儿，而后开口说道：

"既然王爱卿与隗爱卿都为扶苏这逆子说情开脱，那朕就饶了这逆子性命，不过死罪可免，活罪难饶，朕决定罚去其一年俸禄，明日到太虚仙境之中为二位道长受六个月的守炉之苦。隗林，你去传朕的旨意吧！"

"陛下圣明，陛下圣明，陛下如此处理不但可以让扶苏公子幡然悔悟，认识错误，而且还可以让其为陛下成就长生不老之身而尽其绵薄之力并尽其孝心。"王绾和隗林一起跪倒谢恩，而后隗林径直去扶苏家中去传旨，当然又少不了与扶苏好好地交流沟通一下，规劝扶苏以后避免暴躁冲动，意气用事，否则不但于事无补，还会被嬴政疏远。

眼见嬴政如此轻易地饶恕了扶苏，赵高心中的失望可以说是无法用语言来说清楚的。早知道嬴政不舍得杀扶苏，还不如当时在太虚仙境之中借机杀掉扶苏，以除心腹大患呢！哼，罚俸禄一年，到太虚仙境之中守炉半年，这岂不是隔靴搔痒吗，这可与他预想的结果要差上十万八千里。他本想再进言让皇上收回刚才的旨意，改判斩刑或是流放什么的，但他又怕自己的意图太明显，引起始皇的怀疑，只得恨恨地咽下了这口气。但是，他在心里却把隗林给记下了。在他的心思设想之中，王绾已经老了，已经不能和他争宠了，李斯胆小怕事，也不足为虑，倒是隗林的力量不可低估。如果他与扶苏联合起来，那可够自己对付的。没想到刚刚赶跑了一个蒙毅，却又来了一个隗林。不过，赵高已经打定了主意，凡是挡住自己道路的，不管他是谁，都要把他打落于马下，而且让他永远都没有翻身的机会。他知道，自己绝对有这个能力。后来，秦始皇又在隗林的建议上巡视了一遍齐鲁之地，在丹药吃完之后，迅速回到咸阳。嬴政本想自己到太虚仙境去看一看，但是赵高主动要求为始皇跑一趟。赵高来到太虚仙境，他要提醒韩终和侯公提前想一个万全之策，既能保全他们的性命，又能使他们听从自己的安排和命令。

到了太虚仙境之中，幸好扶苏并没在，只有韩终和侯公二人守在炉前。见到赵高进来，二人连忙跑到赵高面前，非常着急地问道：

"赵大人，你不是和皇上一起东去巡行了吗，怎么现在就回来了呢？"

"皇上急着赶回来要吃你们炼制的长生不老之药呢！"

“啊……”韩终和侯公二人一听赵高的话，顿时吓得面色苍白，全身忍不住颤抖起来。他们以为嬴政此次出行怎么也得用上几个月的时间，谁知这么快就回来了，而且一回来就要长生不老之药。

“怎么，仙丹没有炼出来吗？”赵高明知故问。

“大人，其实丹药还没有炼出来，只怕皇上一时还吃不到，能否请大人在皇上面前为我们二人美言几句，多多延迟一些时间啊？”

“唉，其实皇上若不是一路之上净碰到一些不巧儿的事情，他也不会这么着急回来。现在他的眼中只有长生不老之药，如果再让他等下去，只怕……”说到这里，赵高故意拉长了声音。他在等待二人的反应。

“那怎么办，那怎么办，皇上是不是会治咱们两个人的罪啊？”韩终和侯公二人互相对视，一脸的惶急，一副大难临头的样子。对于嬴政的暴戾和残忍，他们不但耳闻过，而且还曾亲眼见过，如果真的惹怒了他，只怕他们这两个人连命都保不住了。

“不瞒二位，皇上确实一直闷闷不乐，本来我想你们如果能炼成长生不老之药，让皇上服了，皇上也许会雨过天晴，谁想你们这里却毫无进展，我也不好说啊！”赵高作出一副爱莫能助的样子。

“赵大人，赵大人！”韩终和侯公两个人一脸的颓丧与绝望。他们大叫着跪在了赵高的面前，而且抓住赵高的裤管，“赵大人，我们知道大人您深得皇上的宠信，求大人在皇上面前为我们多多美言几句，我二人愿肝脑涂地，以死相报！”

“二位，二位，请赶快起身，赵高有何德何能，敢受二位道长如此大礼呢！我们奔波劳累半天，不都是为了皇上吗？和你们相处一段时间，自觉二位道长也是性情中人，我当然不能袖手旁观了。”说着，赵高将二人从地上扶起来，而后作出一副沉思状，过了片刻才对二人又说道：“二位道长，我倒为二位想出一个办法，只不过不知道二位道长是否还有什么好办法？”

“大人请说，不知大人有何良策？”

“二位，皇上之所急，虽在丹药，实是长生不老之身，若是二位还有什么其他的方法能够使皇上成就仙体，皇上自然就不会再追究二位的炼丹不力之过了。”

韩终和侯公二人听了赵高的话之后面露喜色，但转而却又哭丧起了脸，垂头丧气地对赵高说道：

“赵大人，实不相瞒，我们两个人现在除了炼丹之外，确已才尽，无法再想出其他的求仙之路了。”

“那你们就实在没有什么别的方法了吗？难道你们以前作方士之时就是一味地以实相告吗？”赵高盯着两人的眼睛，咄咄逼人地问道。

“大人的意思是……”韩终与侯公二人几乎不敢正视赵高逼视的眼神。

“二位不是愚钝之人，想必应该明白我所说的话。”

“那大人是让我们……我们欺骗皇上啦？欺君可是杀头的大罪啊！”

“难道二位炼丹不力就不是杀头大罪吗？皇上的脾气可不太好，如果二位真的不想为自己着想,那么我也就不必非得充这个热心人啦!”说着,赵高转身就要走。他知道,这二人绝对不会引颈受戮的。

“大人慢走,大人慢走,我二人听从大人的安排就是了。”赵高刚刚走了几步,韩终和侯公就按捺不住了。赵高回过头来,心中是万分的得意,却又声音平静地对两个人说道:“不,二位道长,你们绝不是听我的安排,而是靠自己的努力自救。能不能脱困于眼前的危机,也就看你们自身的努力了。”二人连忙点头对赵高千恩万谢,却又不禁面带愁容。虽然赵高已经给了他们暗示,他们却实在没有什么办法能够让嬴政从长生不老之药上将心思挪到别的方面。

两个人愁眉苦脸地想了半天,也没有想出另外一个能够成就长生不老的方法,只得将自己的一大摞关于成仙求异的书翻出来,一本一本地查阅着。查阅了之后,还是侯公脑筋比较灵活,与韩终商议之后,这才神色轻松地对赵高说道:

“赵大人,我们已经想到了一个好办法,不过却还要仰仗大人在皇上面前美言几句,我们今后一定会铭记大人的恩德的。”

“是吗,不知道是什么方法?”

“大人,我们刚才翻阅了相关古籍,查到天帝所居之处的描述,天帝所居之处为兰池,内有三座神山,即方丈、瀛洲、蓬莱三山,山上有宫殿楼宇,天帝与诸仙居之,皇上身为一国之君,乃人间帝王,如果在地上造兰池及三仙山,皇上一定会十分高兴的。”

“嗯,这倒不失为一个好办法,不过皇上的墨丹快要吃完了,你们要抓紧时间再炼制一些出来。”

“这个请大人放心,不过皇上那里还要请大人多多费心。”

“行了,行了,这本是我的分内之事嘛,唉,对了,近日扶苏在这里守炉吗?”

“在的,在的,扶苏公子为了守此丹炉可以说是尽心尽力,足见其对皇上是一片至孝之心。”

“那他现在干什么去了?”

“啊,他刚才说要去一位故人坟前待上一会儿,我们说反正现在也无事可做,就让他去了。”

“哼,为皇上守卫丹炉要的就是一颗孝心和恒心,他的心中却还会惦记其他的事情,难怪这丹药会炼不成。”

说完这句话,赵高灵机一动:哼,去一个故人坟前待上一会儿,说得倒好听,肯定又是跑到夏雪那个贱婢坟前去痛哭了。看来这个傻小子对那个婢女倒还真是痴心,不但肯为了她和自己拼命,还会在她死后这么久还心怀牵挂,倒也真是一个多情种子。想到这里,赵高得意地一笑,而后将韩终与侯公二人叫到跟前,和他们低声互语起来,而韩、侯二人的脸上则露出了惊恐的神色。

等到赵高说完,韩、侯二人都是一脸的紧张,韩终十分惊惶地对赵高说道:

“赵大人,您这不是让我们说假话吗?”

"我并没有让你们去说，只要有人问你们，你们默认就行了。"

"可……可扶苏公子是皇上的长子啊？"

"哼，这个你们放心，皇上早就对扶苏心生厌意，否则又怎么会派他来守丹炉呢！"赵高说完，见韩终和侯公仍是一脸的犹豫和惶恐，便声音冷漠地说道："二位道长，你们能保证自己以前说过的话都是真话吗，你们以前就从来没有骗过人吗？"

赵高这句话将二人说得哑口无言。的确，进入咸阳之前，他们二人都是江湖术士，靠的就是替人占卜算命谋生，当然不可能都以实相告了，否则他们连活命都很难。谁会相信一个只会说真话的方士呢？

"可是，赵大人，我们两个人之所以来到咸阳，只是想着能够生活得好一点儿，甚至得到皇上的宠幸，我们可不想掺和到什么活动中去。"侯公胆战心惊地对赵高说道。

"哼，笑话！如果你们只为这点需求，那你们就不应该来咸阳，丹药炼了这么长时间，却连一点儿结果也没有，要不是我从中周旋，你们恐怕早就没命了，还生活什么？有胆量就能混个样子出来，没胆量你就只能一辈子被人踩在脚底下。再说了，我都不怕，你们又怕什么？做不做，一句痛快话。如果不做，我现在就让你们赶紧走，省得被皇上杀头，怎么样？"

赵高目光直逼着两个人，仿佛要一下子把两个人看透似的。韩终和侯公二人对视半天，终于点了点头。

"对，这才像话，放心吧，有我在，你们肯定不会有事的。这两锭金子你们先拿着，过两天我再给你们一人送一个女人过来，你们也老大不小的了，该成家立业了。"说着，赵高从怀中掏出两锭金子，塞到二人的手中，而二人的脸上也慢慢地露出了笑容。

"大人，金子我们先收下，女人就先不要送过来了，扶苏公子还会回来的。"

"这个你们就放心吧，扶苏很快就会不在这里了。这次我一定给你们送两个既年轻又漂亮的处女过来。"

说完，赵高转身离去。韩终和侯公二人将金子揣入怀中，心中虽然有些忐忑不安，但却终于下定了狠心。

咸阳宫中，嬴政早已经等得心焦了。他正想派人去看看到底为什么会用这么长时间，赵高就恰好回来了。

"赵高，怎么样，朕的神丹炼出来了吗？"一见赵高进来，嬴政立即迫不及待地问道。

"启奏皇上，丹药还没有炼成。"

"什么？还没有炼成！都已经这么长的时间了，他们怎么还没有炼成啊！"

"皇上，请您暂息雷霆之怒，这其中其实还别有内情，否则恐怕神药近日就可成了。"

"什么内情，你快告诉朕！"

“皇上，奴才不忍心说。”

“你快说，无论是谁，只要阻碍耽误朕的炼丹大事，朕都绝对不会饶了他。你快说，不然朕连你一起治罪！”

“皇上，刚才我去太虚仙境，韩终和侯公正于炉边忙碌，他们说当时阳气正盛，而且有神光初临，正是丹成的大好时机，如果再有骨肉之亲和之气，神丹定可不日即成。欸，只可惜，只可惜天意造化，神丹终成水中之月。”

“你说什么，如果有骨血亲和之气，丹药就可以成了？朕不是命扶苏到太虚仙境之中去为朕守候丹炉了吗。有他在，这骨血亲和之气不就能行了吗？”

“皇上说得一点儿也不错，只可惜当时扶苏公子并不在太虚仙境之中。”

“什么，他不在太虚仙境之中，那他到什么地方去了？”

“回皇上，听韩、侯二位道长说，公子出去会一位故人去了。”

“哼，这个逆子，朕让他到太虚仙境之中守候丹炉，一方面是想让他为朕尽孝，另一方面也想让他在那里面闭门思过，好好地反省一下自己，没想到他却仍旧野心不泯，还要跑出去游逛，真是太辜负朕的一片苦心了，来人啊！”

嬴政怒气冲冲地向外面叫了一声，一名内侍急忙跑了进来。赵高则在一边暗自得意，哈，皇上盛怒之下一定会杀了扶苏的，这一下子自己的心腹大患就可以拔除了。杀，皇上，把你的这个亲生儿子杀了吧！

“你去传朕的命令，找到扶苏那个孽障，将其杖责40，让他永远记住今日的教训！”

听完嬴政的命令，那名内侍犹豫了一下，却又随即转身向外走去。

“慢，皇上，奴才有话要说。”

令嬴政感到意外的是，说话的人竟然是赵高。他知道，赵高与自己的儿子扶苏关系似乎并不是那么好。

“赵高，你不会是为朕的那个逆子求情的吧？”

“皇上，奴才正有此意。”赵高静静地说道。但是，谁也看不出来，其实他的心里是万分的别扭，而他的这句话也是那么言不由衷。他本以为嬴政会在一怒之下因为扶苏搅了他长生不老的好事而杀了扶苏，却没有想到只不过是将其杖责40。就是再打40，扶苏仍旧活命，也仍旧能够和自己作对。与其只让扶苏受皮肉之苦，而自己却枉作小人，还不如为扶苏求情，以在嬴政的面前博得一个宽宏大度，不计前嫌的好名声。

“皇上，据奴才所知，公子所去见的故人已经亡故，公子乃是去其坟前吊唁，错过炼丹佳时也实非有意，而且从中也可以看出公子乃是一个重情重义的热血男儿，皇上若因此而将其杖责40，只恐别人对皇上心有微词，而扶苏公子本人也会心中愤愤不平，反正韩终与侯公二人仍在，让他们再好生炼制就行了。皇上洪福齐天，一定会得偿所愿的。”

嬴政听了赵高的话之后，神情非常古怪地望着赵高，因为他几乎不敢相信这样的一番话是从赵高的嘴里说出来的，而赵高也知道嬴政的目光之中所含的疑惑与怀疑，索性就装到底，他抬起头来直视着嬴政。

"赵高，你说的这些都是由衷之言吗？"

"皇上，奴才说的全是心里话，奴才的目的就是想让陛下成为人人赞颂敬仰的明君，至于为扶苏公子求情，只不过是不希望皇上父子有嫌隙，再没有什么其他的想法。"

"好，难为你为朕想得如此周到，真是忠心可嘉，朕就依你，饶了那逆子的杖责之刑，不过朕不愿再让他为朕守丹炉了。这一次朕率众东巡，并没有南往，不行就让他到南边转上一圈儿，省得在这里总惹朕生气。"

赵高听了嬴政的这个决定，心中自然是万分高兴。讨厌的扶苏走了，自己正好可以让胡亥多多接近一下嬴政，以使胡亥能够讨得皇上的欢心。

"赵高，这长生不老的神药总是炼不成，现在又得让朕等下去，难道朕真的无法成就长生不老之身了吗？""皇上，您切莫灰心丧气，皇上为当今圣主，使万民沐浴恩泽并成先王之未竟伟业，若是皇上您不能成为长生不老之仙人，那世间还有谁会有这个资格与运数呢？"

"那徐福怎么会位居神山之上呢？"

"皇上，神山之上也有尊神，也有贱畜，那徐福一脸的奸相，而且生性诡诈，即使他真的位居神山，恐怕也只能作一只看门狗，皇上又何必对他耿耿于怀，而且刚才奴才又从韩终与侯公那里得到一条成仙的妙法。"

"噢，是什么，你快说来与朕听听！"

"皇上，这一次神药未成虽然与扶苏公子未在丹炉旁守候有很大关系，但奴才刚才也将韩终与侯公训斥了一番，他们又告诉奴才一条成仙妙法。他们说天帝所居之处为兰池，兰池之中有蓬莱、方丈、瀛洲三神山，三座神山之上则是天帝所居的楼台阁宇。皇上为地皇，如能在咸阳宫附近造兰池，上筑神山以居之，机缘所至，皇上或许就能早登仙路。而且，即使不能借此成仙，皇上也能在仙山之上驱除世俗之间的污秽之气，打下坚实的仙基。"

"什么，在咸阳宫附近造兰池仙山，那怎么弄啊？"

"皇上，这个奴才早就想好了，掘地为坑，引渭河之水注入其中以为兰池，而后运山石在池中筑仙山三座，中间筑桥梁相连，最后再在山上造起楼阁宫殿，则兰池仙山不就成了吗？"

"嗯，好，不过要快，朕都等不及了，但是由谁去负责这项工程呢？"

"这个问题当然由皇上您作主了。"

"啊……让朕好好想想……赵高，你去为朕负责此项工程吧，朕还是对你比较放心。"

"皇上，承蒙皇上信任奴才，奴才理应为皇上分忧解难，不过奴才只怕皇上凡有要事就交由奴才去办，别的同僚会有微词怨言，所以奴才想，如果皇上不反对的话，奴才想为皇上寻找一个合适的人选。"

"哈，你这奴才，没想到你也会担心别人的嘀咕，好了，只要你推荐的人选办事还可以，朕是不会反对的。”

“皇上，奴才推荐阎乐，不知皇上意下如何？”

阎乐官居咸阳令，是赵高的女婿，这一次赵高也是故意地推荐阎乐，他想要嬴政看看自己的忠心。

“好啊，举荐贤才而不避亲疏，单是你这种自信朕就应该同意你的举荐，而且阎乐身为咸阳令，这咸阳的事务就应该由他负责的，况且他的办事能力也挺让人放心的。好，朕同意你的推荐，就由阎乐负责这项工程，回头你转告他，让他好好干，我希望他能将这项工程快一点儿完成。”

“这个就请皇上放心，阎乐巴不得能够有一个机会为皇上您效忠呢，他一定会好好干的。”

而后，赵高又与嬴政闲聊了一会儿，这才告辞回府。

第二十二章　以羊车代步　无心闯大祸

第二天，始皇照例出了早朝，文武大臣中的有些人已经知道皇上这两天心情不太好，所以也不敢上奏而惹火上身。

散朝之后，始皇本想让赵高陪自己到兰池诸地以及太虚仙境之中看看进展如何，但却又怎么也找不到赵高，只得悻悻作罢，心中却甚为奇怪。

迷迷糊糊地过了一天，时已黄昏，倦鸟归巢，红日西坠，满天的灰青色的夜幕开始一点一点地厚重起来。始皇正不知道自己该干点儿什么才好的时候，赵高忽然进来了。虽然赵高是一脸的谄媚的笑容，但始皇的脸色却仍旧垂了下来。始皇刚想说话，赵高却极为机警地抢在了他的前面说道：

“皇上，奴才这一天可没有闲下来，一直都在忙着呢。”

“那你忙什么去了？”始皇被他抢了先机，不得不按他的话头说了下去。

“皇上，奴才知道您的心情不好，您心情不好，那就是我这个做奴才的失职，您给奴才荣华富贵，奴才可不能整天吃闲饭，所以奴才就出去到外边忙活了一天。”

“那你这一整天都忙活了些什么啊，朕怎么也没见你要给朕什么东西呢？”

“皇上，您现在当然看不到奴才这一天忙碌的结果了，那个东西太大，奴才拿不进来，您跟奴才出去看看就知道了。”

“好，那朕就和你一起出去看看，不过朕可先把丑话放到前面，你这个东西要是不能够让朕的心情好起来，那朕可就要治你的罪了。”

“皇上，如果奴才的努力不能够让您高兴起来，那奴才甘愿受罚，不过您可千万不要赶奴才走，奴才还想继续为皇上您效犬马之劳呢！”

“好，那你前头带路！”

始皇跟着赵高来到门外，只见门外的台阶之下放着一个东西，有几名内侍正围在旁边指手画脚，一副十分惊奇的样子。眼见赵高与始皇走出来，那几名内侍立即都乖乖地站在了一边。始皇定睛一看，放在御书房门前的原来是一辆车，比他出行乘坐的车要小许多，但却比他的车更为细致，也更见匠人的功力，而且车体很宽，坐在里面一定会很舒服的。

始皇顺着车辕向前一看，更加惊奇不已。原来驾车的并非是寻常的马匹，而是两只高大壮硕、浑身毛色纯白的公羊！两只公羊的身上鞍辔、缰绳都如驾马一般齐全完备，而且还规规矩矩地站在地上，没有一丝一毫的执拗。

“皇上，这车您还满意吗？”赵高满脸堆笑，小声地问道。

“哼，真难为你想出这怪主意，这车看上去是不错，而且驾车的又是两只羊，可朕要这车有什么用啊?”始皇虽然对车很感兴趣,但却并不兴奋。赵高听后,略带得意地一笑,刚想说话,却又瞅着那几个内侍,那几个内侍见状连忙极其知趣地避开了。有皇上和赵高在,他们巴不得避开呢。要不然,说不定什么时候就得倒霉。眼见他们走远了,赵高这才开口说道:“皇上,这车要是给奴才,那当然是一点用处也没有,要是给您乘坐,那用处可就大了。皇宫的面积这么大,一圈走下来,非得把人累出个好歹来,乘坐大车又有点儿招摇,而且有的路还过不去,太窄了嘛!如果乘上这辆车,不但舒适柔软,而且来去自由,无论去什么地方,哪怕是林荫小径,鞭子一扬,这车就能顺利通行。而且,现在皇上后宫嫔妃娘娘无数,个个美若天仙,皇上一定难以决定取舍,弄不好还会让娘娘们醋意大发,心生嫌怨。有了这辆车,问题就解决了,奴才为皇上赶着这辆车,穿行于后宫之内,让这二驾随兴而走,爱停什么地方就停什么地方,车停到哪儿,皇上您就临幸哪位娘娘,共度美妙春宵。再者,羊乃六畜之中最具吉兆福祉的,有这两只预示着幸运的公羊为皇上您驾车,皇上您定能永享尊位的!”

“嗯,这车既然有这么多的好处,那朕自然要坐上一回,不如今天晚上朕就去后宫之中看看这两只驾羊会为朕选择一处什么样的地方度过这个夜晚。”

说完,嬴政大踏步地向那辆车走过去,而赵高见状也连忙紧走几步,跑到车的跟前,撩开车帘,让嬴政弯腰坐在车里,他自已则坐在驭手的位置上。

嬴政非常惬意地坐在车中,上下打量着。车中的各个部位都打磨得极为光滑,没有一处坚硬硌手的棱角,而且还有不少的镂空雕花,看上去非常的美观。车内的后、左、右三个方向都是镶死的,而前面则是可拆装的,那里是一条软帘,天冷的时候可以把软帘遮下来,天热的时候则可以把帘撩起来。

嬴政和赵高两个人加起来的分量不算轻,但由于车设计得极为巧妙,而且那两只羊又是难得的高大壮硕,两个人坐上去之后,丝毫看不出那两只羊有什么吃力的样子。赵高轻轻地抖动缰绳,那两只羊便立即迈开大步,蹄声清脆地走了起来。嬴政撩开自己面前的软帘,只觉一阵阵凉风拂面,说不出的舒服和惬意。他一时兴起,便对赵高说道:

“赵高,你来这车中待上一会儿,让朕来当一回驭手如何?朕长这么大,只骑过马,赶过马车,却还从来没有赶过羊车,来,让朕试一试!”

说着,嬴政果真一下子从车中探身出来,要与赵高交换座位。赵高连忙慢慢拽着缰绳,让那两只羊停下来,而后从驭手的座位上跳下来,对始皇说道:

“皇上,您这不是故意要给奴才出难题吗?您当驭手,我在后面坐车,奴才这狗胆就是再大,也不敢如此造次啊!您要是真的想过这个赶车的瘾,奴才可以在后边跑着跟上,您坐这个驭手的位置上。”

始皇的心里早已充满了十足的好奇心,连忙向前迈了一步,坐在驭手的位置上,抓住赵高递过来的缰绳。

“赵高啊,赶这两只羊和赶马有什么不一样的地方吗?”

“皇上,赶这两只羊轻松容易得很,羊的脾性要比马温顺得多,您轻轻一抖缰绳，它们就会向前走，一拽缰绳，它们就停住了，要想让它们跑得快一点儿，您就多抖几下缰绳。”

他的话音刚落，始皇便急不可耐地一抖缰绳，车轮滚动，羊车慢慢地向前走去，赵高连忙抬腿在后面追赶。

开始的时候，始皇嬴政并不熟悉，车还走得不算太快，赵高也能步履从容地跟上。等到后来，嬴政熟悉了驾驭之法，玩心大起，连连地抖动缰绳，两只羊奔跑如飞，拉得那车也走得飞快，后面的赵高生怕跟丢了，又担心嬴政会有什么闪失，只得一个劲儿地发足猛追。

终于，那两只羊的奔跑速度慢了下来，有几名侍卫正在后宫之中巡行，眼见来了这么一个怪物，刚想阻拦，一看驾车的人是当今皇上，吓得连忙闪到了一边。他们可不想被皇上砍了脑袋。怪车过去之后不久，赵高也气喘吁吁地一路猛追过去。众侍卫们引颈翘望，不知这两个人在搞什么名堂。

始皇一时跑得兴起，并不想让两只羊停下来。但是，无论他怎么使劲地抖动缰绳，那两只羊就是不听话，照样慢慢地停下来，而且随即便伸嘴在路边吃起草来。始皇非但没有生气，反而为这两只羊的执拗性格而感到有趣。他在车上意犹未尽地坐了一会儿，赵高才气喘吁吁地从后面跑了上来。

“赵高，这两只羊怎么到这里就停下来了呢？朕怎么摇动缰绳它们也不肯再往前跑了，你看，它们现在吃起草来了！”

听了始皇的问话，赵高并没有像往常一样立即开口回答，而是瞪着眼睛看着始皇，张着大嘴，冲着始皇，大口大口地喘着粗气，他实在是累坏了。那两驾车的虽然只是两只羊，但却膘肥体壮，而且久经训练，所以极善奔跑，赵高平时也算养尊处优，而且年纪也不小了，怎么能够追得上它们呢。

过了好半天，赵高的呼吸这才稍微平缓下来，但仍然有些上气不接下气地说道：

“皇上，您也许是忘了吧，奴才刚才不是说了吗，后宫这么多人，哪一位嫔妃才女都等着皇上临幸，可究竟去谁那里皇上也难以决定。既然您和奴才们都无法决定去谁那里，咱索性就让这两个畜生作决定，他们停在什么地方的人，皇上您就临幸什么地方的人，这样不就公平了吗？”

始皇低头想了一下，而后点头说道：

“嗯，这个办法倒也不错，但是如果它们给朕找了一个人老珠黄而且又奇丑无比的怎么办啊？”

“皇上，三十如狼，四十如虎，那样的女人才正能伺候皇上呢！”赵高一边笑着，一边极为无聊地说道。

“哼，你这个狗奴才，就是知道为自己打圆场，好了，朕先进去了，你怎么办啊？”

“皇上，奴才先把车赶到一个地方停下，让这两个家伙吃点儿东西，奴才也歇一会儿，明天早上奴才再来接皇上，您看怎么样？”

“嗯，行，就这么办吧！”

说着，始皇转身向车旁的一座青砖碧瓦的小院落走去。虽然他不知道这座院子中的嫔妃是老还是少，是俊还是丑，但他的心中又充满了对女人的占有欲。他从口袋里掏出药瓶，从里面拿出一粒墨丹吃了下去，脚下也加快了速度。

从此以后，每逢夜晚，始皇都会坐上这辆非常奇怪的羊车，在后宫之内巡游，羊车停到什么地方，他就到什么地方去找女人痛痛快快地云雨一番。如此一来，他的性生活便无比的频繁起来，而且他也渐渐地从菁菁之事中摆脱出来，渐渐将其淡忘了，或者说不会常常陷于那种苦恼之中了。

与此同时，咸阳令阎乐也在加快兰池仙山的建设速度，而韩终和侯公也在丹炉旁忙个不停。当然了，阎乐与韩、侯二人都取得了大量资财以中饱私囊。而且，韩、侯二人还从赵高那里得到了女人给予的享受，赵高果然赐予了他们一人一名美貌温柔的处女，而且这两个女人也先后为他们二人怀上了身孕。

后宫之中，那些嫔妃才女们也都知道了始皇乘坐羊车游幸后宫的事情，为了能够获得始皇的临幸，她们便都故意地往自己的住处附近的道路上撒上一些羊爱吃的食物，两只羊跑到这里，自然而然地便停下来吃东西。对此始皇仿佛并不在意，反正大家都是在投机嘛，只要他的床上有女人就行了。

这一天黄昏，他安排完自己的所有政务之后，照例乘坐羊车巡幸后宫。他的后宫里面的嫔妃才女比以往任何一辈的先代君王都要多得多，因此在短时间之内不会有游尽之虞。

在刚进后宫之后不久，两只羊忽然发足狂奔起来。始皇忙问是什么原因，赵高却说不清楚，因为他正在拼命地拽着缰绳，可那两只羊根本就不听话，依旧跑个不停。

刚跑了一会儿，两只羊忽然又来了一个急刹车，羊车骤然停了下来，弄得嬴政和赵高的身子都往前倾斜着。始皇的双手早就抓住了车两边的扶手，所以身体虽然前倾很多，但到底还是又坐回了座位上。赵高可就惨了。他的驭手座位上毫无可抓之处，他的手里又握着两根柔软的缰绳，车骤然一停，他的身体猛然向前倾斜，一下子从车上栽了下去。

“赵高，这两只畜生是怎么了，怎么今天这么不听话啊？”始皇在车上坐着，十分生气地问道。

地下传来赵高痛苦的呻吟声。他这一下子摔得可不轻，车速又快，他又没有什么心理准备，而且车下又是坚硬的石板地。他呻吟哀叫了半天，这才挣扎着从地上爬起来，颇为痛苦地对始皇说道：

“皇上，哎哟，奴才也不知道这两个畜生今天是怎么了，您稍候片刻，容奴才去看个究竟。”

赵高一瘸一拐地向车前走去，那两只羊正在前面大口大口地咀嚼个不停，看上去吃得很香。赵高只看见有一大堆黑乎乎的东西在两只羊的面前堆着，因为天黑，他也看不清那是什么东西，他连忙紧走两步，走到那堆黑乎乎的东西前，低头仔细一看，原来是一大堆竹枝竹叶。想必是这两只嗅觉极其灵敏的公羊闻到了竹叶的香味，所以才不听赵高的驾驭，一直狂奔到这里方才停下来。

此时，两只羊把头深埋于竹叶之中，正吃得起劲，仿佛已经完全忘记了自己的责任。不过，它们平常也吃不到竹叶的。

明白了原因之后，赵高连忙走到始皇的身边说道："皇上，前方的石板路上堆放着一大堆竹叶，两只羊正在大快朵颐，所以才不听召唤了。"

"路上堆着什么？"始皇听后极为吃惊地问道。他的反应完全出乎赵高的意料，他不知道始皇的情绪为什么会如此激动。

"回皇上，路上堆的是竹枝竹叶。"赵高又重复了一遍。

还没等赵高再说话，始皇一下子便从车上跳下来，模糊之中，赵高仿佛看见始皇的脸色一下子极为阴沉可怕起来。

"赵高，赶紧通报，就说朕要临幸此处。"

"是，皇上。"

赵高连忙走向羊车右边的房屋。走到门口的时候，就见里面灯火通明，而且还不时地传来一阵阵女人娇美的嬉笑声。赵高站在门口冲着里面高声的叫道：

"陛下驾临，里面的人赶紧出来见礼了！"

他的叫声过后，屋中的嬉笑声顿时停止，紧接着便有一名艳装少女奔了出来，后面还跟随着四名侍女。此时，始皇也已走到了门边。

"臣妾躬迎陛下。"五个少女一齐跪倒在嬴政的面前，为首的那名艳装少女娇滴滴地说道。听她的声音，便能让不少的男人为之怦然心动。

"你抬起头来。"始皇嬴政的声音威严而不可抗拒。

"是，皇上。"

回答声中，那名少女慢慢地抬起头来，非常直接地目视始皇。在她的脸上看不到一丝娇羞赧然的样子。但她确实是太美了，连一边的赵高都暗自欣羡不已。如此美人，即使不能占有她的身体，每天将她带在身边，每每亲吻抚摸一番也算是一种享受了。

而且，那少女的目光之中流光溢彩，充满着挑逗意味。她在用自己的目光勾引始皇。也许她对自己的美丽太自负了，她相信始皇一定能一下子便被她的魅力给吸引。

"外面路上的那些竹枝竹叶是你放的吗？"始皇的声音依旧那么冷淡，而且他的眼中也没有丝毫的欲望的光芒。他在直视着跪在地上的那名少女。

"回皇上，是臣妾带着四名丫环放在那里的，想必皇上的那两只神羊一定甘之若饴吧。"她的语气之中虽然还有些得意，但她却被始皇目光之中的威严所吓，慢慢地低下了那张娇美的脸庞。

"哼，小小年纪，你却倒很有心计，知道用竹叶来引诱朕的这两只羊停在你这里，朕问你，你的这些竹枝竹叶是从什么地方寻来的？"始皇步步紧逼。

“是从附近的一片竹林中弄来的。”那少女有些战战兢兢地回答道。

“那片竹林是不是叫菁竹园啊?”始皇仍然目光炯炯地看着跪在地上的少女。那少女轻轻活动了一下身体,她跪得时间已经太长了,但是始皇的语气中却没有一点儿要让她起身的意思。

“是,皇上,您怎么知道啊?”那少女极其兴奋地说着,而且还抬起了她那副明艳照人的娇容,但她的这种兴奋转眼间就凝固在她的俏脸上,因为她在始皇的脸上看不到任何值得她兴奋的东西。

“那你有没有看到朕题的名啊?”

“皇上,臣妾看到了。”

“既然看到了朕题的名,那么你为何还要破坏菁竹园的竹子?”

“皇上,”那少女的声音已经有些微微颤抖起来,“皇上,臣妾听说羊最爱吃撒了盐水的竹叶,臣妾也正好曾看见过菁竹园的竹子长得非常茂盛,反正那竹林也不算小,就带着几个丫头去采了一些来,让两只神羊吃。”

“好,好,既然你都承认了,那也不用朕追问了,你的目的不就是想让朕在你这里过夜吗?好,现在朕也来了,而且朕晚上也在这里歇息,但朕却不想再见到你!赵高,找五名侍卫来,让他们把这五个贱婢拖到冷宫之中,赐她们五个人白绫自尽!”这菁竹园是嬴政为了自己的第23个公主所建的地方。嬴政之所以如此重视这个公主是因为这个公主是被自己所杀。为了瞒天过海,嬴政表现出了对这位公主异于常人的关心。

嬴政此令一出,跪在她面前的那五个少女立刻都瘫软在地上,哀求不止。她们怎么也弄不明白,为什么皇上会赐自己白绫自尽。那名艳装少女更是爬到嬴政的脚下,不住地乞求着嬴政,嬴政却连看都不看一眼。一边侍立的赵高也愣了,这到底是怎么一回事啊,这娇滴可人的美女,一下就赐死了,岂不是太可惜了?

“赵高,还愣在那儿干什么?还不赶快去执行朕的命令,难道你也不想活了吗?”

赵高听了嬴政的怒吼,不禁吓得一哆嗦,他知道,皇上已经下定决心要杀这五个人了。他立即转身向外走去,耳边又传来那些少女凄厉可怜的哀求声。

“赵高,你等一会儿。”赵高停住脚步,回过头来,只见始皇已经将那名美艳妩媚无比的少女从地上拽了起来,令人有些恐怖地咬牙切齿地说道:“哼,你这样费尽心机,目的就是想让朕的羊车停在你这里,让朕来临幸你。好啊,既然你对朕这么殷殷以求,那朕就满足你的要求,让你和朕共度一次春宵,那样的话,你就不会再死有遗憾了吧。赵高,你现在就去叫侍卫在外边守候,等朕临幸这个女人之后,你就让侍卫赐她们自尽。”

赵高迷迷糊糊地点了点头,他现在已经不知道该说些什么才好了。远处已经有几名巡夜的宫中侍卫向这边走过来,他们听到了女人凄厉悲苦的哭声,所以过来看个究竟。在众人的一片惊愕惶恐之中,嬴政把那名少女挟在腋下,向屋中走去。

一阵更加凄厉的哀哭声从屋里传出来，先是乞求，继而就变成了一连串的惨叫，里面还夹杂着嬴政粗暴的呵斥。外面的人听到耳中，一个个噤若寒蝉，连赵高都为这变故惊愕不已，不知道该怎么办。不就是在菁竹园中弄了一点儿竹枝竹叶吗，有必要如此的小题大做吗？但随即，他的眼前又浮现出刚才皇上听到那两只羊吃的是竹叶时的那种反常的举动。慢慢地，他开始平静下来。难道这其中有什么蹊跷不成？是不是如果这竹子不是菁竹园的就没事了呢？

屋中隐隐约约地传来男女交欢的声音，嬴政在兴奋且粗暴地号叫着，而那女人则不停地啼哭惨叫着。等待她的不但是这一场粗暴的占有，还有其后的白绫自尽，她当然会啼哭惨叫不止了。屋外的那四名侍女早已经吓傻了，仍旧瘫软在地上。

过了很长时间，里面的男人的叫声才结束。又过了半刻，嬴政仍旧将那少女在腋下挟了出来。来到外面，他一下子把腋下的少女丢在地上，对那几名吃惊不已的侍卫说道：

“赶紧把这几个贱婢打入冷宫之中，赐白绫让其自尽，如果她们挣扎喊叫，不肯自尽，那你们就把她们都砍了！”

“是，皇上！”

那几名侍卫答应着奔向那五个可怜兮兮的少女。刚才被嬴政蹂躏摧残过的少女连裤子都没穿，下身全部赤裸，两条腿上沾满了鲜血，她的头发也非常凌乱，仿佛疯癫了一般。一名侍卫想把她拖走，刚刚一碰她，她立即便歇斯底里地大叫起来。

“捂住她的嘴，捂住她的嘴！”嬴政气急败坏地大叫着，从他的脸上看不出一丝一毫的性欲释放的快感，反而只是一脸的怒火和粗暴的张狂。

那名侍卫连忙捂住了少女的嘴，却又即刻惨叫一声，将手从少女的嘴里拽出来，不停地抖动着。原来那少女一下子咬住了他的手。

“贱婢，到这个时候你还敢撒泼！”嬴政恶狠狠地叫着，一个箭步冲到她的面前，拔出那侍卫腰间的佩刀，冲着那女人的胸膛使劲地刺了下去。

可怜的少女发出一声惨叫，双手挥舞挣扎着，眼中也射出怒火，仿佛是要抓嬴政几下似的。嬴政一撒手，将刀拔了出来，少女的伤口随即鲜血狂喷，她的手正抓向嬴政的脸颊，却被嬴政一脚踹在了胸膛上。她仰面朝天地躺倒在地上，鲜血仍旧从她的伤口汩汩地冒出来。她挣扎了几下，便气绝身亡了。

那四名侍女看见嬴政如此剽悍凶狠，一个个都吓得停止了挣扎和喊叫，任凭那些侍卫将她们拖走了。剩下的两名侍卫也连忙拖着那名惨死少女的尸体，赶紧走了。

嬴政眼望着他们远去的方向，脸上的怒气还未散去，忽然间又冷哼一声，恶狠狠地说道：

“你们这几个贱婢，去哪里弄竹叶不好，非得要到菁竹园中去，而且又明明看到了朕的题名，你们是自己找死，朕也就只好成全你们了！”

他的这些话，赵高都清清楚楚地听到了。忽然，赵高开窍了，明白了，虽然在他的意识之中仍然还有一个解不开的谜团，但也无所谓了，因为他已经明白得差不多了。或者，他以为那个谜团还是不解开的好。“赵高。”“奴才在，皇上，您有何吩咐？”“你送朕回去休息，然后你也回去吧！”

“是，皇上，请您上车，我立即送您回去。”

赵高驾着车迅速地消失在夜幕之中。转眼间，整个皇宫又恢复了平静，或者说刚才喧闹无比的那片地方恢复了平静，那几个少女到死也不会明白，自己为什么会得罪了皇上而导致性命难保。或许，只有那些被两只羊吃得七零八落的竹枝竹叶才明白。

送始皇回到寝室之中，当赵高再出来的时候，早已经繁星满天，月兔西去了。但是，出宫之后，他并没有直接回家，而是径直往太虚仙境而去。

太虚仙境的大门紧闭，但却有灯光照射出来。赵高绕到一间屋子的后面，里面隐约传来一阵阵男欢女爱的呼叫之声。赵高在夜色中冷笑了一下，哼，这两个道士，对女人的欲望恐怕要比对炼丹的兴趣要浓厚得多。

他又转回了门前，刚要敲门，两个黑影迅速地闪到了门边，倚在他的左右两侧，压低了声音问道：

“谁？”

“是我！”

“啊，是大人，对不起，请恕小人冒失。”

“好了，你们下去吧，盯紧一点儿，别让这两只兔子跑了！”

“是，请大人放心。”

两条黑影答应一声，又转身疾步而去，转眼之间便消失在漆黑的夜幕之中。

赵高这才轻轻地叩门，过了很长时间才传来一阵脚步声。二位道长正在女人的身上大逞威风，当然是不会及时来开门的了。

“谁啊，这么晚了？”里面的声音中带着不快。

“道长，是我，赵高。”

“啊，是赵大人啊，我马上给你开门。”一听是赵高，里面的声音顿时变得殷勤起来。

门闩响动之后，门“吱呀”一下开了，赵高闪身进去，又回身插上了门闩。为赵高开门的是侯公，衣衫不整，赤着足，而且脸上还有脂粉涂抹的痕迹。

“韩道长呢，是不是已经睡了？”

“他……他还没有睡呢，我去叫他一下吧！”“不用，不用，我在这里等一会儿就行了。”

侯公引赵高到另一间屋中坐正，又端上了一杯茶，闲聊几句。韩终这才一脸满足地走了进来，见到赵高，连忙躬身施礼道：

“赵大人，刚才贫道因为一时有事脱不开身，没能及时为大人去开门，请大人原谅。”

“啊，韩道长不必如此自责。食色，性也。这很正常嘛！不过二位道长白天一心为皇上炼制长生不老的丹药，晚上又要勤于耕耘，也要当心一下自己的身体啊！”

听完赵高的话之后，韩、侯二人都羞得脸色通红，深深地垂下了头。

“二位道长，赵某刚才只是说句玩笑，今天我来此并不是为皇上催要神丹的，而是要让二位道长出马为皇上分忧的。”

韩终和侯公听后都抬起头来，因为他们也不知道自己除了炼丹之外，还能为始皇做些什么。

“敢问道长以前是否作过法事？”

“不瞒赵大人，以前我二人就靠为人占卦算命作法事生存，当然是作过法事了。”

“那好，这次你们的任务就是为皇上作一次大规模的法事，不但场面要大，声势也要壮烈，而且也不用你们苦想结果，结果我已经想出来了，只需借你们的口说出来就行了。”

韩终和侯公都是一脸的惶惑，因为他们实在不知道赵高究竟要让他们作什么样的法事，而且看上去还要到皇宫之中去。以前他们作的法事都是要靠装腔作势去骗人钱财，没想到现在法事还没作，结果却已经出来了。

看着二人一脸疑惑的样子，赵高连忙把自己心中所想的计策说了出来。

他告诉韩、侯二人说始皇的第23个女儿菁菁公主不知什么原因在宫中失踪了，一直过了两个多月没有什么消息，估计是死了，始皇为此总是情绪激动，屡屡怒火旺盛。他希望韩终和侯公在宫中做一场法事，一为超脱菁菁的亡灵，二来最好以菁菁是为始皇求不死之身而前往天国的，这样始皇的心情就能平定下来了，因为始皇最关心的就是自己长生不老的事情，不论是谁，只要是为此事而死，他都会心安理得的。

听完赵高的叙述，韩终和侯公都一脸的轻松，侯公笑着对赵高说道：

“赵大人，你就放心吧，这个法事作起来很简单，就包在我们两个人身上了，不过要想法事的规模宏大，那就还要由大人在宫中早早安排一下了。”

“这个不用二位操心，不过我得先告诉二位，这个法事的结果现在只有咱们三个人知道，绝对不能再让第四个人知道，连皇上也不行，虽然这场法事也算是为皇上作的。而且你们要记住，皇上的脾气可不太好，因为菁菁公主的事情，已经有七个人死于非命了，我可不希望你们两个人再去凑数。这场法事要是作好了，我一定会请皇上好好地赏你们的。”赵高的口气无比地郑重而冰冷起来。

他的这种语气让韩终和侯公二人不由得心生寒意。只因为一个公主莫名其妙的失踪，就已有七个人无辜身死，这也太恐怖了。但是，赵高所许诺的重赏又极大的诱惑着他们，他们本来就是为了金钱和地位来的。虽然赵高的许诺并不代表始皇的决定，但他们知道赵高的能量。于是他们点了点头。

而后，他们定好了时间。早晨赵高入宫去准备请示所需一切事物，傍晚的时候，韩终与侯公在宫门外守候，在赵高再把他们带进宫里去，一切安排好之后，赵高站起来对二人说道：

“二位，该说的我都已经说了，只希望你们明天能够表演得像一点儿，不要露出马脚来，那样的话，可就只有你们二位自己收场了。好啦，不打扰你们的好事了，我该走了。”

说完，赵高告辞而去。其实，有一点他并没有对韩终和侯公二人说。他怀疑始皇嬴政与菁菁的死有直接的关系，所以始皇这么多天来才有这么多反常的举动。不过，他不想对这个问题进行过多的纠缠。他只知道一点，或者他现在只认为自己应该看重一点，自己的主子始皇嬴政现在正为菁菁失踪的问题而苦恼不已，如果自己在此时帮助始皇解脱，那就一定可以收到事半功倍的效果。

赵高走后，韩终与侯公二人并没有立即回到各自的屋中，而是又进行了一番商议。

“韩兄，明天的法事我们是作还是不作？”

“作，如果不作的话，现在我们只能逃出咸阳城去，可我觉得我们现在还没有什么危险。”

“对，我也同意去作，反正赵高也牵涉其中，实在不行，我们就把赵高给供出来。”

“那我们明天用什么方法来蒙骗皇上和其他人啊？”

“我觉得采用魂灵附身的方法效果更好，韩兄，你的手中还有没有‘变音丸’啊？”

“有，当然有，别看这药丸不起眼，可是却能帮我们赚大钱呢！”

韩终一边得意地笑着，一边从腰内摸出了一个小瓷瓶。“明天我们把药丸夹在手指缝中，借上身之时服下去，定可作得天衣无缝。好啦，我们该回房去休息了，我的夫人可能都等急了，再见！”

说着，韩终快步向自己的屋子走去，侯公当然也随后冲向自己的屋子，屋中立刻便又响起男女嬉笑打骂的声音。

第二十三章　装神又弄鬼 始皇遭刺杀

第二天，所有的事情都在始皇毫不知情的情况下进行着，赵高命人搭建高台，准备供桌及一切所需的物品。

直到斜阳西坠，倦鸟归巢的时候，赵高才跑到始皇的面前，跪倒在地，可怜巴巴地乞求始皇道：

“皇上，奴才又犯了擅专之罪，请皇上狠狠责罚奴才吧！”

“赵高，你犯了什么擅专之罪啊？”始皇刚刚批阅完奏折，正想让赵高准备晚餐，却碰上了赵高的奇怪举动。

“皇上，奴才私自做主请韩终和侯公二位道长来宫中作一场法事。”

“什么，作什么法事啊？你为什么要让他们来宫中作法事啊？”

“皇上，菁菁公主失踪到现在已经两个多月了，而皇上却一直为此事而忧心忡忡，奴才也是看在眼里，急在心头。两个多月没有消息，恐怕公主也已经不在人世了，所以奴才才斗胆差人去请来了韩、侯二人作法事，希望公主的灵魂早登极乐世界。奴才一直没对皇上说，请皇上责罚。”

嬴政一听赵高提及菁菁，他的那颗放松的心立即又紧紧地揪了起来。一时之间，他也不知道自已到底应该怎么办才好。

其实这么多天以来，他也一直未能将这件事完全释怀。虽然赵高的羊车与女人给予他的刺激和占有的享受让他似乎暂时将这件事忘掉了，但实际却根本没有忘。否则他也就不会在私自采集菁竹园中的竹枝竹叶一事上大发脾气，而且还将那五个女人都赐死了。其实，和那个艳装少女的一次交欢是让他深感兴奋的。那名少女的确长得明艳照人，但她却非得去动菁竹园中的竹子。

他根本无法忘记菁菁的死。毕竟，他亲手杀死了她，将她的尸体沉于水中。他甚至一度害怕尸体会自己浮上来。

现在，赵高要作一场法事，超度菁菁的亡灵，让其灵魂早归天界。那样的话，自己也就能稍微安心了。赵高是如此的善解自己的心思，自己又怎么会怪他呢？

“好了，赵高，朕不会怪你的，作一场法事也好，朕也希望菁菁的灵魂能够早归天界，早享正果。韩终和侯公来了吗？”

“启禀皇上，他们两个已经来了，奴才让他们在宫门外候着呢！”赵高回答着。他的心中极为得意地暗笑着，因为他从始皇的口气中听到了一种数日未有的如释重负的轻松，他成功了。

“那好，你赶紧……唉，算了，我让别人去传他们吧，你随着朕一同到法坛那里去吧,朕要亲眼看到才心安,朕都不知道菁儿长得什么模样呢!"

说着,始皇令一名内侍到宫门外去传韩终和侯公进宫作法事。那内侍转身要走,却又回过头来,问始皇道:

"皇上,不知那法事在什么地方进行啊?"

"在菁竹园旁,你就领着那两个道人去那里就行了。"赵高开口说道。这件事是他一手安排的,他当然最清楚了。

随后,始皇与赵高一起赶到菁竹园旁。此处法场都已准备好,临时搭起的法台之上摆着祭桌,祭桌之上摆着香烛之类的东西。法台周围聚集了不少的人,赵高故意要将法事作得大一些,也许那样才能让始皇更好地从那种情绪中解脱出来。

不一会儿,韩终和侯公二人穿着一身崭新的道袍赶到了法台之下。二人走到始皇的面前,韩终面色郑重地对始皇说道:

"皇上,我们二人法衣在身,请恕我们不能行大礼。"

"好,朕不会怪罪你们的,可以开始作法事了吧?"

"皇上,可以作了。"

说完,二人不经意地瞅了赵高一眼,而后顺着台阶走到了法台上。二人点起香烛,挥动手中的桃木剑,先是在台上念念有词,而后又跳起舞来。宫中不少人都没有见过作法事的,所以一个个拔长了脖子,目不转睛地看着。

忽然,侯公的嘴里吐出一串火来,紧接着他用手中的桃木剑一指韩终,大喝一声,韩终立即抛掉手中的剑,身体也剧烈抖动起来。抖动过后,韩终仿佛极为劳累似的坐在法台之上双目紧闭,而侯公则仗剑在他的身边飞快地游走起来。

正当众人都不知道他们二人在干什么的时候,韩终忽然开口说话了,而且更让人吃惊的是,他说话的声音竟是一个娇滴滴的年轻女子的声音。只听他说道:

"父皇,我是您的女儿菁菁,您赐我的珍珠我已经见过了,您为我所植的竹园亲手题的'菁竹园'我也已经见过了,我非常喜欢这个名字,现在女儿已经魂归天界,见到了天帝,您也不必为我担心了。天帝对我说是他引我上天界来侍奉他的,女儿感到非常荣幸,而且女儿刚刚乞求天帝能赐予父皇长生不老之身,天帝说要让父皇等待机缘,千万不要着急。父皇,无论发生了什么事,您都是我的好父皇,女儿永远也不会怪您的。好了,父皇,天帝又在召唤我了,女儿也该走了,有机会多去看看女儿的母亲。"

"菁菁,你先不要走!"始皇忽然极为动情地大叫起来。

然而却没有人回应他。只见一股白气从韩终的头部升起来,韩终也随即从地上爬起来。他已经恢复了常态。两个人走到祭桌边,焚香祭天,结束了这场法事。

始皇在法坛之下愣住了,因为他刚才确确实实听到了菁菁的声音,而张嘴说话的人也确确实实是韩终无疑。他相信了,相信眼前的这场法事完全是真实的。而且,他更感到欣慰和心安。

这么多天以来,不管他的情绪怎么样,其实他一直都被拘困在一种自责之中的,他根本无法摆脱这种自责的鞭挞。但现在,他却听到了菁菁传来的天籁,她并不怪自己这个做父亲的。这对于他可是一种极大的解脱。

韩终和侯公二人步履轻松地走下了法台,脸上也是一片轻松。他们知道自己已经成功地完成了这场法事,剩下的问题也就是领受皇上的赏赐了。

"韩道长,你没有事吧?"始皇似乎对于刚才的事情还有些不放心,或者说是想更好地解脱自己。

"有事? 皇上,不知道您说贫道会有什么事儿?"韩终装出一脸惶惑样,反向始皇道。

"啊,皇上,刚才那是灵魂附体,那一时刻韩终其实就是菁菁公主,韩终的存在只是一个躯壳,所以他对刚才的事情一无所知,因而也就无法回答您的问题了。"侯公煞有介事地说道。

"嗯! 好,好,二位道长果然好道行,如此一来,朕也就能安心了。"

谁也不知道他的这个安心是为菁菁能够位列天帝身侧而安心,还是因为自己的心中愧疚得到解脱而安心。

"皇上,二位道长忙活了半天,奴才可要替他们向您请功了!"赵高站在一边对始皇说道。

"哼,这种事还用你这奴才提醒吗? 朕的原则就是有功必赏,有过必罚,你就是不说,朕也不会忘记的,韩终、侯公,上前接受朕的封赏!"

韩终和侯公非常得意而且又颇多感谢地冲着赵高偷偷一笑,而后快步走到嬴政面前,跪倒在地上。

"韩终,侯公,你们不但为朕一心操劳,炼制神药,而且还建法台做法事,为朕之亡女菁菁超度亡灵,以登仙界,功劳显著,朕特命你二人为我大秦国师,每人奖五十金!"

"韩终、侯公谢皇上恩典!"二人连忙磕头谢恩。五十金对他们来说,可实在是一个天大的数字。即使他们以后什么也不干,也不会再为生计而发愁了。

"唉,对了,现在朕夸也夸过了,赏也赏过了,可朕还没忘记当初召你们到咸阳来的目的,朕的长生不老之药,你们还得抓紧时间,不要再让朕久等,否则朕可就发脾气了!"

韩、侯二人听了始皇的话之后不禁一怔,但随即便接口说道:

"皇上您无须费心,我们二人定当竭尽全力为皇上您炼出神药,助皇上成就仙身。"

"好,好,你们快一点儿,朕在咸阳宫中静候佳音,时间也不早了,你们就领赏出宫去吧!"

二人又磕头谢恩,这才起身而去。赵高连忙命令一群内侍及侍卫拆除法台并清扫干净,保持菁竹园的旧貌。始皇走到赵高的身边,低声地对赵高说道:

“赵高，时间已经不早了，你是不是该陪朕走了？”

“皇上，您要让奴才跟您干什么去啊？”赵高一时有些丈二和尚摸不着头脑，但他的心中也隐约有些感觉。

“干什么去，你这奴才，今天怎么这糊涂哪？当然是陪朕当驭手，乘坐羊车去巡幸后宫啦！”

“哎哟，是奴才愚钝，请皇上恕罪，皇上今天如此高兴，奴才当然要再作驭手，陪皇上到后宫之中去转上一圈了，而且奴才还有一个好消息要告诉皇上呢！”

“噢，什么好消息？你快说！”始皇迫不及待地说道。

“皇上，前两天我的女儿回家来探望我，她说由阎乐监工的兰池仙山的工程已经到了尾声，相信不久皇上您就可以移驾于仙山宫阙之上，过一回天神般的生活啦！”

“嗯，不错，阎乐的办事效率倒还真的不错。韩终和侯公的仙丹还没有炼成，他的兰池仙山的工程倒要竣工了，朕最近真的是非常开心，也许长生不老的机缘也就要降临了！”这一夜，始皇嬴政极其兴奋，不但与一名嫔妃共度枕席之狂欢，一叩蓬门之后仍觉得不解渴，索性连那嫔妃近身的两名侍女也一并给开了窍，让她们品尝了一下享受君王临幸的荣宠。三度云雨之后，始皇虽然感到身体非常的疲乏，但他的心里却高兴无比。

两天之后，咸阳令阎乐极其满意地来报称兰池仙山已经完工，单等君王赏阅。始皇听后非常高兴，先重赏了阎乐，而后率领几名近臣前往兰池仙山去感觉一下。

君臣数人出了咸阳宫向西，行不多远，下了车，只见茫茫的一片大水，竟然望不到边际，水天迷漾之中，有三座看上去虚幻缥缈的凸浮于水面之上的仙山似乎在随波动荡。李斯连忙向始皇恭维道：

“皇上，此水波光浩渺，而且那三座仙山也是神光聚敛，山上必然蕴涵无穷灵秀，如果皇上能够居于此山之上，定能吸吮灵圣之气，达到强身健体的功效，最终也定会实现长生不老之夙愿。”

“那是当然，否则朕又怎会耗费这么大的功夫挖池造山呢！”始皇颇为得意地说道。

其余大臣也连忙对着眼前的兰池仙山恭维着始皇。恭维完毕，始皇就要带着几个大臣顺着建于水上的长廊前往仙山游玩一番，一直并未说话的赵高却忽然紧跑几步，拦在了众人的面前。

“赵高，你想干什么？”始皇大声的质问着赵高。赵高刚才一直一言不发，始皇便有些心中有气，而今又见他做出这样的举动，越发的气愤起来。

“皇上，请恕奴才无礼，但奴才却全是为皇上的夙愿着想的！”

“替朕着想。难道你拦在朕的面前，不让朕上山就是替朕的夙愿着想吗？”始皇的火气越发地大了起来。

"皇上,您可以上山到宫殿之中居住,但其他的人都不能上山。"

跟随始皇前来的那几名大臣一听赵高此言,一个个愤愤不平,以为赵高是针对他们才说的这一番话。

"哼,不让我们上山,那你就可以陪皇上上山了?"王绾冷冷地说道。

"不,不但大家不能由长廊上山,连我也不能上山,整个大秦国只有皇上一个人才有资格上山,一享山上的灵秀神异之气。"赵高一脸的端正之气,看不出有一点儿做作夸张之处。

"赵高,为什么诸位爱卿不能随朕一起上山啊?"始皇的语气缓和了许多。他还从来没见过赵高有过如此面色庄重的时候。

"皇上,奴才已经向韩终和侯公二位道长询问过了,此神池仙山就是为皇上一人所做,从而能够使皇上在山上享受天帝赐予皇上的神异之气,从而尽早成就不老之身。由于凡夫俗子自身带有许多世俗污浊之气,所以根本不能上此山去,而且皇上您连女色都要远离。至于皇上的随行侍卫,他们只能在此处等候。"

"那要是有居心叵测的人泅水上到仙山之上,意欲对皇上不利该怎么办啊?"隗林抓住漏洞问道。

"这个问题我也早已经想过了,我已经命令咸阳令阎乐选拔体格健壮的兵士日夜守候于兰池四周,不但能防止有居心不良的人对皇上不利,还能阻止世俗凡人上山。"

"那朕现在能上山去了吗?"对于赵高的细致以及对自己的忠心,始皇现在是越来越满意。

"还不能!"赵高斩钉截铁地割断了始皇的欲望。

"赵大人,为什么还不行啊,不是都已经竣工了吗?"连李斯都觉得眼前的事情实在是太麻烦了。

"为了皇上的夙愿,当然是要小心谨慎,不能有任何差错了。皇上,有三个原因决定您今天还不能登上仙山。第一,兰池周围还没有兵丁卫护,奴才明天会把这件事办好;第二,皇上今天穿的是盛装朝服,以后再来这里要便装微服;第三,皇上您还要改腊月为'嘉平'之纪,同时还要大赐天下黔首。完成这三个条件皇上您就可以登上仙山了。"

"赵高,为什么要让朕更腊月为'嘉平',还要大赐天下黔首啊?"

"皇上,这也是那两位道长的意思,改腊月为'嘉平',一意在与过去的岁月分隔,二来嘉平之名也最能体现昌顺繁盛之世。而大赐天下黔首的目的也是想让皇上您获得天下黔首的祝福。"

"好,事不宜迟,那朕今天回去就立即颁行诏令,以后改腊月为'嘉平',同时大赐天下黔首,每里赏米六石,羊两只,让他们也好好高兴一下!"

"皇上圣明,奴才祝皇上早日得偿夙愿,成就长生不老之身,能够万世不衰,永赐天下黔首恩泽!"

赵高一出此言，其他的几位大臣也连忙随声附和。他们都知道始皇现在已是一门心思求取长生不老之术，其他的事情都要靠边站，虽然他们觉得赵高所说的未免太有点儿虚幻缥缈，但却都不敢出言反驳。

当下，始皇立即便转身赶回宫中，颁行诏令，改这一年及以后的腊月为“嘉平”月，每里赐米六石，羊两只。不过，天下黔首久已苦于始皇频繁的徭役和赋税，所以，他这一点儿赏赐可以说是杯水车薪，根本起不了什么作用，天下黔首也并不买他的账，但是，无论如何，他也算是完成了一个条件。他现在最迫切的就是尽快登上仙岛去体验一下做神仙的感觉。从此以后，他便每天白天在咸阳宫中批阅奏折，发布诏令并接见文武大臣，晚上则微服出行，由四名侍卫保护，前往兰池仙岛上夜宿，过着一种仿佛清修静养的平静生活。但他并不感到难受，虽然他有的时候会因为得不到女人的抚慰而觉得孤单和压抑，但他都能忍受。只要是两位道人的要求，他一定会去照做的。只要是能够成就仙身，什么样的折磨他都会经受得住的。这样的生活过了一段时间之后，始皇还真感觉身体轻爽，精神振奋，而且很少有疲劳的感觉，就是不再服用墨丹，他也觉得身体非常的有力气。他还以为这就是在山上清修静养的结果，心中非常高兴，自然更是乐此不疲。

其实，他又哪里知道，他以前的生活几乎是每天都少不了与女人交媾，甚至有的时候会在一晚上和几个女人共赴云雨之乐，这当然是大耗精力的。而今山上清修，远离女色，他的身体当然也就好了起来，而且，二位黑心的道人所给他的墨丹本来就只是壮阳的药物，于身体无一丝一毫的滋补功效，如果没有男女之事，这种丹药反而是不吃更好一些。可始皇一心耽于仙道，对此浑然不觉。

又有一晚，他在咸阳宫中批阅完奏折，便要微服前往兰池仙山之上再度清静生活。批阅奏折占去了他每天大部分的时间，因为郡县内上呈的奏折他都不让别的官员审阅，而是自己统统批阅。他唯恐别人会利用批阅奏折的机会聚集权柄，私自擅专行事。所以，无论大事小情，他都事必躬亲。自己的天下得来的并不容易，他可不想让别人执掌权柄，即使自己再苦一点儿，再累一点儿。

在几名内侍的侍候下，始皇更换了便服，而后在四名也是身着便服的侍卫的保护下前往兰池仙岛。

外面夜色深浓，没有月光，只有黯淡的星光闪烁。走在前面的两名侍卫手提灯笼为始皇照亮脚下的路。不过，这一段路始皇不知已经走过多少遍了，即使没有灯笼照路，他也能顺顺当当地走到兰池边的。

路边是整齐的灌木和树林。要是在白天，从这里一定可以观赏到悦目的生机，但此刻，这些灌木树林都黑魆魆地静默着，与漆黑的夜色融在了一起。

五个人脚步整齐，但并不急迫。如此宁静的夜色，何必要弄起太大的喧嚣来呢。猛然，灌木丛中传来了一阵嘈杂声。四名侍卫反应非常快，一齐抽刀守卫在始皇的身边，密切地注视着周围的动静。然而，四周却立时又恢复了平静，再没有一点儿声音。

“没事儿，或许是兔子呢！”始皇非常轻松地说道。最近他的心情相当好，几乎没有什么不开心的时候。

眼见没有什么动静，五个人又一起向前走去。谁知刚走出去几步，三条黑影倏然从灌木丛中蹿出来，直往始皇的身上扑去，手中似乎还拿着兵刃。

事发是如此的突然，那四名武士虽然反应奇快，但再抽刀御敌已经晚了一点儿。或许刚才的动而复静有些麻痹了他们的警惕。此处在皇宫周围，谁会有这个胆子行凶呢！但现在却真的出现了。

三个黑影径直扑向中间的始皇，那四名侍卫惶急之中竟来不及拔刀御敌，倒是始皇反应不慢，一听有响动，又隐约看见有三个黑影扑向自己，连忙向前疾奔几步，想躲开这三个人的进攻。但事起仓促，饶是他反应很快，却也只躲过了两个人，另一个人没有躲过。那个人使的是一把长剑，一剑刺下，正好刺中了始皇的左臂，深可及骨，疼得始皇当即惨叫一声。

借着微弱的灯光，始皇看到这三个意欲刺杀自己的人都身穿一袭黑衣，而且还以黑巾蒙面。后面的两名侍卫已经与那两名蒙面刺客交起手来，刺中了始皇胳膊的这名刺客眼见自己一击得手，就要挥剑来再刺，一名侍卫却已经挥刀向他砍来。

当下，三名侍卫和那三名刺客交手，而剩下的那名侍卫则提着灯笼站在一边，执刀护卫着始皇。

始皇捂着胳膊上的伤口，他已觉伤口处有鲜血不断地冒出来，而且还伴随着一阵阵的疼痛。本来挺好的心情却被这三名突如其来的刺客给搞坏了。三名侍卫的武功颇高，那三名刺客并不是他们的对手。那三名刺客屡屡想弃战而逃，却又都被三名侍卫的进攻缠住。

“不要着急杀了他们，抓活的，朕倒要看看是谁如此大胆，竟然敢行刺君王，朕非得要诛了他的九族不可！”

始皇在一边气呼呼地大叫着。这三名刺客不但敢公然行刺他，而且还就在守卫森严的咸阳宫附近下手，始皇的气当然大了。

他的吼叫声那三名刺客也听得清清楚楚的，他们仿佛也知道今天肯定是难以逃脱，于是下手便都是不要命的打法，三名侍卫一时之间也被他们搞得难以应付。远处传来一阵嘈杂声，那肯定是巡夜的卫兵在匆匆赶来。始皇不由得精神一振，哼，大胆狂徒，看你们这回往哪儿跑！

忽然，一名刺客的嘴里发出一声极其怪异的啸声，不但高亢，而且还有一点凄凉。而另外的两名刺客也以同样的啸声与他相和着。紧接着三个人便又是一阵狂风暴雨般的猛攻，而后撤回兵刃，几乎在同一时间，而且也是在电光火石之间，一齐挥动手中的兵刃，割向了自己的咽喉。

刀光掠过，鲜血喷溅，三个刺客先后栽倒在地上，气绝身亡。侍卫们走到他们的尸首旁边，揭下其蒙面黑巾，却都不认识。而这时，那些巡行的卫士们才气喘吁吁地赶了过来。为首的一名校尉跪倒在始皇的面前说道：

“皇上，奴才救驾来迟，致使皇上受了惊吓，奴才罪该万死，罪该万死，求皇上饶恕奴才的罪过！”

“哼，你这蠢材，朕岂止是受了惊吓，朕还被那贼人刺了一剑呢！若不是他们四个拼死守护，朕今天恐怕连命都保不住了！灌木丛里藏有刺客，你们都没有发现，那你们巡行还有什么用！”

“奴才该死，奴才该死，以后奴才一定会更加仔细的！”

“快滚，以后当心点儿，再发生这种事儿，朕就砍了你的脑袋！”

那名校尉如蒙大赦，连忙起身带着自己的一群手下仓皇而走，刚走了两步，始皇却又冲着他大叫一声：

“站住，回来！”

校尉战战兢兢地回过头，脸都吓白了，他以为始皇又改变主意，要杀自己呢！皇上杀人本来就让人无法预料，现在一刀砍了自己也一点儿不稀奇的。

“你们跑什么呀，朕难道会吃了你们啊！把这三具尸首抬走，将他们大卸八块，扔到荒郊野外去！”

那校尉一听始皇是要让自己将地上的三具死尸拖走扔掉，脸上这才恢复了一点点的血色。他已经吓得尿了裤子了。

眼看着那些卫兵们将三具刺客的尸首都拖走，一名侍卫战战兢兢地问始皇道：

“皇上，今天您还去不去兰池啊？”

“还去什么啊？朕的好兴致全让这三个恶贼给搅和了，赶快回宫，朕这胳膊上还被刺了一剑呢！”

四名侍卫这才想起来始皇的胳膊上还有一处剑伤，为了防止祸患临头，四人连忙跪倒在始皇的面前，乞求始皇道：

“皇上，奴才四人罪该万死，没能保护好皇上，致使皇上受歹徒剑伤，请皇上治罪！”

“好了，好了，按理你们应该是罪责难逃，不过刚才你们也誓死保卫朕的安危，并且逼迫三名贼人自刎而亡，也算是功过相抵，朕不怪罪你们就是了！”

而后，四名侍卫又保护着嬴政赶回宫中医治伤口，但他们并不知道，嬴政心中的怒火并未消散而尽。

回到宫中之后，侍卫连忙传来太医夏无且，夏无且见了始皇的伤口，不由得大吃一惊，伤口处仍旧有鲜血流出来，而先流出来的血已经与衣服沾在了一起。夏无且取出一支木条让始皇咬在嘴里，而后剪去他的衣袖，为他清洗伤口并止血，最后将伤口包扎好，始皇疼得直咬牙，把嘴里的那支木条咬得咯咯作响，额头之上也是一层冷汗。

一切做完之后，夏无且又为始皇开了一剂养精补气的汤药，让始皇好好休养，而后站在一边收拾药箱。始皇把那四名侍卫叫到自己的面前，阴沉着脸，问他们四个人道：

“朕问你们，你们可要据实回答，如果有半句谎话，那朕就让你们身首异处！朕问你们，朕的行踪你们可曾向别人说起过？”

“皇上，我们几个人的任务就是保卫您的安全，您出了任何意外都与我们有关，我们都罪责难逃，我们又怎么会把皇上您的行踪告诉别人呢！”

“嗯，朕相信你们，如果是你们泄露了朕的行踪，你们也不会誓死保卫朕的安危的，你们去把朕出宫前侍候朕的那几名内侍叫来。”

那几名内侍已经都睡下来，却又被四名侍卫给叫了起来。自从始皇晚上到兰池仙岛上修行避世以来，这些内侍的工作就清闲了不少，也可以轻轻松松地睡上一个安稳觉了。不过，当他们得知始皇在宫外被刺客刺伤的消息之后，都非常担心且害怕，又不知道皇上为什么会召见自己，连忙赶到了始皇面前。始皇斜坐着，那条伤臂被裹得结结实实的，放在桌子上。他目光炯炯地看着在自己面前规规矩矩地站着的内侍，一共是六名，都是刚才侍候他，一直到他换好衣服才休息下来的。六名内侍都低着头，他们明显感觉气氛有点儿不对头。

“你们六个听好了，朕只问你们一个问题，你们要老老实实回答，否则朕就把你们都杀了！朕问你们，你们可曾将朕的行踪无意或者有意的透露给别人？”

“没有，没有！”六名内侍异口同声地否认了。

“既然如此，那刺客为什么会知道朕的行踪，而且出手就直奔朕而来！”始皇的声音陡然间高了起来。

“皇上，奴才真的没说，奴才真的没有说啊！”六名内侍听到始皇的暴喝声，惊恐不已，一下子跪倒在始皇面前，争先恐后地表白自己，急欲使自己能够脱离始皇的怀疑和猜忌。

“住嘴！”

始皇大叫一声，而且又习惯性地拍了一下桌子，但却随即双眉紧皱，小声地呻吟起来。原来情急之下，他竟然用自己受伤的左臂拍了一下桌子。他这一拍，伤口受震而痛，而他心头的怒火也更大了。

“人都说外贼易躲，家贼难防，这话果然是一点儿都不错。朕给你们荣华富贵，没想到你们竟吃里爬外，帮助那些恶贼来刺杀朕，真是狼子野心啊！来人啊，将这六个吃里爬外的贼人拉出去砍了！”

他的话音一落，立即从外面跑进来一群侍卫，而那六名内侍则早已吓得瘫软作一团，连连啼哭哀求。他们也搞不明白，为什么会有如此大祸突然降临到自己头上。

始皇嬴政粗暴地一挥手，冲进来的那群侍卫便如狼似虎地把那六名已如烂泥的内侍往门外拖去。一连串的凄厉悲惨的哀号之声在夜色中回荡鸣响着。过了一会儿，外面传来几声惨叫，不过瞬间便又恢复了平静。屋中的四名侍卫以及性格敦厚善良的太医夏无且都吓得噤若寒蝉，却听始皇又顾自恨恨说道：

“哼，混账东西，竟然吃里爬外！以后谁胆敢再与朕作对，朕一定让他死无葬身之地！”

始皇一怒之下斩了六名内侍，一下子将宫里面的内侍及侍卫们都给震慑住了。众人一个个每天都谨小慎微，尽量缄口不言，唯恐一句话说错就会为自己招来杀身之祸。每个侍候始皇的人心里都是战战兢兢，小心了又加小心，言谈举止上又不敢露出来自己的恐惧，只怕这也会招致始皇的呵斥甚至杀戮。

不过，幸运的是，幸运当然是针对那些侍卫及内侍而言的。过了两天，始皇的情绪便稳定下来，照例白天批阅奏章，与文武大臣商议国事，晚上前往兰池夜宿。

第二十四章 杀害两道士 嫁祸给扶苏

这一天，刚刚回到府中的赵高就听闻家丁禀报说，赵海来找自己。赵高知道赵海一定有要事向自己报告于是就将仆人都退了下去，随后赵海把韩终与侯公的情况禀告给了赵高：

"大人，韩终与侯公这两人最近有些不正常。以往他们总是装模作样地围着丹炉，但是这两天他们连样子都不装了，只是躲在自己的屋子里悄悄地谋划着什么，奴才曾经偷看过他们的行踪，一见之下大为吃惊，发现两人正躲在屋子里收拾东西呢！"

"噢，他们收拾东西干什么啊，难道丹药真的是炼成了?"赵高听到赵海的汇报之后，一边在屋子里走着，一边小声地嘀咕着："不可能，不可能丹药炼成了，如果是丹药炼成了，他们早就会到那个糊涂皇上那里去邀功请赏了，又怎么会躲在屋子里收拾东西呢，难道他们想跑不成?"

"跑？大人，他们两个人现在衣食无忧，有钱财，而且还有女人，他们干什么要跑啊，这样待着不是很好吗?"听了赵高的话，赵海百思不得其解。

"嘿，你只知其一，不知其二。这两个混蛋道士虽然既爱钱财，也爱女人，可命更重要啊！他们之所以能够来到咸阳，就是因为他们说自己能够为那个糊涂皇上炼制长生不老的仙药。可是，折腾了这么长时间，太虚仙境建成了，兰池仙山也建成了，他们的神丹仙药却连个影儿还都没有呢！按理说他们还能继续硬装下去，反正皇上也相信他们那一套鬼把戏，不过皇上的脾气太暴躁，总是让人难以捉摸，而且一发起火来就要杀要砍的，说不定哪天皇上的脾气上来了，就治这二人一个办事不力的罪，咔嚓咔嚓，两下就结果了他们的性命，他们也捞得差不多了，到哪儿都能富足一世了。没想到他们还挺精明的，再风而思雨啊！不错，不错，不贪心！"

"大人，那我们该怎么办，放他们逃出咸阳吗?"

赵高使劲摇了摇头，挥了一下手臂，作了一个砍头的动作，而后说道：

"绝对不能放他们两个逃走，只要他们两个人走出太虚仙境半步，就把他们解决掉，他们知道的事情有点儿多了，逃到哪里我都放心不下。记住，下手的时候要干净，千万不能留下任何蛛丝马迹。对了，还有点儿东西交给你，或许对我们有帮助。"

说着，赵高起身走到一个柜子前，从里面翻了半天，翻出一把短刀出来。他把短刀交给赵海，对赵海说道：

"下手的时候就用这把短刀，而后将刀抛在离他们尸体不远的地方，做成是不小心掉下来的样子。还有,他们身上的金子,不要都拿走,否则别人就只认为是抢劫杀人了,明白吗?”

“是,大人,这件事就交给小人去办吧,小人一定做得妥妥当当的,得到金子小人也会拿回来交给大人的。”

“不用了,完事之后,你把金子分给几个兄弟,就当我赏给你们的酒钱吧!”

“多谢大人,多谢大人。”

赵海谢过赵高,转身怅然而去,出了屋门,他悄悄地把手中的短刀翻看了两眼,只见刀脊之上赫然写着六个字:

公子扶苏府用。

他得意地一笑,哈,怪不得要用这把刀,原来是要借刀杀人。好,好。

赵海走后不久,咸阳令阎乐又来见赵高。见礼之后,阎乐问赵高道:

“岳父大人,不知皇上对于兰池仙岛的态度如何啊?”

“唉,刚开始的时候,皇上还挺积极,到后来也就有些冷淡了,自打发生夜间被刺的事情之后,他更是越发有些抵制情绪了。近日他已经熬不住,又开了女色之戒了。让他不亲近女色,那真是太难了,能坚持这么长时间就已经很不错了。”

“那我这兰池仙山的工程不是白为皇上做了吗?我可耗费了不少的心血呢!”阎乐有些心有不甘地说道。

“怎么会是白费了呢?不管皇上想做什么,只要我们都去帮他完成,尽到我们的忠心,他就一定会看到的。你这兰池仙山在这么短的时间内完工,而且做得非常合乎皇上的想象,他已经夸过你几回了。结果是这样,那就证明我们的功夫没有白费。至于在岛上夜宿是不是真的能有益寿延年的功效,那只有让皇上自己去体会了。不过说句实在话,在这白水秃山之上夜宿就能益寿延年甚至长生不老,打死我也不会相信的。”

“岳丈大人所说极是,小婿也压根儿就没有相信过这件事,天下怎么会有长生不老的人呢?真不知道皇上为什么会相信这些鬼话,一味地追求成仙之道。”

“哼,他啊,成不成不老之体其实并不是最重要的,最关键的问题是他不想将自己打下来的江山给别人,即使那个人是他的亲生儿子。”

“那皇上也太想不开了吧,难道他真以为自己会成仙啊?”

“对啦,他就这样认为的!”

说着,赵高和阎乐二人竟然哈哈大笑起来,而且笑得非常响亮。也不知道他们是因为自己得到始皇的宠信而大笑,还是因为始皇的愚钝和固执而大笑。

转眼之间,又是一个夜晚降临了。时间越来越晚,整个咸阳已经没有了多少灯光,就连打更的梆声也显得有些睡眼惺忪。咸阳城睡着了。

然而太虚仙境之中却亮着一盏灯,而且不是侯公和韩终的屋子,是另一间屋。韩终和侯公正在屋中对灯而坐,他们的脚下各放着一个小包袱。

“准备好了吗?”韩终问侯公。

“准备好了，除了金子，我并没有带多少衣服。”

“好，时间也差不多了，事不宜迟，我们赶紧走吧，当今皇上暴戾无常，动辄便毫无缘由地取人性命，我们要再待下去，说不定哪天就会死在他人手里。”

“对，韩兄说得非常对，反正我们的钱已经赚得差不多了，这是非之地还是早点脱身才好。不过，小弟还有……还有一件事放心不下。”

“什么事啊，你就赶快说吧，看看能不能把事情解决了！”

“韩兄，我们两个跑了，那她们该怎么办啊？”

“谁怎么办啊？”

“当然是我们的女人啊，她们可都已经怀上我们的孩子了！”

“兄弟，我们这是逃跑，又不是去游山玩水，带上她们我们绝对跑不了的。她们只不过是赵高送过来的贱女人，我们现在有的是钱，等我们安顿下来之后，什么样的女人找不到啊！没想到你竟然这么儿女情长，干脆，为了永绝后患，我们来个一不做，二不休！”

说着，韩终抓起桌上的茶壶，便要向外冲。侯公一把抓住他，急忙问他：

“韩兄，你要干什么啊？”

“我要用这茶壶把我屋子里的那贱货砸死！”

“韩兄，您说的不是玩笑话吧？”侯公极其吃惊地瞪大了眼睛。

“都什么时候了，我还跟你说玩笑话？等我把我屋里的贱货砸死之后，你再把你屋中的女人也再砸死！”韩终的眼珠向外凸出着，里面充满了凶狠暴虐的光芒。

“韩兄，把我的女人留下来行吗？别杀死她了，她对我一直挺好的。”

“你疯了吗？把她留下！万一她半夜醒过来，告诉了别人，那我们想跑都跑不成了！你舍不得杀，我替你去杀！”说着，韩终把桌上的蜡烛拿起来，放到侯公的手上，示意他先走，自己在后面跟着。

两个人一前一后进了侯公的屋子，床上的女人已经睡着了。被灯光一照，那女人又醒了过来。睡眼惺忪之中，看见走到床前的原来是自己的男人，她极其妩媚地一笑。

侯公一低头，手捧着茶壶的韩终便赫然出现在那女人的眼前，女人的眼睛立即睁得大大地，睡意全失，她刚想张嘴惊呼，韩终已经一咬牙，狠狠地将手中的茶壶砸向了她的额头。

女人发出一声闷哼，额头塌陷，几滴鲜血溅到了侯公的脸上。女人挣扎了几下，呻吟了几声，随即便气绝身亡了，而韩终手里的茶壶也碎成了好几块。

“他妈的，没想到这女人的头还挺硬，把这茶壶都硌碎了，不过幸好是一击致命，要不然我还没有备用的茶壶呢！好了，现在我把你的累赘解决了，你也该帮我的忙了，不过你只能用你的两只手去把她掐死。你如果喜欢的话，哥哥我可以成全你，你可以先和她玩一会儿，而后再把她弄死，但是时间不能太长，留给咱们的时间已经不多了。”

韩终说了一大通，却没有听到侯公的任何回答，不禁有些纳闷儿，低头一看，只见侯公正坐在床前，一脸的悲伤和痛苦，双手不停地在床上女人赤裸的身体上抚摸着，仿佛要找回过去快乐的时光似的。韩终不禁被他气得七窍生烟。

"真他妈是没用的窝囊废！"

低声地咒骂着，韩终快步出了侯公的屋子，潜入到自己的屋中，悄悄地摸到床头。他这么一摸，床上的女人也醒了，而且知道床边的人是韩终。她刚要与韩终温存，忽然觉得自己的咽喉被什么东西给死死地掐住了。

她死命地挣扎着，张大着嘴，她想喊韩终。虽然她不知道是什么扼住了自己的咽喉，但她知道韩终一定会帮助自己的。然而，扼在她咽喉上的东西却收得越来越紧，而她也终究没能叫出声来。终于，她的身体不再挣扎扭动，她的手臂也不再挥舞，而是从韩终的身体上慢慢地滑了下去。她死了。

韩终坐在她的床边，屋中没有一点儿灯光，他的双手缓缓地摸过女人润滑细腻的脸颊以及她那起伏有致的身体。那是一副绝美的身躯，每一寸肌肤他都曾吸吮阅读过，而且他也在那上面得到了极大的满足。他的思绪不禁有些迟疑了：对不起，我也不想杀你们，可你们却阻碍着我的计划，要怪，只能怪你们自己生而即为柔弱的女儿身，要怪你们也只能去怪那个阴险的赵高。

而后，他拉过床单给女人盖上，出屋取到包袱，将侯公的包袱交给侯公，吹熄了蜡烛，走到外面开门而去。现在是守城的军兵最懈怠的时候，他们已经带了绳子，他们必须赶紧奔到城边，从城墙溜下去，然后再逃窜。否则就只能死在咸阳了。

他们向西而去，却不知道有三个黑影在他们的身后悄悄出现了。

"你们两个去把那两个女人弄出来，杀死之后埋掉，而后再在太虚仙境放上一把大火，我去对付那两个臭道士。"

其中一个黑影对另外两个黑影吩咐完毕，伏身向韩终和侯生追下去，而另外两个黑影则直奔大门敞开的太虚仙境。

韩终和侯公加快步伐向西城奔去，此处离西城最近，而且城西又多高山大川，容易藏身匿迹，所以他们才选择从西城逃出咸阳。

夜非常静。没有月光，星光黯淡，路上很黑，也真的非常静，连打更之声都是隐约缥缈，似有似无。那应该是在极远处响着的，四周也没有什么灯光。

"韩兄，好像有人在跟着咱们呢！"侯公的声音中充满了惊恐慌张。

"别瞎说，这么大黑的天，又这么晚了，谁还会出来啊！"韩终低声地呵斥着侯公。今天晚上侯公的表现让他深感失望，他真的怕侯公会坏了他们出逃的大事，但他的耳朵却不由自主地仔细向后搜索着。

真的有脚步声！

而且，那脚步声不像他们二人的这么沉重，那是一种轻柔的沙沙声，甚至比沙沙声还轻。只是，夜色实在是太静了，所以他们还是能够听到那脚步声。那脚步直奔他们而来，已经越来越近了。

忽然，脚步声停了，没有了沙沙声。他们的心也一下子提到了嗓子眼。

韩终和侯生不约而同地停了脚步，韩终压低了声音对侯公说道：

“咱们两个人一起回头，看看后面到底有没有人。”

黑暗之中，侯公点了点头。他们已经清清楚楚地感受到了对方的恐惧。究竟是什么人，为什么要跟踪自己，而且脚步声又是如此的轻，简直轻得像微风吹过。

黑暗之中，两个人在默契的酝酿着。一、二、三，两个人一下子转了过来，正好冲着自己来的方向。然后，让他们感到意外的是，身后也是一片黑暗，什么东西也没有。他们刚想再转身向西走，却忽然发现了一条黑影，那是一个人影！

那个人影就隐身在他们身后的黑暗之中，穿着一身夜行的黑衣，所以他们开始并没有看见。现在，那个黑魆魆的人影就站在他们的面前，而且就在他们面前伸手可及的地方，他们甚至已经听到了对方的呼吸。

“你……”韩终慢慢地伸出手去。他想质问对方，为什么要跟着自己和侯公。但是，他的质问只说出了一个字。还没等他的手碰到对方，那黑影忽然一挥胳膊，韩终只觉颈间一凉，他的身体便软软地瘫倒在地上，而侯公的命运也和他一样，几乎是和他一起瘫倒在地上。他们随身带的包袱砸在地上，发出了两声闷响，比他们的身体仆倒在地的声响还要大。

黑影伏下身子，先探了探两个人的鼻子，他们已经根本没有了呼吸，而后那黑影才从二人的包袱里翻出一些东西揣在自己的怀里。翻了半天，他才从地上站起来，回头一望，只见后面已经燃起了熊熊大火，黑影这才如释重负地长出了一口气，而后快步离去。跑了几步，却听见“哨啷”一声响，好像有什么东西掉在了地上，但那个黑影却似乎根本没有发觉，依旧飞身远去。其实这黑影正是赵高派来的杀手，而那把刀就是赵高想要嫁祸给公子扶苏的证据。

火越烧越大，竟然映红了半边天，其中还夹杂着人们呼喊救火的声音。平静的咸阳城顿时喧嚣起来。

第二天，始皇早朝。这几天他真的开始破了色戒，而且一晚上都会和两三个女人云雨交欢。憋了那么长，清修那么久，他早就憋不住了，更让他高兴的是，数天没有耕耘，他的状态出奇的好。而且，渐渐地，他也厌烦了前往兰池仙山之中夜宿了。身边没有女人相伴，而且又是自己孤零零的一个人，自己这么一国之君也当得太没有意思了！如果再不出现什么奇迹，他想着就不再去兰池仙山了，只是一心等待韩终和侯公炼制成能长生不老的神丹妙药，可是又不知道他们什么时候能成功。

始皇的情绪不高，心情不好，而文武大臣们也没有多少要上奏的事情，眼看早朝就要结束，外面侍候的一名内侍却匆匆跑了进来，跪倒在地，对始皇说道：

“启奏陛下，咸阳令阎乐说有要事要面呈陛下。”

“行啊，宣他进殿吧！”始皇懒懒地打了一个哈欠。女人固然是男人生活中不可缺少的调剂品，但要是太多，而且又不知节制可就容易让人产生疲劳了。

他也不知道阎乐有什么急事要上奏，不过觉得还是见一下好，正好文武大臣都在场，如果真的是什么难以定夺的事，可以让他们一齐来拿主意。

不一会，他果然看见阎乐从外殿向大殿走过来，而且脚步匆忙，一边走一边用袖子拭着额头，似乎在擦汗。

眨眼之间，阎乐已经跑到了始皇的跟前，跪倒在地，急急忙忙地说道：

“启奏陛下，大事不好啦！”

“出了什么事啊，你竟然如此手忙脚乱的？”始皇有些不高兴地训斥着。

“什么，你说什么？”始皇一听说韩终和侯公二人死了，顿时大惊失色，一下子站了起来，声音也陡然激动起来。但是，他随即便意识到了自己的失态。如果自己如此惊慌错乱，那和阎乐又有什么区别呢？

他重新坐下来，仔细确认了阎乐刚才所说过的话，稳定了一下自己的情绪，这才对阎乐说道：

“你先别着急，慢慢说，把事情的经过讲给朕听，你站起来说。”

“是，皇上。”说着，阎乐从地上站起来，清了清喉咙，继续说道：“皇上，今天一大早，便有人向微臣报告说在太虚仙境附近发现两具男尸，微臣连忙赶去，仔细一辨认，那两具男尸正是韩终和侯公二位道长，他们的身体已经冰凉，想必死的时间已经不短，都随身带着一个包袱，里面还有几锭黄金，看来不是劫财杀人……”

“那太虚仙境怎么样，有没有朕的长生不老之药？”始皇神情急切地插嘴问道。两个道士死就死了吧，如果他们已经炼出了长生不老之药，他们就是尸骨无存也无所谓。现在他关心的只是自己的神丹妙药。

听到始皇的追问之后，阎乐并没有急着回答，而是微微吸了口气，而后才说道：

“启奏皇上，请恕微臣无能，太虚仙境已经毁于大火，变成一堆灰烬，而且韩终和侯公身上也没有丹药。”

“啊……”听到阎乐的回答之后，始皇只觉眼前一黑．极其失望颓丧地靠在一边。神丹妙药没有炼出来，而且炼制丹药的韩终和侯公又死了，难道自己的神丹妙药注定是炼不成，自己也注定不能成就长生不老之身吗？阶下的文武群臣眼见始皇如此的失意颓唐，心里也都非常着急，但又不知道该如何开口劝解始皇。他们知道这长生不老之药在始皇心目中的地位，否则始皇也就不会为此而大动干戈了。现在只有用神丹来挽救始皇才是最好的方法，其他的努力都是白费，可是，谁能找到这也许在这个世界上根本就不存在的神丹妙药呢？

忽然，始皇的身子又一下子挺了起来，他非常着急地问阎乐道：

“韩终和侯公是怎么死的，是不是别人把他们杀死的？”

“皇上，根据微臣和仵作的推断，韩终和侯公二人确实是被别人杀死的，全身并无其他伤口，只有喉间一刀，干净利落，甚至两个人喉间伤口的深浅，大小都差不多，也根本看不出二人有一丝一毫反抗搏斗的迹象，杀人者一定是个高手。而且，微臣还在距离他们尸体不远处的地上发现一把沾有血迹的短刀，刀刃与其伤口完全吻合，应该是本人凶器，可能是凶手逃走时不小心丢下的。”

“什么样的短刀，拿来让朕看一看！”

“微臣把刀放在殿外了，皇上如果要看，让人去拿就行了。”

始皇一听，连忙命自己身边的一个内侍到大殿之外去取刀。内侍出去后不久，便端着一个托盘走进大殿，拾阶而上，那托盘之中正是一把短刀。

内侍走到始皇面前，跪倒在地，将托盘举过头顶。始皇伸手从盘中取出那把短刀，入手甚为沉实，倒也是一把不错的刀。刀刃十分锋利，上面还沾有不少的血迹，不过都已经干了。始皇拿着那把刀在手中看着，忽然，他的目光停滞了，直直地停留在短刀的刀脊上，那里赫然刻着六个字：

公子扶苏府用。

这不是自己的儿子扶苏府中所用的刀吗？这把刀怎么会出现在凶案的现场呢？难道是自己的儿子扶苏指使人……

“扶苏，你出来！”始皇冲着下面大声地叫道。

扶苏听到了父皇的吼叫声，连忙走到阶下跪倒在地上。他也不知道为什么父皇会如此粗暴地呼喊自己。

“扶苏，你这个畜生，是不是你指使你府中的人杀了韩终和侯公！”

“父皇，儿臣与韩终和侯公二位道长毫无冤仇，而且儿臣又刚刚南巡回来，儿臣怎么会指使别人杀了二位道长呢！”扶苏吓得失魂落魄，连忙为自己申辩道。他虽然不赞成自己的父皇为了求取长生不老之药而如此的大费周折，但他却也无法劝阻，而且他也知道这可能不存在的仙药在父皇心中的地位。如果始皇认定是自己指使人杀了韩终和侯公，那么自己一定会难逃一死的。

“哼，你这个畜生，你竟然还敢狡辩！在此之前，你已经有两次坏了朕炼制神丹仙药的大事，以致两次炼丹大计都功败垂成，现在你竟然还派人杀了韩终和侯公，你是不是有心要让朕得不到长生不老之药啊！”

“父皇，儿臣也希望您能福寿绵长，长生不老，从而能够永远地赐天下黔首以恩泽，也能够永远地给儿臣以教诲，儿臣又怎么会希望父皇得不到长生不老之药呢！”

“扶苏，你这个逆子，你不要假惺惺地做样子给朕看了，朕如果得不到长生不老之药，就会近望百年之期，到时你就可以登基为帝，成为这个天下的统治者了，难道你不想这一天早一点儿到来吗？你这个畜生，你自己看看这把短刀，朕倒要看看你还有什么话说！”

说着，始皇一扬手，将手中的短刀径直向阶下的扶苏扔去。扶苏并不躲避。他知道，如果自己躲避，那么始皇会更加生气。那样的话，自己倒还真不如死在这柄短刀之下，也省得再为自己莫须有的罪责而申辩。隗林和王绾等人不禁大为震惊，差一点儿叫出声来：难道始皇真想结果了自己的亲生儿子的性命吗？

那把短刀实实在在地在空中划过一道弧线直奔扶苏，不少大臣的心都提到了嗓子眼。幸运的是，那把刀尖冲前的短刀在距离扶苏不远的地方掉在了地上，又借助惯性在地上蹦了几下，正好落在了扶苏的脚边。

扶苏拿起那把短刀，有些诧异地仔细观看着，一看之下，连他自己也目瞪口呆了：这把刀不是自己府中的刀吗？又怎么会在凶案现场出现而且还沾染了血迹呢？

"逆子，你还有什么话说？"

"父皇，"扶苏从惊诧疑虑之中抬起头来，对始皇说道，"父皇，难道您真的以为是儿臣指使人去杀掉韩、侯二位道长，不让您得到神丹仙药的吗？"

"哼，如果不是，那你府所有的短刀又怎么会出现在他们的尸体附近呢？"始皇十分绝情地反问道。

"父皇，儿臣也不知道这把刀怎么会出现在凶案现场，但儿臣家中有不少这样的短刀，或许是下人们出去时不小心丢落了，正好被别人拣去，作了杀人的凶器。再有，如果父皇执意认为儿臣是有意杀掉那两名道长，目的就是想尽快继承父皇的皇位，登基为帝，那么儿臣现在就可以表白心迹，无论以后怎么样，儿臣都不做这个大秦国的皇帝！"

听了扶苏的这一番话，站在始皇身边的赵高无比得意起来：哼，你这个小子，你要是真的决意不去做皇帝，那么我的这番功夫也就没有白费，我怕的就是你想当这个皇帝！

虽然扶苏的话句句诚恳而且真挚，但始皇却丝毫不为之所动，反而又冷笑着说道：

"哼，你不用在朕的面前摆高姿态，虽然你现在嘴里说不想做皇帝，可朕又怎么知道你心里面想得是什么。等回头，朕真的百年，几位大臣拥立你做皇帝，说不定你就一下子飘飘然，点头答应下来了。"

始皇一心认为就是公子扶苏指使自己的手下杀死了韩终和侯公，而且还要让始皇无法得到长生不老之药，从而使大秦国的统治之权早日落在扶苏的手上，所以无论扶苏怎样解释，始皇都会通过自己意识之中的事实来对扶苏进行冷嘲热讽和威压叱骂。父子二人你一言，我一语，在大殿吵得是不可开交。赵高在一旁冷眼相加，极其得意地坐山观虎斗，而其他的大臣也情知始皇权势之欲极其浓烈，连自己的亲生儿子都会心生猜忌，所以虽然有心为扶苏说上几句好话，但却谁也不敢开口。

扶苏眼见父皇对自己竟然是如此的猜忌且排斥，心中也是悲愤异常。他始终对自己的父皇十分尊敬且崇拜，认为在统一六国的前后数年之内，自己的父皇是有史以来最有作为的君王。虽然自己的父皇近年来一心沉迷于求仙得道以求长生不老的歧途之中，但他仍然希望自己的父皇能够身体康健，甚至长命百岁。至于自己是不是真的能够继承王位大统，他倒没有过多的考虑。

但是他绝对没有想到父皇竟然会把自己看成一个为了能够取得继承权而不惜一切代价的诡诈阴险的恶徒，而且根本不给自己辩驳的机会。看父皇的表情，简直是要把自己置于千里之外。

他极为哀怨忧伤地看了看高高在上且面色冷峻的始皇，眼中随即充满了晶莹的泪水。他的声音有些哽咽地问始皇道：

“父皇，难道您就真的不相信儿臣是无辜的吗？难道您就执意认为是儿臣一意与您暗中作对，指使手下杀死韩终和侯公，而且居心叵测吗？”

“朕什么也不相信，朕只相信证据和事情真相！”

“那父皇要怎么样才能相信儿臣与此事毫无瓜葛呢？”

“你给朕证据，证明你与此事毫无关系，或者你为朕找出你认为的凶手来！”始皇的目光之中依然充满着冷漠和拒绝。

扶苏极为痛苦地惨然一笑，而后绝望地对始皇说道：

“那好，儿臣现在就给父皇你找出证据来，请父皇以后多多保重身体，儿臣早晚会被别人证明是无辜的！”

说着，扶苏忽然长啸一声，猛地举起手中的短刀，极其留恋地看了高高在上的始皇一眼，而后一下子将短刀刺入了自己的腹中。在众人的一阵惊呼声中，扶苏仰面朝天，躺倒在地上，那把短刀就直直地立在他的小腹之上，鲜血顺着刀刃上的凹槽流淌出来。

坐在上面的始皇看到扶苏挥刀自尽，心中也不禁一颤，扶苏毕竟是自己的儿子，而且他也绝对没有想到扶苏的性子竟会如此的暴烈。难道杀死韩终和侯公的人真不是他指使的人，而是有人在有意的栽赃嫁祸？一时之间，始皇也矛盾了。如果扶苏采取的不是这种过激的行为，而是仍旧在言辞上与他争辩表白，那么他一定会仍旧固执地认为是扶苏指使别人杀了韩终和侯公，而且放火烧了太虚仙境。但现在儿子扶苏通过这种极端的自杀方式向他表白心迹，他便对自己的判断产生了怀疑。

始皇很矛盾，但站在他身边的赵高却是一肚子的高兴。哎呀，小乖乖，这刀虽然不算太长，但一刀下去，恐怕扶苏这条小命难以保全了。太好了，只要你一死，我赵高就获得永远地解放了。

几名大臣极其关切地奔到扶苏的身边。这一刀捅得非常深，鲜血仍旧在不停地向外流着。隗林以手搭在扶苏的胸部，却觉得仍然有微弱纤细的心跳，再看他鼻息虽然微弱，但却仍然还有呼吸。

“皇上，公子还没有死，他还活着呢！”隗林直起腰，极为兴奋地对着始皇大声叫道，而赵高的脸却一下子又变成死灰色，这可太令他失望了。虽然刚才是始皇逼迫得扶苏自杀以表明心迹，但眼见他仍有心跳和呼吸，隗林还是禁不住要先向始皇报喜。

始皇听到扶苏还有呼吸和心跳，紧绷的脸竟也不由得放松下来。也许真得改变一下自己对于儿子的看法了。虽然自己由于一系列发生的事情而不喜欢扶苏，但他今天的举动却着实有点太令人震惊了。现在，他也不希望自己的儿子有生命危险。虽然他总是习惯上和自己作对，但从客观上来讲，他仍然觉得自己的长子扶苏比自己其他的任何一个儿子都强，更有主见，而且更具有统治天下的头脑。

始皇向自己的右侧看了看，只见太医夏无且正一边紧张地看着台阶之下气若游丝的扶苏，一边极为焦急地看着自己，好象在征询自己的意见似的。

“你真是个榆木脑袋，既然你的职务是太医，那么你的工作就是在宫中治病救人，现在有人在等着你的救助，你还在这里磨蹭什么呢，还不快去!”

夏无且一听始皇同意他去为公子扶苏治病，连忙抱着药箱，快速地奔到台阶下面，分开众人，而后拔刀、止血、上药、包扎伤口并给公子扶苏服药。他忙活了半天，扶苏的气息和心跳终于开始增强起来，但却仍旧非常虚弱。

他收好药箱，而后转身对始皇说道：

“皇上，经过小人的一番抢救，公子的伤应该没有什么大碍了，但仍然需要频繁更换外敷之药，而且还要好好休息。”

“那好，那就让他先回去休息吧，等他的伤好了之后，朕再跟他算账!”此时的始皇依然十分嘴硬。

四名侍卫取来一个类似担架的东西，轻手轻脚地将扶苏放在上面，而后将他抬出了大殿。始皇冲殿头官一摆手，殿头官便高声喊道：“退朝。”退朝之后，始皇回到御书房。不一会儿，一名内侍跑进来说隗林和李斯求见，始皇本想不见，但一想他们或许会有什么话要对自己说，便同意让他们进见。李斯和隗林二人并非是约好了前来的。他们知道皇上今天在早朝之上并不十分开心，所以才来御书房中，想好好宽慰一下始皇，不想竟在书房门口不期而遇。

二人进了御书房，始皇正坐在桌案之后批阅奏折，而赵高则侍立在一旁。二人进来见礼之后站到一边，始皇却并不去理会他们，而是继续埋头批阅桌上堆成小山似的奏折。李斯和隗林则偷偷地看着始皇的脸色，也都不先开口说话。

“你们两个今天来不是要给朕相面的吧?”嬴政并不抬头，问二人道。

“皇上，您是不是还为韩终和侯公的死而不开心啊?”李斯小心翼翼地试探道。

“朕不开心了吗?”始皇抬起头，目光炯炯地看着李斯。

“皇上，请您恕臣直言，微臣以为韩终和侯公二人未必有炼制神药的本领。”李斯的口气仍然略有保留。

“哼，你怎么就知道他们炼不出神药啊，难道你能炼制长生不老的神药吗?”始皇挖苦着李斯。

“皇上您说笑了，微臣可实在没有这个本领，不过微臣也不认为韩终和侯公有什么特异之处。如果他们真的能够炼制神药，那为什么这么长时间却还一点儿动静也没有呢? 还有，早朝之时阎大人不是说了吗，他们二人是在太虚仙境之外被人杀死的，而且死时还一个人背着一个包袱。平白无故的他们干什么要背着包袱出去啊? 微臣认为他们是想出逃，却在半路上被人杀死了，所以微臣猜测他们并没有炼制神药的本领。”

“嗯,推理很精密,这些都是你自己所想的吗?”始皇的眼睛直盯着李斯,郑重其事地问道。

“是,是,这些都是微臣自己推断出来的。”李斯极为得意地说道。

始皇的眼睛仍旧直盯着李斯,连眼珠都不转一下,直盯得李斯心里发毛脸上的笑容也几乎快要凝固僵硬了。忽然,始皇猛地一拍桌子,吓得李斯身体一颤,始皇紧接着指着李斯的鼻子大声地呵斥道:

“你既然知道他们两个人是骗子,那为什么不早告诉朕?你是欺负朕幼稚无知呢,还是和他们一起串通好了来骗朕呢?李斯,你说,你到底是什么意思?”

李斯一见始皇竟怀疑自己和韩终、侯公串通起来诈骗,而且语气又是如此的强硬,吓得他心中发虚,额头直冒冷汗,双膝一软,一下子跪倒在始皇的桌案前,大声辩解道:

“皇上,微臣一直对皇上您是忠心耿耿,又怎么会和那两个道人来蒙骗皇上呢?微臣这也是刚刚才推断出来的。如果微臣真的以前就知道韩终和侯公并没有什么本领,那微臣早就拆穿他们的鬼把戏了,又怎么会让他们猖狂下去,请皇上明鉴啊!”

赵高看着李斯那副胆小怕事、委曲求全的可怜样,心中一阵阵的冷笑:哼,凭你那点儿本事也想拍马屁,先靠边站吧!

“那你现在还告诉朕那两个道人是骗子又有什么用啊,朕也没法再找他们去算账啊!此时他们早就都魂飞魄散了,朕到哪儿去找他们啊!”

“皇上,微臣现在对您说这番话绝不是要怂恿您去跟他们算账,微臣只想告诉您,此山无仙踪,说不定彼岭有神迹呢!”

“李斯,你就别跟朕绕圈子了,你就痛痛快快地说吧!”

“皇上,天下一统之后,您已经游历过东方和南方,东方琅琊郡中,您遇到了徐福,没想到他却辜负了您的一番厚望,一去便杳无音信;游历南方,您带回来韩终和侯公,两个人竟然又都是骗子。虽然他们都让皇上您大失所望,但皇上您却还没有去过北方,说不准北方乃皇上机缘巧合之福地,能帮助皇上寻到长生不老之法呢!”

“朕已经在统一天下之后出咸阳巡游过三次了,如果朕每次出行都是为了寻仙求异,那么天下的黔首们一定会认为朕不务正业,不关心天下政务的,你这不是存心要让朕招致天下人的耻笑和诟骂吗?你净给朕出馊主意!”始皇虽然对李斯提议的出行北游心动不已,但却仍旧没好气地训斥着李斯。

李斯本以为自己的提议会立即得到始皇的首肯和赞许,没想到始皇却当头泼了他一盆凉水,而且还训斥了他一番。当着赵高和隗林的面,他羞得面色通红,不禁深深地垂下了头。

隗林察言观色,觉得始皇并非不赞同北行巡游,只不过李斯提出来的目的太过明确,所以才招致了始皇的反对和训斥,他略一沉吟,而后对始皇说道:

"皇上,北方乃燕、赵旧地,虽然归入皇上的一统之下已经很长时间了,但这两地旧民素来便民风剽悍,而且又多游侠刺客,不易驯服;再有,北部匈奴也不断依仗其战马之利,屡屡骚扰我国边界,烧杀掳掠,无恶不作。为了完全镇服平息北部悍民狠戾之气,微臣以为皇上还是应该北上巡行,昭示大国君主之威严神仪,使那些刁民都能皈依皇上的统治之下,如此则能保证北部的统一安定,请皇上三思!"

"嗯,隗爱卿说得非常有道理,朕不用再考虑了,朕同意择日北上巡行,让那些刁蛮好战而不易驯服的悍民们知道一下朕这一国之君的威严和气势!"李斯一见始皇对隗林的谏奏欣然允诺,他的鼻子差一点儿都被气歪了。其实大家都知道,他和隗林所奏的其实是一件事,就是建议始皇北上巡行。只不过隗林为北上巡行找了一个冠冕堂皇的理由,替始皇争回了足够的面子,而李斯的理由和目的则太过直白简单,容易引起别人的反感和误会。于是,本来两个结果是一致的谏奏,但受到的待遇却不一样,一个获得认可,另一个却遭到了批判。

不过,李斯虽然心里极其不痛快,但他的脸上却一点儿也没有带出来。他可不敢在始皇的面前要脸色,使脾气。但是,在他的意识里他却对隗林极为痛恨。他认为隗林不但使他李斯在始皇的面前丢了丑,而且还剽窃了他李斯的思想成果。

始皇解开了心中的疙瘩,心情也好了许多。正如李斯所说,韩终和侯公死了没有什么大不了的。他们两个人只不过是一对只会靠蒙骗投机过日子的跳梁小丑。也许自己的机缘福地是在北方,而不是在东方和南方。在此之前,自己一直在走弯路,甚至误走歧途,现在终于可以回到正轨上来了。

心情一好,手上的动作也快了许多,他一边飞快地批阅着桌上的奏折,一边与赵高、李斯以及隗林三个人闲聊着。

不一会儿工夫,桌上那一大堆奏折已经全被始皇批阅完了。他先美美地伸了一个懒腰,而后开口说道:

"赵高、李斯,你们过来。"

李斯和赵高连忙一起走到桌案前,问始皇道:

"皇上,您有什么吩咐啊?"

"你们两个人听着,朕已经决意要到北方巡行一番,朕就把准备车马仪仗的任务交给你们二人去办理。记住,这一次的规模一定要比以前任何一次出行的车马仪仗的规模都要大,否则朕就治你们的罪!"

"是,皇上,我们一定会让皇上您满意的。"两个人一齐低头答应着,但他们的脸上却都是不巧儿。

而后,三个人一同辞别了始皇,各自回自己的府中去。

第二十五章 第三次巡游遭女子刺杀

赵高生气地回到自己的府中,坐在椅子上越想越来气。那两个无用的道士已经被自己弄死了,太虚仙境也化为了灰烬,与自己作对的扶苏公子也差点自杀成功,一切都在按照他的意愿进行着,可在御书房中,却突然冒出了李斯与隗林这两个人阻拦了自己前进的步伐。虽然李斯因为谏奏北行寻仙而遭到了皇上的训斥和拒绝,但是这个人毕竟走到了自己的前面。

正当他冥思苦想,如何才能让始皇寻找到新的快乐根源或者希望寄托的时候,隗林和李斯却捷足先登了,而他赵高则只能落得个为始皇准备仪仗车马的工作。

要是第一次出行的时候,赵高还会非常高兴,因为他可以通过车马仪仗的庞大气势来表达自己的努力,取悦于始皇。但现在始皇已经出行过好几次了,准备车马仪仗也早已是轻车熟路,内务府的一帮人就能妥善地把这个工作搞定,只是在气势和规模上再加大一些就足矣了。

他要的可不是这些,他想做的也不是这种可有可无的形同鸡肋一般的工作。况且他也不想让别人和自己一同分享始皇的宠幸。虽然现在还达不到这个地步,但他已经决意向这一目标迈进。

他端起桌上的茶一饮而尽,便觉有一股清凉直通肺腑,心情也顿时舒畅了许多。是啊,现在自己只不过是输了一着棋,以后要做的工作还有很多呢,自己还有很多的机会击败隗林。李斯根本不足虑的,看他那一副傻乎乎的样子,他怎么就知道北方是皇上机缘巧合的福地呢?如果到时皇上根本找不到长生不老之法,而他李斯的话又说得这么死,这不是注定要挨皇上的叱骂吗?

人们都说吃一堑会长一智,可在赵高看来,李斯就是那种永远都不会记住失败的教训的傻瓜。他的眼前又浮现出刚才在御书房李斯那副战战兢兢、诚惶诚恐的可怜相,他不禁得意地笑了起来。他知道,在他和李斯之间,他永远是胜者。

不过,隗林的力量却让他不容小视。他知道隗林与长公子扶苏交往密切,而且赵高有时觉得隗林为人老谋深算,深藏不露,是个很可怕的对手。他下定决心,一定要在合适的机会里拔掉隗林。

考虑了一会儿之后,他让人去把赵海找来。他知道自己的第一步棋已经走晚了,但以后的棋一定要比别人早下,要抢在别人前面。不管隗林的理由是多么的冠冕堂皇,北行之途也是一个次要目的,最主要的,还是要去寻找能够让始皇成为长生不老之人的仙术。虽然他赵高并不相信,但他却可以让始皇相信,或者说为始皇的夙愿做一些力所能及的事情。一个极为大胆而且有点儿冒险的想法在他的头脑中逐渐形成。赵海悄悄地走了进来，问赵高道："大人，您找小人来有什么事？""皇上又要出门巡行了，这次是到北边的燕、赵故地去。""那大人您必得跟着皇上一同出行了？"赵高点点头，抬头望着赵海。

"啊，老爷，您叫小人来不是要……要让小人跟着您一起随皇上北上吧，小人可不想遭那份罪！"

"哼，你想得倒美，你就是想去皇上也不会允许的，我叫你来是要交给你一件事去办。"

"大人您尽管吩咐。"

"你去找一二十个精明干练的弟兄，让他们各自化装改扮，暗藏兵刃，远远地跟在出行队伍的后面，而且不要让前面的大队人马发现，等到我需要的时候，我会去找他们的。记住，一定要找精明干练有头脑的人，否则会坏了我的大事。"

"大人您放心，小人一定给您挑选最让您放心的人，不但要精明干练，而且还要一心忠于大人。"

"好，那你去找吧，找到之后让他们来见我，我还要有一些事情嘱咐他们。"

赵海答应着转身而去。赵高觉得非常舒心惬意，他的脸上也不由得露出极为得意的笑容。是啊，现在他竟然能将大秦皇帝嬴政玩弄于股掌之间，他怎么不得意呢？

事情的发展正在一步一步按照他的设想进行着，虽然有的地方有些小波折，或者微小的不顺，但大体上还是非常符合于他的意愿的。他感到世界的天平在向他倾斜，他甚至觉得自己已经开始非常地接近了自己伟大豪迈的理想目标，虽然他知道现在还绝对不是时候。他知道权力对自己的重要性，他不会放弃对于权力的追求的。

始皇三十二年，即公元前215年，始皇又进行了规模声势十分浩大壮阔的巡行。这一次的巡行区域是燕、赵旧地，顺便再看一看北部边境上对匈奴的形势。

庞大的队伍从咸阳北城出发，但路上观望的行人越发的少了起来。几年之间频繁的巡行游玩，老百姓们也早就都厌烦了，根本没有了围聚观看的兴致。而且，他们也认为这样大肆地出游巡行活动就是在白白浪费国家的钱财，而他们更希望的是当朝的统治者能关心一下他们这些小老百姓的疾苦。

始皇预定的路线是经赵国旧地到达燕国旧地，而后再到北边视察一下抵御匈奴的边防情况，最后由上郡循驰道返回咸阳城。

大队人马在邯郸城作了短暂的停留，始皇又到自己幼时所居住的两个地方去看了看。在他活埋那些与他有仇怨的那些人的地方，始皇默立良久。此处早已被往来的行人又踩踏回街道模样，平坦而且坚硬，看不出一丝一毫的痕迹。如果没有人说，绝对不会有人意识到此处的地下沉睡着无数的枯骨，曾经有无数的人在此地啼泣哭嚎，呼天抢地。

而后,始皇命邯郸郡守及大小官员将他幼时所居之地妥善保护修缮,也许说不定哪天心血来潮,他还会故地重游,来此小住几日。

邯郸郡守和其他官员巴不得有这样一个巴结讨好始皇的机会,连忙答应下来。随后,始皇一行便出了邯郸城,又一直向北而去。一路之上,一方面考察地方官员的政绩,另一方面也同时察访是否有道行高超的方士能为始皇完成长生不老的夙愿。当然,这第二方面无须始皇自己下令,自然会有属下官员争相访察。但是,结果却让那些意欲讨宠于始皇的人大失所望,他们一直也没能找到一个有这样才能的方士。不少的方士一听说始皇巡行北上,早就吓得躲了起来,根本不敢露面。他们知道当今皇上脾气暴躁,动辄杀人,而他们靠一些小把戏哄骗没有多少才智的黔首还算是游刃有余,如果真的到皇上面前摆弄,说不定过不了几天就得丧命于皇上的暴怒之下。

那些人一个个费尽心思地去为始皇寻找长生不老的方法,独有赵高按兵不动,有时间便多在始皇面前说上一番恭维话,为始皇解除巡行途中的烦恼。当然,他也不忘为始皇选择美女侍寝,让始皇体味各种各样的美女的肉体之乐。

看着那些一心邀宠的官员们整天奔波劳碌愁眉不展的苦相,赵高的心中充满了幸灾乐祸的愉悦,当然,他还有更高兴的事情,这次出游巡行,隗林并没有跟随,始皇指派他留守咸阳,这也就使赵高少了一个分享始皇宠幸的对手。隗林不来,其他人也就都不是他赵高的对手了。当然,他也知道隗林可能会在咸阳城中与扶苏勾结在一起,再联合蒙毅,为日后的前途作准备。他已命令赵海密切注意他们的动向,如有重大变故,可以向他直接报告或是由阎乐处理。

再有两天的路程就要到达碣石了,始皇命令在驿馆中休息,等第二天再起路。然而此时,赵高却不见了。过了一会儿,赵高才又来到了始皇的屋中,手中抱着一张色彩斑斓的虎皮。他将虎皮铺在床上,对始皇说道:

"皇上,越往北走,天气越有点儿阴寒,这张虎皮给您铺在床上抵御寒气吧。"

"嗯,好,还是你细心,朕也感到北边的天气要比咸阳冷了许多。"

"皇上,并不是奴才有心,奴才这不也是借花献佛吗?"

"哈哈,朕要真的是佛那可就行了。对了,这虎皮真的是胡亥射猎得到的吗?"

"那是当然,这张虎皮代表了胡亥公子对皇上的一片至孝之心,奴才怎么敢信口胡说呢?据公子身边的侍卫说,当时这只老虎气势汹汹,直往他们扑来,他们都被吓得不知所措,没想到胡亥公子却少年英武,连发两箭,射杀了那只斑斓猛虎,又连忙令人割下虎皮,进献给皇上。"

"哼,还算他有心,不知他最近表现怎么样?"

"回皇上,近来胡亥公子颇有上进向学之心,不但经常阅读先前的典籍文册,而且还屡屡向奴才以及其他大臣请教关于诉讼治狱以及政事得失方面的问题。"

“如此说来，此子倒也并非顽愚无知，也有可教之处，以后你要让他多多阅读一下韩非的遗著，体会其中的精髓，朕的治世主张大多从那里得来的。”

“是，是，奴才现在已经开始让胡亥公子阅读韩非的遗著了。”

“好啦，时间也不早了，你先出去吧，朕要就寝了，明天还得赶路呢！”

“皇上，您今天就一个人独自入睡吗？”

“唉，你为朕遴选的那些女人朕也都已临幸过了，并没有哪一个能引起朕再度临幸的欲望，朕今天还是一个人休息吧。”

“如果奴才又为您找到一个合意的美女而且皇上也一定会对她青睐有加，那么皇上您会不会再执意独自安眠呢？”

“哼，这荒僻偏远之地，你到哪里去找这样的女子啊？”

“好了，把那个女子带进来献给皇上吧！”赵高冲着外面说道。

他的话音刚落，立即有两名侍女扶着一个年轻的女子走了进来。那女人微垂螓首，看上去十分羞涩。

“环儿姑娘，你抬起头来，让皇上看看你，如果皇上看中了你，那你就能跟随皇上永享荣华富贵，你的家人也就可以安然无恙了。”

说到“家人”的时候，赵高的声音有些异样，而那姑娘也猛地身体一震，而后才慢慢地抬起头来，将她的一张娇俏美丽的面容展露在始皇的面前。本来已经躺在了床上的始皇一看到那少女的娇容，忽然十分惊异地叫了一声，而后一下子从床上坐起来，穿上鞋子，奔到了少女的面前。

“皇上，这位姑娘怎么样啊？”赵高在一边轻轻问道。

“行了，行了，你们都赶快出去吧，快点儿出去吧！”始皇冲着赵高及那两名侍女挥手说道，他的声音之中充满了兴奋和愉悦，而他的眼光则一直没有离开过那少女的脸庞。

赵高连忙和那两名侍女悄无声息地退了出去。

外面一片漆黑，夜色已经变浓变厚起来。赵高在黑暗之中极其得意地笑了起来，但是，他笑并不是因为他为始皇选送的美女获得了始皇的接纳，而是因为他似乎听到了一阵隐隐约约的马蹄声，一阵赶路的马蹄声。他知道，这也许是自己的幻觉。但他也清楚，现在正有一队人马正分散着朝北边的碣石奔去。

始皇有些痴迷沉醉地盯着面前的少女，一时间竟然有些愕然了，直盯得他面前的少女又娇羞地低下了头。她的身体轻轻地颤抖着，好像很恐怖的样子.她柔弱而美丽，任何一个男人看了都会怦然心动的，更何况是极好女色的始皇。

始皇伸出自己的两只大手，捧起那少女环儿的脸庞，他感觉自己的指间有一种细腻润滑的感觉油然而生，他忍不住在环儿的脸上吻了一下。环儿的娇躯又不禁一颤，却一下子被始皇拦腰抱了起来。

她并不挣扎，她的脸上只有恐惧，而没有一点儿渴望得到君王占有的急切和兴奋。始皇一下子把她放在床上，眼睛仍然盯着她的脸。往事倏然如潮水一般涌上始皇的心头。他甚至感到自己的心中似乎充满了柔情，但他知道自己的心中再也不会有那种男欢女爱,忠贞不渝的爱情了。

“如果朕记得不错的话,你的母亲一定姓樊,是不是?”

环儿听到始皇的问话之后忽然一惊,清灵如水的眼睛非常意外且惊诧地看着面前的始皇。虽然她没有说话,但她纯洁美丽的眼睛却给了始皇一个肯定的答案。

“那么你应该是故燕国太子丹的女儿啦?”

这一次,环儿的眼睛睁得更大了,她几乎是有些恐惧地蜷缩在床的一角。她可以肯定,自己以前从来没有见过眼前的这个男人,可他为什么对自己的身世了如指掌呢?

“哼,看来朕猜得一点儿也不错,你就是姬丹的遗孽,你可要知道你的父亲与朕可是死敌啊!”那少女倒在始皇的面前,苦苦地哀求道:

“皇上,环儿知道您大人有大量,现在环儿的父王早死了,母亲也死了,您怎么处置环儿,环儿也不会有一句怨言的,环儿只求皇上一件事,求您大发慈悲,求您放了我的义父义母吧,我求求您了!”

“你的义父义母怎么了?”

“义父义母被皇上的手下给抓住了,他们说要是能够好好地服侍皇上,他们就放了我的义父义母。”

“既然如此,那朕答应你,只要你好好的服侍朕,朕不但会命他们放了你的义父义母,还给他们好多金子花。”

“谢谢皇上,谢谢皇上。”环儿的脸颊上挂着晶莹的泪花,给始皇磕了三个头,而后她又仰起头,轻轻地抽泣着问道:“皇上,环儿怎么样做才算是好好服侍皇上啊?”

“你先站起来。”

环儿站起来,站在始皇的面前。她的面容是绝美的,美得挑不出一丝一毫的毛病,而且她的眼光更是清灵透彻,纯洁无瑕,给人一种神圣不可侵犯的高洁之感。但不幸的是,她面对的是嬴政,一个自认为自己是天下所有女人的拥有者的男人。

始皇痴痴地盯着环儿那张略显稚气的脸,不禁感到一阵心潮起伏,但旋即便又平静下来。他的面前仿佛又浮现出樊莲惜那副曾经让他魂牵梦绕的娇美的面容。他绝对没有想到,事隔这么多年,自己竟然面对了樊莲惜的女儿,而且是她与姬丹结合之后生下的女儿,难道这是老天注定要让自己得到这个女人的身体吗?现在只有一点儿不同,当年的樊莲惜性情豪爽刚烈,而面前的环儿则更像一只温驯的小绵羊,早已屈从于自己的威仪之下,自己可以随时品尝她的身体的每一部分。

不过,他又有些感到不满足,如果环儿也能像其母当年一样刚烈豪爽,而且又被自己掌握在手中就更好了。

“你给朕把衣服脱了!”

"什么?"始皇的命令让环儿愣住了,她还以为自己听错了。

"你不是说要好好服侍朕吗? 现在朕命令你,给朕把衣服脱了!"始皇冷冷地命令环儿,他要好好地享受一番。现在,他感觉不到一丝的疲累倦怠了,他只觉得有一股强烈的占有欲在一下一下地冲击着自己。环儿开始用哆嗦的手极其笨拙地给嬴政脱衣服。在此之前,她对男女之事可能是一无所知,所以她才对嬴政的要求茫茫然而手足无措。当然,她也就不知道嬴政要对她做些什么了。假如她知道嬴政要粗暴地占有她的身体的话,她也很可能不知道该如何保护自己。生在这个时代,她注定只能成为悲剧式的人物。

费了好长的时间,环儿才脱去了嬴政身上的衣服。

嬴政慢慢地欣赏着面前闭着眼睛的环儿,那是另外的一种韵味,像一朵含苞未放的牡丹,在等待着最美丽冶艳的时刻的到来。他需要好好地体会这种美丽的到来。

他坐了下来,眼光依然紧盯着面前的环儿,而后沉声道:

"行了,现在你把自己的衣服也脱了。"

环儿被吓得哆嗦起来。虽然她对男女之事一无所知,但却有着少女的羞涩。她知道自己的身体是不能随随便便让一个男人看的,尤其那个男人也是全身赤裸。

"快一点儿,难道你不想救你的义父义母的性命了?"

"我救,我救,皇上,你千万不要伤害他们,我脱就是了。"

说着,她无可奈何地去解自己腰间束腰的丝带,进而褪去外边穿着的朴素整洁的长裙。面对着一个对天下臣民有生杀予夺大权的君王,而且又刻意针对她的君王,她一个弱小幼稚的少女,除了任人摆布,还能有什么办法呢?

"脱,都给朕脱光!"嬴政的声音又冷冷地响了起来。

她不敢违抗。她自己的生死并无所谓,她只想让自己的义父义母能够活下来。为了她,她的义父义母的二子一女都已经死了,而且都是为了保护她才死的。

现在,环儿的身体一览无余地显露在始皇的面前。始皇嬴政用一种贪婪的目光审视着。这不就是多年前在水中尽情嬉戏玩耍的樊莲惜吗! 为什么她们母女二人竟会如此惊人的相似! 要说其中真的有什么不同,也许只能是当初的樊莲惜发育得比她的女儿要更健美,也更挺拔,而她的女儿则是一种柔弱纤细的可怜之美。无论是哪一种,嬴政都会喜欢。现在站在他面前的环儿就像是一朵含苞未放的花儿,小巧的胸脯,纤细的腰肢,有些苍白的脸庞以及一双温柔恬静如水的大眼睛。

"过来,到朕的身边来!"

环儿极为温驯地走到始皇嬴政的身边,直直地站立着,微微地闭着眼。

"睁开眼睛,你干什么总是闭着眼睛啊,难道朕就长得那么丑吗?"

嬴政冲着紧闭双眼的环儿大声地呼喝着,他欣赏着眼前的美人,他也希望

眼前的美人也能够欣赏自己。抚摸了一会儿,他忽在一下子抓住了环儿的一只乳房,而后命令她道:

"蹲下,用你的嘴唇和舌头吻朕的身体,要一点一点地亲吻,不要落下一处地方。快一点儿!"

说完之后,嬴政便极为惬意地闭上了自己的眼睛,他要好好地享受一下让美人的红唇和舌头亲吻全身的感觉。本来他并不想这样,但一刹那间,一种极为恶毒的念头占据了他的思想。他又想起了多年以前樊莲惜对于自己的拒绝和轻慢。既然当时得不到她,那么现在自己也不用再扮高尚了,自己可以用各种方法来折磨她留在这个世界上的女儿。如果她泉下有知,她一定会气得暴跳如雷的,但这都是她自己一手造成的。如果她当初选择了自己而不是那个讨厌的姬丹,那么现在环儿一定会成为万人欣羡的公主。

他猛地睁开眼,一下子抱住环儿。在她的一阵惊惶娇嫩的惊呼声中,他把她抱起来,扔在了床上……

他的心中充满了报复的快感。哼,樊莲惜,你没有想到吧,这就是你拒绝我嬴政的下场!

身边有如此可人的少女陪侍,嬴政的状态当然十分好了。他一直在环儿的身上折腾到深夜,直到自己精疲力竭,大汗淋漓,这才对早已痴呆了一般的环儿说道:

"哈,好舒服,没想到你这么小的年纪,竟然能把朕侍候得如此舒服,很好,很好,朕此次巡游就不再临幸别的女人了,你就每天都陪在朕的身边吧!"

说完,嬴政便觉一阵困倦之意猛然袭来,他便像一只死猪似的一下子栽倒在环儿的身旁,不一会儿便响起了刺耳的鼾声。

桌上的烛光在一下一下地跳动着,屋子里的光线也时明时暗。

过了很长的时间,环儿的意识才清醒过来。她的耳际还留着清凉的泪痕,而刚才自己所遭受的摧残和侮辱她也无法忘掉。一刻之间,她仿佛一下子变得成熟了,明白了,而她的前途之路却又一下子灰暗起来,难道这个好色无度而且又俗不可耐的男人就是那个为天下人景仰崇拜的圣明君王吗?不,这太不可能了!她觉得他更像一个小丑,一个色厉内荏、毫无远大志向的小丑!

她强忍着,爬到床下,穿好衣服,刚才的发现让她欣喜若狂,嬴政啊嬴政,你也太嚣张了,你明明知道我是燕国的后人,却还是占有了我,而且还毫无戒备地留我在屋中,你难道就不怕我杀了你吗?难道你就真的以为没有人能够杀得了你吗?当年你逼死了我的父亲,而且让他的尸首不得保全,现在正好是我这个做女儿的为父亲报仇雪恨的时候!

她在屋中来回地搜寻着。她想找一把利器,一下子刺死已和死猪一般睡去的嬴政,而后再自刎而亡。所以她才穿好了衣服,她可不想再让自己的身体被别人看见。

然而,让她失望的是,整个屋子里面,除了木器,找不到一件利器。倒是有一个花盆可以砸死人，但她却根本搬不动。她焦急地在屋子里徘徊着，难道自己真的不能杀了嬴政，为父亲报仇了吗？

也许，等待下去还会有机会，嬴政不是说了一路巡行就不再临幸别的女人，而只让自己陪伴。但是，君王的话可能就像放屁一样，今天说完，可能明天就忘了，自己也不见得肯定就有再接近他的好机会。再说，她也无法再去忍受嬴政近乎野兽一般的占有和摧残，那样她会疯的。

忽然，她的眼光落在了桌下的一只小凳上。也许用这个凳子可以砸死嬴政，除此之外，再也找不到一件合手的工具了。

她走到桌边，伸手拿起那个小凳。不错，拿在手里还挺有分量的，并不算太轻，如果使劲砸下去，应该能够使嬴政当场毙命的。不论怎么样，都应该在今天晚上放手搏上一搏。她又摸了摸桌子尖锐的棱角，俊俏美丽的面容上浮起了一丝淡然、恬静的微笑，不错，不管怎么样，这里都是自己结束生命的所在了。

她提着凳子，轻手轻脚地走到床边，床上的嬴政仍然睡得像头死猪似的。她握着凳子的手不禁有些颤抖起来，长这么大，她还从来没有杀死过任何一个活生生的东西，更不用说一个大活人了。她的手有些不由自主地软下来，她不敢下手了。

但是，随即她的心中又充满了仇恨，而且是一种刻骨铭心的仇恨，这种仇恨就是针对床上死睡着的嬴政的。就是这个人逼死了自己的父亲，而且让自己的母亲因此而早早亡故，现在他又残暴粗鲁地占有了自己。这样的一个男人，自己怎么能再对他手软呢？

她把手中的凳子高高地举过了头顶，对准了床上的嬴政油光发亮的额头。父亲，母亲，女儿要给你们报仇雪恨了！

忽然床上的嬴政的身体猛地动了起来，高声地叫喊着：

“啊，好舒服，好舒服！”

随着这阵叫喊，他突然伸出手，猛的照着环儿软软的胸部抓了过来，仿佛又淫性大起。

他的举动吓了环儿一跳，以为他又要粗暴地占有侮辱自己了，她可不想再作嬴政可怜的玩物。她的心中一慌乱，身体不由自主地向后一撤，高高举起的双臂竟然一软，手中握着的凳子也一下子掉了下来。当她意识到自己的慌乱，伸手再去接那张掉下去的凳子的时候，时间已经太晚了，那只凳子已经落在了嬴政的身上。但遗憾的是，凳子没有砸中嬴政的头部，而是砸在了嬴政的胸口上。

只听“嘭”的一声闷响，那只凳子砸中了嬴政的胸口之后，又稀里哗啦地掉在了地上。乍受惊吓，沉睡中的嬴政也捂住自己的胸口，一下子坐了起来。而环儿早被吓得远远地跳到了一边，她心中着实有些惧怕嬴政。

嬴政有些睡眼惺忪地睁开眼，胸口的疼痛让他骤然间便睡意全失。他看见环儿正一脸惊恐且极为失望地站在不远处，而且又穿好了自己的衣服，他便明白刚才发生了什么事。

“大胆，你这个姬丹的孽种，竟然胆敢谋杀朕，你是自寻死路，来人哪！”

门被人从外面撞开了，四名侍卫气势汹汹地冲了进来。

“皇上，您有什么吩咐？”

“这个姬丹儿的孽种意欲谋杀朕，朕就把她赏给你们四个了，等你们过足瘾之后，再一刀一刀地把她剐了，让她尝尝谋害朕的滋味！”

始皇全身赤裸，也不知害臊和羞耻了，气急败坏地大叫着。那四名侍卫立即如狼似虎地冲向了环儿。环儿的美貌柔弱，他们刚才已经看过了，能够和这样的美女共度云雨，他们连想都没想过。

“你这个昏君，你这个暴徒，你会不得好死的。”

环儿一下子变得坚强起来，指着嬴政极为痛快地大骂着。骂完之后，她猛地一低头，使劲地撞向了尖利的桌子角，而此时那四名侍卫的手也已抓到了她的衣服。

一张方桌被环儿的这一撞挪出了一截，发出了“吱呀吱呀”的刺耳声音。只见鲜血顺着环儿美丽而圣洁的额头密密地流了下来。她又狠狠地瞪了嬴政一眼，而后软软地倒了下去。

那四名侍卫惊愕惋惜不止，他们实在没想到这么一个弱女子的性格竟然如此刚烈，而且也为自己没能占有这么一个细皮嫩肉的美女的身体而啧啧叹惜。他们一时之间都有些手足无措，呆呆地瞅着床上的嬴政。

“蠢材，你们瞅着朕干什么？你们要是麻利一点儿，能让这孽种这么便宜地死了吗？滚，都给我快滚！”

四名侍卫吓得连忙屁滚尿流地往外跑。

“滚回来！”

四个侍卫一听嬴政又让他们回来，一个个吓得亡魂皆冒，双腿也吓得哆嗦个不停，但却又不得不转身走了回来。

“你们把尸体丢在屋子里面让朕怎么睡觉啊！把尸体抬出去，脱去她的衣服，暴尸十日，让别人也看看谋害朕的下场！”

四名侍卫连忙跑到环儿的尸体旁边，拉胳膊拽腿地把环儿拖了出去。环儿虽然用自杀的方式使自己的身体免受男人的侮辱，但她却低估了嬴政的残暴和狠毒。只要能羞辱打击别人，即使是再无耻的方法，嬴政也会毫不犹豫地采用的。

看着四名侍卫将环儿的尸首抬出去，而后又关上了门，嬴政并没有立即去睡，而是披上一件衣服，穿鞋下地，扶起那张倾覆的凳子，而后坐到桌边，拿起茶壶，为自己倒了一杯冷茶。他非常满意地笑了一笑。对于环儿的死，他丝毫不以为意，反正自己已经占有了她的身体，算是向樊莲惜报了仇，其他的都无所谓。天下的女人有的是，还有不少的女人争先恐后地要献出自己的初夜给他呢！

他坐在桌边喝了两杯冷茶，仔细想了想刚才发生的事情，对于环儿暗杀自己，他并不再感到震怒了。跟一个死人生气那不就太委屈自己了吗，不过，以后多加一些小心还是非常必要的。

想了一会儿，他脱掉衣服爬上床，没过多久便又进入了梦乡。梦中，他变成了一个能够升腾于天上，与神仙为伴的得道之人，而且，在他希望的时候，他还能回到地上，统治自己的王国，而且能够与人间的美女共度云雨，而那些文武大臣们则是一张张陌生的面孔。他真的实现了长生不老了！

第二十六章 继续巡游中 偶遇两道士

咸阳城内,虽然此时已经夜色深沉,但在一处宅院中依旧灯火通明,偶尔还能看到一些家丁来回走动着。在其中的一间屋中还能听到有人交谈的声音,虽然听不清他们在谈论什么,但是从他们交谈的语气可以看出这两个人都很着急此事。

正在屋里面聊天的人是隗林和蒙毅,蒙毅虽然被始皇嬴政取消了其太傅之职,但随后却依旧升了职,不过太傅是不能再做了。

"隗大人,不知公子的伤势最近怎么样了?"

"反正是没有什么大碍了,而且公子这两天感觉伤口处有点痒,应该是伤处已经开始复原了。"

"如此就真是谢天谢地了,要是公子有什么三长两短,只怕皇上的诸多儿辈子弟就没有一个能够胜任统御天下重担的人了。我真搞不明白,为什么皇上就执意认定是公子指使人杀了那两个臭道人?"

"哼,其实别人也都知道这件事绝对不是公子做的,可皇上喜怒无常,谁又敢替公子辩解啊? 而且,如果言语不当,说不定不但救不了公子,反而会激起皇上更大的怒气。"

"隗大人,你是否怀疑过这件事是有人栽赃陷害公子的?"

"栽赃陷害?"

"对,一点儿没错,即使这件事不是公子指使人干的,我觉得也不是别人偶然为之,如果是偶然为之,多半是为财而起杀心,但那两个道人的包袱里的金子却还在,所以我觉得是有人故意栽赃。"

"如果真的是有人栽赃,那究竟是谁与公子有如此大的仇怨呢?"

"如果我猜得不错得话,应该是赵高。"

"赵高,你能确定吗?"

"虽然不能完全肯定,但也是八九不离十。隗大人,您想一下,公子生性仁厚有德,不少大臣都对他赞赏认同有加,唯有赵高当年因为纵乱宫闱之事而被我和公子告于皇上面前,皇上因而对赵高施了腐刑,所以赵高就对公子和我怀恨在心,我和公子也因而常常受到他的诋毁,否则我也仍会是公子的太傅,而且也不会官降两级,现在他用这种方法也就不足为奇了。"

"赵高真的有这么大的能量吗?"隗林还有些不相信。

"隗大人,只有你想不到的,没有赵高做不出的。他这个人生性阴险狡诈,而且又极善于伪装自己,说不定什么时候他就冷不丁地咬你一口,而且,皇上对于他又是宠信有加，有时甚至言听计从，否则单以当初他纵乱宫闱的事就应该把他斩首示众，可皇上一念之仁，竟饶了他的性命，以至于他现在随心所欲，兴风作浪！”

“蒙大人说得一点儿没错，那我们以后还要多小心赵高一点儿才好。蒙大人，我问你一句话，不知你愿不愿意在皇上百年之后拥立扶苏公子继位为帝？”

“愿意，当然愿意了，这个问题自然不用隗大人问了！皇上的诸多儿辈之中，独有公子扶苏才有登基为帝的能力，其他的谁也不行。我想还会有不少的人和我看法一样的。”“其实我的想法也和你一样。公子位为长子，而且又仁义德孝，同时对于治政之事也非常有主见，如果他能在皇上百年之后登基为帝，那实在是我大秦黎庶之幸，只不过皇上却对公子有些疏远，真是让人头疼。”隗林颇为忧虑地说道。蒙毅听后点点头，继续说道：

“值得担心的还不仅仅是皇上对公子的疏远，近来赵高一直全力接近皇上的末子胡亥，而且皇上对胡亥现在又很有好感，看样子，赵高是要有意把胡亥培养扶植成为王位的继承人，我们现在也不能坐以待毙。如果将来真的是胡亥继位为帝，那我们也就无用武之地，天下也都会坏在赵高的手上。”

“为今之计，我们只能联合支持扶苏公子的同僚，共同抵御赵高。”

“对，不过我们都是文弱书生，只怕赵高会用武力，所以我们还应该有一位手握兵权的武将相助才好。”

“这个问题就不用发愁了，不出一年，我们一定会有一个手握兵权的人相助的。”隗林十分有把握地说着，脸上洋溢着自信的微笑，他的这种自信把蒙毅也给弄愣了。

两天之后，始皇的大队人马到达了碣石所在的骊城县，入住馆驿之中，刚想让县令去为自己找两名方士前来询问有关长生不老之事，忽然外面喧闹的街道一下子静了下来，紧接着有人高声地吟诵道：

羡门高誓道初成，
驾龙上升入太清，
时下玄洲戏赤城，
继世而往在我盈，
帝若学之腊嘉平。

其声音清越激昂，而且又关涉成仙得道之事，同时还关联嘉平腊月，始皇的注意力便一下子被吸引过去。他冲着赵高看了看，赵高立刻会意，带着几名侍卫快速地冲了出去。

不一会儿，赵高便与那几名侍卫返回屋中，而且还带进来两个人。两个人都是一身道袍，而且生得也清瘦俊朗，颇有些仙风道骨和超然脱俗之气。始皇看后不觉颇为欣赏，开口问道：

“二位道长,刚才的那段词谣可是你们在外边吟诵的?”

“我们的师尊便是羡门高誓二仙,乃是人间凡体,通过自身修行,终至得道成仙,我们两个人是奉师尊之命前来此处度化有缘人修道成仙的。不知我二人身犯何罪,你的手下非要将我们带到这屋中来?”

“大胆道士,见了当今陛下,你们竟然还敢如此无礼,还不赶紧跪下!”赵高在他们身后厉声叫道。

“在我们二人眼中,只有神迹无踪的仙人与世俗之中的凡人,并没有什么帝王将相,何须要跪下?”

两个道人仍旧是一脸的从容,赵高刚要再上前斥骂,始皇却冲他挥了挥手。这两道人不驯的硬气与风骨让他越发地对他二人欣赏起来,笑着问道:

“不知二位道人尊姓高名?”

“石生,卢生。”

“刚才二位道长说此次是专门度化有缘人得道成仙的,不知道朕是不是有缘人啊?”

“陛下虽然贵为天下君王,但却未必是道中有缘人。一月之前,我们的师尊授意于我二人,让我二人寻找一个有缘人,此人乃是生于昭襄王四十八年之春正月子时,可是我们两个人一直找了一个月还没找到。”

始皇一听对方说要找的有缘人是昭襄王四十八年之春正月子时出生的,心中不觉一动,连忙极其兴奋地对二人说道:

“不瞒二位道长,朕与二位道长所要找的人生辰年月相同!”

谁知石生和卢生听了之后还是没有太大的反应,而是依旧冷静地说道:

“生辰之日相符还不行,此人还必须是出生于异乡,而非生于自己的祖居之地。”

“啊,那就正好了,你们要找的人恐怕就是朕了! 朕祖居大秦咸阳,但朕却出生在赵地邯郸,不是正好和你们的要求一样吗!”

那两个道人听到始皇的此番话后,脸上立即露出颇为兴奋的神色,急急向前走了几步,以一种满含敬仰之意的眼光端详始皇,始皇却丝毫不以其行为忤逆之罪。二人端详半天,忽然跪倒在始皇的面前,连连磕头不止。

“二位道长,刚才朕已经自道身份,你们立而不跪,现在却又为何如此行礼了呢?”

“陛下有所不知,我二人只拜仙人不拜人间帝王,但刚才仔细端详之下,方知陛下正是我二人苦心寻找的道中有缘人,我二人虽然修道多年,但却毫无结果,而陛下却是有慧根之人,不久之后则可道成为仙,所以我二人要先给陛下行拜礼,以防日后仙人会责骂我二人。”

“如此说来,那朕如潜心修道,就一定能成为仙人了?”

“这是自然。我二人的师尊既然言明我二人寻找的乃是有缘人,而且恰好与陛下相合,那师尊一定会为陛下成仙而助力的。”

“二位道长，成仙之后能否长生不老啊？”

“陛下，成仙之人与天地同寿，又怎是区区一个长生不老能涵括的。”

始皇听了卢生与石生的这一番话，不觉朗声大笑起来。自己费了这么多功夫，原来真的都是走了弯路了，或许这也是天意注定如此吧！那样的话，自己不久就可以得道成仙，从而永远地执掌天下的权柄了！踏破铁鞋无觅处，得来全不费工夫。

“二位道长，不知朕该如何修道才能早日道成而为仙啊？”始皇急不可待地问道。

卢生和石生听了始皇的问话之后并没有立即回答，而是静默了一会儿，而且极其隐蔽地偷偷交换了一个眼神儿。他们的这种静默不知为什么让他们身后的赵高有些紧张起来。

随后，卢生开口对始皇说道：

“陛下，我二人的师尊只让我们找有缘之人，以后的事情都还要由我们的师尊指点。因为陛下乃天生有慧根之人，与我二人的修道方式有所不同。”

“噢，那怎么才能找到二位仙翁啊？”

“陛下，由碣石东行入海，海中有一仙岛，名日玄洲，寻常之人很难抵达，师尊说过，等我们找到道中有缘之人以后，就可乘船往岛上守候，他们自然会把修道之法传授下来。”

“那……那何不让二位仙翁来此馆驿之内将修道之法传授给朕呢？”

“陛下，其实我二人也有此意，但师尊却说世俗之间污秽之气甚重，他们如果来此，说不定会折损功力，所以他们才不肯来。如果陛下决意修道，那么我二人即刻就乘船前往玄洲岛上，为陛下获取修道之术。”

听了二人的话之后，始皇竟然有些犹豫起来，他一时也拿不定主意是否让卢生与石生乘船东行入海。并非是他不想成仙，他盼成仙都快盼疯了，好不容易才找到这个机会，他又怎么会放弃呢？他之所以会犹豫不决，完全是因为前边的徐福的事情。

一朝被蛇咬，十年怕井绳。他只怕这卢生、石生也和徐福一样，乘船东去，从此一去无踪杳无音信，那么他又得无休止地等待下去。所以他一时才无法回答。

一边的赵高深知其意，连忙走到始皇的身边，冲着他低声耳语几句，始皇立即便脸色轻松下来，而后对卢生与石生说道：

“好，既然如此，那朕就即刻派你前往海中玄洲岛上为朕求取修道之术。你们先下去休息一下，等朕为你们备好了大船及一切所需之物，你们再出发。”

卢生和石生二人答应着，瞅了赵高一眼，而后退了出去。退出府门之后，他们的脸色顿时变得极为颓丧，而且止不住地唉声叹气，仿佛有什么烦心事正在困扰着他们。

眼见二人走出屋去，始皇才对赵高说道：

“赵高，你立即带人去把他二人的父母及一干亲人全都监押起来，而且要好好照顾。你这个主意非常好，朕手中拿着他们的父母及亲友，就不怕他们也像徐福那样一去不回头了。”

“是，修道之人最重要的就是要事亲至孝，只要他们要得道成仙，他们就一定会虑及父母的安危的。”

而后，赵高带着人去寻找卢生与石生的父母亲友并将其监押起来，而始皇则命骊城县令去准备渡海用的大船及一些必需的生活用品和水手。

其实，赵高的任务是非常简单的。因为他早已将卢生与石生的父母抓了起来，而他在出发之前派出的那十几个人就是为他做这个工作的。卢生和石生也并不想趟这浑水，但赵高的手下却早已抓住了他们的父母亲友，并以此来要挟他们。二人被逼无奈，只得演出了刚才的一场戏，编出一个高誓羡门的故事来蒙骗始皇，而始皇也果然信以为真。现在，他们的任务就是要把这场戏演下去。其实，海上哪有什么玄洲岛，又哪有什么得道成仙的高誓羡门，这都是赵高使他的手下命令卢生和石生做的。不做的话，他们就见不到自己的父母亲人了。

两天之后，骊城县县令备齐了东行出海寻仙所用的大船及众多水手还有必备的生活用品，始皇率君臣到海边去为卢生与石生送行。

卢生与石生心中叫苦不迭，但是又不得不在始皇面前强作欢笑，信誓旦旦地要为始皇找回得道之术，而他们的心里面却在盘算着如何才能在大船回航之际继续蒙骗始皇，保住自己，也保住家人的性命。

始皇对卢生和石生为自己出海寻求得道之术的行为大加赞赏，并且许诺要在二人回航之际对二人好好地奖赏一番。当然，奖赏也是有前提，其前提就是要为始皇带回长生不老之术。

眼看着卢生和石生登上了大船，始皇忽然又有些担心了，他转身对赵高说道：

“赵高，这两个人不会也像徐福那个贼人一样一去不复返吧？”

“皇上，您不用担心，他们会回来的，除非他们不想要自己的父母及亲友的性命了。”

“依朕看来，他们也说不定就会不顾及自己的父母亲友的性命的。那徐福不就是独自一人率船出游而一去不回头了吗？”始皇的担心并没有解除。因为徐福出海之时就是把父母亲友全都抛了下来，所以他才能将徐福的父母亲友都杀掉而稍泄心头之恨。

“皇上，您就放心吧，他们两个人和徐福不一样，奴才敢保证他们一定会回来的。”赵高斩钉截铁地说道。“你怎这么就肯定？万一他们要是不回来了呢？”“奴才敢向皇上打保票，保证他们会回来，如果他们不回来，您就砍了奴才的项上人头！”“好，如果他们不回来，朕也不会再对你留情面，朕一定会取了你这奴才的脑袋的！”

“皇上，如果取了奴才的项上人头就能让皇上您长生不老，那奴才连眼睛都不会眨一下的。”赵高在始皇的耳边低声说道。虽然始皇并没有看着他，但他所说的话，始皇却都听清楚了，他的心中极为舒服，甚至也有些感动。自己的手下有这么多人，而且还有天下无数的黎庶，但只有赵高对自己最忠心，不但为自己想得很周到，而且敢用他自己的项上的人头担保卢生和石生一定会回来。虽然赵高没有什么治国平天下的大本领，但他对自己的忠心却是一点儿也不假的。

始皇的眼睛瞅着大船上的卢生和石生，心中却还想着赵高刚才那一番毫不带犹豫和恐惧的保证。赵高也正直视着大船，不过他瞅的不是卢生和石生，而是卢生与石生身边的那四名看上去非常强壮的水手。赵高是个聪明人，他不会去拿自己的脑袋去冒险的，他还想留着自己的性命做大事呢。他之所以敢这么大胆地用自己地项上人头作保证，表面上是向始皇表示忠心，实际却是因为那四名水手。那四个人正是他所派出的，个个都能打善战，有他们在卢生和石生的身边，就是卢生和石生真的想不顾父母亲友的性命乘船而逃，那四个手下也会把他们带回来的。而且，赵高早已打听到了，虽然卢生和石生专靠骗人混饭吃，却偏偏都是出名的大孝子。

一切收拾停当之后，大船扬帆起锚，径直向东方的大海深处去找寻那不知身在何处的玄洲岛去了。

始皇站在海边，一直目送着大船在一顷碧涛的拥抱下逐渐远去。等到大船尖尖的桅杆消失在他的视线之中，他又连忙在众人的搀扶下爬上岸边的碣石山，站在碣石山上翘首远望，又一直看到船帆消失在海水之中。

不用别人说，别人也不敢说，始皇已经感觉到自己的老态了。他已经能清清楚楚地觉出自己远不如当年的体力充沛，无所顾忌了。既有老，则有死，他太怕死了，他甚至不愿意听到或看到任何关于死的东西。

他还没有活够，自己打下来的天下他还没看够，天下之治权都集于一人的威风和荣耀他也没有享受够。所以，他才会花费如此大的力气去寻找长生不老之药。只要有一线希望，他就不会放弃的。他隐隐地感觉到，自己能够等待的时间可能不会太长了。虽然他不愿面对这个问题，但这却是一个无法改变的事实，所以他必须抓紧时间。

寻仙的大船消失在众人的视线之中后，始皇站在碣石山上，感受着猎猎的海风，品味着那浓烈的海的气息，一时之间，完全陷入了沉默之中。也许，他是在祈祷卢生和石生二人能够尽快带回长生不老之药，以使他的夙愿得到实现吧。

始皇不去说话，其他的文武大臣当然也不敢去打扰他的沉思了，他们只能在一边默默地等候。等了半天，始皇才抬起头来，忽然向李斯道：“李斯，朕让你写的刻辞你写好了吗？”

“启禀主上，微臣昨天晚上熬到半夜，斟酌半天，增删数次，终于将刻辞写好了，请皇上过目。”

说着，李斯从袖中拿出一卷竹简，小心翼翼地递到始皇手中。始皇接过来

粗略一看,即刻便又还给了李斯,开口说道:

"行了,就照着这内容刻在碣石山上吧,朕有些累了,先回驿馆休息了,你和县令一起照办此事吧。"

说着,始皇迈步向碣石山下走去,而赵高则赶紧跟了过去。李斯将自己费了半夜心血才写就的刻辞拿在手中,有些失望地呆愣半天,轻轻地叹了一口气,而后才与县令一起组织石匠于山顶之上磨石刻辞。其辞曰:

遂兴师旅,诛戮无道,为逆灭息。
武殄暴逆,文复无罪,庶心咸服。
惠论功劳,赏及牛马,恩肥土域。
皇帝奋威,德并诸侯,初一泰平。
堕坏城郭,决通川防,夷去险阻。
地势既定,黎庶无繇,天下咸抚。
男乐其畴,女修其业,事各有序。
惠被诸产,久并来田,莫不安所。
群臣诵烈,请刻此石,垂著仪矩。

匠人们在石壁上刻着字,李斯则站一边目不转睛地看着。那个县令已经走了,他却仍旧在盯着石壁,他满以为自己的这一番心血会得到皇上的赞赏和认同,却实在没有料到是这么一个让人失意的结果。也许,皇上连开头的那几个字是什么都没有看清楚,他根本就没有打算看。

当然,李斯知道始皇现在的心思只在长生不老上,可其他的方面就不闻不问了吗?这天下还是皇上的天下,还要皇上去过问,去治理啊!

他头脑之中一片空白,甚至一度产生了退却的念头,但那些石匠们雕刻出的刻辞又鼓起了他的勇气。不,自己还有能力为皇上出谋划策,而皇上也应该会宠信重视自己,只要他还想让自己的国家维持甚至发展下去。李斯有这个自信,连那个一无是处,只会溜须拍马的赵高都能得到皇上的宠信,自己为什么就不行呢?

在一阵石屑的纷飞之后,李斯撰写的刻辞终于在石匠们的努力下呈现在了他的眼前。他又用一种欣赏的眼光审视着石壁之上的刻辞,心中又踌躇满志起来。就是单凭这一篇刻辞,皇上也不会将自己打入冷宫的。

始皇在海边的驿馆之内一直等了 10 多天,但卢生和石生却一点儿消息也没有。他无比的焦躁起来,整天都在烦恼忧郁之中,而且动不动就大发脾气,不管是谁,迎头就是一顿臭骂,吃饭也不香,赵高为他搜罗来的美女他也不要。

赵高心里也不住地着急,暗骂卢生和石生二人为什么会如此的缓慢。如果再这样僵持下去的话,说不定哪一天皇上真会一怒之下砍了自己的脑袋。可是,为皇上搜罗的美女却又没有一个让皇上入眼,他也实在没有什么别的办法能让皇上高兴起来。

转眼之间，又是10多天过去了，始皇每天都要坚持到海边去看一看.看看到底有没有卢生与石生所坐的大船的踪影，然而每天却都是失望而归，而后便大发脾气。赵高也不禁有些后悔起来，早知如此，还不如留守在咸阳呢。但是，他知道，自己必须要尽快地想出一个办法来，让始皇从这种烦躁中解脱出来，不能这样坐以待毙。

他知道现在自己也没有更好的办法了，最直接的而且最方便的，也只有从女人这一方面下手了。而且，即使是女人这一方面，也必须能够和长生不老联系起来。忽然，他的眼前一亮，虽然这个方法有些让人难堪，但关键问题还是皇上会不会接受。不过，为了自己，还是要试上一试。

打定主意之后，他先下去准备了一下，而后兴冲冲地赶往始皇的寝室。赶到以后，赵高看见两名内侍正站在门口，借着从屋中放射出来的灯光，只见两个人的脸颊都是又红又肿，一脸的委屈样。

看到赵高走来，一名内侍连忙对赵高说道：

“大人，你小心一点儿，皇上现在正发脾气呢。刚才我们给皇上端晚饭进去，却让皇上给打了一顿。”

“嗯，多谢，多谢，我一定会多加小心的。”赵高小心翼翼地推开门，一眼便瞧见始皇正脸色阴沉地坐在桌边，桌上的杯盘碗盏被他弄得乱七八糟，地上也一片狼藉。他的心不由得一哆嗦。他的动作虽然很轻，但响动还是有的。听到响动之后，始皇猛然间抬起头，目光如电，向门口看来，一看见赵高正在门口那里踌躇不前，立即大声叫道：“赵高，你赶快给我滚进来！”赵高不敢违拗，连忙满脸堆笑地走进去，走到始皇的面前，率先开口极为殷勤卑微地对着始皇问道：

“皇上，您找奴才有什么事啊？”

“赵高，怎么老见不着你的人啊？你在海边上对朕下的保证你还没忘记吧？”

“皇上，奴才的保证怎么会忘了呢，奴才天天都记着呢！”

“哼，好样的，赵高，卢生和石生出海可都已经20多天了，可到现在还是一点儿消息也没有，朕的耐性可不是太好，如果他们再不回来，朕可就真的把你的狗头砍下来！”

始皇怒不可遏地、气呼呼地对着赵高大声地叫道。

“皇上，奴才是皇上的人，这颗脑袋也是为皇上而生的，只要皇上喜欢，您随时都可以把奴才的人头拿去，但请皇上允许奴才再说一句话，如果再过15天，卢生和石生还是不回来，那奴才自己就把项上人头砍下来交给皇上！”赵高的语气也是毅然决然。他已经打听好了，大船上的粮食也就够那些人坚持一个月的，他们不可能坚持更长的时间，而且卢生和石生的目的也并不是真的要找到玄洲岛，关键问题是他们得出海。

始皇看了看赵高，而后一边点头一边说道：“好，你给朕记着，15天，从明天开始算起,你自己好好过吧,也许你就只有15天的寿命了。说吧,你今晚来找朕有什么事啊?”赵高静静地看着始皇的脸色,发觉始皇在说要杀他赵高的时候没有一丝的犹豫和怜悯,他的心里不觉也是一阵凄凉。自己为始皇可以说是尽效犬马之劳,没想到对方对自己竟然没有丝毫的体恤和恩情,实在太令人失望了。但是始皇的问题他听到了,他知道自己现在还必须做出一副忠心耿耿的样子,即使始皇让自己立即死去。

“皇上,卢生和石生至今仍然没有消息,奴才和皇上一样着急,但奴才急的是皇上的身体,您整天茶饭不思,这也是对自己的一种糟蹋啊! 皇上,现在卢生和石生不回来,不过奴才却想出一个能让皇上延年益寿的方法,只是不知皇上您想不想试试?”

“你先说出来让朕听听,如果真的有效,那朕当然要试上一试了。”始皇的声音仍然带有几许愠怒之气。

“皇上,奴才刚才翻阅了几册道家和医学遗著,发觉里面有样东西有延年益寿之功,如能再加上补血生气的丹药,其效果就更好了。”

“那样东西是什么啊?”

“回皇上,是处子之血。如以处子之血和丹药并服,则功能延年益寿,奴才已经为皇上准备好了美女与丹药,不知皇上是否愿意试上一试?”

始皇看了看赵高,似乎想把赵高的心中所想都给压榨出来,而赵高则以一种温驯忠诚的目光应对着始皇。过了一会儿,始皇才点点头,开口说道:

“好吧,念在你忠心耿耿的情分上,朕就试上一试,你把美女给朕带进来吧!”

“好啦,皇上,奴才立即去把那些美貌的处女为皇上带过来,不过人数多了一些。”

“有多少人啊?”

“不多不少,有10个人。”

“什么? 10个人! 你想把朕累死啊,还提什么延年益寿?”

“皇上,虽然奴才给您准备了10个美女,但也不是要让您与她们个个都一度春宵啊,您先将其个个点破,奴才为您取其处子之血和丹药服下,而后您再选择一个中意的,留在您的身边陪侍,您看怎么样?”

“好,就依你的意思去办吧,快一点儿啊!”

第二十七章 苦心等道士 赵高暗操作

接连几日，始皇都用赵高为他想出的办法用处子之血和丹药共同服用，还真觉得有些筋骨强壮的感觉，一时之间也乐在其中，倒把卢生和石生长时未归的烦恼抛在一边了。可是，此法虽然暂时把始皇的怒气和烦躁压制下去，而赵高也越发得到始皇的宠幸，但却害苦了那些尚未出嫁的少女们。

始皇一个晚上就要采补10名少女的处子之血以服丹药，而且只破其贞洁以取其处子之血，以后便很难再给其临幸的机会，她们也就只能在孤苦之中成为后宫的无数怨女之一。当地不少黔首为了使自己的女儿免受此害，不得已便慌忙将其嫁出，却又多碰上夫婿无良，仍旧害了女儿一生。

不过，幸运的是，这种滑稽罪恶且有点可笑的游戏并没有进行太长时间，因为卢生和石生回来了。

这一天，始皇晨起之后，忽然心血来潮，要到海边去看一看。他已经好几天没有到海边去探看卢生和石生的消息了。

对于始皇的这一要求，赵高及其他随行大臣自然都不敢怠慢，连忙准备车马，陪同始皇一起赶往海边。

海边的海鸟在空中自由飞翔，海风也裹挟着潮湿而带有腥味的气息扑面而来，东方的太阳已经跃出了海平面，在海水的尽头动荡跳跃着。始皇在众人的陪伴下走上碣石山，极目东望，海面之上，空空如也，什么东西也看不见。始皇一直瞪大了眼睛瞧着，直瞧得眼睛酸痛无比，他才侧过头来向赵高道：

"赵高，卢生和石生二人出海东去有多少天了？""这个……这个……奴才也……"赵高张口结舌，根本无法回答。他就一直没把这件事记挂在心里。他知道，卢生和石生想到哄骗始皇的方法之后一定会回来的。

"皇上，二位道长已经出去31天了，今天是第32天。"李斯在始皇的身边说道。看到赵高一副抓耳挠腮的猴急样，李斯的心中不禁有些暗自得意。

"啊，他们都已经出去这么长时间了，现在也该回来了吧！"始皇又目视远方，独自喃喃道。

"啊，远处好像有船帆啊！"不知是谁在始皇的身后忽然大声地叫了起来。

若是在平时，始皇一定会把大声叫嚷的这个人叫过来狠狠地骂上一顿，甚至取其性命的。但现在，他却顾不上这些了。他连忙极目向东方望去，但却什么也看不见，只觉眼前一片茫然，近处的东西倒还能清晰可见，远处的景物却在一片灰白迷茫之中。

"赵高，远处真的有船帆吗？"始皇急得一下子抓住赵高的手，兴奋且又有点儿紧张地问道。

“皇上……”

赵高也看见了远处的高扬的船帆，而且越走越近。没错，绝对没有错！他侧过身，一脸的兴奋，想把这条消息重复给始皇听。但他脸上的兴奋立即便在那一刻停滞而且旋即便消失了，因为他从始皇的眼中看到了一种茫然无助的神色。怎么，难道皇上看不见了？他又回头看了看自己身后的人，他们也都一脸的兴奋，应该是没错的啊！

转瞬之间，他便意识到，皇上真的没有看见那远处的船帆，否则，他也就不会看不见这么显而易见的问题了。

“皇上，海上根本什么也没有，他们都说错了，您再稍等一会儿，船也许就看到了，他们要是再不回来，奴才的脑袋可就得被皇上您当球踢了，您再耐心等一会儿。”

经他这么一说，始皇的面色才平静下来，继续望着远方，敷衍完始皇之后，赵高猛地回过头来，冲着后面大声吼道：

“是谁，刚才是谁大嚷大叫地说看到船帆了，是谁？”

在赵高的暴喝追问声中，众人的眼光都齐刷刷的向后边的一个人望去——那是一名负责为始皇驱车的内侍。被这么多人一瞧而且赵高的声音又如此的高亢而且带有愠怒，那内侍的脸色一下子变得煞白，竟然站在原地轻轻地颤抖起来。

“刚才是你在叫嚷的吗？”赵高的双眼直视对方。

“大……大人，是小……小人说的……”

“大胆！海上明明是空空如也，什么也没有，你却扯开嗓子大嚷大叫，不但犯了欺君之罪，而且还惊扰了圣驾。来人哪，将他拉下去给我砍了！”

两名侍卫立即答应着向那名内侍扑了过去。赵高是始皇身边极为得宠之人，所以他的话叫得动那些平时都飞扬跋扈的宫中侍卫。

听说自己要被砍头，那名侍卫吓得一下子瘫软在地上，连为自己申辩的力气都没有了。其他人见此情景也都极为惊讶，海上明明有船帆正在慢慢地靠近，甚至都能看见船体了，可赵高为什么要说那内侍是欺君罔上，胡喊乱说呢？但是，疑问却只是疑问，众人虽然看见海上有船在向海边靠近，但谁也不敢说话。

“把那欺君罔上的恶徒拖到碣石山下去砍头，不要在山上砍，别弄脏了这清静之地。”始皇目光执著地望着远方，冷冷地说道。他的眼前仍是一片空白，只有碧水蓝天。

“是，皇上，奴才这就告诉他们。”

赵高答应之后又转身命令那两名侍卫将内侍拉到山下砍头。那名内侍被侍卫拖着走到半山腰上，这才如梦初醒，极其凄惨地哀号乞求起来，但一切都晚了。山顶上的人既为那倒霉的内侍感到可惜，又为自己暗自庆幸不已，幸亏自已刚才没有跟着叫起来,否则后果真不堪设想了。

海涛一下一下猛烈地拍击着碣石山下的礁石,无数的飞沫飞升在空气之中。山下传来一声惨叫,那名内侍此刻已经作了刀下之鬼了。他到死也不明白,为什么自己提醒皇上有船只来,反倒送了自己的性命。

"啊,船帆,朕看到船帆和船身了,一定是卢生和石生他们回来了!"始皇用手指着海面之上的大船,极其兴奋地大叫着。其实,那船早已出现在众人的视野之中,只不过是他才刚刚发现而已。

听到始皇的欢呼,众人这才从一种惊愕呆滞的状态中清醒过来,也和始皇一起欢呼着。虽然他们的欢呼有些虚伪,远不如始皇的那么兴奋激动,但却很好地配合了始皇的愉悦。赵高在一边也一起和众人欢呼跳跃着,同时,他也明白了,皇上的眼睛已经不行了,也许自己的皇上真的已经老了。

"好,你们随朕一起去迎接他们!"

始皇振臂一呼,而后率先转身向山下走去。他已经迫不及待了。其他的人也都立即跟随着他下山向海边走去。

站在海边上,看着海水中漂泊动荡的航船在众人的视线中变得越来越大,众人也听到了船上的人发出的隐隐约约的欢呼声。是啊,那些人已经离岸30多天了,他们也都想念坚实的土地了。

大船平安抵达岸边。虽然刚刚出海30多天,但船身已经破损不堪了,不少的地方都出现了大大小小的洞,幸而无伤大局。船帆也是一片破烂,一个洞挨着一个洞,真不知道他们是如何度过这段海上岁月的。

卢生和石生率先从船上走下来,其他招募的水手也随后走下船,各自回家去了。赵高的那四名手下偷偷地看了一眼赵高,也随即大步而去,会合自己的同伙去了。

卢生和石生二人有些步履蹒跚地走到始皇的面前。二人面色憔悴而且皮肤黝黑,脸颊瘦削,颧骨高耸,身上的衣衫也是破旧不堪。只见二人跪倒在始皇的面前说道:

"陛下,石生、卢生拜见陛下。"

"好了,好了,你们都起来吧。"说着,始皇俯下身子,亲手将二人搀扶起来,而后深情地望着二人,语音轻柔地说道:"二位道长为了朕的事情肯定受了不少委屈,朕回去之后一定会好好嘉奖你们的。不知朕的长生不老之药怎么样了,你们到底见没见到高誓和羡门二位仙人啊?

二人被这三十几日的海风吹拂和海浪颠簸弄得浑身发皱,极为疲累,眼见始皇那一副急惶惶的样子,心中更是异常气愤:若非是为始皇,自己又怎么会出海去受这么大的罪呢?但是,为了自己以及亲人们的性命,他们又不得不与始皇周旋,而且还要小心翼翼的,否则一个不留神,照样会命丧黄泉的。

"皇上,我们乘船出海,本来路途极为顺利,谁知半路突然碰上了风暴,因而迷失了方向,而且差一点儿船毁人亡。但是,或许真的是冥冥之中自有天意,我们的船竟然漂到一个岛上，而此岛正好是我们要去的玄洲岛！”

“是吗，那可就太好了，那二位仙人可曾到岛上与你们会合？”始皇现在最关心的就是那两个仙人了。

“皇上，在岛上等候两日之后，我们的师尊于夜间降临，但他们却只赐我们一件东西，一句话也没有说，而后便飞升而去。”

“是什么东西，快拿来让朕看看！”

卢生伸手从怀中掏出一件东西，递到始皇的手上。始皇接过来，除去外面包着的黄色外皮，里面是一件黝黑的类似于骨头之类的东西，入手非常沉实，质地极为坚硬，而且形状也极为怪异。始皇拿在手中看了半天，也看不出什么名堂。他极为奇怪地问那二人道：

“二位道长，那二位仙人果真只留下此件物品，别的什么也没有说吗？”

那卢生与石生二人没有说话，只是不约而同地摇了摇头。忽然，石生却又像想起来什么似的眼睛一亮，对始皇说道：

“皇上，我们的师尊赐我们二人此物品之后即欲飞升而去，我们也不知其意，我便追问一句说此物是否和陛下修道成仙有关，师尊却只说此物乃有缘人急需的东西，而后便离去了。”

始皇一听石生说此物是自己急需的，不觉又反复看了看，却仍旧什么也看不出来。那个东西表面又黑又滑，什么东西也没有。在始皇的眼里，它也就只不过是一块顽石或枯骨罢了。

“二位道长，这个东西黑不溜秋的，怎么会是朕所需的呢？”始皇颇有些失望地问二人。

“皇上，我们的师尊既然不辞辛劳从天上降此物于我二人，定然有其用意，或许他们是让我二人协助皇上参透其中机密，而个中机密应该就是关于长生不老的修行之术。”卢生不慌不忙地回答道。

“啊，真的，那怎么样才能参透其中玄机啊？”

“此项工作说难也不难，只不过很耗工夫而且还要心诚意笃，皇上无须忍受此苦，让我二人来做就行了。”

“那到底该怎么做啊？”

“皇上，此物之中很可能隐藏着我们师尊种下的谶言，以圣火烧之，谶文则会出现，我们再为皇上讲解其中之意，不过在焚烧此物之前需先找一处高可仰承天意的地方，而后皇上要在其上行祭拜天地之礼，最后我们二人拜于此物之前，默念祷词，静等天授谶文现形。”

“那好，那好，那就赶紧找到这处能够高可仰承天意的地方吧！”始皇迫不及待地催促着。在他的感觉中，这块不知为何物的东西很可能就是仙人赐给自己的长生不老之术。

卢生和石生到处看了看，而后目视海边的碣石山，对始皇说道：

“皇上，此时正是阳气鼎旺之际，而且碣石山正好高在水陆之间，我们两个就在这碣石山上作法以承天意,请皇上您先上山行祭拜天地之礼。"

始皇听后连忙又爬上碣石山,在卢生与石生的授意之下在山顶上行过祭拜天地之礼,而卢生与石生则在其后跪于山顶上,面朝东方,行拜礼三次之后,在山顶上架起火堆,将他们从仙岛之上所得的圣物放在火上炙烤,而后对始皇说道:

"好啦,皇上,现在诸礼已毕,我们也已向天地表达了皇上的殷殷诚意,剩下的就是等谶文现出了。在谶文出现之前,我们二人要跪拜默念祷词,不要让其燃灭,您可以和其他大人先回驿馆之中休息。"

始皇连忙命令两名内侍留下来照看火势。那卢生和石生刚要到火堆之前跪拜作法,忽然看见山脚下隐约横卧一具尸体,已经身首异处,血光刺眼,连忙惊问始皇道:

"皇上,山脚下的那具尸体是怎么回事啊?"

"噢,那是朕的一名侍从,刚才大嚷大叫,惊扰了朕,朕就下令把他杀了。"始皇轻描淡写地说道。

二人一听,心中自然都是害怕至极。明明是杀死了一个活生生的人,而嬴政说来却如此轻松,没有一丝一毫的内疚和悔愧。看来自己二人今后也要多加小心,说不定什么时候,这种悲剧就会降临在自己的头上。

随后,二人便装模作样地跪倒在那块怪东西的前面,双目微闭,默默祷告起来。始皇看了一会儿,便只留下两名内侍照看火势,自己则率其他人回驿馆了。

第二天,始皇去看,只见二人仍旧跪在原地念念有词。始皇叫过一名内侍询问,才知道两个人果然是从昨天到现在未食未休,一直跪在那里默诵祷辞。始皇为这二人的诚心和毅力所感动,并不打搅二人,又在一边站了一会儿,静静地转身离去。其实,他又哪里知道,那卢生和石生早已跪得双腿发麻,头昏脑涨,而且腹中饥饿无比,但为了装得更像那么回事,他们只得咬牙忍耐。

第三天,始皇照样兴冲冲而来,其他人也跟来了不少。这一回始皇本以为会有一个结果了,谁知当他气喘吁吁地爬到碣石山山顶的时候,所看到的情景和昨天看到的几乎一模一样,那两名内侍依旧在旁边照料着火势,而卢生和石生也依旧跪着在祷告。

他急匆匆地走到二人的身边,刚想询问二人何时可以看到天赐的谶文,但眼见卢生和石生一副旁若无人的坐定之样,又怕自己的冲动会打扰了他们,影响天意垂降,所以只得在二人的身边极为焦急地,来来回回地走着。

忽然,在火上炙烤的那件怪东西发出了噼里啪啦的爆裂声,卢生和石生二人几乎同时大声叫道:

"天赐神意了,天赐神意了!"

叫完之后,他们一下子从地上站起来:终于可以自由地活动一下筋骨了。但是,二人刚刚站起身,却又软软地叫着瘫倒在地上。他们已经在地上跪了两天多了,双腿早已麻木且血脉不通,当时靠着刚才的那一股兴奋劲站了起来,但随即便又倒在地上。他们的腿根本就一点力气也没有了。

赵高和李斯连忙跑过去,将他们两个人扶起来。卢生命那两名内侍赶紧将火熄掉,而后又与石生活动了一下早已失去知觉的双腿,跪倒在始皇的面前:

“皇上,恭喜皇上,天帝已降谶文于神石之上了,请皇上龙目御览。”

始皇一听,极为高兴,连忙奔到余烬未熄的火堆旁,刚要伸手去拿,赵高忽然大叫道:

“皇上,小心烫手。”

经赵高这一喊,始皇一下子便停了下来。是啊,烈火刚刚熄灭,那块神石一定是奇热无比,哪能用手去摸呢?他刚迟了一下,赵高早已抢到他的面前,用衣服垫着自己的手,而后一下子把那块所谓的神石从灰烬中拿了出来。空气中立刻弥漫着一股衣服被烧的焦煳味。

赵高用手捧着那块神石,感觉到热量开始极为迅速地传到他的手上。他已经感到一些疼痛了。他迅速地向四周扫了一眼,看见自己身后有一块半人多高的立石,其顶面也挺平坦,就连忙奔过去,将手中的东西放在立石之上。

神石之上积存的热量在慢慢散去,始皇连忙走过去,向那块神石看去。此时,神石已经不再平整光滑,而是被火烤得裂开了许多细纹,几乎布满了神石的平面。

忽然,始皇瞪大了眼睛,他惊呆了,因为他从那些细密的裂纹中惊奇地看到了秦国文字,而且一笔一画都颇为规矩。只见上面写着:

“亡秦者,胡也!”

“二位道长,你们过来,看看这是怎么回事啊?”

惊愣良久,始皇这才开口对卢生和石生叫道。那二人茫然地走到高石附近,一看下去,不禁也大吃一惊,连忙跪倒在始皇的脚下,乞求始皇道:

“皇上,我们罪该万死!我们出海多日,不但未能为皇上求得长生不老之术,反而得到这样的凶邪之语,我们二人该死,请皇上责罚!”

始皇呆呆地看着那上面的五个字,而后又抬头仰望苍穹,嘴里不停地喃喃念叨着那五个字。“亡秦者胡也!”这到底是什么意思?难道这是天意授玄机于朕,让朕多多小心,以保大秦之基业吗?那么这个“胡”又是指什么呢?难道是指北方的那些匈奴蛮夷?哼,就凭他们这群乌合之众,也能灭掉朕开创的堂堂大秦吗?他一直在思考神石之上出现的谶文,对于卢生和石生请罪的话,一点儿都没有听进去。卢生和石生眼见始皇的痴呆模样,这才偷偷地相视一笑,不过那笑容之中却带了许多的苦涩和辛酸。还好,始皇对于他们编造出来的谶语未产生怀疑,否则他们真不知道该怎么样再装下去了。赵高也不知道他二人所携带回来的神石上写了什么东西,刚才只顾溜须拍马,竟没来得及看上一眼,现在凑过去一看,不禁也大吃一惊。

其实,那块所谓的天赐神物只不过是海中一种龟类的盖骨,始皇生于内陆之中,所以并不认识这东西。而且,二人还故意把这块龟壳弄得奇形怪状,让人更加无法分辨。而那些文字则是他们在大船出海之后用利器刻上去的，刻好之后再用其他东西将所刻之处抹平，让人看不出痕迹，而后放在火上炙烤，裂纹自然就会在刻字之处产生了。此前他们常用这个方法哄骗一意求神拜仙的虔诚之人，没想到用在始皇身上，效果也不错。

始皇仍旧在出神发愣，而卢生和石生则又鼓起了勇气向始皇请罪。他们相信，既然始皇对那五个字如此感兴趣，也肯定不会杀他们的。

“好了，好了，二位道长，你们赶快起来吧！虽然这谶文并不关乎朕的长生不老之事，但却涉及大秦的江山社稷，同样是非常重要，朕不但不会怪你们，还会赏你们，只是不知道这上面的谶文到底是什么意思？”

本来，卢生和石生还想在那块龟甲上刻其他的文字，但始皇一意只想成仙，别的恐怕也无法引起他的兴趣，闹不好，自己二人连性命都得搭上。所以，他们最后才决定将“亡秦者胡也”五个字刻上。只要始皇不是一个一心只知成仙得道，丝毫不顾自己的天下的混蛋皇上，他一定会对这上面的文字感兴趣。而且，卢生与石生身为燕人，自始皇灭掉燕国，将燕国的旧地全部纳入统一的大秦国土之后，对于匈奴疏于防御，因此燕国旧地常常遭受匈奴人的骚扰掳掠，人民苦不堪言。卢生和石生将这五个字刻在上面，也算是为燕地旧民做了一件好事。当然，如果始皇看后立即出兵就更好了。

始皇的眼睛仍然盯着那五个字，要让卢生和石生为自己解释这五个字。

那五个字是卢生和石生二人亲手刻上去的，对其中的含意他们自然也是清清楚楚。但是他们却不去说透，言多则必有失，自己说得太多可能会引起始皇的疑心，还是让始皇自己去参悟吧！石生装出一副不解其中之意的样子，开口对始皇说道：

“皇上，我们原来行祭天祈求之法事，求得的全是谶文，我们二人方可用所学为人讲解，但现在天意却降我大秦文字于这神石之上，必定是天授玄机于皇上，我们也不敢妄加臆断，还是请皇上您亲自体会吧！”

始皇听了石生的话之后，又抬头仰望，似乎在向上天询问着这五个字的用意。自己费尽千辛万苦，方才统一天下，终成大业，难道真的会被那些胡虏蛮人得去自己的江山吗？不，不是的，这是上天体恤自己的伟业卓著，不忍让大秦的基业落入那些野蛮人的手中，所以才将这五个字降于自己，让自己认识到潜在的危险。如此一来，虽然卢生与石生没能为自己寻找到长生不老之药，但却挽救了大秦的万世基业。

想到这里，始皇转过身来，目视西方，看着眼前的一切，田园村庄，丘陵洼地，这些都是自己用无数个不眠不休的日日夜夜和无数将士的生命及鲜血换来的，绝不能让胡虏给夺去，还没有享受到江山社稷的雄壮与美丽呢！

他痴痴地望着眼前的一切，眼光之中充满了在他的眼光中很少见的柔情和留恋。忽然，他张开嘴，“呀”了一声。赵高和李斯以为他要开口说话，连忙不约而同地凑了上去，却听见始皇极为无奈地，长长地叹了一口气，而后自言自语道：

“朕真不应该把隗林留在咸阳，要是他在这里就好了，朕就可以向他询问一下关于匈奴的详细情况了。”

听了始皇这一番话，李斯和赵高顿时变得灰头土脸，仿佛都触了大霉头似的。赵高更是心中气愤难平，他满以为自己费了这么大的力气应该能从始皇那里讨一个彩头，却没想到卢生和石生编造出一个“亡秦者胡也”的天大谎话，而他也看不出其中有任何的破绽。这样一来，皇上只会想隗林，想那些能够领兵作战的将领，否则也就不会再把自己这个最劳累的人给忘记了。想到这里，他狠狠地瞪了卢生和石生一眼，而那二人却浑然不觉。

“好了，现在我们立即回到驿馆之内，收拾行装，立即由此出发向西前行，一路考察匈奴人的情况，朕倒要看看，他们凭什么要夺朕的天下！”始皇收回目光，斩钉截铁地对自己的文武大臣说道。

“皇上，不可啊！匈奴人生性凶悍好战，此次西行，万一要是……”李斯连忙非常着急地说道。他要抢在赵高的前面说。

“依你的意思，朕要对日益猖獗的匈奴不闻不问，置之不理，任由他们这样狂妄下去，你是不是真的想让朕的大好江山都被匈奴人占去啊？”始皇侧过头来横眉立目地对李斯叫嚷着。他根本就不允许李斯把话说完。

“皇上，您息怒，微臣绝对没有这个意思，微臣只是担心皇上的安危。”

“朕的安危不用你操心！朕什么大风大浪没见过，还能怕那些居无定所，茹毛饮血的匈奴人！你赶快回去准备吧，整天就知道围在朕的身边，你倒是想些办法来对付那些匈奴人啊，没用的东西！”李斯被始皇骂了一个狗血喷头，脸色一阵红，一阵白，连忙低着头退到了一边。赵高一见他那副狼狈样，心中不禁乐开了花。眼见始皇已经决意要走西线以了解匈奴的情况，而且李斯又刚刚碰了一个又大又硬的钉子，其他的人也不敢说什么了。于是，始皇带着众人一齐下山。

卢生和石生一见始皇并没有让自己跟随，心中十分高兴，终于可以逃脱始皇的束缚了。但随即他们便对自己骂了起来，自己的父母亲友还都被始皇监押着呢，怎么也得把他们救下来啊。

二人对视一眼，而后一齐向始皇追去，而且一边跑一边叫道：

“皇上，您留步，皇上，您留步！”

始皇一回头，看见二人正大步地从山顶上冲下来，心中不由地有些纳闷儿：他还以为二人早已经自动跟上了，却没想到他们竟落在了后边。

不一会二人已经气喘吁吁地站在了他的面前，他面露笑意地问二位道：

“怎么，二位道长，你们是不是还有什么事没有完成啊，怎么会落在后边了呢？”

“皇上，我……我们没有什么事情了，不过我们想请问一下，皇上您能否让我们见一下我们的父母亲友啊？”

“可以，当然可以，你们为朕立了一个大功劳，朕怎么会不允许呢，朕也不能割断你们的亲情啊。”

“多谢皇上。皇上，我们能不能再斗胆向您提一个要求啊？”卢生一见始皇答应得如此干脆，连忙开口追问着。

“行啊，只要你们的要求不太过分，朕一定会答应的。”

“皇上，您……您能不能把我们的父母及亲友都……都给放了啊？”石生嗫嚅半天，这才开口说道。

“行啊，没问题，当然没问题，朕本来也没想关他们一辈子啊！”始皇的回答仍旧是那么干脆，卢生和石生的脸上也不由得露出了感激与欣慰的微笑。皇上这不也挺通情达理的嘛，但紧接着，他们却又听到了始皇的声音：“把你们的父母和亲友都放了是一点儿问题也没有，但你们要跟随朕到咸阳去，朕的天下也要，那长生不老也仍然不能放弃。你们两个人道行颇高，今日既能为朕的天下分忧，他日肯定也能为朕炼制出长生不老之药来。朕这次回咸阳，你们就一起跟朕回去吧！”

卢生和石生一听始皇的话，心中都不由得暗暗叫起苦来。对于始皇的手段，他们不但曾经听闻过，现在也见识过了。伴君如伴虎，用在始皇这里是再恰当不过了。从始皇的脸色以及他的某些行动来看，他们已经能够清清楚楚地体会出对方对于长生不老的急切了。在始皇的眼中，除了江山社稷的安危还能让他挂怀于心，恐怕再也没有一件事比长生不老更令他日夜思念了。所以，他们不敢违拗始皇的旨意。为了保全自己以及家人的性命，他们也只能听从始皇的命令了。

“皇上，我们二人愿跟随您一同前往咸阳，为皇上您成就不老之身尽效犬马之劳。”迫于形势，两个人只得改变了自己的想法。

“好，有二位道长相助，朕一定能驱除胡虏，成就不老之身！”

“皇上，您能否允许我二人在临行之前再与家人见上一面啊？”

“没问题，没问题，赵高，你领着二位道长去见见他们的亲人，让他们各自回家，而后与二位道长速回驿馆，朕要尽快向西巡行。”

“是，奴才这就领着二位道长去。”

赵高虽然一肚子的不高兴，但仍旧不露声色的躬身答应了。他暗中命自己的人挟持了卢生与石生的亲人，本来是想借此让始皇高兴，从而使始皇对自己更加宠幸，却没有想到二人想出来这么一个莫名其妙的符咒，始皇倒是紧张起来了，却对他赵高毫不关心。始皇现在担心的是大秦的江山社稷，担心的是北面神出鬼没的匈奴骑兵，所以他想到的一定是王贲与蒙恬等有领兵作战之能的武将，而不是他赵高。但赵高并不想放弃，他还想把自己这个导演的角色继续下去。他知道，虽然江山重要，但始皇绝对不会放弃长生不老的，否则始皇也就不会让卢生与石生一同前往咸阳了。他决定继续把卢生和石生掌握在自己的手中，这样就可以让始皇感到高兴，而且还能抓住始皇的需要。

始皇径直率领文武大臣到驿馆之中去收拾东西，而赵高则领着卢生与石生去见他们的亲友。

赵高领着二人在城中左转右转，终于来到了一座大宅院前，门口站着两名身着便装的壮汉。他们是奉命来看管卢生和石生二人父母亲友的宫中侍卫。走到门前，那两名侍卫连忙躬身相迎，而赵高却并不着急进屋，先是向街对面的一个人不经意地看了一眼，使了个眼色，而后故意有些高声地说道：

"好了，老爷决定放了里面的人，现在你们就可以和里面的兄弟们一起回驿馆了。"

门口的两个人听后立即转身跑进门去。不一会工夫，那两个人随同一大群人涌了出来，辞别了赵高，径直往驿馆方向走去。赵高侧身对卢生和石生说道："二位道长，你们的亲人现在就在这院落之中，你们可以进去探望他们了，不过要抓紧时间，咱们还要和皇上一起回咸阳呢。"卢生与石生一听自己的父母亲友俱在这宅院之中，连忙迫不及待地冲了进去。赵高故意落在后面，冲着街对面的人轻轻地挥挥手，而后才走进门去。

院落不大，绕过两排房子，便有一阵一阵嘈杂喧哗之声传来。卢生和石生二人循着声音奔去，跑到一处房子门前，门口挂着锁，里面的人正在拼命拽着门，拽得门环哗啦啦直响。二人顺着门缝向里一望，里面全是男的，而且都是他们的亲人。

屋子中被关的人一见他们二人前来，立即都如蒙大赦似的兴奋地叫了起来；另外的一间屋中也响起了一阵女人杂乱的叫声，那里应该关着被抓的女人。

两个人也既兴奋，又着急地分别抓住两间屋子的门环使劲地摇着、拽着，想尽早和自己的亲人团聚。但是，门板非常厚实，而且门环和门锁也非常结实，门里门外的人奋力摇曳，虽然响声震天，但门却纹丝未动。

"二位道长，不用着急，我这里有钥匙。"

赵高慢条斯理地走上来，伸手从腰间摸出了一串钥匙，略带夸耀地冲着卢生和石生摇晃着。卢生和石生一见也非常奇怪，不知道为什么赵高手中会有这两个门的钥匙。但奇怪归奇怪，他们仍旧不得不以一种乞求的目光看着赵高。

赵高极为得意地走到门前，轻松地将两把锁打开，而后一言不发地退到了一边，屋里屋外的人立即拥到了一起。被关在屋中的人个个都是脸色憔悴，面容呆滞，但卢生和石生依然高兴万分，毕竟他们又能和自己的亲人团聚了。

一群人久别重逢，而且又有一方是在久被拘囚的情况下猛然脱困，所以一时之间非常热闹，其情景也甚为感人。但赵高并没有被感动，他在仰望苍穹，一副若有所思的样子。眼前的这一切他并没有去看，在他看来，这一切都和他没有什么关系。

"卢兄，我们先让他们回家吧，再耽搁下去，只怕皇上会生气的，到那时我们可就麻烦大了。"石生抽空冲着卢生大叫道。

卢生点点头，连忙和石生一起带着众人向外走。他们只想赶紧让自己的亲人远离这是非之地，而一边的赵高则依旧一言不发，面无表情，跟着他们一起向外边走去。

谁知他们刚刚走了几步，便有一大群身着黑衣的精壮汉子疾步如飞地向他们走过来，而且个个面露暴戾之色。卢生和石生不由得停住脚步，面带惊恐地看着对方。多日以来，他们早就被嬴政弄得神经紧张，总是保持高度警觉戒备的状态。眼见这些人个个来势汹汹，不容得他们不心惊胆战。等到那些人走得更近了，卢生与石生及其身后的那些被囚的人更是吓得面无人色，因为他们已经看清了，面对他们而来的那些精壮汉子正是数日之前把他们劫持并以此要挟卢生与石生前往驿馆之中去蒙骗始皇的那些人。他们又来这里做什么，难道还想再施淫威吗？

卢生和石生不由自主地向后退着，而他们的众多亲友们也一个个面色惊恐地向后退着。他们根本就不敢反抗。数日之前，当他们第一次面临这些不速之客的时候，他们也曾经奋起反抗过，但得到的代价却是鲜血与生命的付出。眼见自己的数名亲人惨死于这些人的手下，卢生和石生只得接受了他们的逼迫——去驿馆中蒙骗始皇嬴政，而那些人则保证他们的亲友不再有什么安危并且将其扣留做人质。

转眼之间，他们已经退到了赵高的身边，而卢生也随即便清醒过来，自己刚才实在是太害怕了。是啊，现在自己的身边有当朝的权臣，深得皇上的宠信，为什么还要惧怕这些不明身份的贼人呢？

"赵大人，这些恶人曾以武力威胁过我们，而且还杀戮我们数人，请大人为我们做主，将这些恶人绳之以法！"

卢生连忙跑到赵高的身边央求道。

"噢，那你们想让我如何惩治这些人呢？"赵高瞅着卢生，装模作样地问道。

"这些恶人个个杀人不眨眼，心狠手辣，依我们二人的意见，要把他们个个诛绝，省得他们再为祸于天下！"石生略带恐惧地瞅着那些已经停住脚步的陌生人，而后愤愤地说道。

"唉，我倒是很想帮二位的忙，只是我一个人势单力孤，那些侍卫们又都回到驿馆中去收拾行李了，我又如何对付得了这么多的壮士呢？"

赵高一边有些阴阳怪气地说着，一边却又在卢生和石生惊异的目光之中径直向那些壮汉走去，好像他对那些人的嚣张气焰和逼人的煞气毫无畏惧似的。卢生与石生面面相觑，不知道赵高的葫芦里卖的是什么药。

转眼之间，赵高已经走到了那些人的面前。紧接着，更让卢生与石生吃惊的事情发生了。只见那些恶汉眼中的暴戾凶煞之气一下子便都消逝无踪，换成了卑服驯顺的眼色，而且都呼啦啦地一下子跪倒在赵高的面前。

卢生和石生二人顿时目瞪口呆！

赵高得意洋洋且又心安理得地接受了那些人的跪拜，随后摆摆手，让那些人都站起来，那些人立即便都极为听话地站起身，拱卫于赵高的身边。赵高转过身，极为得意地用自己的目光在众人的脸上一一掠过，卢生和石生二人这才隐隐约约地觉出了一点儿什么——为什么那些恶汉对赵高如此的卑服，难道他们早就认识不成？

“二位道长，你们说要见一下自己的亲友，本官就陪你们来了，现在该见的人都见到了，该说的话也说得差不多了，你们也该放心地陪皇上前往咸阳了吧！”

“那我们的家人怎么办？”卢生和石生一脸恐惧地挡在自己的家人及亲友面前。虽然他们自己此时都可以说是命悬人手，但本能的反应还是使他们这样做了。

“这个问题就不用二位道长费心了，我的人一定会对你们的家人及亲友进行妥善的照料的，但前提是你们必须听从我所有的安排，否则的话……”

赵高并没有将自己的话继续说下去，但阴谲狠毒的神色却慢慢地布满了他的脸，让人不由得为之胆战心惊。当然，最可怕的不是他的脸色，而是他身后的那些面色冷酷、下手凶狠的恶徒。只要赵高一声令下，他们一定会痛施辣手的。

“你到底想怎么样，皇上可是已经说过要放了我们的亲人的，难道你想违抗皇上的旨意吗？”卢生强压着心中的恐慌和愤怒，努力以一种平静的口气质问赵高。他知道赵高在始皇的面前非常得宠，而且赵高对始皇也是唯命是从，一味地巴结讨好。此时此刻，也许只有始皇才能震慑住赵高，挽救自己与石生的家人的性命了。

“哼！你不用拿皇上来吓唬我，虽然皇上答应放过你们这些蠢材，但我照样会把你们这些人都关押起来！”赵高冷笑着说道。卢生的话对他没有丝毫的用处。

“恶贼，原来所有的一切都是你搞鬼，我们两个人已经费尽千辛万苦骗过皇上，而且皇上也对我们的话深信不疑，你到底还想怎么样啊？”石生有些冲动地对着赵高大声地叫嚷着。

“我的想法其实很简单。”赵高说着，慢慢地面对众人走了过来，而他的那些手下也随他一起对着卢生与石生走去。赵高继续开口说道：“二位道长，只要你们听从我的一切安排一心服侍好皇上，我自然会保证你们家人的性命，而且还会让你们能够在咸阳偶尔的见上一面。但是，如果你们不听从我的安排，那可就别怪我手下无情了！”

“你……你不但违抗皇上的旨意，而且现在又意欲一手遮天，难道……难道你就不怕东窗事发，遭受皇上的责罚吗？”卢生虽然对赵高的行径也感到极为愤恨，但斥责的口气中却又颇显底气不足。

“哈，这个问题不用你们担心，你们还是想想如何才能让皇上长生不老吧！我所做的事情都是为了皇上，即使他知道了所有的事情，我也不会有丝毫的麻烦的。如果你们还考虑到自己和家人的安危的话，那么你们就什么也不要说，乖乖地听我的安排。可能你们还不知道皇上的脾气，要是这件事情的前前后后被皇上知道，我赵高肯定是难逃重责，不过你们这些人恐怕也必定会葬身于皇上的暴怒之下。我赵高是烂命一条，反正已经跟随皇上享了这么多年的福，就是死了也无所谓，可是要让我眼看着你们这么多的人都命丧黄泉，我也确实是于心不忍。是保全自己与家人的性命，还是毫不隐瞒地将实情全都告诉皇上从而换来两门血案，可就全看你们了。"

说完，赵高的目光直直地注视着卢生和石生，嘴边露出得意的笑容：他知道，对方是不会拒绝自己的条件的。石生气得双手发抖，二目圆睁，就要冲向赵高，却被卢生一把给拽住了。卢生冲前石生摇了摇头，而后又瞅了瞅自己身后的那些人。若是真的有了什么冲突，恐怕自己这一方所有的人都会命丧于此。

赵高忽然有些怪异地咳嗽了一声，紧接着便有一阵奇怪的声响传来。卢生和石生都不由极为紧张地向赵高这边看过来。只见那些恶汉纷纷从身上抽出了暗藏的兵刃，虎视眈眈地看着他们，准备随时对他们以刀剑相加。这些人的手段，卢生和石生以及他们的亲友都早已领教过，他们根本不是对手，而且他们也还不想就这么死去。虽然赵高的高深莫测与诡诈心机让他们无法猜透，但他们只能点头答应。因为只有这样，他们才有可能让自己的家人暂时免遭丧命之灾。

卢生和石生二人对望良久，终于对赵高点了点头。

"嗯，这才叫识时务者为俊杰嘛！孰轻孰重，我想你们一定会比我更清楚的。好啦，把你们手中的家伙都收起来吧，谁让你们这么无礼的，如果惊吓了二位道长的家眷，我一定唯你们是问！"

在赵高得意且又做作的呵斥声中，那些恶汉又都把手中的兵刃藏了起来。而后，赵高与身边为首的两名恶汉低声说了几句，这才抬起头来对卢生与石生说道：

"好啦，二位道长，咱们已经耽误了不少时间了，该回驿馆之中去随皇上西行巡视了。"

"那我们的家人怎么办，你要对他们怎么样啊？"卢生眼望自己的家人，目光之中充满了关切和担忧。

"这个问题就不用二位道长担心了。今天傍晚，我的这些手下就会护送二位道长的亲友出城赶奔咸阳，他们也一定会尽好护卫照料的责任的。不过，二位道长可要小心自己的言行，如果你们真的不相信我的能量，偶尔说走了嘴，或者想在皇上面前告我一状，想让皇上为你们撑腰，那我可就不敢保证你们的亲友的安全了。我的人虽然都心慈手软，但他们对我却非常忠心，而且最痛恨心口不一的人，他们真要是鲁莽起来，后果可就不堪设想了。"

"赵大人，你放心，我们一定会严守口风，听从你的安排的。"

"这就好，这就好，只要你们伺候好了皇上，我绝对不会为难你们的。好了，我们该走了。”

说到这儿，赵高率先转身往门外走去，卢生与石生回首望着自己的诸多亲人，自感前途吉凶未卜，但自己二人却又实在无法改变眼前的一切，只能自叹造化弄人，而自己也能力浅薄，最终也只能在一阵懊丧叹息之中跟随赵高而去。

第二十八章 始皇筑长城 巡游遇险境

赵高与卢生、石生三人回到驿馆之时，驿馆中正在收拾东西。赵高想现在还不是收拾东西的时候，于是想见过嬴政，把嬴政哄顺心之后，才回来收拾自己的东西。

一切收拾停当之后，始皇才命令大队人马向西巡视。他倒要看看，天意所属的要灭掉自己所一手缔造的大秦国的匈奴人到底是一副什么样子。

以前，虽然也不时有在北地戍守的官员呈上奏折说胡虏为乱猖獗，力请他派兵北伐，但他却只是批示增派一些驻军，并没有下定决心去北讨匈奴人。究其原因，一方面他并不以为这些野蛮愚昧的匈奴人会给他的大秦国造成什么影响；另一方面他现在正在把国内的兵力放在进攻南方百越的事情上。在他的心目中，南方一直是他最向往的地方，只要有可能，他就一定要把荆楚以南的大片地方据为己有。至于北地的边远荒僻之地以及那里的一群蛮夷之人，他倒没有将其放在心上。

大队一路向西，地势高低起伏，丘陵山峦也逐渐多了起来。众人顺着燕国的边缘筑起的长城一路向西，视野逐渐地开阔，但眼中的景色却逐步荒凉起来。田野之中一片荒芜，村庄稀少，并没有多少人影四处走动。

不多几日，众人已经出了燕国故土，进入了赵国故地，远远地便看见城墙起伏迤逦于群山之中，甚是高峻巍峨，再加上有山势衬托，更加显得气势逼人。

为了更好地体察北疆状况，始皇嬴政出了车，换乘了一匹骏马，同手下文武大臣一起纵马西行，而赵高则小心翼翼地守护在他的身边，卢生和石生也骑着马跟随在队伍的最后边。不过，相比于始皇君臣的意气风发，指指点点不同，他们两个人都是一脸的愁容。的确，他们真是一点儿精神也提不起来。一方面他们在担心自己的家人的安危，一方面他们也在为自己的前途命运担忧。他们知道，自己这次绝对不是来游山玩水，饱览风景的。虽然现在始皇一心扑在巡视大秦北疆之事上，但他们终究会回到咸阳，始皇也终究会念起自己的长生不老之望。他们知道自己绝对没有给人以长生不老之身的能力，而且世间也绝对没有长生不老之人。但他们已经被赵高的诡计逼到了这条路上，而且始皇对于成仙之事又一直深信不疑，他们只能沿着这条路一直走下去，而且还要费尽心机去迎合始皇。否则，稍有不慎，他们就会丧命于始皇的震怒之下。

“皇上，您看，在咱们北边的这些城墙便都是昔年赵王役使国民修建的。”赵高手指北方，开口对始皇说道。

“哼，虽然赵国到现在只出了一个赵武灵王颇有作为，其余君王则都胸无大志，碌碌无为，但他们这城墙修建得倒是高峻雄伟，可见定是费了不少工夫，只是不知在抵御匈奴人上有什么效用。”嬴政有些轻描淡写地冷冷说道。他也见过自己的先代君王在秦国故地北边建起的防御匈奴人的城墙，知道并不如赵国人修建的城墙高峻雄伟，心中便有些愤愤不平，不过嘴上却仍旧傲慢自信。他的用意很明显，就是要处处显出秦国的优越感。在他这里，他到任何时候都不会承认赵国比秦国强的。

“皇上，赵国人修建的这些城墙虽然粗笨阔大，而且耗费人力及资财无数，不过在抵御匈奴贼人的进攻上倒还颇有用处。当年赵将李牧就是凭借这城墙之利，同时运筹帷幄，于城墙之外屡破匈奴铁骑，以至于匈奴人在很长的一段时间内不敢从李牧所管辖防御的范围内南侵，由此可见这城墙也并非一无是处。”一名武将讨好地对始皇说道。

听完他的话之后，始皇并没有说话，但他刚才还轻松得意的脸色却骤然冷峻起来，目光冷冷地瞅着那名武将。那名武将立即吓得张口结舌，只觉一股凉气从背上直冒出来，心里面不住地嘀咕着。他知道，始皇是从来不忌讳杀人的，在此之前，已经有不少的人就因为一言之误而成了始皇震怒之下的鬼魂。他不敢再说一句话，虽然他也不知道自己究竟在什么地方触怒了始皇。在内心深处，他觉得自己的话绝对是公允的，而且是很有道理的。可他又哪里知道，始皇向来都认为只有秦国是天下最优秀的，任何国家、任何人都比不上秦国以及秦国人，而他现在却公然夸赞李牧以及赵国城墙的作用，始皇当然会大光其火了。那名将官能保住性命已经算是不幸之中的大幸了。一路行来，虽然入眼倒还算葱绿旖旎，但始皇根本无心览景略胜，而是一心考察匈奴人给他的国家所造成的影响。在国家与享乐二者之间，他当然会毫不犹豫地选择前者的。

他率领文武群臣一路西行，连过北平、渔阳、上谷、代郡等偏远的北部边郡，路上他并没有过多地享受各郡郡守及一干大小官员的殷勤之意，而是尽量通过自己所看到的一些景象了解了匈奴人对自己的治境的影响。通过一路的体察，他感触最深的一点儿就是凡有城墙护卫的地方，边境居民所受的匈奴祸患就轻一些，而那些没有城墙防御，只有低山甚至谷地与匈奴人交通的地方则是一片荒凉，不但田野荒芜，而且房屋破败，走上数里也看不见一个人影，更难见一点儿繁华了。

这一天，众人正浩浩荡荡地沿着一片丘陵低地迤逦西行。由于多日以来一直在马上颠沛奔波，始皇已经被阳光灼晒得面孔黧黑，但却也因此增添了几分炯炯锐气。他已经有好长时间没有体验过这种纵马驰骋的痛快淋漓的滋味了。因此，虽然他也感到有些疲惫，但心中却是非常地兴奋，他将手中的马鞭直指前方，意气风发地向左右问道：

“前方要到达的是什么地方啊？”

“启奏皇上，奴才刚才已经问过熟悉此处地形的人了，再往西去就可以到达雁门，不过听说那里受匈奴的骚扰侵犯比较严重，奴才以为还是直接前往云中，您就不必亲自去雁门涉险了。”赵高讨好地对始皇说道。

“哼,你这狗奴才,净给朕出馊主意,如果连朕都对匈奴人畏惧有加,未闻其风已退避三舍,那朕又怎能号令三军将士平定匈奴人呢?朕这一路行来,所见所闻的都是关于那些茹毛饮血且粗鲁无比的匈奴人的事情,朕就不相信他们真的这么厉害。雁门的守将是怎么回事儿,为什么别处受匈奴的祸乱小一些,而他那里却以匈奴之乱的嚣张而闻名呢!”始皇的口气之中充满了对雁门守将的不满。

“皇上,请您息怒,据微臣所知,雁门守将杜衡也是精通兵书战策,而且恪尽职守,绝无半点儿疏忽懈怠之处,至于彼处如何受匈奴贼人的骚扰多一些,微臣以为主要是因为雁门地处原秦、赵交汇之地,缺乏城墙的御守,而且北边又多是低矮的丘陵低地,匈奴人自可借骏马之利而长驱直入,所以此处屡受胡虏的侵扰也就不足为奇了,还请皇上不要因此而责罚杜衡。”

说话的人是李斯。他之所以要这么卖力地为杜衡说情,并不是因为杜衡有什么真才实学,是一个真正的治国大才,而是因为杜衡是他李斯的门生,而且是经过他的举荐才得以任职于雁门的。如果杜衡因为守职不力而受到始皇的责罚,那么他这个做老师的也势必会受到牵连的。赵高有些神情冷淡地侧马在一边看着,他知道李斯一定会竭尽全力为杜衡辩解开脱的。他是故意对始皇说刚才的那一番话的,因为他知道杜衡是李斯的门生,而且雁门附近遭受匈奴人的袭扰比其他地方多也是不争的事实。他很想打击一下李斯,而且他也喜欢看李斯那种手忙脚乱、胆战心惊且冷汗直流的狼狈样子。每当李斯在始皇的面前露出这样一副诚惶诚恐的样子的时候,他的心中便充满了一种幸灾乐祸的喜悦,甚至会有一种成功的快感。因为这些都是自己一手导演的,他深为自己能够左右始皇的态度而感到兴奋不已。他知道,李斯也在不断地发展着他的势力,但赵高一点儿都不感到害怕,因为他早已摸清了李斯所做的一切。而且,他也知道李斯所做的一切都只是为了做一名势力更盛的权臣,并没有什么更高远的目标。李斯谨小慎微、委曲求全的性格使他注定只能是一个理想型的文人式大臣,而不会成为一个君临天下的掌权者。李斯没有这个野心,他也不敢有这样的野心。对于这一点,赵高可能比李斯自己还要清楚。

始皇的面色更加难看了。

“皇上,皇上的话让微臣惶恐不已,不过微臣敢对天盟誓,微臣绝无一点儿私心,而是全为皇上的社稷着想,请皇上明鉴!”李斯当然不会使自己蒙受任何庇护之嫌,因而连忙为自己辩解。

“哼,你也不必着急为自己和杜衡辩解,雁门周围的防御之景况不如其他地区是不争的事实吧,这个问题应该不是朕自己随意编造出来的吧?”

始皇目视着李斯,颇有些不满地说道。李斯正要再继续申辩,忽然一只惊慌失措的梅花鹿从路旁的灌木丛中蹿出来,又随即极为迅速地在众人的视线之中径直往前方飞奔而去。

始皇看见了那只逃逸的梅花鹿，立刻将自己与李斯争论的问题抛在了一边，一探身从一名武将的背囊中拽出弓和箭囊，而后纵马向那只梅花鹿追上去。

眼见自己的主子率先追了出去，其他的文武大臣先是一愣，而后也都纷纷催动坐骑，一路烟尘地向前追去。他们可不想放过眼前这个取宠于自己主子的大好机会，而且他们也不敢让始皇一个人独自纵马西去，万一发生了什么意外，他们可都吃罪不起。

转眼之间，路上扬起了一阵烟尘，一路滚滚荡荡地向西而去。李斯咬着牙坚持了一会儿，却被胯下的马颠得头昏眼花，腰酸背疼，只能无可奈何地勒住马缰，让马慢了下来。他实在无法忍受这种颠簸。看着前面那些人在奔驰的骏马上潇洒自如，欢欣雀跃的身影，李斯心中备感失落，连连懊丧自己当初为何只顾一心苦读，竟不去多花一点儿心思练一练骑射之术，否则今日也不会陷于如此尴尬的境地了。李斯有些意气萧索地立于马上，满是羡慕的眼光使得他越发显得有些孤苦伶仃。忽然，他恍然大悟地猛然拍了一下自己的头，冲着后面的一名裨将命令道：

"你火速率领500名兵士前去保卫皇上，不得有误，如果皇上有什么闪失，我就唯你是问！"

那名裨将连忙答应一声，率领500名兵士向始皇等人西去的方向追了下去。他们随行的目的就是保卫始皇及一些文武大臣、姬妾的安全，如果始皇出了什么意外，那么他们的性命也难以保全。再者，这也是他们向皇上邀功献媚的一个好机会啊。

由于已经多年未曾有过狩猎之娱，始皇的兴致非常高。他催动坐骑，对前面奔跑的那只梅花鹿紧追不舍，而且还不停大声呼喝着。其后的那些文武大臣也都一个个催动胯下坐骑紧追不舍。在好武善罚的始皇面前，他们谁也不甘心落在后面。

始皇在奔腾跳跃不止的骏马上稳住身形，从背后箭囊中抽出一支雕翎箭，弯弓搭箭，照着前面那只惊慌奔逃的梅花鹿射去。然而，也许是因为长时间没有骑马狩猎而疏于箭术，又或许是骏马的上下跳跃影响了他的准头，他一连射了三箭，都没能射中那只梅花鹿，而且更吓得那鹿越发飞快地向前奔逃起来。始皇一见，心中大为恼怒，没想到自己文治武功，令天下人镇服，今日竟然射不中一只梅花鹿。看着那只梅花鹿仓皇逃窜的样子，始皇争强好胜的欲望顿时更被激了起来，他用手中的弓狠命地抽打着胯下坐骑，丝毫不停歇地追了上去。

前面仓皇逃命的梅花鹿似乎也被后面这些人锲而不舍的坚忍劲给弄蒙了，只知道一头向前直冲，竟忘了向左右拐弯迂回。虽然梅花鹿也极善奔跑，但却抵不过始皇胯下精挑细选出来的良驹，所以始皇便一点一点地拉近了自己与那梅花鹿的距离。

始皇从背后的箭囊之中抽出第四支箭，搭在弓弦上，而后双膀用力，弓拉满弦，目光恶狠狠地注视着那梅花鹿的要害之处，一丝得意的微笑浮现在他的嘴角边。这一次,他肯定不会再让这梅花鹿逃脱于自己的箭尖之下了。

忽然间,那只急奔着的梅花鹿的双耳极其警觉地竖了起来,好像有什么另外的声响引起了它的注意。随后,它猛地收紧四蹄,硬生生地停在了路上,仿佛一座僵硬的雕塑一般。而恰好就在这个时候,始皇紧绷的弓弦也猛然释放,那支雕翎箭急速飞出,带着一阵尖锐的破空之声。然而,让始皇极为失望的是,他射出的第四支箭仍然没能射中那只梅花鹿,而是射在了鹿前的道路上,箭杆深深地没入土中,几乎埋进去一半。如果那只鹿不是骤然停下来的话,那支箭说不定就射中它了。

不过,让始皇感到意外的是那只鹿对差一点儿就射中了它的雕翎箭置若罔闻,仍旧呆呆地站在路上,仿佛在等待着别人对其任意宰割一般。

始皇胯下的骏马显然对梅花鹿的这种举动也颇为惊异,竟不敢与其相撞,而是稀溜溜暴叫几声,也驻足于路上,不再迈步向前。

端坐于马上的始皇对眼前这只行为乖殊的梅花鹿注目良久,确信它真的不再跑动,这才从腰间抽出长剑。他要亲手用长剑杀死这只梅花鹿,他曾经也用这把剑把意图行刺他的荆轲刺成重伤。

始皇高高地举起手中的长剑,就要向那只鹿的脖颈砍去。

忽然,始皇胯下的坐骑仿佛是受了什么惊吓或刺激似的,陡然间变得烦躁起来,不但用四蹄胡乱地踢踏着脚下的土地,而且还掉转马头,直冲北方,大声地暴叫起来。

始皇心中感到极为诧异,暂时放弃了杀死那只梅花鹿的念头,而是抬头向北方看去。一望之下,始皇也不禁有些胆战心惊起来。

只见几乎是一马平川的北面,低矮的灌木与草地相接,另外还有一座孤单的城池,想必就是雁门,而在城外的大片土地上,正有无数的骏马在惊天动地地奔腾着,坐在马上的始皇几乎已经能感觉到轻微的震颤了。随着那一片遮天蔽日的漫漫烟尘,一阵阵喊杀叫嚣之声隐隐地传入到始皇的耳朵中来,而雁门城上却没有一点儿反应。

始皇的心猛地收紧了:“糟糕,难道碰上匈奴人的军队了?如果真的是那样的话,那这回可就麻烦了!”

这时,那些文武百官也先后赶了上来,赵高急惶惶地对始皇说道:

“皇上,我们可能碰上匈奴悍匪了,您先赶紧向南撤入云中,奴才在这里率人抵抗。”赵高的话刚一说完,其他人也都七嘴八舌地劝始皇赶紧离开这里,以防发生什么意外。

“哼,你们不用对朕这么另眼相看,若是上阵杀敌,你们中的许多人说不定还不如朕呢!朕正愁要到哪里才能找到匈奴人交交手呢,可巧他们自己就亲自送上门来了,朕倒要看看他们有什么真本领,竟然敢跟朕争夺天下!”

说着,始皇猛地挥了挥手中的长剑,表示他已经做好了与匈奴人作战的准备。那些文武大臣都知道始皇的脾气禀性,也不敢再说什么。虽然对气势汹汹的匈奴兵马感到极为惧怕，但始皇已经表示了奋勇杀敌的决心，他们也只能咬牙坚持了。

幸好，奉李斯之命前来保护始皇的那500名兵士即时地赶到了。始皇立马当头，等待着那些匈奴人的来临。

看情形，来势汹汹的匈奴人也就有1000余兵马，始皇的心也平静下来。虽然自己现在只有500人，但后面还有几千人会随后赶到的。不过，让他颇为奇怪的是，雁门关守就在此处，这些匈奴人竟然敢以千余兵马叩关犯境。

匈奴人的战马果然精良，刚才还见他们在极远之处驰骋，转眼之间却就要到眼前，连他们衣服上的颜色都能清清楚楚地看到了。

始皇一声喝令，他们这一方人马便排成了作战阵形，等待着与匈奴人交战，就连那些平素只知经纶济世，手无缚鸡之力的文官也都装模作样地拔出佩剑要与匈奴人誓死血战。

眨眼之间，千余匈奴兵马便冲到了众人的面前而且迅速形成了对始皇等人的包围。双方立即展开了搏杀。

等到双方真正一交手，始皇这才知道自己太过自信，也完全想错了。他本以为可以凭借己方的500余名兵士与对方拼杀一番，谁知却根本无法抵挡敌人和潮水一般的攻势。双方刚一交手，始皇便觉得己方立即跌入了敌人包围杀戮的深渊之中。

嬴政恶狠狠地大声叫嚷着，高高举起手中的长剑，猛地向匈奴军官的脖颈砍去。那匈奴军官于千钧一发之际猛地一低头，躲过了嬴政砍来的一剑。不过，他虽然躲过嬴政的致命一击，头盔却一下子被长剑削了下去。

一头如瀑布一般的乌黑油亮的秀发瞬间垂了下来。

始皇惊呆了，赵高惊呆了，那些黑衣武士也都惊呆了。

面对着众多匈奴人的围攻，嬴政挥舞着手中的长剑，极其勇猛地冲了上去。他觉得自己是堂堂大秦国的皇帝，功盖天下，百民宾服，而自己又一向对自己的武功颇为自信，自己不应该怕这些野蛮的匈奴人的。眼见自己的主子都一马当先地冲了上去，始皇手下的那些文武大臣及500名兵士自然也不敢怠慢，纷纷挥动手中兵刃，向敌方冲去。

然而，转瞬之间，始皇嬴政便意识到自己错了。不但错了，而且是大错特错，自己完全低估了匈奴人的实力了。

在此之前，他总以为自己武功高绝，一般的人根本不是自己的对手。但是现在，当他真的与这群剽悍壮硕的匈奴人交上手的时候，他才真正觉出了自己的无能。虽然刚与敌人交手几个回合，但他的虎口已经被对方震得隐隐作痛，胳膊也麻酥酥的，若不是命悬纤发之上，他可能连剑都握不住了。

在他的眼前晃动着无数的刀光剑芒，而且都不停地向他身上的各个部位砍来刺来，他只得下意识地，手忙脚乱地来回遮挡着随时都会让他溅血当场的刀剑。不过，幸好他并没有受伤，但这并不是因为他能够抵挡住所有向他砍来的刀剑,而是他的身边有无数的兵士在兢兢业业、无所畏惧地死命护卫着他。匈奴人也已经敏感地意识到了他的不同,因而对他也格外垂青,争先恐后地把兵刃招呼到他的身上来。

惨叫声在始皇的耳边不断地响起来,也不断地有鲜血喷溅起来,有的甚至喷在他的衣服上。

不过,不幸的是这些惨叫声和狂喷的鲜血都不是匈奴人的,而是始皇身边的那些秦国兵士的。虽然又有兵士及时地补上死去的同伴所空出来的位置,但毕竟他们只有500多人,而那些凶悍的匈奴人却有1000多人且几乎没有损伤。

始皇几乎已经被眼前的惨状给镇住了,这些随行的军士可都是精挑细选出来的勇士啊!然而现在,在这些匈奴人面前,他们却都如同老弱病残一般不堪一击。

看着自己的兵士一个个惨叫着跌落马下,始皇嬴政的心猛地收紧了:如果匈奴人个个都像眼前的这些人一样悍勇善战,那么自己的天下可真的极有可能会被这些蛮夷之人夺去,就像当年的犬戎外族攻破西周的都城镐京一样。他已经不敢再想下去了。

"皇上,皇上,咱们不能在这里坐以待毙呀!依奴才的意思,我们应该全力向东突围,和大部队会合,这样才能把匈奴人击退!"赵高拼命提马跑到始皇的面前,上气不接下气地说道。他的脸上溅满了鲜血,身上也有几处伤口正在向外淌着血。

"不,朕还要和他们打,朕是堂堂大秦国的皇帝,朕要让他们这些野蛮人尝尝朕的厉害,你躲开,朕可不怕他们!"始皇有些气急败坏地大叫着。虽然己方处于完全的劣势,但他仍然要死撑下去,或者说是要在面子上维持下去。到任何时候他都不会示弱于别人,这是他一贯的原则。

赵高也知道始皇不会听从自己的建议。嬴政从来就没有把匈奴人放在自己眼中,他也势必不会因为匈奴人的如狼似虎而退却。如果没有人在旁边督促,他真的会死撑到底的。赵高的心里非常清楚。

"皇上,大丈夫能屈能伸,您又何必跟这些野蛮人一般见识呢。今日暂且放过他们,等回头再好好地让他们知道知道皇上您的厉害。再说,即使真的让他们现在就心生骇意,可万一您要是发生了什么意外,那我们这些做奴才的不就成了没头的苍蝇了吗?"

说着,赵高冲着那些残存的兵士一挥手,而后大吼一声,拉着始皇的马缰,径直向东边的匈奴兵马冲了过去。赵高知道,到时救出了始皇之后,受到的虽然会是几句轻描淡写的责骂,但始皇一定会在内心里对他存有感激的。

那些勉力支撑的秦兵早已被眼前这些个个骁勇善战的匈奴人吓破了胆,巴不得赶紧离开这近乎死亡的包围呢。一听赵高招呼他们保护始皇向东突围,立即极其迅速地纵马奔到始皇的左右,共同呐喊着向外冲去。冲出去才有可能保住性命,如果继续留在这包围圈中,那么只有死路一条。

也许是人多力量大，又也许是置之死地而后生的境遇使这些犹如困兽的人焕发了旺盛的战斗力，经过一番惨烈的浴血奋战之后，他们真的从密集四周的匈奴营队中冲出了一条血路，而后径直向东方仓皇地逃窜而去。

那些匈奴人自然也不肯就此让他们逃逸，也争相呼喝着在后面紧追不舍。他们南下的目的就是要抢夺财物，如今一无所获，他们自然不会罢手了。他们一边大声吆喝着自己胯下的坐骑，一边不停地弯弓搭箭，向前面的秦军射去。

匈奴人过的就是游牧狩猎的生活，因而不但个个生得身体壮硕，而且大都是箭法出神。如今虽然身在飞驰的马背之上，但却依旧几乎是箭不虚发，所以不断有秦兵惨叫着从马上跌落，即使是没有立即便死，转瞬之间也被后边匈奴人杂沓的马蹄踩成一堆烂泥。

接连不断的惨叫声越发使前面的人心惊胆寒，也不敢回头，只是一个劲儿的抽打自己的坐骑，全速奔逃，连始皇嬴政也和他的那些兵士们一般无二。此刻，他早已将自己的豪言壮志抛到九霄云外了。

在众人急切的呼喊之中，他们终于望见了自己的后续部队，而那些人一见如此多的人马向自己这边奔来，一时之间都惊呆了。

“大家赶紧救驾，保护皇上，攻打匈奴人！”赵高以及几名武将在马上扯开嗓子冲着那群兵士们大声地叫道。听到他们的叫声之后，那些尚在惊愕之中的兵士这才如梦方醒，各执兵刃直奔匈奴人而去。他们此行的目的一方面是为了给始皇壮声势，另一方面还要保护始皇及随行嫔妃和一班文武大臣的安全。如今一见自己的主子有性命之忧，他们自然都不敢怠慢了。

眼见来了救援部队，始皇也长出了一口闷气，终于可以喘口气，歇歇神儿了。刚才的惨状让他依旧心有余悸，不敢轻易去回想。虽然他刚才是一副英勇无畏的样子，但那多半是装出来的，其实他自己心里也怕得要命。好在现在见到了后续部队，这下可以不必再装模作样地与那群野蛮人短兵相接了。

他在马上双目微闭，极为惬意地伸直了腰。刚才一直半伏在马上疲于奔命，现在终于有机会使自己的腰舒展一下了，他当然不会放过这个机会的。他的这种念头是如此的急迫，以至于他都没有时间回过头去观看战场上的情形。一阵阵激烈狂躁的厮杀之声从他的背后传过来，他的心中竟又有一种征服天下的快感油然而生，他感觉自己仍旧是整个天下的强者，刚才的尴尬只是一种意外。

忽然，始皇嬴政胯下的坐骑发出了一连串的咴咴暴叫，而且几乎是与此同时，那马猛地向前蹿去。正在马背上舒心惬意的伸着懒腰的始皇冷不防被弄了一个大趔趄，差一点儿从马上栽下去，幸亏他还算是手疾眼快，一把抓住了马缰绳，这才没有被自己的马甩到地上。抓牢马缰之后，他连唤数声，想让自己的坐骑安静下来，但那马却如同疯了一般，依旧向前狂奔而去。

始皇身边的赵高也极为诧异，他唯恐自己的主子发生什么意外，也连忙催马追去，这才看清始皇坐骑的后臀之上插着一支雕翎箭。那马定是吃痛不过而向前狂奔的，而箭也一定是匈奴人射来的。

就在他们刚刚奔走之后不久，一小队匈奴兵士也在为首一名面目清秀俊俏且皮肤白净的年轻将官的率领下如同鬼魅一般尾随二人而去。所有的秦军将士都在对匈奴人作拼死抵抗，根本无暇阻挡他们。

嬴政只觉得耳边响彻着呼呼的风声，身边的景色不断变化，他不断抽打着马屁股，死死地拽着缰绳，仿佛自己的性命都在这小小的一根缰绳之上。等到始皇觉察到不对时，他已经无法停下狂奔的马蹄，那匹平时十分听话的马今天却像发疯般不停地狂奔。其实这匹马是因为中了箭才会有这般疯狂的表现，只是嬴政没有发现扎在马身上的那支箭罢了。

第二十九章　命在旦夕间 突然获人助

坐在马上的嬴政此时也不知道如何是好，他不知道这匹马会把自己带到什么地方，只是心中祈祷着万不可把自己带到匈奴之地为好。

这匹马没跑多远就不行了，身上的箭让它疼痛难忍，在加上狂奔，让它体力一下子下降了不少。

在始皇的狂喜之中，那匹马终于渐渐喘着粗气慢了下来，嘴里还吐着白沫。终于，那马彻底地停了下来。始皇正想从马背上跳到地下，忽觉身体一轻，那马却“扑通”一下重重地跪在了地上，仿佛是死了一般，再也不动一下。还算嬴政有先见之明，一觉情形不好，马上脚下用力，从马上跳了下来，这才避过了马腹的重压。如果真的被压在马腹之下，那他的腿不折也会受重伤的。

始皇慢慢地从马背上爬下来，那马轻轻地哀鸣着，腹部急剧地抽搐着，它已经没有力气从地上站起来了。始皇对此马今日的乖张感到万分的恼怒，正想狠狠地对准那马踹上几脚，这才注意到马臀之上的箭矢，他便知道其中原因了，而他也随即将这种恼怒转移到匈奴人身上。他在心中暗暗发下毒誓，在自己的有生之年，一定要荡平匈奴顽虏，一扫今日的晦气。

不远处传来一阵急促的马蹄声。始皇回头一看，却是赵高正从后面赶了上来。

“皇上，您没事吧？”赵高在很远的地方就滚鞍下马，极为关切地向始皇询问道。他已经看到了那匹倒地不起的马了。

“没事，没事，朕怎么会有事呢！没想到这畜生的耐力竟然这么差，刚跑了这么一点点儿的路程就晕趴下了，只可惜朕没有坐骑可骑了。”

“这个问题当然无需皇上发愁了，奴才这不是给您送马来了吗，只要您龙体无恙，奴才这颗心就算放下来了。”

“那好，那你赶紧给朕牵马坠镫，朕要立即赶回战场去，这些野蛮人真是可气，朕一定要多杀几个匈奴人，以消朕心头这股怨气！”

说着，始皇快步奔到赵高的面前，就要上马急返战场，却被赵高给拉住了。

“你这狗奴才，你拉着朕干什么，难道你昏了头不成！”

“皇上，您不能去，那些匈奴人个个骁勇好战，难以匹敌，您还是待在这里休息一会儿吧！”

“住嘴！难道你想让朕作临阵脱逃之君，背负不义之名吗？赶快闪开！”

“皇上……”

“闪开！你若是再敢阻挡朕到战场杀敌，朕就一剑砍死你！”说着，始皇高高举起了手中的长剑。

“皇上，”赵高目视嬴政，“扑通”一下又跪倒在嬴政的面前，抓住他的衣服，言辞恳切地说道：“皇上，您就是亲手把奴才砍了，奴才也会拉着您的。皇上，留得青山在，不怕没柴烧，只要您忍此一时之气，且让那些蛮夷野人猖狂几日，等我们回到咸阳，调集大军，挥师北进，定可扫平胡虏，一雪今日之辱！”

始皇高擎长剑，神情有了一些犹疑，其中利害，他心知肚明，而他之所以执意要前往战场杀敌，无非还是顾及自己的脸面罢了。当然，他不会用自己的长剑杀死赵高，因为他也知道自己到战场也是于事无补，而且很有可能丢掉性命。他可不想死。

他目视赵高，忽然叹了一口气，高举着的手臂也慢慢地垂了下来。远处的征战杀伐之声隐隐约约地传入到他的耳朵里来，他的心绪随之紧张了一下，但即刻便又平静下去。他决定听从赵高的建议了。

忽然，一丝尖锐刺耳的破空之声传来，二人都不禁悚然一惊。惊慌之间，刚才还在赵高的身边温顺地站立着的那匹马忽然发出一声暴啸，而后猛然间翻开四蹄，向前猛地腾跃而起，头也不回地疾奔而去，遥见一只雕翎箭正深深插在马臀部上。

始皇的眼中显出极为惊骇的神色，赵高也连忙站起来转身回望，他的眼中也顿时出现了和始皇相同的神色。

灌木的掩映之中，数匹战马鱼贯而出，站立在始皇以及赵高的眼前。那些战马步履悠闲，蹄声清脆，但在赵高和始皇嬴政听来却是那么的刺耳，那么的震人心魄。当然，让他们二人心惊胆寒的并不是这数匹在眼前突现的战马，而是端坐于马上之人。端坐于那些战马之上的人正是那些锐不可当的匈奴兵士！那些端坐于马背之上的匈奴兵士一个个神情悠闲，好像刚刚打了一场大胜仗而且受到了隆重的奖励似的，而为首一名面皮白净，五官清秀的将官模样的人正一脸轻松地将手中弯弓挂在马鞍上。

“皇上，您快走，奴才在这里抵挡一阵。”惊魂不定之后，赵高半回过头来，低声地，却又非常急切地对嬴政说道。

一语惊醒梦中人。始皇立即清醒过来，正要转身逃逸，却又随即打消了这个念头。不是他不想逃离此地，而是他根本就不能安全地逃开这个是非之地。对面这些人不但个个锐猛难挡，而且又都有胯下良驹，他又怎么会跑得过这些四足的骏马呢。他也顿时明白了，为什么刚才那支利箭没有射他和赵高，而是将他们仅剩的马匹给射跑了。

为首的那名将官一挥手，那几名匈奴兵士催动胯下坐骑，一阵马蹄杂沓声过后，这些人已经将嬴政和赵高围在了中间。围拢之后，他们还不停地催动胯下坐骑，围着始皇君臣二人转着圈，而且不停地装腔作势地挥舞着手中的各式兵刃，好像随时便会将这君臣二人斩伤于地似的，弄得始皇和赵高也不得不像陀螺似的跟着那些人转个不停，不一会儿，他们二人便转得有些头晕眼花。

“你们这些奸险野蛮的小人,老子跟你们拼了!”

赵高一边恶狠狠地说着,一边捧着手中的宝剑照着马上的一名看上去比其他人矮小瘦弱一些的匈奴兵士刺去。他知道对方这是在故意捉弄自己和始皇,他弄不懂对方到底打的是什么主意,所以才冒险试上一试。如果成功既能救下皇上的性命,又能使自己的性命得以保全,那么他的冒险就绝对值得。

那名匈奴兵士似乎根本就不把赵高的进攻放在眼里,只见他冷笑一下,而后轻描淡写地一挥手中弯刀,前去迎击赵高的宝剑。只听见“当啷”一声金属撞击的声音,随后便是赵高的一声尖叫,只见赵高紧皱双眉,双手像得了癫痫似的颤抖不停,而他手中的宝剑却已经像箭矢一般斜飞出去,正好插在了一棵树的树干上,剑柄乱颤个不停。原来双方的兵器刚一接触,赵高的宝剑便被对方的刀给震飞了。

赵高被震得虎口剧痛,双臂发麻,惊愕不已,刚刚略有清醒,忽觉眼前一花,对方的刀锋已经抵在他的咽喉上。

“别动,你要是再动一下,我就结果你的狗命!”

“乌罕力,不要取他性命,留着他说不定还有用呢!”

那名样貌甚是俊美的将官连忙叫道。不过,虽然他一身戎装,而且又满身的杀气,但声音却轻柔清脆。

“放心吧将军,我不会杀死他的,像他这样的草包,杀了他只怕还会玷污我的宝刀呢!”那名叫乌罕力的汉子极为放肆地用刀背托着赵高的下颌,一副洋洋得意的样子。一阵阴凉之气从他的刀背直传入赵高的颈中,虽然对方极为猖狂恣肆,但赵高却连动都不敢动上一下。

“呔,你这汉子,你到底是什么人,为什么那么多人都心甘情愿地为你卖命,你是不是秦国的朝廷大员?”那将官用手中兵刃指着始皇嬴政,硬生生地问道。

“是又怎样,不是又怎样?”始皇盯着对方,语气也是十分的强硬,他长这么大可还没有一个人指着他鼻子向他问话。

“哼,你现在已经成了阶下囚,说话竟然还这么不知天高地厚,难怪你们秦国的兵士们如此不堪一击。都说大秦皇帝极有作为,恐怕也都是你们这些人的夸大之词,否则又怎么会有你们这么多的草包在这里耀武扬威!”

那将官的话音刚落,其余的匈奴兵士立即都极为兴奋地开怀大笑起来,不过那将官倒只是微笑。

“哼,现在就暂且让你们先猖狂几日,假以时日,我大秦神兵必将北进大漠,将你们这些茹毛饮血的野蛮人杀个鸡犬不留!”始皇被对方轻薄的笑声弄得有些气急败坏,便针锋相对地冲着对方大叫着。

“将军,不用再跟这两个草包费时间了,那边的战斗估计已经结束了,想必这次一定收获颇丰,依属下的意见,事不宜迟,咱们将这两个草包一刀一个,结果了他们的性命,而后会合大队返回,不知将军意下如何?”那名叫乌罕力的兵士开口说道。

“好，就按你说的去办。喂，你们两个，站到一起去，省得我们费力气，只消一刀就能让你们两个一起归西了。”那名将官点头之后喝令二人站到一起。

始皇嬴政听后心中“咯噔”一下，不禁愁肠百转，没想到自己一世英名，竟会最终丧命于这几个无名小卒手中。他站着没有动，反正都是难逃一死，倒不如死得硬气一些，光彩一些。不过，虽然他没有动，赵高却在那乌罕力的威逼之下走到了他的身边。

“即将命丧黄泉，你们还有什么话要说吗？”

那将官目视着始皇，开口问道。

始皇嬴政听完冷冷地看了对方一眼，一句话也没有说，而后慢慢地闭上了眼睛。赵高眼巴巴地瞅了一眼马上的那名将官，又急惶惶地看了看仿如入定一般的始皇，张了张嘴，舌头跳动了几下，却最终也一句话没有说，而且也像始皇一样闭上了自己的眼睛，不过却有一脸的痛苦和无奈。

乌罕力举起自己手中的大刀，目视着那名将官，好像在等待对方随时发布动手的命令。

“皇上！”

“什么事，叫朕有何事禀奏？”

忽然，一声呼叫在始皇的耳边猛地响了起来，而始皇也几乎是出于本能的答应了一声。他对这种称呼实在是太熟悉了，与此同时，他也睁开了自己的眼睛，但出现在他面前的却是那将官洋洋自得的笑容以及那些兵士的一脸惊诧，赵高也有些愣愣地站在他的身边。

他随即便明白发生什么事了——自己被对方给骗了。

对方这是故意利用自己不注意的时候诈自己一下，骗自己暴露身份。如果自己存有足够戒心的话，那么便不会入此瓮中，也不会这么轻易地就暴露自己的身份了。这么多年以来，他对这个称呼太熟悉了，也太习惯了，所以才会口不由已地应答出来。他只是不明白，对方怎么会知道自己的身份。

“哈，我总觉得你这草包或许有点来头，所以就诈你一下，没想到果真就诈出来了。有你这样不堪一击的草包当皇帝，难怪你们这大秦国如此的软弱！”那名将官的脸上越发显出得意的光彩，而其手下也顿时哄堂大笑起来。

始皇对眼前的猖狂忘形的匈奴人怒目而视，心中却不禁一阵阵汗颜羞惭，没想到自己这堂堂的一国之君，今日竟然遭受这些无礼之徒的奚落。

“将军，你看，这草包皇帝还在拿眼瞪你呢！”那名叫乌罕力的匈奴汉子手指着始皇，笑嘻嘻地对那将官说道，而后又追加说了一句，“将军，要是你不高兴，我就把这狗皇帝的眼睛挖下来当球摔。”

“不用，不用，让他先发发狠吧，人家好歹也是堂堂大秦皇帝。咱总不能连气都不让人家出吧，而且咱也不能让他缺胳膊少腿的，留着他还能派上大用场呢。好了，你们几个下去把这两个人抓住，咱们今天虽然没有抢到什么财物，可是抓到了大秦皇帝却也算是立了首功一件。”

“这还不是多亏了将军你心明眼亮，一下就看出了这草包有些来头，要不然凭我们这些人的眼力又怎么会摊上这样的好事呢！”

那叫乌罕力的兵士一边颇为感激地对着那将军说着，一边和几名同伙跳下马，气势汹汹地奔向始皇和赵高，而且一边奔跑着，一边捋胳膊挽袖子。

“狂徒，不得无礼！”

赵高知道自己绝对不能在此时装脓包，所以只得一咬牙，硬着头皮冲到那几名匈奴人的面前，大声地叫道，但骨子里明显底气不足。他要尽力向自己的主人表达自己的忠贞之心。

乌罕力也不说话，伸出大手，猛地推了赵高一把，一下子便把赵高推了个趔趄，让在了一边，于是始皇便直接面对着这些如狼似虎的匈奴人。

那几名匈奴兵士一脸轻松地伸出手，就要去抓始皇嬴政。始皇嬴政手中仍然抓着他那把曾经杀伤过勇士荆轲的长剑，却好像抓着一只重如千斤的巨鼎一般，他竟然忘了去挥剑斩杀对方了，眼看着堂堂大秦国皇帝嬴政就要沦为匈奴人的俘虏。

“鼠辈，不得放肆！”

一声暴喝突然在圈外响了起来。

伴随着这一声暴喝，几声尖锐的破空之声紧跟着极为迅疾地向众人而来。转眼之间，那几个意欲抓住始皇的匈奴人都哎哟惨叫起来，再也无暇去抓始皇了。

骑在马上的那名将官极为惊诧，仔细一看，阻挡了自己几名手下的原来是一块块大小不一的石子。他在马上向四周环视着，忽然间脸上现出极为惊愕的神色：只见10余名身着黑衣的壮硕汉子极为突兀地出现在他的视线之中。

那些石子有不少都极为锋利，而且又都击中了那几名匈奴兵士盔甲之外的裸露之处，再加之那些飞石的力道又是出奇的大. 因而那几名匈奴兵士都倒地哀叫不止。

赵高和始皇也不知道发生了什么事，循着那将官的眼光望去，始皇倒没有什么表情，而赵高的脸上却露出了极为兴奋的神色。来的这十余人正是他私募的勇士。他知道，这些人个个武功高强，虽然眼前的匈奴人也都骁勇好战，但却未必是他们的对手。

“你们是什么人，识趣的话，就赶紧让开，不要多管闲事！”那名将官颇为冷静地说道。不过，他的语气之中仍然微微透出一丝无法掩饰的慌张。

“大胆狂徒，你倒是好大的口气，你们在我大秦的国土上胡作非为，烧杀抢掠，却又如此的蛮横，可见你们根本就是无礼刁蛮的莽民。今日碰上我们兄弟，算是你们晦气，赶紧下马受降，或许还能让尔等少受皮肉之苦！”为首一名黑衣人义正词严地说道。

“哼，连你们的草包皇帝都如此不堪一击，你们又能有多大的能耐啊。乌罕力，先放过那两个囊中猎物，把这些不知天高地厚的狂徒打发了再说！”那将官一声令下，率领自己的手下向那些黑衣人逼去。

始皇长出了一口气。虽然他不知道这些不速之客是否是匈奴人的对手，但他到底可以喘一口气了，而且他也可以寻找机会逃逸。他偷偷地环视四周，观察着周围的地形。远处是一处茂密的树林，他在心里盘算着自己和赵高要用多少时间才能跑到那片树林之中。

"皇上，你就放心吧，这些黑衣人一定会把匈奴人摆平的。"赵高走到始皇的身边，小声地说道。

"你怎么知道他们肯定能行呢？"始皇嬴政侧过头来，极为惊讶地问赵高。他见识了这些匈奴兵士的厉害，虽然这些黑衣人一出现就露出了飞石伤人的功夫，但他的心里还是觉得不踏实。

"皇上，你就放心吧，奴才敢以项上人头担保。"

赵高的脸上充满了自信。

二人说话之间，那边的两方人马已经交起手来。刀光剑影之中，不时地传来暴戾的斥叫声。那些匈奴兵果然是悍勇异常，一边大声地叫嚷着，一边不惜力气地向前猛冲，恨不得一下子便把那些黑衣人砍翻在地。始皇也跟着揪着心——如果这些人再不行，那可真不知道自己会落得个什么下场了。

不过，看了一会儿之后，他那颗紧揪着的心便放松下来，脸上也满是惬意的表情，他甚至抱着肩膀以一种极为轻松的心情在一边观看起来。因为他已经看出了一丝端倪，那些黑衣人取胜只是迟早的问题。

虽然那些匈奴兵士恼怒于这些黑衣人的横加插手，因而对那些黑衣人展开了如急风暴雨一般的进攻，但那些黑衣人却面无畏惧之色，神情悠闲地纵马于刀光剑影之中，好像在与敌手做游戏一般。

"这些恶贼，应该将他们生擒活捉，而后千刀万剐才能消除朕的心头之恨！"嬴政咬牙切齿地恨恨说道。一旦脱离了将死的险境，他心中那股强烈的暴戾噬杀之气又迅速地膨胀炽热起来。刚才所受的种种奚落和羞辱又清晰地浮现在他的眼前，这简直是他有生以来的奇耻大辱啊！

"皇上，您要是想一雪心头之恨的话，那奴才就让这些人别杀掉这些匈奴人，把他们都交给皇上您处置，不知皇上意下如何啊？"赵高的嗅觉极为灵敏，他知道此时的嬴政想要什么。

"行吗，这会不会太冒险啊？这些匈奴人可个个都是不要命的莽汉啊？"始皇的目光之中充满了期待，但他却没有抱太大的希望。能够将这些匈奴人杀死或赶走就已经很不错了。

"奴才尽量试试看吧。"赵高极为谨慎地回答着。而后他转身冲着战场上大声叫道："不要伤了他们的性命，尽量留活口，把他们交给皇上处置。"

赵高的话音刚落，那些黑衣武士的兵刃果然不再往匈奴人的要害之处刺去，而是越发轻松地与敌人虚意周旋，激怒对手。

"赵高，这些人朕一个都不认识，他们又怎么会听你的命令呢？"始皇忽然开口问赵高。的确，这须臾之间发生的事情真的让他感到很奇怪，他不知道这些救了自己性命的人是从什么地方冒出来的。

“不瞒皇上，这些人里面有几个人奴才曾经见过。”

“噢，你曾经见过，那朕怎么没有见过呢？”

“皇上，您决意西行巡视北境以后，奴才眼见劝说无望，只得偷偷地命当地县令招募十余名武功高强的勇士一同随队西行，可又怕皇上知道后怪罪，只能让他们远远地跟在后面，以防发生什么不测，没想到他们今日竟然出现得这么迟，请皇上恕罪，同时也请皇上对奴才的擅专之举加以惩罚。”

“好了，好了，若非是你如此用心，朕今日不但会受尽羞辱，而且很有可能会性命难保，你可算是救了朕的性命，朕又岂能以怨报德而责罚你呢！你今天立了大功一件，回到咸阳之后，朕一定会好好地给你论功行赏的。”

“奴才但求皇上能够长生不老，那么奴才就可以长久地陪伴于皇上左右，只要能让奴才伺候您一辈子，皇上就是不给奴才任何赏赐奴才也心满意足了。”

“好，你对朕忠心耿耿，其志可嘉，也不枉朕宠爱你一场。”

赵高还要再说话，忽然看见始皇的目光已经转移到了战场上，他便连忙闭口不言，也将目光转了过去。

有始皇和赵高在旁边观看，那些黑衣武士也不敢怠慢，都把自己手中兵刃的威力发挥到了极致，挽起了一个个大大小小的剑花，团团罩定了那些匈奴兵士，使那些兵士一直疲于应付。

又过了一会儿，刚才还喧闹不止的打斗场面终于结束了。除了几个负隅顽抗的被刺毙于马上，其余的匈奴兵士都跌落在地上——他们的全身都是大大小小的伤口，手腕上也流着鲜血，原来他们的手筋都已经被黑衣武士挑断，根本不可能再手执武器进攻了。而且，就连他们的战马也都全身各处冒血，哀鸣着倒在地上，竟不能奔逸逃命。

转眼之间，那些匈奴兵士只剩下了在地上哀号打滚的能力，只有那将官还在战场上苦力支撑，不过却也被几名黑衣武士圈在了中间，根本无力进行有效的反击了，不过黑衣武士一时之间却也对他无可奈何。

一名站在圈外观看的黑衣武士见此情影，滚鞍下马，从地上拾起一枚锋芒尖利的石子，照着那匈奴将官掷去。石子带着一阵尖啸之声，仿佛长了眼睛似的直穿过众人打斗的缝隙，正好打在那匈奴将官扬起的手背上。那将官吃痛，尖叫一声，手中兵刃也撒了手。一迟疑间，数把长剑已经抵在了他的要害之处。

“哼，暗箭伤人，算什么能耐，有能耐就真刀真枪地跟本将军再打上一场！”虽然知道自己已经无路可逃，但那将官的口气却仍旧十分强硬，并无一分惧色。

一名黑衣人听后冷哼一声，一振长剑，剑尖便顺着对方盔甲的缝隙刺入其皮肤之中，那将官不由得轻轻一颤，却听那黑衣人说道：

“你猖狂什么，你以为单打独斗你就是对手吗？我们要是想取你性命，你焉能活到现在？我们只不过不想让皇上久等心焦，再说对你这种蛮夷之人又何必讲究什么礼义呢！别啰嗦，赶快下马！"

始皇嬴政眼见这群匈奴悍匪俱已丧失了抵抗能力，心中的怨愤之气陡然之间无比膨胀躁动起来。他手提长剑，双目圆睁，极为迅速地奔到那些依旧挣扎不止的匈奴兵士面前，一边恶狠狠地叫骂着，一边挥动长剑奋力猛砍，一声声惨叫之中，一道道鲜血狂喷四溅，转眼之间，那些本已形同废人的匈奴兵士便都抽搐着毙命于始皇嬴政的剑下，而嬴政自己的身上也溅满了鲜血，如同一个血人一般。那些匈奴人的惨叫之声略微减轻了一点儿嬴政心中的愤怒之气。他的心中只有一个念头——杀！他要杀尽曾取笑奚落过他的这些恶人，他要让他们为此付出鲜血和生命的代价。不过，唯一让他觉得美中不足或者说无法释怀的事情是没有听到任何求乞讨饶之声。那些匈奴人虽然眼中也或多或少有一丝惧畏之色，但他们却足够硬气，紧闭其口，一句求饶的话也不说。嬴政希望看到这些人摇尾乞求的可怜样儿，但他的希望却没有得到满足。当然，这也更坚定了他北伐匈奴的决心。

尸体横七竖八地躺倒在地上。那名被兵刃逼迫着的匈奴将官眼见自己的手下纷纷惨死于始皇的剑下，竟然对始皇破口大骂起来。他这一骂，正好提醒了早已杀红了眼的嬴政。嬴政那充血的眼睛径直向那匈奴军官恶狠狠地望过去，但那军官却仍旧骂个不停。嬴政猛地一甩剑上的血迹，而后大步奔向那军官，刚才他被这军官羞辱的镜头又清晰地浮现出来。

"骂，朕让你骂，朕让你骂个痛快！"

嬴政恶狠狠地大声叫嚷着，高高举起手中的长剑猛地向匈奴军官的脖颈砍去。那军官于千钧一发之际猛地一低头，躲过了嬴政砍来的一剑，不过，他虽然躲过了嬴政的致命一击，头盔却一下子被长剑削了下去。

一头如瀑布一般的乌黑油亮的秀发瞬间垂了下来。

始皇惊呆了，赵高惊呆了，那些黑衣武士也都惊呆了。

他们绝对没有想到这个匈奴军官竟然是一个女人。始皇这时也才渐渐回味过来，他这才明白为什么这个匈奴军官看上去面容是如此的俊美，而且声音也显得十分轻柔：原来对方是一个女人。

他惊呆了，眼光也变得直直的。他吃惊于对方不但是一个女人，而且是一个非常漂亮的女人。一头蓬松飘逸的秀发，俊美的面容，再加上一身戎装所产生的英武飒爽之气，能够给所有的男人以一种无法抗拒的诱惑。始皇不禁为之怦然心动，眼前的这个女人给了他一种以前从未有过的亢奋的感觉。他已经很长时间没有体味过这种感觉了。

然而，就在他因色欲而惊愕的时候，那女人忽然大叫一声，猛地向他扑过去，却又被那些手疾眼快的黑衣武士按倒在地上。

"慢点儿，慢点儿，千万别伤了她，先拿绳子把她绑起来，一定要小心一点儿。"始皇的声音变得极为轻柔。

赵高静静地站在一边，他早已猜到了始皇的心思——始皇为眼前的这名匈奴女子动心了。

“昏君，你到底想怎么样，你把姑奶奶放开，赶紧放开我！”那匈奴女子大声地叫着，弯弯的柳眉极为好看地上下跳动着。

“别着急，你放心，朕一定会放开你的，不过不是现在。”嬴政极具挑逗意味地说着，而后转过身来，对那10余名黑衣武士说道：“今日幸亏你们及时出现，救了朕的性命，朕一定会好好赏赐你们的。”

“多谢皇上！”那些黑衣武士跪倒在地，齐声说道。

“不知你们以后打算怎么办？”始皇一边问着，眼前又想起刚才这些黑衣武士与匈奴兵士交战的情景。

“启禀皇上，小人是遵从赵大人的吩咐，暗中保护皇上，今日眼见皇上遭这些歹人威胁，这才暴露形迹，等到皇上安全抵达咸阳之后，小的等人自会返回家乡。”一名黑衣武士对始皇说道。“唉，你们又何必回到那偏僻之地呢？你们个个武功高强，甚至比朕宫中的卫士还要强上百倍，如果你们能留在朕的身边保护朕，那么再狠毒的毛贼也无法再惊扰朕了，索性你们就都留在朕的身边保护朕的安全吧！”始皇极为爽快地说道。他的确对眼前这些人高超的武功很感兴趣。

那些人并没有立即回应始皇的话，而是用眼睛偷偷地看着赵高，赵高的心里却早就乐开了花。如果自己的这群手下成了皇宫之中的侍卫，那么自己以后行事可就更方便了，这可是一个千载难逢的好机会。他冲着那些武士连连点头。

“多谢皇上厚爱，小的等人以后一定全力保护皇上。”

“好，有你们这些勇士保护朕，还有谁敢对朕图谋不轨呢！赵高，我们赶紧回战场去吧，不知道那边乱成什么样子了。”

说着，始皇先提起那匈奴少女，跳上她的马，将她搂在怀中，纵马疾驰而去。那少女虽然叫骂着挣扎不止，却因为被绑缚双手，根本无法挣脱始皇的拥抱。赵高和那些黑衣武士则纵马跟随在后面。

当他们到达战场的时候，眼前的狼藉以及凄惨的境况让他们大吃一惊。地上到处是秦军的尸体，血流成河，有的人还在血泊之中拼命挣扎着，而有的则早已经死去了，就连始皇此次出行所乘的大车也被砸得七零八落，有的甚至还在呼呼冒着火苗。唯一让始皇略感安慰的是还有一少部分人正坐在一片狼藉战场外的土岗之上，总数亦不过六七十人，而且个个一脸的憔悴和疲惫。如果不是偶尔还有人晃动一下胳膊或头颅，他们真像是一群破旧的塑像一般。

始皇仔细瞅了半天，这才看清那些人是自己的文武大臣以及随行兵士，另外还有卢生和石生。他们竟没有丧命于乱战之中。而那些人也看到始皇。

他们一个个挣扎着站起身来，激动地向始皇走来。个个脸色仓皇，衣服上也沾满了血，看上去极为狼狈。匈奴人已经不见了。

"朕的那些东西都到哪里去了?"始皇大声地询问着。一路行来,他搜集了不少金银珠宝,而且他自己也带了不少东西用以赏赐边关的将士,但现在这些东西全不见了。

"皇上,您的所有东西都被那些匈奴人抢去了,就连随皇上一同而来的娘娘们也被他们掳去了,我们虽然拼死抵抗,却根本不是他们的对手。"冯去疾极为懊恼地说道。他的脸上和身上都是已经变干的血迹。

"好,抢吧,抢吧,反正你们都还活着。留得青山在,不怕没柴烧,我们早晚要把这损失向他们追讨回来,朕实在没有想到这些野蛮未化之民竟是如此的难缠,朕以前真是太过于轻视他们了。"始皇嬴政有些懊丧地说道。

"哼,就凭你们这群乌合之众,便是再努力 20 年也不是我们的对手,你也不用在这里大放厥词了,赶紧把姑奶奶放了,要是等我们的人打回来再放可就来不及了!"被始皇搂在怀中的匈奴女子在众人惊诧的目光之中大声地叫着,挣扎着。

"住口!"始皇猛地一下把她掷在马下,指着她大声呵斥道,"贱婢,你们猖狂不了多长时间的,朕的百万雄师早晚会踏平你们这班野蛮土人老巢的!而且,今天晚上朕就让你尝尝朕的厉害!"

"皇上,我们的东西几乎都被那些匈奴人给抢掠而去了,下一步我们该怎么办啊?"李斯站在始皇马前眼巴巴地问道。他的脸上黑一道,白一道的,仿佛是一只没烤熟的公鸡一般。

"去哪,你说朕现在能去哪儿?朕现在要吃的没吃的,要喝的没喝的,只有雁门近在咫尺,朕当然要去雁门转上一圈了,朕怎么也得去拜见一下雁门守将杜衡杜将军吧!"嬴政目光炯炯地逼视着李斯,几乎是一字一顿地说着,声音之中也充满着愤恨之意。李斯一下子被吓得惊呆了,不自觉地向后退了一步,一句话也不敢说。

始皇一挥手,示意自己的手下将那匈奴女子架到一边的车上,而后自己率先纵马直奔雁门城而去。赵高极为得意地看了一眼李斯,而后大声地吆喝一声,也纵马向雁门城而去。

一场意外的劫乱使得始皇嬴政浩大的队伍只剩下百余人,而且个个狼狈不堪,东西也都被那些匈奴人给掳掠光了。嬴政身在马上,眼光遥望雁门城,心中是异常的恼火。当然,此刻他的心情也不能只用一个"恼火"来形容。东西被掠走很可惜,随行的那些供他临幸的女人们被匈奴人抢去,却让始皇为此而感到很轻松,他本来就对那些俗脂艳粉们感到无比厌恶,正愁没有办法打发她们呢,现在匈奴人正好替他卸去了这个大包袱。但同时,他又被匈奴人的强悍骁勇所震慑,使他不得不开始以全部的心思去面对北境的匈奴人,他意识到自己应该以更多的力量去对付匈奴人了。

嬴政经过这一战,心头也积下了不少怨恨,自己一个堂堂的大秦国皇帝,却被区区几千名匈奴兵打得狼狈不堪,还饱受侮辱,但是在自己受到侮辱之时,离自己如此之近的雁门城却没有一丝动静,更别提出兵抵御匈奴了。他一定要见见雁门城的守将杜衡,看看他如何解释自己玩忽职守,对匈奴进犯不予抵抗的罪过。

第三十章 来到杜衡府 侵犯匈奴女

始皇一行很快就到了离雁门城城门只有一尺之遥的一个沙丘。原本没有一丝生气的沙丘，瞬间传来一阵急促的锣鼓声，无数兵士出现城头上，无数战旗也迎风飘扬，煞是威风。

锣鼓之声以后便是一阵摇旗呐喊之声，随后雁门城城门大开，无数骑兵步兵如潮水一般从城中奔了出来，其声势远比刚才那些匈奴兵士的来临要大得多。

转眼之间，从城内冲出来的那些兵士便把始皇及其身后的百余人团团围在中间，而且还不停地鼓噪呐喊着。伴随着这起起伏伏的巨大的声浪，始皇所率领的这些人就宛如在惊涛骇浪中挣扎航行的小船一般，随时都有被风浪倾覆吞没的危险。

始皇嬴政知道自己面前的这些人都是秦国的兵士，都是自己的手下，因而一点儿也不惊慌。该惊慌的人应该是雁门守将杜衡。

在始皇的对面，是一名盔甲整齐的将官，端坐马上，看上去倒也十分威猛。只见他将手中的武器高高一举，那些鼓噪不止的兵士立即变得鸦雀无声。他得意洋洋地点点头，而后一指始皇嬴政，大声地叫道：

"呔，你们这些匈奴人的细作，赶紧下马投降，要不然此处就是你们的葬身之地！"

始皇仔细地瞅了瞅对面的这名将官，看上去倒还有些面熟，应该就是雁门守将杜衡。他有些奇怪，怎么杜衡会认不出自己呢？他根本就没有意识到经过了刚才的一番打斗忙乱以后，他的脸早就变得污迹斑斑，根本就无法轻易辨认，而且这杜衡也并没有见过他几次。

但是，无论如何，他都无法再控制自己的情绪了。一见杜衡，他心中的无名之火陡然之间便燃烧起来。

匈奴兵马在这里横行无忌，任意砍杀劫掠的时候，雁门城一片安静，仿佛一座空城；而现在，当大批的匈奴兵马大胜北归以后，这些人却又好像是从地底下钻出来似的，呼啦啦一下子出现在始皇等人的面前。而且，为首的杜衡更是一见面就指责他们为匈奴的细作，其势无比嚣张。

始皇目光直直地盯着对面的杜衡，沉吟一会儿，而后开口冷冷地问道：

"你就是雁门守将杜衡吗？"

耀武扬威的杜衡端坐于马上，猛听得对面的人这么一问，不禁一愣，脸上现出一丝惶惑的神色。很显然，他也弄不清楚为什么对面这个看上去极为狼狈可

笑的人会知道自己的名字。但是,他的这种惶惑和惊异只有一瞬,转眼之间他便变了脸色,极为愠怒地指着始皇大叫道:

“大胆,本将的名姓也是你这贼人能叫的吗?看你一副贼头贼脑的模样,肯定不是什么好东西,来人呐,将这大胆的贼人及他的同伙都给我抓起来,严加审问,让他们也知道知道本将军的厉害!”

杜衡话音一落,立即便有无数的兵士大呼小叫地冲着始皇等人拥了过来。

“大胆奴才,难道你吃了熊心豹子胆不成,还不赶快给我住手!”

始皇正要对这些不知死活的兵士们拔剑相向,忽然间听到一阵怒喝从他的背后传来。他极其诧异地回头一瞅,却见李斯正骑着马从后边赶上来。

赶过来之后,他并不敢超越始皇,而是停在始皇的身后,指着杜衡大声叱骂道:

“臭小子,难道你想死不成吗?”

正在对面洋洋自得的杜衡被李斯这两番责骂骂得一头雾水,脸上也满是惊惑。他愣愣地瞅着对方,样子甚是可笑——虽然对方的声音听起来非常熟悉,但一时之间也想不起来是谁。

“混账东西,连我你都认不出来了吗?”李斯望着对面一脸狐疑的杜衡,眼角瞥着始皇嬴政挺直且宽大的背影,口气又加重了许多,而且心中也无比的焦急起来。虽然现在始皇一言不发,但谁也不敢保证随后是不是会有什么惊涛骇浪于一瞬间爆发出来。不过,他竟没有意识到,自己此刻脸上也是一塌糊涂,五官根本辨认不清,也难怪杜衡会认不出他这个做老师的。

听了李斯的这阵大骂,杜衡又愣愣地看了看他,眉头也紧皱着,而后,杜衡忽地异常惊讶地大叫一声,急急忙忙地滚鞍下马,三步并作两步地跑到李斯的面前,跪倒在地,上气不接下气地说道:

“恩师在上,学生杜衡有眼无珠,竟然未能认出恩师亲临雁门城,请恩师恕罪。”

看着杜衡一副呆头呆脑的样子,李斯急得百爪挠心,一边恨恨地瞅着恭恭敬敬地跪在地上的杜衡,一边心有惧意地偷偷瞅着始皇的背影,一时之间不知该说什么好。

跪在地上的杜衡等了半天也听不见李斯的回话,不禁偷偷抬眼瞅了瞅,却见自己的老师李斯正向着自己身边的那个人挤眉弄眼,心中大为诧异,不禁又瞅了一眼那人,却仍旧是丈二和尚摸不着头脑。

李斯一见自己的门生竟然如此的浑浑噩噩,心中越发恼怒起来,更对杜衡怒目而视,压低了声音呵斥道:

“蠢货,皇上就在你的身边,你怎么能越过皇上向我行礼呢,还不赶紧去向皇上磕头谢罪!”

听了李斯的话之后,杜衡的身体猛地一震,而后才呆傻了一般,用狐疑目光偷偷扫视了自己对面的始皇,又侧头看了一眼李斯,却见李斯正焦急万分地冲着自己频频点头。他的脸色猛然间变得苍白吓人起来。

在李斯目光的不断催促之下，杜衡这才极为缓慢地从地上爬起来，仿佛一条死狗似的跌跌撞撞地跑到始皇的马前，双膝一软，“扑通”一下子便瘫倒在地上，可怜巴巴地哀哀祈求道：

“吾皇在上，奴才狗眼不识泰山，竟然不知道是皇上御驾亲临，而且还犯了忤逆君王的天大罪过，奴才罪孽深重，万请皇上饶恕奴才的狗命！”

“杜衡，你说你自己罪孽深重，那么朕问你，你的罪过是不是只此而已呢？”嬴政冷冷地问道。对于杜衡此时一副可怜巴巴的样子，他根本不屑一顾。

“这个……奴才斗胆，请皇上明示。”

“杜衡，朕问你，你可知道匈奴人刚刚在你的防守区域内劫掠杀戮一番而去呢？”

“这个……这个……啊，启奏皇上，奴才知道此事。”

“那么你那时身在何处呢？”

“奴才其时正在雁门城中集结队伍，准备全歼来犯匈奴兵马，谁知等奴才率人杀出之时匈奴的大批人马早已向北逃逸，奴才还以为皇上是匈奴人的余部，这才冒犯冲撞了皇上的圣驾，请皇上恕罪。”

“好，杜衡，兵贵神速，你却要用一个多时辰的时间集结队伍，难怪匈奴人敢在这里肆无忌惮，恣意胡为呢！朕再问你，为什么你所管辖的区域内村庄凋敝，荒凉无比，这里的边民们都到哪里去了？”

“皇上……也许他们……他们是嫌弃这里的土地贫瘠缺水，到其他的地方去寻找沃土了吧……”杜衡似乎不知道自己大祸将要临头，仍在诡辩着。

“住嘴！”嬴政骑在马上，用手中的马鞭一指杜衡，怒气冲冲地大叫着：“狗奴才，事已至此，你还敢跟朕强词夺理，来人啊，将这个狗奴才给我拉下去砍了！”

杜衡一听此言，顿时脸色煞白，一下子便软软地伏在地上，身体也忍不住颤抖起来。两名始皇的卫士应声从始皇的后面走出来，大踏步地走到杜衡的身边，把杜衡从地上拽起来，一下子打掉他的头盔，将其双臂倒剪，狠狠地押了起来。由于痛恨杜衡刚才在雁门城内踌躇犹豫，见死不救，所以这两名卫士下手也非常重，把个杜衡疼得直龇牙咧嘴，脸上的肌肉也抽搐着。

那两名卫士死死地按住杜衡的胳膊，而且把他的头也压得极低，而后抬头瞅着始皇。始皇又恶狠狠地瞅了杜衡一眼，猛地一挥手，做了一个很夸张的砍头动作，那两名卫士见状便拖着杜衡走了。

跟随杜衡而来的兵士自从知道眼前之人便是当今皇上之后，一个个惊骇得目瞪口呆，哪里还敢出声。现在一见自己的主将被人像拖一条死狗似的向圈外拖拽，连忙齐刷刷地向两边退却，转眼之间便让出了一条极宽的道路，一个个瞪着大眼瞅着杜衡赶赴死地。被拖着向外走的杜衡低垂着头，双脚蹭地，仿佛已经呆傻了似的。也许，他真的已经被吓傻了。

忽然，杜衡发出了一声极为刺耳且凄厉的哀号，而后猛地挣脱那两名卫士的束缚，折过身来，极快地跪爬到始皇的面前，接连叩头不止，而且一边磕头一边苦苦地哀求道：

“皇上，皇上，奴才恳求您再开圣恩，饶了奴才的狗命吧，奴才以后一定会痛改前非，拼死守卫雁门城，绝不让匈奴人再踏进边境一步！皇上，您开恩，饶了奴才的狗命吧！”

“住嘴！你这狗奴才，朕让你位居高官，荣享厚禄，并且让你领兵镇守北部重镇，谁知你竟然玩忽职守，致使匈奴蛮人横冲直撞，肆意胡为，朕没有下令诛你九族已经算是心存仁念，你还敢饶舌，让朕饶了你这条贱命，简直是痴心妄想！来人啊，赶快将他拖下去砍了！”

听到始皇毅然决然地呵斥之后，那两名兵士连忙跑到杜衡的身边去拖他，杜衡却死皮赖脸地哀号着趴在地上不肯起来，而且还转头可怜巴巴地向李斯说道：

“恩师在上，求您看在咱们师生一场的分上，向皇上替学生求求情，学生一定会感念恩师的大恩大德，学生求您了！”

李斯也为杜衡的如此不成器而暗自愤愤不已，如今却又见杜衡乞求自己为他向始皇求情，直把他吓得心惊胆寒，唯恐因此而惹祸上身，受到始皇的责罚。于是他索性掉转马头，径往队伍的后边奔去。那杜衡一见自己最后一根救命稻草都没有了，顿时绝望地瘫软到地上，悠悠地哀鸣起来。

两名卫士又拖着他，顺着那些兵士们让出的通道走到外面，在众人的注目之中，手起刀落，一下子便结果了杜衡的性命。二人提着杜衡的首级到始皇面前复命，始皇犹自恨意未消，怒气冲冲地叫道：

“给朕将这蠢材的首级挂于雁门城上，以后谁再敢玩忽职守，临阵脱逃，下场就和他一样！”

随后，始皇亲眼看着杜衡的首级被高高地悬挂在雁门城上，这才率先进入了雁门城。随即擢雁门副将为雁门守将，顶替杜衡留下来的空缺。

洗漱完毕之后，始皇在赵高的服侍之下品用新任守将送来的菜肴，胃口竟然是出奇的好，连在一边侍立的赵高都看得有些目瞪口呆，不过他的心中却高兴得不行。始皇的胃口好，也就意味着其心情好；始皇的心情好，他赵高的日子也就好过了。酒足饭饱之后，不少文武大臣前来给始皇请安，并且商量第二日的行程安排。李斯因为杜衡的事，一直低眉顺眼，跟在别人的后面，甚至连话都不敢说一句。不过，尽管是如此，他仍然会不时地接触到从始皇那里射过来的阴冷可怕的目光。

始皇同自己的文武大臣坐了一会儿，不断发现他们中的有些人或是哈欠连天，或是悄悄地扭动着身子，知道他们也累坏了，便令他们及早回去休息。这些人一听，如蒙大赦，都立即起身告辞而去。的确，经过了今天一场惊心动魄的搏杀，他们算是在鬼门关前侥幸捡了一条命，个个都是身心俱疲，巴不得赶紧回去休息。

眼见众人告辞而去,始皇嬴政在赵高的陪伴之下慢步出屋,站立于庭院之中,只听得一阵阵窸窣的蟋蟀鸣叫的声音,当空明月,天气也是一片清朗。天气甚好,而且这大漠上的夜色又是无比的清凉,月光自由自在地如水泄一般铺洒在庭院之中。

嬴政抬头仰望苍穹,不觉心胸开阔,神清气爽,不禁轻轻地叫了一声,却随即又忍不住发出了一声叹息,就连他自己也搞不懂为什么会发出叹息声。

"怎么,皇上,您不开心吗?"赵高的心一沉,连忙十分关切地问道。

"唉,没什么,你不用紧张,朕也不知道为什么会叹息一声。"

"那皇上是不是因为匈奴人而心存忧虑啊?"

听了赵高的话,嬴政愣了一下,而后点了点头。的确,如果单从今天的表现来看,匈奴人真的是太强大了。但是,在他的潜意识中,他又不愿意因为匈奴人的强悍而背上更大的思想压力。他觉得强大的东方六国都已经被他的雄心壮志所剿灭,他还有什么可以担心的呢。

"皇上,区区一群不知礼仪法度的蛮荒野人,您又何必将其挂怀于心呢?若非杜衡在雁门玩忽职守,又怎会使匈奴人如此骄纵成性?等到皇上您回到咸阳之后,择师北进,一定能一举扫平匈奴人的!"

赵高的话使得嬴政的心情略微轻松下来,但是他并没有笑容,而是仍旧脸色阴沉,默默无语地看着院中浸在月光中的一切。是啊,他是不该过早地开心起来。虽然他也认为自己所统率的强大的秦国肯定会对匈奴人一击而奏效,可现在匈奴人正在对自己形成强大的威胁也是一个不争的事实。现在,匈奴人不但经常借精骑之迅疾南下骚扰,恣意烧杀掳掠,更派兵占据了河水(黄河)南北两岸的土地肥沃之地,以该地为定居点,放牧植草,发展自己的力量,直接向南威胁大秦国北部的统治。而对这些情况,在此之前,他竟然一无所知,这还是新擢升的雁门守将无意之间透露出来的。

他不知道究竟是哪一环节出了问题,当然他也并不想浪费人力去追究这个问题,可能以前自己太漠视匈奴人了,以至于连自己的手下都敢轻视匈奴人,只报喜而不报忧了。以后这种现象绝对不能再发生了,他下定决心北伐匈奴。而且,他确信自己一定会成功的。

"皇上,长夜漫漫,难道您打算一个人独自守榻而眠吗?"赵高敏锐地察觉到了自己的一个机会,连忙抓住时机殷勤地问道。

"赵高,你这句话是什么意思?"嬴政回头看着赵高,一脸的迷惑。一时之间,他还真想不出赵高的话中之意。

"皇上,您今天不是抓了一个匈奴女子吗,依奴才的意思,您不如今天晚上就……"

赵高欲言又止,却仍旧一下子勾起了嬴政的满腔春心色欲。是啊,自己怎么就将那个让自己一见面就蚀骨销魂的匈奴女郎给忘记了呢!

念及于此,他的眼前便倏然浮现出那妙龄女郎一头如瀑的青丝以及俊美妖娆的娇容。虽然她身着戎装，看不出体型如何，但他觉得对方一定会身材婀娜，摇曳生姿，该纤弱的地方定会纤弱，该丰满的地方也一定会饱满。这种回忆和遐想让他忍不住怦然心动，而后便是欲望的极度膨胀。他明显地感觉到了自己的亢奋和冲动，他已经很长时间没有这种感觉了。

此次出行，虽然带了不少的嫔妃美女，但她们都一心想着争宠，而且嬴政对她们的身体早已熟悉多半，觉得她们再无半点女人的风致，索性不去临幸她们。所以，当他得知自己的那些妃嫔们被匈奴人掳掠而去之后，不但不发怒，反而觉得十分庆幸。

而今，这个充满了野性的匈奴少女勾起了他几乎已经冷却了欲望，而对方在一副戎装下隐伏着的娇躯更对他产生了绝大的诱惑。

但是，也是在那一刻，当他的头脑中产生了几许往日的冷静，他燃起的欲望却又慢慢地平静下去。因为他想起了白天的情景，想起了那少女的凶顽。他承认，自己在武艺上绝对抵挡不住那少女的身手，所以才会被对方用兵刃逼住，几至身死当场。他的心中不由得产生了一点惊惶，虽然自己渴望得到对方的身体，但却又恐怕自己根本不是对方的对手，无法使其服从于自己的欲望之下。

"皇上，奴才还有一个担心，那蛮夷之女下手狠辣，武艺又极高，虽然能得皇上的宠幸是她天大的造化，不过万一她要是一时思想上转不过弯，跟皇上犯犟，真对皇上有什么不利之举可就麻烦了。不过您不用着急，您一身运系天下黎庶安危，奴才当然不会让任何人伤及皇上的，奴才早就向卢生和石生二位道长讨要了一包药物，定能让此女心甘情愿地服侍皇上您一度春宵。""噢，太好了，这药在哪呢，快拿来让朕看看！"始皇听后急急忙忙地大声说道。有些时候，赵高真是想到他的心坎里去了，赵高能及时地把他所需要的东西提供给他。其实，他完全可以在那少女被绑缚的情况下占有她，但那样的话，他又不能获得一种完全意义上的享受和欲望上放纵的快感。而现在，赵高却早就做好了这方面的准备。

赵高一脸喜悦与讨好地媚笑着从怀中掏出一包东西，放在始皇的手上。始皇有些迫不及待地打开那个小包，只见包中是一些白色的粉末，看上去没有任何出奇之处，心中不觉有些忐忑，便问赵高道：

"赵高，这药粉有什么用处啊？"

"回皇上，那二位道人说了，此药如女人服用之后，不一会儿便会全身燥热，心中有一种难以自持的亢奋和冲动，渴望男人的爱抚和占有，而且自服药之后就会一直肌肉酸软无力，再也无法动用武力伤人，不知皇上以为如何啊？"

"好，好，此药正合朕意，不过她要是不服此药该怎么办啊？"

"这个问题当然不用皇上您操心了，奴才只要略施小计，那女人一定会乖乖就范，心甘情愿地服下此药的，您就放心吧！"

那匈奴女子被囚于一间屋中，床褥及一应设备都已齐备，只是她仍旧被反绑双手，半靠在床上。她不停地挣扎着，但绑缚她的绳索却非常结实，根本就挣不脱。

忽然,“吱呀”一声,门开了,一名卫士端着一盘东西走了进来,那少女连忙大叫道:

“恶贼,你们到底想把姑奶奶怎么样!去告诉你们那个狗屁皇帝,要杀要剐,本姑娘绝对不会皱一下眉头,不要这么不死不活地折磨人,快点儿放开我!”

那卫士并不说话,而是慢慢地走到桌边,把他所端托盘中的东西端出来放在桌子上,却是两样东西:一碗食物,一杯水酒。

放好东西之后,那卫士走到床边,向少女伸出手来。

“你想干什么,快点儿拿开你的手!”那少女虽然在战场之上勇猛无比,但此刻的脸上却出现了惊慌的神色。毕竟她还是一个姑娘,她对男人的迫近,尤其是成年男人的迫近有一种天生的恐惧感。

“我不想干什么,我只想把你的绑绳解开,让你松快松快。”

说着,那卫士真的伸出手,抓住她身后的绑绳,三下两下便使她摆脱了绳索的束缚。

那卫士随即不由自主地向后退了一步,而后开口对她说道:

“你不要想着从这里逃出去,因为这根本不可能,外面有千军万马在等着你呢,你也不用把我杀了,我自知不是你的对手,而且我也没带任何兵刃。我是奉命而来,指给你两条路走,关键看你自己的选择。现在桌上有一碗饭,一杯酒,不过酒是毒酒,根本无药可解。我们皇上心慕你的才能,想纳你入我大秦帐下,你如果愿意,就把这碗饭吃了;如果你不愿意,那么就喝下那杯毒酒,你很快就会毫无痛苦地死去,不知你选哪一条路走?”

匈奴少女听完卫士的话之后,“腾”的一下子从床边站起来,快步来到桌边,毫不犹豫地端起了酒杯。

“姑娘,你可要好好想想,喝下这杯毒酒可就没有人能救你了!”那卫士冲着少女大声地叫道。不过,在他眼光的深处,明显隐藏着一丝得意的微笑。

“哼,我早就想清了,与其落在你们的手里受辱,倒不如速求一死,而且,有那么多随我一同出生入死的弟兄今日殒命于你们的手上,我自己又怎么能独活于世上啊!弟兄们,你们慢走,我来了!”

说完,那少女扬起高傲的头颅,将杯中的毒酒一饮而尽,而后猛地将酒杯掷在地上,酒杯被摔得粉碎。

随后,那美丽诱人的少女一脸平静地坐回到床边,静静地等着死亡的降临。

然而,一直过了好长时间,却仍然没有一点征兆,那少女不觉十分诧异地问道:

“我已经喝了毒酒了,为什么这么长时间还没有一点儿反应啊?”

“反正都是一死,你何必这么着急呢?我家皇上仰慕你的英武神勇,所以用的是慢效毒药,因而结果来得也就慢一些,以免使你遭受痛苦。”那卫士不慌不忙地说道。

少女半信半疑地点点头，又安稳地坐回了床边。灯火照在她那张晶莹如玉，娇俏无比的脸上，使她焕发出一种诱人的光彩，虽有戎装在身，却更使她成了让每一个男人看后都无法自持的尤物。

忽然，那少女瞪起了双眼，而后冲着那卫士大声叫道：

“不对，不对，怎么我现在感到脸颊发烧，肚腹之内也一阵一阵热浪频频，这根本就不是毒药发作的感觉！说，你给我喝的到底是什么药！”

随着这严厉的诘责，她一下子站了起来，却又忽然晃了一下，连忙伸手扶住了床头。

“对，你猜的一点儿也不错，你喝的的确不是毒药。”对方十分得意地说道，笑容很灿烂地在他的脸上绽放开来。

“你生得俊美迷人，娇艳多姿，而且又这样的英气逼人，我家皇上有怜香惜玉之心，根本不忍姑娘身死，而且很想与姑娘喜结百年之好，共效鸳鸯之欢，不知道姑娘意下如何？”

“呸，简直是痴心妄想！你们这些狗贼明里不行，就要耍这种卑鄙无耻的阴毒手段，真是让人发笑，告诉你们那混账皇帝，本姑娘死也不会依从的！”

“哼，姑娘已经喝了我家皇上的美酒，只怕这从与不从，也不能全由着姑娘的性子了！”那卫士的脸上满是得意的笑容。

“你们给我的到底是什么药？”

“姑娘，在下实话实说吧。姑娘刚才所喝的酒中放了回春生欲之药，如果在下所料不错，姑娘是不是感到自己的肚腹之中有一种无法抗拒的兴奋在四处窜动啊？”

听了他的话之后，那少女静静地体味了片刻，而后猛地柳眉倒竖，用手指着对方叫道：

“你……你……你们这群无耻小人，就会使这些阴毒诡诈的伎俩，本姑娘先杀了你这为虎作伥的狗贼再说！”

说着，那姑娘果真迈步向那卫兵奔去，卫兵不禁被吓了一跳。然而，那可怜的姑娘只奔了一步，根本没有够到那兵士，便娇哼一声，而后软软地瘫倒在地上，继而竟轻轻地娇喘起来。

那卫士见状，顿时无比舒心地笑了起来，伸出双手，作势要把她扶起来，却又随即停手，猛地甩掉头上的大帽子，冲着门外叫道：

“皇上，您赶快进来吧，二位道长的药已经发挥效用了！”

原来那卫士竟是赵高假扮的！

他的话音刚落，门“吱呀”一下便开了，嬴政迫不及待地从外面奔了进来，很快就来到了姑娘的身边。

“好了，赵高，这儿没有你的事了，你先出去吧！”

嬴政双目色眯眯地紧盯着姑娘那娇艳欲滴的俏脸，对赵高毫不犹豫地下了逐客令。

“皇上，皇上……”

“您还有什么事啊，朕不是已经让你走了吗？”

“皇上，奴才这里还有一颗向卢生和石生二位道长讨要来的丹药，您服了之后一定会增加神威之力的。”

听了赵高此话之后，嬴政这才颇有些依依不舍地转过头，果然看见赵高的手上托着一枚鲜红滚圆的药丸，便一把抓在手里，张口仰脖“叭嗒”一下将药丸吞了下去。

“行了，行了，其余的事情就由朕来做吧，你赶紧下去吧，没有什么重大的事情就不要来烦朕了！对了，明天你和李斯一起寻找工匠，重新准备车驾，准备好之后就起程回咸阳。”赵高连忙答应着出门而去。眼见赵高离去，嬴政快步奔到门边，插好门闩，又回身将厅中的长帘拉上，这才奔回到少女的身边，弯腰将其抱起来，小心翼翼地放到床上。

第三十一章　王氏皆装病 破敌无良策

在咸阳城西，有一座高宅大院，从外面看上去十分威严。一阵脚步声传来，还伴随着一阵兴奋的叫喊声。只见中庭之中有一高大威猛的年轻人正飞快地跑着，引得几名仆役和侍女十分好奇地驻足观看，不知道发生了什么事情。

奔跑中的年轻人跑到一处房子的门前，也不停下来喘口气，“嘭”的一下子推开屋门，一边抬脚向里冲，一边有些兴奋地张牙舞爪地大声叫道：

“祖父，父亲，好消息，好消息，孩儿有一个好消息要告诉你们！”

屋中点着两只大烛，照得屋内颇为亮堂，正中的大椅之上坐着一位老者，一名中年人在其下手相陪。那长者颌下一绺长髯，骨骼清奇，面容清癯却又精神矍铄，绝无一丝一毫老态龙钟之色；陪坐于其下手的中年人颔下微有髭须，一脸端庄和气，但也生得肩膀挺阔，站起来也会是雄壮威猛。眼见那年轻人神情激动地冲进来，而且又大嚷大叫，那中年人的脸色立即便沉了下来，声音中也充满了愠怒之气。只听他沉声训斥道：

“畜生，还不给我住嘴！”

听到中年人的训斥，那年轻人果真立即便十分听话地缄口无言，而且像一个做错了事的孩子似的，呆呆地低下头，慢慢地退到一边，还不停地用手指摆弄自己的衣服。

“逆子，不要一说你，你就装老实，为父屡屡告诫你要行为有仪，举止得体，这样才能够被人尊敬，才能够有所建树，而你却屡教不改，今日更是当着这么多下人的面大呼小叫，成何体统啊！”

那年轻人一边老老实实地低着头聆听中年人的训斥，一边偷眼察看着坐在中间那老者的脸色。那老者的脸上洋溢着慈祥的笑容，而且还偷偷地冲着他使眼色。见此情景，那年轻人仿佛受了莫大的鼓舞，脚下偷偷地向老者挪去。

“站住，你这个畜生，真是越来越没有规矩了，给我乖乖地站好，今天我一定要让你站上三个时辰，让你永远记住这个教训！”

年轻人的伎俩没有骗过那中年人，反倒招来了更加严厉的训斥。

“好啦，好啦，差不多就得了，你别把孩子给吓着了。”

那老者出来打圆场了。他一边说着，一边冲着年轻人招手，但年轻人却并不敢再移动脚步。

“父亲，您不要总是娇惯他了。孩儿每次教训他，您都会在一边和稀泥，让孩儿的话一点儿也没有效果。如果总是这样的话，这个逆子早晚会废掉的。”中年人二目圆睁，瞪着那年轻人，不过语气之中却充满了无奈。

“好，好，就算我和稀泥，可你也应该先让孩子把话说完啊，万一他要说的事情十分紧急不就麻烦了吗，你说呢？”

“行，行，孩儿一切都听从父亲的意见就是了。”

这三个人都姓王，乃是祖孙三代人，而且都是习武之人。那老者乃是受命于危难之际，帮助始皇嬴政一举灭掉强大的楚国的老将王翦，中年人是他的儿子王贲，而年轻人则是王氏一门中最年轻的一代，名叫王离。王翦与王贲父子二人为嬴政统一天下立下赫赫战功，因而位封为侯，居官显贵，成为武将之中最受荣宠的家族。王离虽然并无什么建树，但却也随祖父和父亲学习了不少对敌作战的技能本领，而且阅读了不少先人所著的兵书战策，亦可称得上是将门虎子。

王离得到祖父的支持，又见父亲松了口，这才如释重负地长出了一口气，而后便又回复了刚才兴奋的神采，极其重视地说道：

“祖父，父亲，孩儿刚刚得到一个消息，皇上决定不日择将出师北平匈奴，解除这些蛮夷野人对我大秦北境骚扰掳掠之患，孩儿认为这正是我们家建功立业、重振声威的大好时机，这才赶紧跑来通知祖父和父亲。我们必须率先自荐，否则这个机会就会旁落于他人之手了！”王离脸上一团兴奋，说话之时也是手舞足蹈。不过，让他颇感吃惊的是自己的祖父王翦与父亲王贲听过之后一点儿表情也没有，仿佛这件事和他们一点儿关系也没有，或者只是王离在这里作秀而已。

“祖父，父亲，你……你们这是怎么了？怎么听到这么大快人心的消息之后你们却一点儿反应也没有呢？难道你们不想再为国家上阵杀敌、建功立业了吗？难道……难道你们已经失落了以前的雄心壮志了吗？”王离的情绪不禁有些失控了。

“住嘴，小畜生，你懂得什么啊！”王贲怒气冲冲地对着儿子瞪起了眼睛，“你只知道瞎嚷嚷，而且越来越没个规矩，你才读了几天兵书啊，你知道上阵杀敌是什么样的吗？年少轻狂，自不量力，难道你忘了赵括的教训了吗？”

被王贲这么一训斥，刚才还意气风发、跃跃欲试的王离立即便如泄了气的皮球，变得垂头丧气起来。不过，他的嘴里好像还在嘀咕着一点儿什么，仿佛对于王贲的训斥并不是那么心服口服似的。

“孩子，你不用这么大惊小怪的，这个消息我们早就知道了，其实在你到来之前我们正要商量这个问题呢。正好，现在你来了，我想先听听你的意见，不知你对皇上选将北伐有什么看法？”王翦的目光之中充满了爱护。

“祖父，孩儿以为皇上此举必将一扫那些长期骚扰掳掠我大秦北境的匈奴人的嚣张气焰，从而大快人心，而且必将极大地增强我大秦的力量。同时，孩儿还认为这是我们王家恢复往日尊荣地位的大好机会，我们必须尽快向皇上请命，率兵北进，扫平胡虏！”一提到挥师北进之事，王离便又来了精神，一副跃跃欲试的亢奋状态。

王翦含笑点了点头，却并不置可否，而是又转而向王贲道：

“贲儿，不知你对此有何看法，是不是和你的儿子一样啊？”

“父亲，离儿这孩子胸无城府，说话直来直去，很少严加考虑，他的话您就不要全听全信了。不过，孩儿也觉得皇上发兵北进的决策实乃顺应民意之举，必将一击而奏功，我们也应当利用这个千载难逢的好机会，向皇上请命领兵北进，不知父亲意下如何？”王贲表达了与自己的儿子相同的看法。

王翦瞅了瞅自己的儿子王贲，又看了看自己的孙子王离，停顿了一下，忽然无比坚定地摇了摇头。

“祖父，您的意思是不是说我们不去向皇上请命而领兵北伐吧？”王离极为惊诧地问道，脸上满是无法掩饰的失望。

“对，你说的一点儿不错，这个帅位，我不去争，而且我也不允许你们去争！”王翦语气坚决地说道。

“祖父，为什么啊，这可绝对是一个千载难逢的好机会啊，难道您不想让孙儿我建功立业，成为一个顶天立地的真正的男子汉吗！”王离的声音陡然提高了一截。王贲虽然没有说话，但从他的表情来看，他此刻的想法恐怕和他儿子的没什么区别。

“孩子，我何尝不想让你上阵杀敌、建功立业呢。可是，建功立业总不如保全我王家一门身家性命重要啊！”

不知为什么，王翦的声音中陡然产生了一种凄凉的感觉。他冲着半敞的门扉努了努嘴，王贲即刻会意，起身去关门，临关门又向门外看了看，门外并没有什么人。他不明白为什么自己的父亲会突然间如此小心翼翼，而且他也不清楚父亲的所指保全王家一门身家性命是什么意思，难道领兵北伐还会涉及自己全家人的性命吗？”

眼见自己的儿子和孙子都坐到了身边，王翦这才极为满意地点了点头，而后开口向二人道：

“我现在问你们父子二人一个问题，你们认为如今谁有能力领兵北讨匈奴人啊？”

王贲听了自己父亲的问题之后，低头沉吟一会儿，而后抬头看了看儿子，继而开口说道：

“父亲，从孩儿的角度考虑，如今朝中能够领兵北讨匈奴的人并不多，蒙恬算是一个，李信也可堪一用，而后还有咱们家，除此之外，恐怕也就没有其他人。而且，李信为人轻躁冒进，多勇气而少谋略，为将绰绰有余，如若挂帅出征，恐怕还要差上一些。所以这帅位之争也就源起于咱们家与蒙家，只是孩儿不明白父亲为什么不去争这个帅位？”

“嗯，好，你分析得一点儿也不错，表面看来，如今在我大秦朝廷之中也就只有我王家和蒙家能有挂帅北讨匈奴人的本领，但实际上却还另有高人，而且我们也绝不应该去抢夺这个机会。你们再想想，皇上除了决定择将领兵北伐之外,可曾还有什么其他的附加条件吗?”

王贲听了王翦的问题之后都一脸诧异,不知道他为什么要问这个问题。忽然,王离若有所悟地叫了一声,而后急急忙忙地开口说道:

“对了,祖父,你这么一说我才想起来,好像皇上另外还说为了使北伐匈奴之役一奏而成功,将会主要考虑现在仍在军中领兵、熟悉军中情况的人挂帅出征,而暂不考虑在朝中居官的武将。孩儿当时觉得这个问题不会有什么影响,所以也就没有太在意。”

“虽然你觉得这无所谓,可我却恰恰认为这是问题的关键。”王翦脸色凝重地说道:“我们王家世代忠良,为大秦统一天下立下赫赫战功,因而才有一门二侯之尊荣,但俗语说树大招风,我们不得不对其审慎对待啊!”“祖父,孩儿以为我们只要忠心耿耿,一心为国,皇上肯定不会对我们心生猜忌的,你又何必担心呢?”

“傻孩子,你这个想法太简单也太幼稚了。你根本就不了解当今的皇上,当今万岁虽然胸怀大志,韬略过人,但有时却刻薄寡恩,翻脸无情,而且猜忌之心甚重。否则,以李斯的才能和对大秦的贡献,他理应在王绾老丞相解任之后身兼左、右二相之职,但皇上却硬让冯去疾分担其职,这是为什么呢?原因很简单,皇上就是不想让李斯权势过大。”

“现在,我们家功高爵显,说不定皇上早就对我们心生疑虑,如果我们再贪功心切,去向皇上自请挂帅,那就很有可能招致皇上的猜忌,给自己招来祸患,所以,我们倒不如韬光养晦,把这个机会拱手让人,从而保全自己。”

“再者,除了蒙恬之外,可能还有许多因素影响到出征讨伐匈奴之事。近来隗林与扶苏公子交往甚密,而且据传他也要请命挂帅出征,我也不知道他这葫芦里卖的是什么药。还有,公子扶苏为人博学明礼,颇有治世之能,已经成为许多大臣公认的皇位继承人,但赵高却一味地亲近那个浑浑噩噩的少子胡亥,他这葫芦里卖的是什么药,我也无法猜透。但是,赵高是皇上面前说一不二的大红人,而且此人最是诡诈阴险,他不会做无目的的事情的。”

“如今朝中大臣有不少都心怀鬼胎,或者说是在进行着一次代价重大的赌博。咱们赌不起,但却可以躲得起,不知你们是怎么想的。”

王贲听了父亲的一番话,连连点头。本来他对父亲最初的决定感到十分的诧异和不理解,现在听了父亲的解释之后,他才如梦方醒,明白了父亲的良苦用心,也的的确确地明白了朝中众人的勾心斗角。他只是一个武将,他不想用自己的身家性命去赌博。而王离听了自己祖父的话之后更是感到一阵阵的心惊胆寒,后背之上更是冷汗迭冒,他实在没有料到这其中还有这么大的学问,还有这么多说也说不清、道也道不明的问题。自己本想为国家出力,却实在没有想到自己反而有可能会因此而受牵累,受猜忌。想到这里,他不敢再往下多想,最初的雄心壮志也眨眼间消逝得无影无踪了。

“祖父,那咱们应该怎么样才能摆脱这种窘境,把这个机会拱手让人呢?言辞明确地向皇上拒绝出战吗?"

"傻孩子,那你就太不了解当今皇上了,现在我们既不能去自动请缨,也不能明确拒绝,我们只有一条路可以走。"

"哪一条路?"王贲和王离不约而同地开口问道。

"装病。"

王翦意味深长地说着,目光在王贲和王离的脸上来回地扫视着。

第二天,王府之中传来了一个令满朝文武都十分震惊的消息,王翦及其子王贲都患上了一种十分古怪的病症,先是皮肤各处奇痒无比,而后是痒处溃烂流脓,医生诊治之后也不知是何病症,只能保守治疗。

不远,令人感到有些意外的是始皇嬴政对于王家父子二人的突病并不感到什么忧虑,仿佛这二人在他的北伐匈奴的计划中根本没有什么作用似的。王翦派人来请旨回频阳老家养病,始皇也毫不犹豫地答应下来。

谁也不知道始皇究竟会派谁去领兵平定匈奴人。本来有不少人认为挂帅出征的人会是王家的人,但现在王翦和王贲因病回老家养伤,王离也护送他们回家尽孝。许多大臣都有点儿丈二和尚摸不着头脑了。

夜色光临。咸阳宫中四处灯笼高悬,驱走了夜色的黑暗,嬴政坐在书案之后,全神贯注地批阅各地呈报上来的奏折。攻取南方百越之地的战争已经取得了一定的成效,他决定先暂且缓一下,全力平定北方的匈奴。

赵高手中端着一个瓦盆,满面笑容地走进来。他轻手轻脚地走到书案边,也不去打扰始皇,而是伸手揭开瓦盆的盖子,一阵氤氲袅绕的热气之中,始皇猛地耸了耸鼻子,好像嗅到了什么异香,继而抬起头来,四处观望着。赵高就站在他的身边,所以他一下子便看到了一脸笑容的赵高。

"赵高,你闻一闻.这是什么味道啊,真的好香啊!"始皇放下手中的奏章,非常兴奋地对赵高说道。

"皇上,您不用奇怪,这香味奴才刚才就偷偷闻过一次了,请皇上恕罪。"说着,赵高将手边的瓦盆向始皇推过去。

"这是什么东西啊?"始皇十分好奇地低头瞅了瞅那瓦盆。瓦盆之中是一种颜色深绿的热汤,一阵阵异香随着袅袅的热气不断涌入到他的鼻息之中。

"皇上,这是奴才让那两位道长熬制的滋补药汤,不但香气浓郁,而且饮后有健身醒脑、滋阴壮阳之功能,正好可以缓解一下皇上操劳国事的困乏,您也趁热把汤喝了吧,凉了可就不好喝了。"

始皇点点头,对盆中之物又注目良久,仿佛不舍得喝掉似的。又过了一会儿,他才端起瓦盆,将盆中的热汤一饮而尽。喝完之后,他又不自觉地咂吧咂吧嘴,细细地体味着留于齿颊之间的异香。正在这时,一名内侍跑进来,对始皇奏道:"启禀皇上,隗林隗大人在宫外求见,说有要事禀奏。""嗯,好,朕正要宣他进宫来面见朕呢,他倒自己先来了,让他进来吧。"那名内侍领旨而去。赵高也捧起桌上的瓦盆,对始皇说道:"皇上,隗大人来面见皇上一定是有要事相告,在此也无用,就先告退了。”

“那也好,你正好下去安排一下,朕今天晚上要去后宫歇息,你提前准备一下。”

“是,奴才这就下去准备。”

说着,赵高端起瓦盆转身向外走去。让人感到意外的是他的脸色变得很凝重,走到门口外的僻静之处,赵高轻轻地咳嗽一声,一名身着宫中侍卫服装的人快步走到他的身边。二人低声耳语几句,那侍卫即刻迅速离开,向着赵高所来的方向走去。

始皇嬴政又沉浸于奏章的批阅之中,隗林轻轻地走了进来,跪在地上,低声说道:

“皇上,微臣隗林拜见皇上。”

“好啦,你起来吧,朕正好有事要问你呢。”

隗林闻言站起身来,立于书案的一侧,而后恭恭敬敬地目视着始皇。

“皇上,不知您有什么事要问微臣?”

“隗林,朕打算不日选帅北讨匈奴,但是却不知如何进军,不知你对征伐匈奴之事有什么建议?”

“皇上,其实微臣早就在思考这个问题了。匈奴人之所以在我大秦的北境恣意烧杀掳掠,率性胡为,一方面跟某些边关守将玩忽职守有关,另一方面也与匈奴人自身优势的合理发挥大有关系。匈奴人素来过的是游牧渔猎的生活,因而个个都是身体强壮,勇猛好战,就连女人也无一例外,而且他们的战马也都惯于奔跑,同时迅猛无比。不过,经过微臣的一番考虑之后,微臣也想出了一些破敌之策。”

“噢,什么破敌之策啊?你快说来让朕听听!”

“是,皇上。微臣以为,匈奴人虽然多善骑射,但却疏于兵书战策,不善于阵地作战,而且他们又过多地依赖于战马的脚力,所以微臣想出了四条对敌要诀:

第一,多寻良马,争取能在这方面与匈奴人抗衡;

第二,以精锐之师,以迅雷不及掩耳之势一举将盘踞于我大秦境内胡虏歼灭或是将其驱逐出境;

第三,效法先代君王所为,在北边筑墙以御匈奴人,同时也能限制他们战马优势的发挥;

第四,徙民戍守北部边境,鼓励农耕,抵御并同化匈奴人。

微臣的这四条对敌之策已经说完,不知道皇上是怎么看的?”

始皇静静地将隗林的四条对敌之策逐条听完,而后皱着眉头沉思起来,隗林不知道他的想法如何,心中也不由得紧张起来。

过了一会儿,始皇紧皱的眉头忽然舒展开来,十分兴奋地对隗林说道:

“朕发觉你这四条建议并没有哪一条涉及将匈奴人一举歼灭的内容,朕觉得留着他们始终是一个心腹之患,倒不如将他们全部剿灭,不知你意下如何啊?”

“皇上,微臣最初其实也动过这个念头,但继而便放弃了。匈奴人所居之地面积广大,而且气候干燥阴寒,不适宜我们这边的人居住,即使我们将其占领也会弃而不用,反而增加我大秦国的负担,请皇上三思。”

听到隗林的回答之后,始皇颇感失望地“啊”了一声,刚才一脸的兴奋顿时无影无踪。随即,他忽然感到体内产生了一股热流,而且悄悄地汹涌起来。他连忙对隗林说道:

“爱卿,你还有什么事要向朕禀奏啊,赶快说吧!”

“皇上,微臣还有两件事情要呈报皇上。第一,微臣听说赵高依仗皇上您的宠爱,借机大肆收受别人的贿赂,而且结党营私,希望皇上能下旨彻查此事。”

“啊,是这件事啊,对此朕也已有所耳闻,不过并不像你说得那么严重吧!赵高出身贫寒,而且他生性喜爱钱财,收些贿赂就收些贿赂吧,朕回头儿会教训他的,你的第二件事是什么呢?”

隗林一见始皇轻描淡写地便把自己举报的赵高贪权受贿之罪给化解了,心中颇觉丧气,却又不敢违拗始皇的话,只得作罢。迟疑了一下才又继续说道:

“皇上,微臣知道您现在正遴选可用之人挂帅北伐,微臣不才,愿自动请缨为帅,领兵讨伐匈奴,请皇上应允!”

听了隗林的话之后,始皇用一种极为骇怪的眼光看着隗林,仿佛根本就不认识对方似的。过了半天,他才开口说道:

“爱卿,你不是在跟朕开玩笑吧,领兵作战可不是儿戏啊!”

“皇上,微臣绝对不是在跟皇上开玩笑,关于挂帅出征的事,微臣已经考虑很久了,微臣也觉得自己有这个能力完成皇上的意愿。而且,满朝文武之中再没有哪一个人比微臣更熟悉匈奴人的情况,也更熟悉他们的弱点。如果皇上……”始皇只觉刚才的那股热流陡然间又急速热闹起来,不停地在他的肚腹之中游荡着,继而到达了他的四肢百骸。他感觉到自己的身体在轻微地颤抖着,而且一种强烈的对女人的占有欲在猛烈地蛊惑着他。他已经几乎无法再稳稳地坐下去了,而隗林却仍旧在喋喋不休地说着。虽然他知道对方说的肯定是他自己挂帅出征的种种理由,但他却什么也听不进去,也听不清了。始皇猛地从椅子上站了起来,而且借势挥了挥手臂。隗林的声音戛然而止,他被始皇这突然的举动给惊呆了。更让他惊诧不已的是始皇的脸色不知为什么忽然间变得通红了。

“好了,爱卿,领兵作战可不是儿戏,你把你的想法考虑成熟之后再说吧,朕有急事,先走了!”

说完,始皇急匆匆地快步走出屋去,只剩下隗林一个人目瞪口呆地站在屋中。而且,几乎是与此同时,窗外一个黑影倏然闪过,窗棂边的隐蔽之处留下了一个小洞,从外边正好可以看见始皇与隗林二人。

始皇急匆匆地夺门而出,几乎是一路小跑,一直来到了后宫的一座院落之中。赵高正殷勤地站在屋门前伺候着。

“赵高,准备好了吗?”始皇一脸的惶急,他现在只想赶快找个女人一泄心中越来越强烈的欲火。

“皇上,奴才都已经准备好了,娘娘正在屋中等候着您呢。”

赵高的话音刚落,始皇已经宛如一阵风似的从他的面前飞掠而过,自顾冲到屋中去了。一丝得意的笑容在赵高的脸上浮现起来,卢生与石生熬制的滋补阴阳的汤药果然有效,看皇上刚才的那一副猴急样,只怕是在大庭广众之下,他也会毫不犹豫地与女人进行交媾之欢的。

屋内传来几声女人的娇嗔,继而是一阵刺耳的撕裂衣服的声音,随之便归于平静了,只是偶尔还有几下男人的欲望得到满足之后的呻吟叫喊之声。这声音离赵高是远了一些了,虽然他自己也曾发出过这样的呻吟和欢叫,但自从他成为一名失了阳物的男人之后,他便再也无法享受身为男人的最大快乐了。

一名侍卫向他走了过来,赵高一眼看见,连忙迎了上去。二人走到一处僻静之处,那名侍卫低声地与赵高耳语着。

不一会儿,二人拉开了彼此间的距离,赵高一脸的愠怒之色,恨恨地说道:

“哼,隗林这个狂徒,他以为有公子扶苏撑腰就可以为所欲为了,简直是太自不量力了。敢告我的黑状,他的道行还差得远呢!他还想请缨挂帅北征匈奴,这也一定是受了扶苏的暗示了,想着先抢夺兵权,没门儿!老子暗施小计就能让你永无出头之日!”

说着,赵高的眼睛一转,而后贴在那侍卫的耳边低声地耳语了几句,那侍卫听后一脸的惊讶,颇有些惶恐地对赵高说道:

“老爷,这么做是不是有点儿太冒险了,如果被皇上知道了,我们可就全都完了!”

“你怕什么!只要你们手脚做得干净一点儿,没有人会知道的。想想以后飞黄腾达的好日子,现在就是受一点点苦又算得了什么呢!”赵高低声地训斥道。

那侍卫犹犹豫豫地点了点头,这才转身消失在黑暗之中。赵高目送他离去,转身返回到自己刚才站立的地方。

屋中传来一声高过一声的男人呻吟狂欢之声,而且还不时地夹杂着女人嘤咛娇喘之声。两名站在门边的侍女低垂着头,脸颊绯红,双脚也不时地、极为局促地动着。赵高一看便知道这两个宫女也动了春心了。

他轻手轻脚地走到那两名宫女的身边,伸手在其中一名宫女的胸部抓了一把。那宫女轻轻地叫了一声,抬头看见赵高,非但没有生气,反而吃吃地,轻浮地笑了起来。

赵高一见,更是大胆地伸开双臂,将其结结实实地搂在了怀中。那宫女丝毫不闪避,而是小鸟依人般地靠在了赵高的怀中。

他的挑逗更激起了那宫女的欲望,就连她的身体也轻轻地颤抖起来,旁边的那名宫女目不转睛地看着，不自觉地用自己的舌头舔着自己干燥的嘴唇。

那宫女的呻吟娇喘之声越发地大了起来，她猛地一下子搂住赵高的头，极为放浪，也极不甘心地呻吟道：

“啊……啊，赵大人，求求你，你别再舔了，我受不了啦，我的下边早就湿了，你……你要是个真正的男人该多好啊，可惜你已经没有用了。”

听到她的话之后，赵高的身体猛地一震，一下子从对方那美妙且青春的胸脯上抬起头来，伸出手来死死地抓住她的两条胳膊，低声地，但却十分恶毒地问道：

“你刚才说的什么？”

那名正在心旌摇荡之中的宫女骤临此变，顿时一下子清醒过来，愣愣地看着赵高。赵高眼光之中的恶毒使得她一阵阵不寒而栗，而他那如铁钳一般的手也箍得她的胳膊一阵阵钻心的疼痛。她战战兢兢地张了张嘴，却一句话也说不出来。“我在问你呢，你刚说什么，再给我重复一遍！快点儿啊！”“我……我说你要是一个真正的男人就好了……大人，我不是有意的，你千万不要……”

她没能把话说完，也许她意识到了自己的失言想向赵高讨饶，但赵高并没有再让她说下去。赵高的两只手放开了她的手臂，她的脸色轻松了一下，但转瞬之间，赵高的两只手便无比迅疾地如毒蛇一般缠上了她的脖颈，而且死死地扼住了她的咽喉。

她的咽喉内传出一阵暗哑沉闷的声音，她的脸也开始涨成了紫红色，眼睛也开始一点点儿向外凸出着。赵高却没有一点儿要松手的意思，反而越发地加大了手上的力气。她的双手不断地向外伸抓踢着，然而却一点儿用也没有。

很快，她就安静下来，不再进行挣扎了，随之赵高松开手，那女子的身体就软软地倒在了地上。赵高恶狠狠地看了一眼地上的尸体，对着旁边吓坏的宫女说：“以后说话小心点，不然你的下场比她还惨！”

那宫女见自己的姐妹瞬间就没了气息，早就吓得不知如何思考，听完赵高的话只是不住地点头称是。

第三十二章 无将征沙场 残暴日渐重

几天很快又过去了，始皇一直忙于处理那些积累下来的奏折，眼看着这些奏折就要处理完了，他又开始考虑征战匈奴的事宜了。赵高看到每天忙碌的始皇今天在看奏折时却出了神，猜想始皇一定又在考虑着什么，于是就开口试探道："皇上，别太累了，你还是先休息一下吧。"

"没事儿，朕不累，只是在思考进行北征匈奴的事情。"

"皇上，请恕奴才斗胆，不知您中意哪一位将官带兵北伐呢？"

"这件事情你就不用操心了，朕自有分寸，你只要抓紧让卢生与石生二位道长为朕炼制长生不老之药就行了。"

"是，是，奴才多嘴，奴才多嘴。"赵高嘴上说着，心中却有些不是滋味，自己对皇上忠心耿耿，尽心尽力，没想到皇上竟然对自己还是不信任。哼，想瞒我也没那么容易，无论是谁挂帅出征，我赵高绝对不会袖手旁观的。

正在这时，一名侍卫急匆匆地跑了进来，跪倒在地，对始皇奏道：

"启禀皇上，隗大人在宫外求见。"

"噢，都这么晚了，他还来见朕，真是太没眼力了。"嬴政不觉皱了皱眉。

"皇上，时间已经不早啦，依奴才愚见，不如让隗大人明天再来吧，或者明天早朝的时候再说。"赵高知道隗林来的目的定是再次举荐自己为北伐主帅。对此，赵高是坚决反对的，因为隗林早已倒向公子扶苏，成为公子扶苏的拥护者了。他绝对不允许隗林执掌兵权，而且他觉得朝中还会有人反对隗林挂帅北征。把事情拿到第二天早朝上去说，他的同盟者就会更多一点儿。然而，让他颇感丧气的是始皇嬴政并没有听从他的建议。

听了赵高的话之后，嬴政无所谓地摇了摇头，而后对那位侍卫说道：

"行了，你去告诉隗林，让他来这里见朕，不过让他快一点儿。"

"是！"

那名侍卫答应着站起身来，偷偷地看了一眼赵高，而赵高也冲着他偷偷地点了点头，那侍卫这才转身离去。

"好啦，你们几个也都出去吧，朕要和隗爱卿商量一些事情。赵高，你在门口外边等着，不要让别人进屋，朕有事儿会叫你的。"

始皇对三个人下了逐出之令，这让赵高心中非常不是滋味，但他还是老老实实地退到了门外，而且回身将门关好。始皇正襟危坐，等待着隗林的到来。现在能够领兵北征的人不多了，王翦父子二人生怪病回频阳老家养病，其孙王离又尚年幼，根本不能挂帅领兵与匈奴作战。而且，在他的想法之中，他也不会应允王家的人再挂帅出征的，即便是王翦与王贲父子二人都身体健康。现在王家的权势已经够大的了，官大欺主，他可不想让自己的朝中出现会有可能危及自己统治的人。当然，他也不会去考虑李信，因为他知道李信勇猛有余，智谋不足，好犯轻敌冒进的错误。他不会去让李信率兵到北边冒险的，毕竟匈奴人并不是那么好对付的。

现在，在他的心目之中，最合适的人选只有两个，一个是蒙恬，另外一个人就是隗林。本来他更倾向于蒙恬，因为蒙恬一直在军中领兵，对于军中的情况更为熟悉，而且他又是武将世家出身。但近来始皇又有点儿心向于隗林了，虽然隗林出身为文官，从来没有带兵作战的经历，但他却有一项蒙恬根本无法与其抗衡的优势——他更熟悉匈奴人的生活，也懂得匈奴人的弱点，知道该怎么样才能更有效地击败匈奴人。

始皇决定再听一下隗林的陈词，这将决定他到底任命谁出征匈奴。

得到了允许觐见始皇的命令之后，隗林心情极为轻松地向始皇的书房走去。他刚刚从公子扶苏那里来，所以才会这么晚还来打扰始皇。他又与扶苏和蒙毅商量了半天，讨论该如何说服始皇让他挂帅讨伐匈奴人。

此刻他的步履轻快，甚至不由自主地低声吟唱起了自己家乡的小调来。他已经很久没有这样的轻松惬意了。他确信始皇已经开始为自己的话所动，而且他也坚信自己一定能够通过这一次的进谏说服皇上，将帅印交给自己。那样的话，自己就能掌握一定的兵权，不但能对公子扶苏日后继承皇位有极大的帮助作用，也会使自己的地位得到提升和别人的承认了。作为一个外来者，他再也没有必要谨小慎微，委曲求全，害怕得罪每一个人了。如果事情进展顺利的话，那么他不但会在军中占据要职，而且还会成为王储扶苏身边重要的辅臣，自己还会怕谁呢？

一阵轻微的脚步声从他的身后传来。起初，他并没有注意到，因为他实在太兴奋了。在那脚步声离他越来越近，而且在极快地接近着他的身体的时候，他终于听到了脚步声。他不禁使自己的脚步慢了下来，他想要看看自己的这个同行者究竟是谁。

然而，他刚想扭头向后看，忽然间觉得脑后猛地被人重重击了一下，他闷哼一声，人也随之慢慢地向前倒去。他的警觉产生得实在太晚了。

一个黑影站在他倒下去的身体旁边，愣了片刻，而后弯腰挟起他，闪转腾跃，快速地沿着僻静之处向后宫而去。

不多时，他仿佛一个幽灵似的停在了一处房屋的窗外，确信四处无人之后，他伸手从腰间摸出一件细小的东西，插入窗子的缝隙之中，而后用嘴在外面猛地向里一吹，便又迅速地从窗上抽回那东西，塞入了怀中。

等了一会儿，他挟着隗林转到门前，轻轻一推门，屋门“吱呀”一声开了，此人脸上一喜，随即便跃身入屋，又回头关上了屋门，径直向最后面的寝室走去。

寝室之中燃着两只蜡烛，将屋内之物照得清清楚楚。屋中的摆设很简单，但却透着一股富贵奢华之气。床上横卧着一个女人,并且是一个人事不知的女人。

此人走到床边,一下子将腋下的隗林扔在床上,而后从怀中掏出两粒药丸,启开隗林和床上女人的嘴巴,给他们一人服了一颗药丸。服完药丸之后,此人又伸手将二人的衣服脱得一干二净,而且把衣服凌乱地扔到各处。转眼之间,床上的二人都已经是全身赤裸了。那人有些贪婪地看了看女人赤裸的身体,重重地咽了一口唾沫,这才把床上二人挪到了一起,并且让他们形成相拥相抱的姿势。

做完这一切之后,此人坐下等了片刻,看到床上二人的脸颊都变得潮红,身体仿佛蛇一般来回扭动,嘴里还不时地发出呻吟之声以后,那神秘人才如释重负地站起身,又依依不舍地看了床上女人一眼,这才打开窗子,跃身出窗,仿佛鬼魅一般迅速地消失在夜色之中。床上的两个人仍然没有醒过来,他们都闭着双眼,但却又像是非常需要对方似的,轻轻地呻吟着寻找着对方的身体,而后紧紧地拥抱在一起……

"赵高,你快去看一下,隗林是怎么了,怎么到现在还不来见朕啊!"始皇左等右等都等不到隗林,不禁心焦似火,站起来大声地叫嚷着。

"是,皇上,奴才马上就去。"

赵高答应着转身而去。过了很长一段时间之后,他才气喘吁吁地跑回来,站在门外对屋中的始皇说道:

"皇上,奴才刚才转了一大圈,把守宫门的侍卫说隗大人已经进宫了,可奴才却哪儿也看不见他的踪影,依您看该怎么办啊?"

"这个隗林,搞的什么事啊,竟然要让朕在这里等他,真是太不像话了。走,不等了,时间也不早了,朕先回去休息了,回头再收拾他!"

赵高正要再说话,门"嘭"的一下子从里面被人拉开了,嬴政颇有些气恼地从屋中冲出来,大踏步向后宫而去。赵高的脸上露出一丝得意的笑容,但他却不知道自己是该守在这里,还是该跟上去。

"赵高,你还傻愣在那里干什么啊,赶紧去伺候朕休息,等朕休息之后你再歇着。"始皇走了几步,又回过头来叫赵高。

"是,皇上,奴才这就跟您去。"

说着,赵高一溜小跑地跟了上去。

君臣二人轻车熟路地来到了一处房子面前。近来接连数日,始皇嬴政都会来这里安歇,因为在这屋中住着的是他从出行路上带回来的,能够使他恢复男人的神采,得以享受纵欲快感的匈奴少女。不过,让始皇感到奇怪的是门口一个人也没有。本来,为了防备少女逃逸或者是出什么意外,他命令赵高专门安排几名宫中侍女伺候着少女,却不知为什么现在却连一个侍女都没有。

他愠怒着瞅了赵高一眼,而后径直推开门走了进去,他忽然听到了一个他十分熟悉的声音。

“赵高，你快进来，你听听这声音是从什么地方传出来的？”

听到始皇大声呼唤之后，赵高连忙蹿进屋中，仔细地侧耳倾听着。他听到了一种已经离他很远但却又曾经十分熟悉的声音。

但是，这里是那匈奴少女的卧室，而始皇又刚刚从外边走进来，这种声音是从哪里来的呢？赵高被惊呆了，一句话也不说。但是，他并没有忘记始皇交给自己的任务，仔细侧耳倾听着声音的来源。最后，当他确信无疑的时候，他才伸出自己的手，战战兢兢地指了指后边的寝室。

那放浪的声音是从那里传出来的。

“赵高，你没有听错吧？这声音是不是真的是从寝室之中传出来的啊？”听了赵高的话之后，嬴政的身体不易觉察地颤了一下，脸色也顿时变得灰白，好像遭受了什么重大的打击似的。他的耳朵向着声音的来向倾听着，但他仍然在问着赵高，好像心中极不情愿接受眼前的这个事实。

赵高小心翼翼地但却是十分肯定地点了点头，一脸惊惶的神色。

嬴政那宽大的身躯猛地一倾斜，却又随即低低地咒骂一声，而后大踏步地向后边的寝室走去。赵高在后面跟着，一副谨小慎微的样子，但他的脸上却偷偷地浮现出得意的笑容，好像他早就知道会有这件事发生似的。

寝室之中一片春光荡漾，帷幔未悬的床上，两团白肉正在上面紧紧相拥着，忘情翻滚着。

始皇嬴政双目赤红，紧紧地攥着拳头，一步一步地走向床边，而床上的两个人对此却浑然不觉，依旧深深地陶醉于这种原始冲动之中。

嬴政身体颤抖着站在床边，他已经辨认出床上的两个人是谁了。男的是自己的臣子，是那个一心想挂帅北征匈奴的隗林，而女子则是近来给了自己无限乐趣的匈奴少女。他本来是想在今晚来此进行一次云雨之欢，享受一下身为男人的乐趣的。但是现在，自己的臣子隗林取代了他。

二人的声音仿佛一记记重锤，不停地、而且极其猛烈地砸在嬴政的身心之上。虽然嬴政和赵高都目不转睛地站在床边，虽然他们自己的身上都是汗流浃背，但床上的人仍旧在忘乎所以地大呼小叫着。

“贱人，你们两个贱人！”

始皇站在床边，怒不可遏地大声叫着，他恨不得立即便把这两个人抓在手中揉烂撕碎才解气。不过，他的叫声对床上的两个人丝毫不起作用。

“赵高，赶紧去找一盆凉水来，把这两个贱人浇醒！”

嬴政冲着赵高大声地命令着，赵高连忙去屋中的角落处去找水盆，幸好里面还有满满的一盆凉水，而嬴政也恶狠狠地抽出了腰间的长剑。

“泼，把水都泼在这两个贱人的身上！”

床上的两个人都大叫一声，激灵灵地打了一个冷战，而后一下子懵懵然从床上坐了起来，水不断地从他们的头上和身上流淌下来。

随即，他们便都极其惊骇地看到了对方，也看到了对方赤裸的身体，又都惊叫着扯过东西遮住自己身上的羞处，身体也不停地颤抖着，不知道是怎么回事。

“隗林，你这个狗奴才，你真是好大的胆子，连朕的女人你都敢要！”

隗林这时才看见了眼前的嬴政，看见了嬴政手中明晃晃的长剑，也知道了自己面前的这个裸露着身体的女人是后宫之中的嫔妃。恍惚之中，他似乎回忆起刚才自己是在和一个女人颠鸾倒凤，共效鱼水之欢，可他却万万也想不到此人竟是皇上心爱的女人。他的精神一下子便崩溃了，身体也仿佛筛糠一般的乱抖起来。在嬴政剑尖的威逼之下，隗林猛地跳下床，跪倒在地上。虽然他的膝盖被磕得疼痛不止，但他都无暇顾及了，现在他要做的就是赶紧摇尾乞怜，保全自己的性命。

“皇上，请您息怒，奴才该死，奴才该死，可奴才也不知道是怎么到这里来的啊！”

“狗奴才，你不是说要面见朕有要事禀奏吗，怎么却又睡到朕的床上去了?”

“皇上，皇上，奴才也不知道这是怎么回事儿啊！奴才本来是想觐见皇上的，却不料被人打昏过去，奴才的确不知道怎么会这样啊！皇上，您一定要相信奴才啊！”

“好，隗林，做完了好事，你却又和朕装糊涂，朕的皇宫之中戒备森严，连鸟都飞不过去，又怎么会有人把你打晕呢！你既然不知道这是怎么回事，那么就让朕来告诉你吧！”

“怎么，皇上您知道这是怎么回事吗?”隗林抬起头来，脸上浮现出欣喜的、谨慎的笑容。

“你去跟阎王爷问个明白吧！”

始皇嬴政恶狠狠地说着，眼中露出噬杀的暴戾锋芒，直瞅着跪在他面前的隗林。隗林心中恐惧不已，本能地要站起来逃命，却已经晚了。嬴政猛地一抖手腕，将手中长剑用力地送了出去。只听“扑哧”一声闷响，长剑穿隗林的身体而过。隗林惨叫一声，呆呆地看着穿透自己身体的长剑，而后抬头看着嬴政，断断续续地说道：“皇上，微臣的确是无辜的，微臣真的不知道这到底是怎么回事啊！”

嬴政的手轻轻地颤了一下，但随即便一咬牙，猛地将长剑抽了出来，鲜血喷溅，隗林伏身跌倒在地上。的确，他真的是到死也不知道发生了什么事情。

斩杀了隗林之后，始皇嬴政又一眼看到了仍旧坐在床上的匈奴少女，便立即倒提长剑，大踏步地走到了匈奴少女的面前。

“自你进入咸阳以来，朕一直待你不薄，没想到你却做出这等下贱的事情，你……你难道不想活了吗?”嬴政心中又是一阵怨恨。没想到自己的女人竟然和自己的臣属睡到了一起，而且是那样的缠绵忘情，忘乎所以。他实在无法忍受她的这种不贞的行为，但一时之间又舍不得下手杀了她。毕竟，这么长的一段时间以来，他还没有遇到像她这样让他充满侵略占有之欲的女人。“哈哈哈……”看着嬴政怒不可遏甚至是十分痛苦的脸色，看着地上到处流淌的隗林的鲜血，匈奴少女忽然间极为痛快地大笑起来。

“你笑什么，你笑什么？”嬴政气急败坏地大叫着，手中的长剑也一点一点地接近了少女的咽喉，但少女却仿佛对剑尖浑然未见似的，仍旧在大笑着。

“刚才死在你剑下的那个人是你的臣子吗？”笑罢之后，少女开口问嬴政道。她脸上浮现出健康而美艳的笑容，让嬴政刚刚硬起来的杀之而后快的决心转眼间又软了下去。

“是，他是朕的臣属，而且朕还原本打算让他挂帅北征你们匈奴人呢！”

“那你为什么还要杀掉他呢？”

“这……”嬴政迟疑了，他不知道该如何回答这个问题，却发现少女正目光炯炯地望着自己，好像已经洞察了自己心中所想的一切似的，他只得硬起头皮说道：“谁让他冒犯朕心爱的女人呢！”

“哈，能够成为堂堂大秦国皇帝最心爱的女人，我真是感到荣幸之至。可他冒犯我了吗？我觉得他比你强多了，起码比你更强壮，更能讨得女人的欢心。”

“你……”

“我怎么了，我说的可全都是事实啊。再说，这算得了什么呢？你觉得我漂亮，喜欢我，那别的男人也同样会觉得我漂亮，同样会喜欢我，想和我睡觉，想占有我，这有什么值得大惊小怪的呢？回头你可以和你的那群只知仰你鼻息的臣属们说，只要他们想要，我会和他们中的任何一个人上床睡觉的。对了，这就有一个人，皇上，你问问这个天天像哈巴狗儿一样的人，你问问他想不想和我上床睡觉啊，如果他愿意，现在我就能奉陪，反正我刚才还没有尽兴。”说着，她猛地一下子拽掉遮在自己身前的衣物，将赤裸的身体展现在赵高与嬴政的面前。赵高有些惊愕了，他实在没有想到眼前的女人会是如此泼辣大胆，他的双眼不由自主地直勾勾地停留在她那绝美的身材上，而她更是以轻佻放浪的目光挑逗着愣愣的赵高。虽然赵高已经失去了男人的功能，却仍旧忍不住一阵热血贲张，难以自持。这么艳丽娇冶的女人，即使不能占有，搂着她亲吻爱抚一番也会是一种十足的享受。“狗奴才，不许看，赶紧闭上你的狗眼！”嬴政厉声暴喝着，而赵高也连忙胆战心惊地闭上眼，低下了头。“哎哟，你何必发这么大的火啊！上梁不正下梁歪，你自己淫欲贪婪，恨不能把天下所有好看的女子据为已有，却又想让自己的臣下个个都是正人君子，这怎么可能呢！没事儿，你不用害怕，等你的主子不在的时候，你尽管来找我，我一定会把你伺候得舒舒服服的，就像伺候你的主人一样。哎呀，我忘了，你好像已经被阉了，根本不能再做男女之事了，你真是太可怜了，那你也只能看你的皇上表演了。皇上，你今天来不就是为了和我睡觉的吗，来吧，来吧，正好我还没到高潮呢，快点来吧，也让你这个跟屁虫似的奴才开开眼界。”

“你……难道你真的不想活了吗？”嬴政的剑尖又指向了少女的咽喉，他在气急败坏地大叫着。

“哎哟，我的皇上，你舍得杀了我吗，你真的舍得杀了我吗？我可还要用自己的肉体去安抚你的那些臣下们,让他们忠心不二地为你卖命呢!"

"你……你这个贱婢,你去死吧!"

嬴政极为痛苦地一闭眼,而后猛地挥动了手中的长剑。只听见一声闷哼,当他再睁开眼的时候,少女已经软软地扑倒在床上,她的咽喉被嬴政的长剑割开了一道口子,鲜血顺着伤口和嘴角不停地流出来。

"谢……谢你……"少女二目圆睁,极为艰难地说着,她的脸上满是轻松,没有一丝的痛苦。随着她含糊不清的话语,鲜血越发地从她咽喉间汩汩地流出来。说完之后,她的头一歪,手一松,随即便气绝而亡。但是,她的双目圆睁,而且脸上还浮留着一丝惬意的、满足的微笑。看来,她真的是十分感谢嬴政对她的杀戮,也许她认为只有这样才是对自己的一种极好的解脱。而且,更为奇怪的是,就在离开这个世界之前,她的手拽过了床单,在她临死的一瞬,遮住了自己裸露的身体。也许,冥冥中的天意也不想再让她圣洁的身体暴于这俗世之中。

嬴政手捏长剑,呆呆地站在床前,看着床上死去的少女,心中空荡,他感到了一种茫然无措。

门"吱呀"一声开了,嬴政缓缓地转过身子,看见两名宫女走了进来。

那两名宫女本来还有说有笑的,但转眼之间她们便惊呆了,愕然了,仿佛傻了似的站在了门口。因为她们嗅到了屋中浓重的血腥之气,看到了倒在血泊之中的隗林和床上的少女,也看到冲着她们执剑而立,身上满是血渍的始皇嬴政以及他那狰狞狠毒的面目。

"皇上……"二人不约而同地双膝一软,跪倒在地上,却又说不出一句话来。虽然她们不知道这里到底发生了什么事,但她们却着实被眼前的血腥给吓坏了。

"你们到什么地方去了,朕不是吩咐你们要在这里好好看着这位姑娘吗?"

"皇上,刚才奴婢两人听说御花园中的芍药开得非常好,便忍不住过去看了看,那个时候姑娘还好好的,而且最近一直也没有什么出格举动,始终挺安生的,所以……"一名侍女战战兢兢地说着。

"哼,好啊,你们的胆子大了,敢自作主张了,现在姑娘还是好好的吗?"嬴政紧紧地攥着剑柄,脚下慢慢地接近着那两名已经被吓傻了的侍女。

"皇上,姑娘她……"那两名侍女偷偷地向床上看去,姑娘的尸体静静地横卧在床上,两条纤细柔美的玉腿露在床单的外面,但却已经变得冰冷了。她们知道她是殒命于嬴政的剑下的,她们不明白皇上为什么会忍心杀了千娇百媚的姑娘,她们更不敢说姑娘就是死于嬴政的辣手。

"如果不是你们两个贱婢擅离职守,那么朕的姑娘也就不会死了,你们这两个贱婢都该死,现在朕就打发你们到九泉之下去陪伴可怜的姑娘吧!"始皇的声音变得阴冷而狠毒,而且还隐隐有一丝淡淡的悲伤。

"皇上,不要……"

那两名侍女楚楚可怜地哀求着，然而嬴政却恶狠狠地、毫不犹豫地挥起了手中的长剑，只听见两声凄厉的惨叫，两颗人头几乎是同时滚落在地上，两具无头的尸体也轰然倒在地上，她们还很年轻，她们还没有体验到多少人生真正的乐趣便死在了嬴政的手里。“赵高，赵高！”“皇上，奴才在这儿呢，奴才在这儿呢！”赵高连忙答应着。此刻，他也被吓得心惊胆寒，也不敢再多说一句话，或是有半点马虎，他知道自己的主子已经杀红了眼，而且他刚才也已经看到了赤裸着的姑娘的全身各处，说不定自己真的会丧命于始皇的剑下。他必须加倍地小心。

“你赶紧去传朕口谕，委任蒙恬为元帅，三日之后便火速赶往北境去剿灭匈奴！”嬴政展开双臂，挥动着手中的长剑，仿佛一个屠夫似的大声叫着。他的脸上和身上溅了许多鲜血，而且他的眼中也是一片血红，这使得他的面目看上去极为狰狞可怖。

“是，皇上，奴才马上就去传您的口谕。”赵高极为爽快地答应着。隗林死了，死在了皇上的手中，他再也不可能挂帅出征，掌握兵权，进而威胁到赵高的地位了，这也就说明他赵高的阴谋获得了完全的成功。但是，他还有一些担心，所以他虽然满口答应下来，脚下却没有动。

“怎么，你还有什么事吗？”始皇二目圆睁，样子十分吓人。

“皇上，这些尸首该怎么办啊？”赵高指了指屋中的四具尸首。

“传旨之后，你找人把他们四个挖坑埋了。记住，今日之事对谁也不要说，否则朕一定会杀了你的！”

说完，嬴政转身快步离去。赵高连连答应着，只觉自己的后背上忽忽直冒凉气。但随即他便又有些得意了，自己这个借刀杀人的计策真是太经典了。匈奴少女的话令他多少有些不快，但转而他便又释然了。大丈夫能屈能伸，即使现在作别人的跟屁虫、哈巴狗儿又怎么样呢？如果事情顺利地按照他的宏伟设想进行下去的话，那么相信不久之后自己就不用再这样仰人鼻息、卑躬屈膝地生活了。

他想着，不由自主地狂笑起来，仿佛整个世界已经在他的掌握之中似的。

始皇三十二年，蒙恬将盘踞在河水（黄河）以南地区多年的匈奴人赶到了河水以北。

三十三年，将榆中至河水以东一线的匈奴人一路驱赶到阴山以北，将此区设为四十四个县，依河水为障，向北抵御匈奴。

同年，蒙恬又率兵渡河向西北连取高阙、陶山、北假中等地，并且使人筑建城墙抵御匈奴人。

在北部与匈奴作战取得节节胜利的同时，嬴政又发兵继续向南攻取陆梁之地，将其置为桂林、南海、象郡，并遣派中原之民到那里与越人杂居。

随着南、北两个方向的不断胜利，随着国内经济的日趋繁荣，嬴政变得越来越好大喜功，甚至变得有些性格偏激。

三十四年，嬴政下令在全国范围内役使民众在国境的北边修建长城。单这一项举动，就耗费了数以百万计的壮年劳力，而且由于他渴望城墙早日竣工，监工人员便责罚那些民工不断赶工，因而便有无数的民工丧命于城墙之下。

同年，他听从丞相李斯的建议，将史书中不记载秦国历史的全部烧掉，非博士之职一律不准藏匿《诗经》《书经》及诸子百家的书籍，有敢私藏不烧的人则刺面并且罚为吏卒，只留下医药、卜筮、种树方面的书不烧。这个命令就是“焚书令”。此举极其严重地破坏了古代文化，虽然使法家地位得到巩固，但却使许多其他学派的著作失传。

三十五年，嬴政以咸阳人多，先王的宫殿太小为借口，下令修建宫殿于渭水南岸的上林苑。由于规模宏大，所以此次修建朝宫的工作需要分期进行。首先建成的是前殿，单是这个前殿便占地甚广。

整个前殿东西长500步，南北长50丈，大殿之上可以容纳10000多人，殿前广阔，树立起12尊铜人，并且竖起5丈高的巨大旗杆。周围建有阁道，由殿前能够直接到达终南山，山上建有宫殿；殿后建有复道，通过复道可以直接到达渭水北岸的咸阳宫。因此殿形似房屋，所以后人称其为阿房宫。

修建阿房宫的同时，他还为自己的日后打算，命人修建同样规模宏大的骊山陵墓。

北筑城墙，修筑阿房宫和骊山陵墓是三项声势浩大的工程，不但耗资颇多，而且动用了大量的人力，使得国内的农业及手工业日趋衰落。

在这个过程中，公子扶苏屡屡进谏始皇嬴政，力劝自己的父皇实施仁政，厚积薄发，不要太急功近利，但嬴政非但不听，反而日渐疏远了自己和扶苏的关系。

为了能够实现长生不老的夙愿，他听从卢生和石生的种种安排，最后竟以“真人”自居，整天微服潜行，谁也不能向别人透露他的行踪。如果有人有事启奏，便需要到咸阳宫等候。这种举动虽然极为滑稽，但始皇却深信不疑，而且乐此不疲。

有一次他微服游览梁山宫，从山上看见丞相李斯正在出行，其规模非常大，他便有些感慨地说道：

“李斯的权势真是越来越大了，他这出行车马的规模比朕的也差不到哪儿去啊！”

一名侍从曾受过李斯的恩惠，便偷偷地把这句话告诉了李斯，吓得李斯胆战心惊，赶忙减少了自己的出行车马，却又恰好被嬴政看到，嬴政便知道是随行自己的人员泄露了秘密，遂一一询问，但是谁也不敢承认，连那名多嘴的侍从也不敢自认了。嬴政一见众人推诿扯皮，极为愤怒，索性把当时在自己身边的侍从宦官全部召集起来，而后一个不剩，杀了个干干净净。

如此一来，虽然确立了他自己的权威，吓坏了那些侍从，却也吓坏了卢生和石生两位道长。他们一见始皇屡出暴戾之举，知道自己二人再待下去，恐怕早晚也会惨死于嬴政的手上，因为他们知道自己根本没有可以让人成仙的妙法。

于是，二人经过了一番商议之后，连被羁押于赵高手中的父母亲人也不要了，不辞而别，逃逸得无影无踪。

嬴政知道这个消息之后，自然是极为愤怒，而且正赶上他听说有不少在咸阳的儒生因不受重用而颇有微词，说他暴戾恣睢，只任用无能奸险之辈，迟早会毁了好不容易建立起来的秦国的。嬴政怒上加怒，专门命人抓了460多名对他有过批评的方士和儒生，全部活埋，以示自己的威严不可侵犯。公子扶苏力陈其弊，嬴政大怒，将扶苏贬至上郡，与蒙恬一起抵御匈奴。

秦始皇三十六年，传说有一颗流星坠地而为陨石，落在了东郡治内，当时有一位百姓因为对嬴政严苛的政策非常不满于是在陨石上刻了七个字——始皇帝死而地分。始皇听闻之后，龙颜大怒，将那块陨石销毁，并下令找到那个刻字的人，但是命令下去之后石沉大海，于是嬴政愤怒地把陨石周边村中的数千人全部杀害。这样残暴的手段，让人们对嬴政更加痛恨开始诅咒当年一定死去，没想到一语成谶。

第三十三章 秦始皇驾崩 赵高改遗诏

公元前210年，嬴政准备进行第五次巡游。虽然他的身体已经不允许他这样做，而且还遭到了很多大臣的反对，但是秦始皇一点也不在意，孤注一掷地开始了自己第五次巡游。

在巡游开始之前，嬴政准备让右丞相冯去疾在咸阳留守，让李斯与自己一起前往。而且，在赵高的谋划之下，胡亥不断恳求秦始皇能带上自己，嬴政最后答应了胡亥的请求。虽然胡亥没有扶苏那样的才智，但是他懂得察言观色，并对父皇唯命是从。因为赵高料想始皇这次出游一定有事发生，依自己对始皇身体状况的了解，他可能撑不了多长时间了。因此才让胡亥不断恳求始皇要带自己前往。

这一年的十月，出游的队伍终于浩浩荡荡地离开了咸阳，这次的规模与往常一样庞大，唯一与以往不同的就是嬴政并没有像以前那样与大臣们一起骑马尽兴，而是待在车里。

十一月，队伍来到了云梦泽，在九疑山祭祀了虞舜，之后，又到了会稽，对大禹进行了祭祀。随后，李斯又遵从始皇的命令，按照惯例在南海刻石记下了此事。

李斯的这篇撰文与以前的撰文并无不同之处，依旧是对秦始皇的歌颂。

刻石之后，浩浩荡荡的队伍经过吴地乘船入海，由海上到达琅琊，又到达芝罘。此时，经过长途的颠簸之后，嬴政的身体变得越来越差了。到达了平原津，一直咬牙坚持的嬴政再也无法坚持下去，一下子便病倒了。虽然随行的无数太医先后为其诊治，服药无数，但仍旧没有什么起色。于是众人便加紧赶路，他们想在嬴政病故之前赶回咸阳，那样的话，一切善后工作才能更好地完成。不过，赵高倒不像别人那么急迫，因为他早就预见到这种情况了。

这一天，众人正在赶路，一直在车中昏昏沉沉、睡多醒少的嬴政忽然间身体大有起色，竟然挣扎着从车中坐了起来，气息微弱地问为他赶车的赵高道：

“赵高，前边要到达的是什么地方啊?”

“哎呀，皇上，您终于醒过来了，这几天奴才都要担心死了，不过奴才相信吉人自有天相，您也一定会没事的，前面要到达的地方是沙丘。”

“沙丘……沙丘，怎么这个名字听起来这么耳熟啊!”嬴政穿过撩起的车帘，呆呆地望着前方，口中顾自喃喃道。

“皇上，您可能一时之间想不起了，奴才提醒一下您可就记起来了，当年煊赫一时的赵武灵王就是在沙丘孤独而死的。”赵高回答的声音不知为什么显得有些高，其实嬴政就在他的旁边。

听了赵高的回答，嬴政的身子似乎抖了一下，但他的眼睛却依旧痴痴地望着远方，而后呆了一会儿，才开口说道：

“赵高，停车，今晚就在这里留宿吧，朕想在这里转上一圈。”

“喏。”

听到嬴政的命令之后，赵高连忙叫了一声，猛地一带马缰，大车戛然而止。前前后后的车马随从一见始皇的大车停下来，也都停了下来。

“赵高，你扶朕下车，朕要活动活动。”

“好嘞，皇上，奴才这就扶您下车。”

赵高极为痛快爽利地答应着，放好手中的马鞭，就要去扶始皇。正在这时，一阵急促的马蹄声从后面传了过来，而且一直到始皇乘坐的大车前停了下来。

“赵大人，你怎么突然把车停下来了，咱们还要抓紧时间赶回咸阳呢？”说话的人措辞激烈，言语之间也带了几分火气。

赵高听着那声音有些耳熟，连忙转过头，却见太医夏无且一脸的严肃，正骑在一匹骏马之上目光炯炯地看着自己。夏无且医术高明，而且又救过嬴政的性命，所以嬴政对他也十分宠信。

“噢，是夏太医啊，我可不敢私自做主停车，是皇上想下车来走走的。”赵高的回答十分轻柔。要是换作别人，他恐怕早就骂过去了。

夏无且一听是嬴政自己决定要停下车来四处走走，连忙把目光转向了车上的嬴政，言辞恳切地说道：

“皇上，依微臣意见，我们现在不能停下来，必须抓紧时间赶回咸阳，您也应该安安生生地躺在车上。”

“噢，那朕问你，为什么不能停下来，难道朕想停下来散散心都不行吗？”嬴政一见夏无且竟然胆敢违背自己的意愿，心中老大的不高兴。

“皇上，您现在身体欠佳，抵御能力很弱，而此地又气候恶劣，治疗条件也极差，所以我们只有在保全您体力的基础上尽快赶回咸阳，只有那样才有可能使您的病体痊愈，否则的话……”

“否则怎么样？”嬴政阴沉着脸，紧紧地逼问着。

面对嬴政的追问，夏无且也不禁踌躇起来。其实他话中的意思已经很明显了，他觉得皇上应该明白，可万万没想到皇上会对自己话中之意追问不止。一时之间，他也不知道该怎么回答才好了。

“快点儿说，要不然朕就治你个欺君之罪！”嬴政几乎是在威胁夏无且了。

“皇上，如果您执意在此逗留，那么您就很有可能会因为医治不及时导致病情恶化，最终……最终殒身于这出游途中！”夏无且咬了咬，终于说出了实话。

“你……你是说朕有可能……可能死在这里，是吗？”嬴政的声音显得颇为颓丧，而且他的脸色也非常难看，但夏无且看不见，因为他们中间还隔着一个小纱帘。

“是，皇上，微臣说的都是实话，其实每个人都要面临死亡。”

“夏太医，谢谢你，谢谢你提醒了朕，谢谢你。”

嬴政的声音再也不像往日那般尖利，反而渐渐地弱了下来，让平时对嬴政品行十分了解的夏无且一时摸不着头脑。忽然，一线寒光从纱帘中射出。夏无且还没有反应过来，就已经一命呜呼了，在临死之际，夏无且还在劝告秦始皇说：“皇上，微臣所说全都是实情啊，你……”

还没等夏无且说完，嬴政就将插入夏无且胸中之剑拔出，瞬间鲜血如柱般喷出，只听夏无且惨叫一声，夏无且跌下马去，那马也受到了惊吓，开始狂奔起来。

众人震惊之余，只听嬴政的车中传来怒吼：“朕是天命帝王，与天齐寿，朕怎会死呢，朕是不会死的！”听到这话，所有人都惊呆了，就连赵高都吓得不敢上前插话。这时忽然听到秦始皇吩咐赵高道：“赵高，赶快扶朕下车，快——”说完这话，始皇就开始了一连串的咳嗽，仿佛要将肺都咳出来一般。

赵高听到始皇叫自己赶紧下车，跑到始皇的车前，将车帘掀起来，帮助嬴政将脚放到跪在车前的侍卫的后背上，扶着嬴政的胳膊，小心地将嬴政扶下车来。

双脚落地之后，嬴政恨恨地瞅了一眼地上夏无且的尸体，而后挣脱赵高的搀扶，径自大踏步向沙丘走去，赵高连忙在其身后快步追了上去。

虽然沙丘很有名，但其景寥寥，或许完全是因为赵武灵王殒命于此而出名。此时，黄沙成丘，凉风阵阵，更是搅起漫天的沙尘，搞得人心烦意乱。

嬴政没有心烦意乱。此刻，他呆呆地、凝重地站在沙丘平台之前。他绝对没有凭吊古人的情趣，他只是感到无比的诧异和惊骇，他实在没有想到当年声名煊赫一时的赵武灵王竟会殒命在这种荒凉破败的地方。

当年，赵武灵王有感于战车的笨重，率先决定效法胡人，废除战车，兴起骑射，进而进行一系列的改革，因而不但有效地防御了匈奴胡人的侵略，而且兼并其他国家，成就了一方霸业。然而，在战场以及改革上有着毅然决然的性格的他却在选择王位继承人的问题上优柔寡断，犹豫不决，最终导致兄弟儿子反目成仇，反过来围攻赵武灵王三日有余，赵武灵王竟被活活饿死在沙丘宫中。如果他在选择继承人的问题上能够坚决一点，也就不会造成日后自己身成饿殍的惨剧了。

看着眼前的阵阵黄沙和凄凉的残垣断壁，嬴政不由得心中一颤：赵武灵王因为继承人问题而身死惨地，那么自己呢？

他知道，现在自己已经是病入膏肓，虽然自己刚才杀了夏无且，虽然自己想死硬到底，但他知道自己已经活不了多长时间了，可是，自己的继承人又是谁呢，大秦的重担又由谁挑起来呢？

这个问题在他的脑海中飞快地、来来回回地转动着。他想起了这次随自己一同出行的胡亥，但却又随即摇头否决——胡亥太爱玩乐，生性顽劣，而且又心思愚笨，让他作大秦国皇帝绝对是一个错误的决定。他又想起了自己的其他儿子，却又同样一一否决。最后，他想到了远在上郡的扶苏。单论能力，扶苏绝对是兄弟众人中最出色的，而且他又身为长子，他理应继位为大秦国的皇帝。但是，他却屡次和自己作对，屡次和自己争论，如果自己召他回来登基为帝，那自己岂不是太没面子了吗？

他苦苦地思考着。忽然，他觉得肚腹之中有一阵血腥之气在翻滚动荡，他忍不住张开了嘴，而后不禁“哇”一声，猛地吐出了一大口鲜血。他只觉眼前一黑，还没来得及舔干净嘴角的血迹，便猛地向前栽倒。

“皇上，皇上！”

赵高撕心裂肺一般地大叫着，飞快地向倒下去的嬴政跑去，其他的人也都慌了神。

当嬴政悠悠醒转过来的时候，他发觉自己正置身于一个陌生的环境，旁边是无数关切目光，有赵高、有李斯、有胡亥，还有其他的文武大臣。他轻轻晃了晃自己发晕的脑袋，开口向赵高道：

“赵高，这里是什么地方啊？”

“回皇上，这里是赵武灵王曾经住过的沙丘行宫，早就破旧不堪了，奴才和诸位大人们费了半天劲才找到这么一间好一点儿的房子。”

“朕刚才是怎么了。”

“皇上，您刚才吐了一点儿血，晕过去了，太医给您服了点药，不过您的身体有些虚弱，需要好好调养几天，等您身体好了之后，咱们再启程返回咸阳，您看怎么样？”

嬴政微微点点头，不过他在怀疑，自己是不是还能再好起来。

接下去的几天，众人一直轮流照看着病重的嬴政，那些太医们也不停地针对嬴政的病情改换药方。但是，嬴政却一点也没有好转起来，反而日渐消瘦，而且精神也日趋萎靡不振。然而，他们谁也不敢在始皇的面前谈及此事。他们都牢记着太医夏无且的教训——言多必失，这是一点儿也不会错的。虽然始皇现在已经不能再拿起长剑杀人，但他却仍然是拥有生杀予夺大权的皇帝。

一天，赵高在服侍完始皇之后，他发觉嬴政如今已经病入膏肓，再也无药可医了，如今必须要为自己以后打算了。于是他并没有回到自己的住处而是来到了胡亥的住处。

此时，胡亥正在屋子里焦急地来回走着，一看到赵高赶紧迎了上去，快步走到赵高面前着急地问道：“赵高，我们什么时候回去啊，这里太无聊了，都快把我憋死了。”

赵高一看胡亥果然是个不成器的纨绔子弟，有些生气地对他说道：“玩，玩，玩，你就知道玩，难道你不知道为自己以后做好打算吗？”

“什么为将来打算啊？”胡亥听完这话，如入云里雾里一般，反问道。

“你可知如今皇上已经无药可医？”赵高压低了声音。

“知道啊，但是这与我有关吗？”

“你父皇一旦驾崩，谁来统治大秦国啊？”

“我大哥啊，当然是我大哥了！他最善于治国了，以后登基为帝当然非他莫属了。”

赵高一听这话，心中之气更胜，但是自己现在还需要胡亥这个笨蛋的帮助，因此只好忍耐了下来，反问道：“难道你就没有想过自己去当这个皇上吗？”

“嘘，不要瞎说，这种事可不是儿戏，要是被父皇知道了，咱们俩都会没命的！”胡亥的脸色发白，十分害怕地说道。

“如果皇上将皇位亲口传给你呢？”

“不行，不行，我知道自己不行，我根本不是那块治国安邦的料儿，就是父皇让我登基为帝我也做不来的。再说……再说他也不可能把皇位传给我啊。而且，无论是谁当皇上，只要能让我做个玩乐自由的王爷也就行了，我觉得这不会成什么问题的。”

“你错了，如果真的公子扶苏登基为帝，那么你不但当不了玩乐自由的王爷，还很有可能连性命都保不住。”赵高盯着胡亥，一字一顿地说道。

“这……这怎么可能呢，你不是在故意吓唬我吧？”

“我骗你有什么好处啊，我这完全是为你着想。扶苏为人恃才放旷，屡次与皇上作对，所以皇上才把他贬到上郡去。现在，如果皇上迫于立长的压力将皇位传给扶苏，他登基之后一定下去铲除异己，确保自己的皇位稳固。而公子你生性淳厚忠实，深得皇上喜爱，许多大臣也都想举荐你为太子。现在虽然你主动放弃，但当扶苏铲除异己的时候，首当其冲的照样是你，你说你还能当一个玩乐自由的王爷吗？”

“那……可是……可是当皇上实在是太累了，太乏味也太枯燥了。”

“皇上是一国之君，统治天下，如果你仔细品味，这里面的乐趣其实多着呢！”

“有好东西吃吗？”

“有，当然有啦！”

“有好的风景可观赏吗？”

“有，只要你喜欢，全天下的风景都任你观赏！”

“那……那有美丽的女子作我的妻妾吗？”

“这更不用提了，做皇上的本来就是后宫之中妻妾嫔妃成群，无论你看中的是什么样的漂亮女人，你都可畅通无阻地把她抱到自己的床上，尽情享用。”

“啊，原来当皇上还有这么多的乐趣啊，那可太好了，我听你的。”

“好，那你就等着吧，大秦的下代皇帝肯定是你了！”

说完，赵高极为兴奋地笑了起来，而胡亥也乐不可支地笑起来。二人的笑声之中，一名内侍走进来，对赵高说道：“赵大人，皇上叫您去一下。”

赵高听了觉得有些诧异，但去是肯定的，他侧过头对胡亥说道：

“公子，你也随微臣一起去探望探望皇上吧！”

“不，赵大人，皇上说过，只让您一个人去见他。”

内侍的话毫不留情地把胡亥给拦了下来，赵高只能非常奇怪地独自一人随内侍去见始皇。

始皇的屋子中空荡荡的，只有始皇孤零零一个人躺在床上，二目微闭，眼窝深陷，颧骨高耸，面黄肌瘦，而且伴随着他的每一次呼吸，他的胸脯都会剧烈地上下起伏着。看他这情形，可能随时都会气绝身亡。

“皇上，奴才把赵大人给您叫来了。”那名内侍附在嬴政的耳边说道。

嬴政极为吃力地睁开眼睛，看见了赵高，精神这才为之一振，扭头对那内侍说道：

“你出去吧，没有朕的吩咐，谁也不要让他进来，也包括你。”

内侍答应着转身走了出去。始皇眼见内侍离去，这才瞅着赵高，先是大口大口地喘了几口气，而后对赵高说道：

“赵高，你从朕的包裹内拿出一卷黄绢和一支朱砂笔。”

说完，嬴政又剧烈地咳嗽起来。赵高依言从床边的包裹中取出一卷黄绢和一支朱砂笔，走到始皇的面前。喘息稍定之后，始皇又从枕边拿起一个小包，递给赵高。

赵高接过小包，觉得入手沉甸甸的。打开一看，不禁大吃一惊：包中裹的竟是秦国的传国玉玺。

“赵高，你拿着玉玺在那黄绢上盖一印记，而后再把玉玺包好给朕。”

赵高又照做不误，不过他心中的好奇却越来越强烈了。

嬴政紧紧抓住赵高放回到自己枕边的玉玺，而后又开口说道：

“拿起朱砂笔，在黄绢上写字。”

“皇上，写什么字呢？”

“属兵于蒙恬，与丧会咸阳。”嬴政的这几个字说得短促有力，显然他早就做好了准备了。

赵高的身子猛地震了一下，因为这太出乎他的意料了。这是诏书，而且可能会是遗诏。会是给谁的呢？如果自己猜得不错，这诏书一定是交给扶苏的。扶苏不是已经被赶到上郡去了吗，还让他到咸阳干什么啊？赵高一肚子的狐疑，但他转眼就明白了——让扶苏回到咸阳参加葬礼，那么葬礼结束后扶苏便会被人按照立嫡从长的原则扶持为新一届的皇帝。虽然始皇平时对刚直执拗的扶苏非常反感，但到了关系到大秦的未来的关键时刻，他还是会选择扶苏！赵高的手拿着笔，并没有动。“赵高，你怎么不写啊？”“皇上，奴才没听清，您再重复一遍吧。”“属兵于蒙恬，与丧会咸阳。你的耳朵怎么这么差啊？”然而，听了嬴政的重复之后，赵高照样没写。而且，他不但没有写，更把黄绢与朱砂笔放在了一边的桌子上。

“皇上，我不想写。”赵高冷冷地说。

“狗奴才，难道你想抗旨吗？”嬴政一脸的怒火，但声音却小得可怜。

“是，我就是打算抗旨了，我以前对你的旨意从来没有违背过，今天我就违背一回！你为什么要选择扶苏作继承人，而不是别人呢？你明明知道我与扶苏有仇怨，却仍然要让他当皇上，你这不是故意与我作对吗？难道我赵高这么多年以来对你的忠诚就换不来你的一点点体谅吗？这几个字我是不会写的，要写你就自己来写吧！”

“你……你这个狗奴才，朕……”嬴政的身子猛地挣扎了一下，也许他想坐起来自己写，又或许是想先把可恶的赵高杀了再说，然而这两个目的他都没能实现，这一下挣扎彻底地断送了他的生气。他只挣扎了一下，便眼一瞪，手一松，气绝身亡了。一代颇有作为和政绩的君王秦始皇竟被自己的奴才给活活气死了。

站在嬴政床前的赵高，终于得意地笑了。但是随即他就想到现在不是自己笑的时候，还有一大堆事等着自己处理呢。要想妥善处理此事，自己一个人是远远不够的。于是他找来了胆小怯懦且与扶苏也有过节的李斯，进行了一番威胁之后，把李斯拉到了自己的联盟，随后又威逼利诱了几名内侍。继续装作巡游天下的阵势，仿佛始皇没有死去一般。

在胡亥、赵高、李斯等人假装继续巡游的同时他们还伪造诏书，立胡亥为太子，同时赐扶苏与蒙恬自尽。收到诏书的扶苏对“父皇”如此命令伤心之计，随即含泪自尽，而深知赵高秉性的蒙恬对这封诏书十分怀疑，但是依然被胡亥等人的势力绑了起来，最后惨死在胡亥与赵高手中。

直到扶苏自杀的消息传来，赵高等人才将嬴政的尸体放进车中，准备回朝。因为嬴政已经死去多时，再加上正处于盛夏，很快嬴政的尸体就腐烂发臭，为了不被人发现，赵高等人不得不找来一车臭鱼一起同行。

到达咸阳之后，赵高才宣布嬴政死去的消息，并拥立胡亥为皇位，也就是秦二世。

因为胡亥本身就是个顽劣之徒，在登基为帝之后，也毫无改过。甚至比始皇更加残暴。而赵高也开始在暗中进行争夺秦朝天下的活动，终遭人怨，从陈胜吴广在大泽乡起义之后，起义声不断，最后，秦朝四分五裂了，这时在思考原来那句“亡秦者，胡也”或许说的是亡秦朝的人是胡亥吧！